CB128413

O TAO DA FÍSICA

FRITJOF CAPRA

O TAO DA FÍSICA

Uma Análise Extraordinária dos Paralelos entre a Física Moderna e o Misticismo Oriental

Prefácio à edição brasileira
MÁRIO SCHENBERG

Tradução
JOSÉ FERNANDES DIAS

Revisão técnica
NEWTON ROBERVAL EICHEMBERG

Editora Cultrix
SÃO PAULO

Título original: *The Tao of Physics – An Exploration of the Parallels Between Modern Physics and Eastern Mysticism.*

Copyright © 1975, 2010, 2025 Fritjof Capra.

Copyright da edição brasileira © 1985, 2011, 2025 Editora Pensamento-Cultrix Ltda.

3ª edição 2025

Todos os direitos reservados. Nenhuma parte deste livro pode ser reproduzida ou usada de qualquer forma ou por qualquer meio, eletrônico ou mecânico, inclusive fotocópias, gravações ou sistema de armazenamento em banco de dados, sem permissão por escrito, exceto nos casos de trechos curtos citados em resenhas críticas ou artigos de revistas.

Editor: Adilson Silva Ramachandra
Gerente editorial: Roseli de S. Ferraz
Gerente de produção editorial: Indiara Faria Kayo
Editoração eletrônica: Join Bureau
Revisão: Maria Aparecida Salmeron e Bárbara Parente

Dados Internacionais de Catalogação na Publicação (CIP)
(Câmara Brasileira do Livro, SP, Brasil)

Capra, Fritjof
O tao da física: uma análise extraordinária dos paralelos entre a física moderna e o misticismo oriental / Fritjof Capra; tradução José Fernandes Dias. – 3. ed. – São Paulo: Editora Cultrix, 2025.

Título original: The tao of physics: an exploration of the parallels between modern physics and Eastern mysticism.
Bibliografia.
ISBN 978-65-5736-364-5

1. Física – Filosofia 2. Misticismo 3. Religião e ciência I. Título.

25-254736 CDD-530.01

Índices para catálogo sistemático:
1. Física: Filosofia 530.01
Eliete Marques da Silva – Bibliotecária – CRB-8/9380

Direitos de tradução para o Brasil adquiridos com exclusividade pela EDITORA PENSAMENTO-CULTRIX LTDA., que se reserva a propriedade literária desta tradução.
Rua Dr. Mário Vicente, 368 – 04270-000 – São Paulo, SP
Fone: (11) 2066-9000
E-mail: atendimento@editoracultrix.com.br
http://www.editoracultrix.com.br
Foi feito o depósito legal.

Dedico este livro a

Ali Akbar Khan
Carlos Castañeda
Geoffrey Chew
John Coltrane
Werner Heisenberg
Krishnamurti
Liu Hsi Ch'i
Phiroz Mehta
Jerry Shesko
Bobby Smith
Maria Teuffenbach
Alan Watts,
por me ajudarem a encontrar meu caminho,
e a Jacqueline,
que há muito percorre comigo este caminho.

AGRADECIMENTOS

O autor e o editor são gratos pela permissão que lhes foi concedida para reproduzir ilustrações com *copyright* presentes nas seguintes páginas:

pp. 34-35: Fermi National Laboratory, Batavia, Illinois;
p. 49: foto por Gary Elliott Burke;
pp. 74-75, 101, 252, 253: CERN, Genebra, Suíça;
p. 104: reproduzido de *Zazen*, por E. M. Hooykaas e B. Schierbeck, Omen Press, Tucson, Arizona;
pp. 106, 165: espólio de Eliot Elisofon;
p. 113: Gunvor Moitessier;
p. 116: reproduzido de *The Evolution of the Buddha Image* por Benjamin Rowland Jr., The Asia Society, Nova York;
pp. 122, 132, 206: Gulbenkian Museum of Oriental Art;
pp. 138, 274: reproduzido de *Zen and Japanese Culture*, por D. T. Suzuki, Bollingen Series LXIV, com permissão da Princeton University Press;
p. 151: reproduzido de *Physics in the Twentieth Century*, por Victor Weisskopf, M.I.T. Press, Cambridge, Massachusetts;
p. 162: Nordisk Pressefoto, Copenhague, Dinamarca;
p. 213: Observatório Hale, Pasadena, Califórnia;
pp. 220, 224, 242, 251, 254, 283: Lawrence Berkeley Laboratory, Berkeley, Califórnia;
pp. 248, 250: Argonne National Laboratory, Argonne, Illinois;
p. 259: reproduzido de *The Arts of India*, por Ajit Mookerjee, Thames and Hudson, Londres;
p. 302: Clinton S. Bond/BBM.

SUMÁRIO

É bastante provável que na história do pensamento humano os desenvolvimentos mais fecundos ocorram, não raro, naqueles pontos para onde convergem duas linhas diversas de pensamento. Essas linhas talvez possuam raízes em segmentos bastante distintos da cultura humana, em tempos diversos, em diferentes ambientes culturais ou em tradições religiosas distintas. Dessa forma, se realmente chegam a um ponto de encontro – isto é, se chegam a se relacionar mutuamente de tal forma que se verifique uma interação real –, podemos esperar novos e interessantes desenvolvimentos a partir dessa convergência.

Werner Heisenberg

PREFÁCIO

Este livro foi publicado pela primeira vez há trinta e cinco anos, e se originou de uma experiência que, como descrevo neste Prefácio, está hoje quarenta anos no passado. Por isso, parece-me apropriado dirigir aos leitores desta nova edição algumas palavras a respeito das muitas coisas que aconteceram nestes anos com o livro, com a física e comigo.

Quando descobri os paralelismos entre as visões de mundo de físicos e místicos, que já haviam sido sugeridos antes, mas nunca foram inteiramente explorados, tive a intensa sensação de que eu estava apenas enfatizando algo que era óbvio, e que seria de conhecimento comum no futuro; e, às vezes, enquanto escrevia *O Tao da Física*, cheguei mesmo a sentir que ele estava sendo escrito por meu intermédio, e não por mim. Os eventos subsequentes confirmaram esses sentimentos. O livro foi acolhido entusiasticamente na Inglaterra e nos Estados Unidos. Embora tivesse recebido apenas promoção ou publicidade mínima, ele se espalhou rapidamente graças à comunicação boca a boca e hoje está disponível em mais de quarenta edições em todo o mundo.

A reação da comunidade científica, como era de se prever, foi mais cautelosa; mas até mesmo nesse ambiente o interesse pelas implicações mais amplas da física do século XX se revelou cada vez maior. A relutância dos cientistas atuais em aceitar as profundas semelhanças entre suas concepções e as dos místicos não é surpreendente, uma vez que o misticismo – pelo menos no Ocidente – esteve tradicionalmente associado, de maneira totalmente errônea, com coisas vagas, misteriosas e, em grande medida, não científicas. Felizmente, essa atitude está mudando. Depois que o pensamento oriental passou a interessar a um número significativo de pessoas e que a meditação não é mais considerada um motivo de zombaria ou de suspeita, o misticismo esta sendo levado a sério até mesmo dentro da comunidade científica.

O sucesso de *O Tao da Física* mudou dramaticamente minha vida. Minha carreira profissional se ampliou, e de físico (envolvido em pesquisas teóricas sobre a física das partículas) eu me tornei um teórico sistêmico, filósofo da ciência e escritor. Ao longo dos últimos trinta e cinco anos, viajei muito, discutindo as implicações filosóficas e sociais da ciência contemporânea com audiências profissionais e leigas ao redor do mundo. Ao fazê-lo, explorei com persistência um único tema: a mudança fundamental de visão do mundo que está ocorrendo atualmente na ciência e na sociedade – uma mudança que não é nada menos que o desdobramento de uma nova visão da realidade – e as implicações sociais dessa transformação cultural.

Publiquei os resultados de minhas pesquisas em vários livros, alguns deles como coautor com colegas e amigos. (Para minha bibliografia completa, consulte, por favor, meu website, www.fritjofcapra.net.) Durante a década de 1980, também me envolvi em ativismo ambientalista. Em 1984, fundei um *think tank* ecológico, denominado Elmwood Institute, e ao longo dos dez anos seguintes construímos uma rede internacional de pensadores e ativistas vindos de muitos campos e trabalhando em muitas partes do mundo. Em 1994, transformamos o Instituto em uma organização chamada Center for Ecoliteracy (www.ecoliteracy.org), que promove "educação para uma vida sustentável" em escolas primárias e secundárias.

Depois de trabalhar como educador e ativista ambiental durante vinte e cinco anos, tenho hoje muitos contatos pessoais na rede global de ONGs – uma rede de estudiosos, ativistas e instituições que eu chamei de "a cultura ascendente" na década de 1980, e que hoje é chamada de sociedade civil global.

O foco principal de minha educação e de meu ativismo ambientalista está em ajudar a construir e promover comunidades sustentáveis – comunidades nas quais podemos satisfazer nossas necessidades e aspirações sem diminuir as oportunidades das gerações futuras. Para construir comunidades sustentáveis, podemos aprender lições valiosas estudando ecossistemas, que *são* comunidades sustentáveis de plantas, animais e micro-organismos. Desse modo, a busca pela sustentabilidade ecológica leva naturalmente à questão: "Como os ecossistemas funcionam? Como eles se organizam de modo a sustentar seus processos de vida ao longo do tempo?" Essa questão, por sua vez, leva a uma pergunta mais geral: "Como os sistemas vivos – organismos, ecossistemas e sistemas sociais – se organizam?" Em outras palavras, qual é a natureza da vida? É esse o foco do meu trabalho teórico.

Ao longo dos últimos vinte e cinco anos, desenvolvi um arcabouço conceitual que integra três dimensões da vida: a biológica, a cognitiva e a social. Apresentei esse arcabouço em dois livros recentes. *A Teia da Vida* (1996) esboça uma síntese de novas descobertas em algumas das áreas mais avançadas das ciências da vida, inclusive da ciência sistêmica e da ciência da complexidade. Em *As Conexões Ocultas* (2002), estendi minha síntese ao domínio social, oferecendo uma visão unificada da vida, da mente e da sociedade, e desenvolvendo uma abordagem coerente e sistêmica de algumas das questões críticas da nossa época.

Durante esses anos, tenho sido frequentemente indagado a respeito de como minha exploração da ciência sistêmica afetou minhas visões sobre a física e o misticismo, e onde eu reconheço o maior potencial para trabalho futuro. Tentei responder a essas perguntas em um posfácio especial para a presente edição deste livro, originalmente publicado em sua quarta edição e intitulado "O Futuro da Nova Física". Além disso, gostaria de acrescentar aqui alguns comentários a respeito do contexto mais amplo da relação entre ciência e espiritualidade.

Quando escrevi *O Tao da Física*, eu acreditava que a nova física pudesse ser um modelo para as outras ciências e para a sociedade em geral, assim como a velha física newtoniana foi, durante séculos, um modelo para as outras ciências e para a organização social. No entanto, durante a década de 1980, minha visão a respeito disso mudou completamente. Fui levado a reconhecer que, em sua maior parte, as coisas que nós encontramos em nosso ambiente são vivas. Quando nos relacionamos com nossos colegas humanos, com a natureza viva ao nosso redor, com as organizações humanas e com a economia, estamos sempre lidando com sistemas vivos. A física não pode dizer muita coisa a respeito desses sistemas vivos. Ela pode fornecer conhecimento sobre estruturas materiais, energia, entropia, e assim por diante, mas a própria natureza da vida é algo que se esquiva da física.

Com essa compreensão, meus interesses de pesquisa mudaram da física para as ciências da vida e, ao longo dos últimos vinte e cinco anos, explorei uma nova concepção científica da vida, que está hoje gradualmente emergindo e que é plenamente coerente com a "nova física" discutida neste livro. Na linha de frente da ciência contemporânea, o universo não é mais visto como uma máquina composta de blocos de construção elementares. Descobrimos que o mundo material, em última análise, é uma rede de padrões inseparáveis de relações; que o planeta como um todo é um sistema vivo, autorregulador. A visão do corpo humano como uma máquina e da mente como uma entidade separada está sendo substituída por outra que vê não apenas o cérebro, mas também o sistema imunológico, os tecidos do corpo e até mesmo cada célula como um sistema vivo, cognitivo. A evolução não é mais considerada como uma luta competitiva pela existência, mas, em vez disso, é concebida como uma dança cooperativa na qual a criatividade e a constante emergência da novidade são as forças propulsoras. E com a nova ênfase na complexidade, nas redes e nos padrões de organização, uma nova ciência das qualidades está lentamente vindo à tona.

Passei a acreditar que a ecologia é realmente o arcabouço abrangente para essa nova compreensão da vida. Há muitas manifestações da ecologia – desde a ciência dos ecossistemas até os estilos de vida, sistemas de valores, estratégias comerciais, política e, finalmente, filosofia ecológicos. Especificamente, há hoje uma escola filosófica conhecida como "ecologia profunda", que foi fundada no início da década de 1970 pelo filósofo norueguês Arne Naess. A ecologia profunda não vê o mundo como uma coleção de objetos isolados, mas, em vez disso, concebe-o como uma rede de fenômenos que são fundamentalmente interconectados e interdependentes. Ela reconhece o valor intrínseco de todos os seres vivos e concebe os seres humanos – nas célebres palavras atribuídas ao Chefe Seattle – apenas como um fio em particular na teia da vida. Essa é uma filosofia que engendra um sentido muito profundo de conexão, de contexto, de relação, de pertencer.

Nesse nível profundo, a ecologia se funde com a espiritualidade, pois a experiência de estar conectado com toda a natureza, de pertencer ao universo, é a própria essência da espiritualidade. O significado original de "espírito" em muitas antigas tradições filosóficas e religiosas, tanto no Ocidente como no Oriente, é o de sopro de vida. A palavra latina *spiritus*, a grega *psyche* e a sânscrita *atman* significam, todas elas, "sopro" ou "respiração". Nossos momentos espirituais são aqueles em que nos sentimos mais intensamente vivos.

Esse sentido de intensa vitalidade experimentada durante esses momentos envolve a mente e o corpo. A experiência espiritual é uma experiência na qual sentimos a mente e o corpo como uma unidade viva. Além disso, essa experiência da unidade transcende não apenas a separação entre mente e corpo, mas também a separação entre o eu e o mundo. A percepção central nesses momentos espirituais é uma profunda sensação de unidade com tudo, uma sensação de pertencer ao universo como um todo.

Esse sentido de unidade com o mundo natural, que é um dos fatores que caracterizam a experiência espiritual, é plenamente confirmado pela compreensão da vida na ciência contemporânea. Na medida em que compreendemos como as raízes da vida se aprofundam até as realidades básicas da física e da química, como o desdobramento da complexidade começou muito antes da formação das primeiras células vivas, e como a vida evoluiu durante bilhões de anos usando repetidamente os mesmos padrões e processos básicos, percebemos quão estreitamente estamos ligados com todo o tecido da vida.

A percepção de estar conectado com toda a natureza é particularmente intensa na ecologia. A conexão, a relação e a interdependência são conceitos fundamentais da ecologia; e a conexão, a relação e o pertencer também constituem a essência da experiência religiosa. Por isso, acredito que a ecologia é a ponte ideal entre ciência e espiritualidade.

O texto deste livro foi atualizado em sua terceira edição de modo a incluir resultados de recentes pesquisas em física subatômica. Para isso, mudei ligeiramente certas passagens no texto para torná-lo mais coerente com as novas pesquisas, e acrescentei uma nova seção no fim do livro, intitulada "A Nova Física Revisitada", na qual os mais importantes desenvolvimentos recentes da física subatômica são descritos com alguns detalhes. Para mim, é muito gratificante saber que nenhum desses desenvolvimentos recentes invalidou qualquer coisa que eu escrevi há trinta anos. Na verdade, a maior parte deles foi antecipada na edição original. Isso confirmou a vigorosa crença que me motivou a escrever este livro, a de que os temas básicos que eu uso na minha comparação entre a física e o misticismo serão reforçados, e não invalidados, por pesquisas futuras.

Além disso, como eu documento no posfácio para esta edição, sinto agora que minha tese se assenta sobre terreno muito mais firme, pois os paralelismos com o misticismo oriental estão aparecendo não apenas na física, mas também na biologia, na psicologia e em outras ciências. Está se tornando cada vez mais evidente que o misticismo, ou a "filosofia perene", como às vezes é chamado, proporciona uma base filosófica consistente para as nossas modernas teorias científicas.

Fritjof Capra
Berkeley, dezembro de 2009

PREFÁCIO À EDIÇÃO BRASILEIRA

O Tao da Física, de Fritjof Capra, é, indiscutivelmente, um dos livros mais fascinantes das últimas décadas. Sua leitura é necessária aos físicos e estudiosos da Filosofia da Ciência, como a todas as pessoas interessadas em Filosofia da Natureza e da Ciência.

Fritjof Capra consegue discutir alguns dos problemas mais árduos da Física do século XX e também analisar as relações entre as cosmovisões das maiores civilizações do mundo.

Um dos aspectos mais surpreendentes da obra de Fritjof Capra reside na sua aproximação da visão do mundo da Física do século XX com cosmovisões das civilizações do Oriente, especialmente da Índia e do Extremo Oriente, que tanto interessam, nas últimas décadas, os grandes centros da cultura ocidental.

Capra discute também as relações entre a Física do século XX e as concepções de várias escolas filosóficas da Antiguidade greco-romana.

Parece-me que Capra não considerou devidamente as influências do pensamento platônico em alguns dos maiores físicos do século XX, sobretudo no pensamento de Werner Heisenberg, a quem dedica, de resto, muita atenção, não só como um dos fundadores da mecânica quântica e, mais ainda, pela sua criação da teoria da matriz S.

Uma lacuna da análise de Fritjof Capra é a falta de uma discussão sobre as relações entre a filosofia da teoria quântica e a Psicologia junguiana, especialmente no que tange ao problema dos arquétipos, que tanto influíram no pensamento de W. Pauli, Werner Heisenberg e outros grandes físicos quânticos.

Capra não distinguiu suficientemente misticismo e intuição em *O Tao da Física*, mas na sua obra mais recente, *O Ponto de Mutação*, já superou essa deficiência, relacionando o pensamento da física quântica com o pensamento por sistemas, que tanta importância vai adquirindo em muitas áreas do pensamento contemporâneo.

A leitura e o estudo de *O Tao da Física* será de grande utilidade para os estudantes de Física, que encontrarão nesta obra sínteses notáveis de algumas das questões fundamentais da teoria da relatividade, da mecânica quântica, da teoria quântica dos campos e da cosmologia relativista. Poderão também encontrar nela uma introdução às ideias de não separatividade, que adquiriram tanta importância na teoria quântica atual, desde as discussões suscitadas pelo famoso teorema de Bell.

O Tao da Física nos apresenta um caminho fascinante de aproximação com a filosofia oriental, sobretudo nos seus aspectos dialéticos, que tanto a relacionam com o pensamento filosófico contemporâneo. *O Tao da Física* torna-se, pois, uma obra de interesse para os estudiosos de Filosofia e de História da Ciência, assim como para os estudiosos das religiões e filosofias orientais.

Mário Schenberg
São Paulo, setembro de 1984

PREFÁCIO À PRIMEIRA EDIÇÃO

Há cinco anos experimentei algo de muito belo, que me levou a percorrer o caminho que acabaria por resultar neste livro. Eu estava sentado na praia, ao cair de uma tarde de verão, e observava o movimento das ondas, sentindo ao mesmo tempo o ritmo da minha própria respiração. Nesse momento, subitamente, apercebi-me intensamente do ambiente que me cercava: este se me afigurava como se participasse de uma gigantesca dança cósmica. Como físico, eu sabia que a areia, as rochas, a água e o ar ao meu redor eram feitos de moléculas e átomos em vibração e que tais moléculas e átomos, por seu turno, consistiam em partículas que interagiam entre si através da criação e da destruição de outras partículas. Sabia, igualmente, que a atmosfera da Terra era permanentemente bombardeada por chuvas de "raios cósmicos", partículas de alta energia e que sofriam múltiplas colisões à medida que penetravam na atmosfera. Tudo isso me era familiar em razão da minha pesquisa em Física de alta energia; até aquele momento, porém, tudo isso me chegara apenas através de gráficos, diagramas e teorias matemáticas. Sentado na praia, senti que minhas experiências anteriores adquiriam vida. Assim, "vi" cascatas de energia cósmica, provenientes do espaço exterior, cascatas nas quais, em pulsações rítmicas, partículas eram criadas e destruídas. "Vi" os átomos dos elementos – bem como aqueles pertencentes ao meu próprio corpo – participarem desta dança cósmica de energia. Senti o seu ritmo e "ouvi" o seu som. Nesse momento compreendi que se tratava da Dança de Shiva, o Deus dos dançarinos, adorado pelos hindus.

Eu passara por um longo treinamento em Física teórica e pesquisara durante vários anos. Ao mesmo tempo, tornara-me interessado no misticismo oriental e começara a ver os paralelos entre este e a Física moderna. Sentia-me particularmente atraído pelos desconcertantes aspectos do Zen que me lembravam os enigmas da teoria quântica. De início, contudo, a tentativa de relacionar essas duas linhas não passou de um exercício meramente intelectual. Superar o hiato entre o pensamento analítico, racional, e a experiência meditativa da verdade mística constituía – e ainda constitui – algo que me é bastante difícil.

De início, fui ajudado pelas "plantas de poder"* que me indicaram a forma pela qual a mente pode fluir livremente, a forma pela qual as percepções espirituais surgem à tona, sem qualquer esforço, emergindo das profundezas da consciência. Recordo-me da minha primeira experiência nesse sentido. Passando, como passei, vários anos marcado pelo detalhado pensamento analítico, tal experiência foi tão irresistível que desatei a chorar e, à semelhança de Castañeda, lancei minhas impressões numa folha de papel.

Mais tarde, tive a experiência da Dança de Shiva, que tentei captar na fotomontagem da página 242. Esse momento foi seguido por inúmeras outras experiências semelhantes que me auxiliaram, gradativamente, a compreender que começa a emergir – da Física moderna, em harmonia com a antiga sabedoria oriental –, uma nova e consistente visão do mundo. Ao longo dos anos fiz uma série de anotações a esse respeito e escrevi alguns artigos acerca dos paralelos que ia descobrindo. Por fim, reúno neste livro as experiências obtidas a esse respeito.

Este livro é destinado ao leitor médio interessado em geral no misticismo oriental e que não necessita, obrigatoriamente, possuir conhecimentos com relação à Física. Procurei apresentar os principais conceitos e as teorias da Física moderna sem recorrer à Matemática e usando uma linguagem não técnica. Talvez alguns parágrafos ainda apresentem dificuldades para o leitor leigo numa primeira leitura. Os termos técnicos que me vi forçado a introduzir são todos definidos quando de seu aparecimento no texto e estão arrolados no índice remissivo.

Espero, igualmente, encontrar entre meus leitores um bom número de físicos interessados nos aspectos filosóficos da Física e que ainda não tiveram a oportunidade de entrar em contato com as filosofias religiosas do Oriente. Esses físicos perceberão que o misticismo oriental fornece

---

* Expressão usada pelo *brujo* Dom Juan, nos livros de Castañeda, para se referir às plantas alucinógenas. (N. do T.)

uma bela e consistente moldura filosófica capaz de abranger nossas mais avançadas teorias acerca do mundo físico.

No que diz respeito ao conteúdo do livro, o leitor talvez note uma certa ausência de equilíbrio entre a apresentação do pensamento científico e do pensamento místico. Ao longo do livro, entretanto, sua* compreensão da Física deverá evoluir de forma constante, o que talvez não ocorra com relação ao pensamento oriental. Isso parece inevitável na medida em que o misticismo é, acima de tudo, uma experiência que não podemos aprender com a leitura de um livro. Uma compreensão mais profunda de qualquer tradição mística pode vir a ocorrer a partir do momento em que o indivíduo opta por se envolver ativamente nesse processo. Não obstante, espero transmitir ao leitor a ideia de que um envolvimento desse tipo é altamente gratificante.

Enquanto redigia este livro senti aprofundar-se consideravelmente minha própria compreensão do pensamento oriental. Devo isso a dois homens que vieram do Oriente. Agradeço profundamente a Phiroz Mehta, por me abrir os olhos a inúmeros aspectos do misticismo indiano, e a meu mestre de T'ai Chi, Liu Hsiu Ch'i, por me introduzir no Taoismo vivo.

É impossível mencionar os nomes de todos aqueles que – cientistas, artistas, estudantes e amigos – têm me ajudado a formular minhas ideias por meio de estimulantes discussões. Ainda assim, agradeço especialmente a Graham Alexander, Jonathan Ashmore, Stratford Caldecott, Lyn Gambles, Sonia Newby, Ray Rivers, Joël Scherk, George Sudarshan e – por último, na ordem, mas não em importância – Ryan Thomas.

Agradeço, por fim, à Sra. Pauly Bauer-Ynnhof, de Viena, por sua generosa assistência financeira numa época em que esta se fazia mais necessária.

Fritjof Capra
Londres, dezembro de 1974

* No original, *his or her*. O autor tem o hábito de usar a forma *he or she* (ele ou ela) quando se refere à terceira pessoa. Esse uso se justifica pelo próprio Taoismo, que evita privilegiar qualquer um dos dois polos. Como, no entanto, as frases sairiam muito estranhas em português, cedemos, na tradução, ao machismo vigente na linguagem. (N. do T.)

PREFÁCIO À SEGUNDA EDIÇÃO

Este livro, publicado pela primeira vez há sete anos, teve origem, como descrevo no prefácio anterior, numa experiência que ocorreu há mais de dez anos. Parece-me, por isso, apropriado que eu deva dizer aos leitores desta nova edição umas poucas palavras acerca das coisas que têm acontecido, nestes últimos anos, ao livro, à Física e a mim mesmo.

Quando descobri os paralelos entre as visões de mundo dos físicos e dos místicos, paralelos esses que têm sido insinuados, mas nunca antes inteiramente explorados, tive o forte sentimento de que estava apenas apresentando algo realmente óbvio mas que, no futuro, seria do conhecimento geral. Algumas vezes, enquanto escrevia *O Tao da Física*, sentia mesmo que esse algo estava sendo escrito, não por mim, mas por meu intermédio. Os eventos posteriores têm confirmado esses sentimentos. O livro tem sido recebido entusiasticamente no Reino Unido e nos Estados Unidos. Embora sua promoção ou publicidade tenha sido mínima, difundiu-se com rapidez, por meio de comunicação oral, e encontra-se agora disponível ou sendo publicado numa dúzia de edições em todo o mundo.

A reação da comunidade científica, como era de se prever, tem sido mais cautelosa; no entanto, mesmo aí é crescente o interesse pelas implicações de grande extensão da Física do século XX. Não devemos nos surpreender com a relutância dos cientistas modernos em aceitar as semelhanças profundas entre suas concepções e aquelas dos místicos, uma vez que o misticismo – no Ocidente, pelo menos – tem sido tradicionalmente associado, erroneamente, a coisas vagas, misteriosas e acentuadamente não científicas. Essa atitude, felizmente, agora está mudando. À medida que o pensamento oriental começa a interessar a um número significativo de pessoas e que a meditação não é mais encarada com zombaria ou sob suspeita, o misticismo passa a ser levado a sério mesmo dentro da comunidade científica.

O sucesso de *O Tao da Física* tem exercido um forte impacto em minha vida. Durante os últimos anos, viajei muito, proferindo conferências para profissionais e leigos e discutindo as implicações da "Nova Física" com homens e mulheres de todas as posições. Essas discussões têm me ajudado em muito a compreender no mais amplo contexto cultural o forte interesse pelo misticismo oriental que tem crescido no Ocidente durante os últimos vinte anos. Vejo agora esse interesse como parte de uma tendência muito mais ampla, que procura contrabalançar um profundo desequilíbrio em nossa cultura – em nossos pensamentos e sentimentos, valores e atitudes, e em nossas estruturas sociais e políticas. Achei que a terminologia chinesa de *yin* e *yang* seria muito útil para descrever esse desequilíbrio cultural. Nossa cultura tem favorecido, com firmeza, valores e atitudes *yang*, ou masculinos, e tem negligenciado seus valores e atitudes complementares *yin*, ou femininos. Temos favorecido a autoafirmação em vez da integração, a análise em vez da síntese, o conhecimento racional em vez da sabedoria intuitiva, a ciência em vez da religião, a competição em vez da cooperação, a expansão em vez da conservação, e assim por diante. Esse desenvolvimento unilateral atinge agora, em alto grau, um nível alarmante, uma crise de dimensões sociais, ecológicas, morais e espirituais.

Estamos, no entanto, testemunhando ao mesmo tempo o início de um espantoso movimento evolutivo que parece ilustrar o antigo ensinamento chinês segundo o qual "o *yang*, tendo atingido o seu clímax, retrocede em favor do *yin*". As décadas de 1960 e 1970 geraram toda uma série de movimentos sociais que parecem caminhar nessa mesma direção. A preocupação crescente com a ecologia, o forte interesse pelo misticismo, a progressiva conscientização feminista e a redescoberta de acessos holísticos à saúde e à cura são manifestações da mesma tendência evolucionária. Todas elas contrabalançam a ênfase excessiva dos valores e atitudes masculinos, racionais, e tentam recuperar o equilíbrio entre os lados masculino e feminino da natureza humana. Assim, a compreensão da profunda harmonia entre a visão de mundo da Física moderna e as do misticismo oriental surge como parte integral de uma transformação cultural muito mais ampla, levando à emergência de uma nova visão da realidade, a qual exigirá uma mudança fundamental em nossos pensamentos, percepções e valores. Em meu segundo livro, *O Ponto de Mutação*, explorei os vários aspectos e implicações dessa transformação cultural.

O fato de as atuais mudanças em nosso sistema de valores afetarem muitas de nossas ciências pode parecer surpreendente aos que acreditam numa ciência objetiva, livre de valores. Esta é, no entanto, uma das implicações importantes da nova Física. As contribuições de Heisenberg à teoria quântica, que discuto com grande detalhe neste livro, implicam claramente que o ideal clássico de objetividade científica não pode mais ser sustentado. Assim, a Física moderna também está desafiando o mito de uma ciência livre de valores. Os padrões que os cientistas observam na natureza estão intimamente relacionados com os padrões das suas mentes, com os seus conceitos, pensamentos e valores. Por isso, os resultados científicos que obtêm e as aplicações tecnológicas que investigam estarão condicionados pela estrutura de suas mentes. Embora grande parte de suas pesquisas detalhadas não seja explicitamente dependente dos seus sistemas de valores, a estrutura mais abrangente dentro da qual essas pesquisas são efetuadas nunca será independente de valores. Os cientistas, portanto, são responsáveis, não apenas intelectual, mas também moralmente, por suas pesquisas.

Desse ponto de vista, a conexão entre a Física e o misticismo é não apenas muito interessante mas extremamente importante. Mostra que os resultados da Física moderna têm aberto dois caminhos muito distintos para os cientistas trilharem. Eles podem nos conduzir – colocando o problema em termos extremos – ao Buda ou à Bomba, e cabe a cada cientista decidir que caminho escolher. Parece-me que numa época em que quase a metade dos nossos cientistas e engenheiros trabalha para as forças armadas, desperdiçando um enorme potencial de talento e criatividade ao desenvolver meios cada vez mais sofisticados de destruição total, o caminho do Buda, o "caminho com um coração", não pode ser suficientemente enfatizado.

A presente edição deste livro foi atualizada, de modo a incluir resultados das pesquisas mais recentes em Física subatômica. Para realizar essa tarefa mudei levemente certas passagens do texto, de modo a tornálas mais consistentes com as novas pesquisas, e acrescentei uma nova seção no fim do livro, que intitulei "A Nova Física Revisitada", na qual os mais importantes dos novos desenvolvimentos em Física subatômica são descritos com alguns detalhes. Tem sido muito gratificante para mim que nenhum desses recentes desenvolvimentos invalidou algo do que escrevi há sete anos. De fato, a maior parte deles foi antecipada na edição original. Isso tem confirmado a forte crença que me motivou a escrever o livro – a de que os temas básicos que utilizo em minha comparação entre Física e misticismo serão reforçados, e não invalidados, pelas pesquisas futuras.

Além disso, sinto agora minha tese assentada num solo muito mais firme, pois os paralelos ao misticismo oriental estão aparecendo não apenas na Física mas também na Biologia, na Psicologia e em outras ciências. Estudando as relações entre a Física e essas ciências, verifiquei que uma extensão natural dos conceitos da Física moderna a outros campos é fornecida pela estrutura da teoria dos sistemas. A exploração dos conceitos de sistema em Biologia, Medicina, Psicologia, e nas Ciências Sociais, que empreendi em *O Ponto de Mutação*, mostrou-me que a abordagem por meio de sistemas reforça fortemente os paralelos entre a Física moderna e o misticismo oriental. Além disso, os novos sistemas da Biologia e da Psicologia apontam outras semelhanças com o pensamento místico, cujo estudo foge do assunto em questão – a Física. Os assuntos discutidos em meu segundo livro incluem certas ideias sobre o livre-arbítrio, a morte e o nascimento, e a natureza da vida, da mente, da consciência e da evolução. A profunda harmonia entre esses conceitos, tal como é expressa na linguagem de sistemas, e as ideias a eles correspondentes no misticismo oriental, é uma impressionante evidência da minha alegação segundo a qual a filosofia das tradições místicas, também conhecida como "filosofia perene", proporciona a mais consistente base filosófica às nossas modernas teorias científicas.

Fritjof Capra
Berkeley, junho de 1982

PREFÁCIO À TERCEIRA EDIÇÃO

A origem de *O Tao da Física* reside em uma poderosa experiência que tive no verão de 1969, em uma praia de Santa Cruz, descrita no seguinte prefácio original deste livro. Um ano depois, deixei a Califórnia para continuar minha pesquisa em física teórica no Imperial College, em Londres, e antes de partir desenvolvi uma fotomontagem – um Shiva dançante superposto sobre trilhas de partículas em colisão em uma câmara de bolhas – para ilustrar minha "epifania na praia" (ver pp. 19-21). Essa bela imagem, que até hoje está pendurada no meu escritório em casa, simboliza para mim os paralelismos entre a física e o misticismo que eu estava apenas começando a descobrir. E certo dia, no fim do outono de 1970, quando estava sentado em meu apartamento perto do Imperial College e olhando para a imagem, de repente tive uma percepção muito clara. Eu sabia, com absoluta certeza, que os paralelismos entre a física moderna e o misticismo oriental seriam, algum dia, de conhecimento comum; e também senti que estava em melhor posição para explorar minuciosamente esses paralelismos e escrever um livro sobre eles.

Cinco anos depois, no outono de 1975, *O Tao da Física* foi publicado pela Wildwood House, em Londres, e em janeiro de 1976, pela Shambhala Publications, nos Estados Unidos. Agora já se passou meio século e parece apropriado que eu diga algumas palavras aos leitores desta edição comemorativa de aniversário sobre as muitas coisas que aconteceram nessas cinco décadas – ao livro, à física e a mim mesmo.

Nos últimos cinquenta anos, *O Tao da Física* foi recebido com um entusiasmo que ultrapassou minhas expectativas mais otimistas. Embora tenha tido um esforço mínimo de promoção ou publicidade, o interesse por ele espalhou-se rapidamente de boca a boca. Hoje, mais de um milhão de cópias foram vendidas em todo o mundo; o livro foi traduzido para 23 idiomas e a maioria das edições ainda é impressa e vendida.

Essa tremenda resposta exerceu um vigoroso impacto em minha vida. Durante o último meio século, viajei por extensas distâncias, dando palestras para públicos profissionais e leigos nas Américas, na Europa e na Ásia, e discutindo as implicações da "nova física" com mulheres e homens de todas as esferas da vida. Essas discussões me proporcionaram enorme ajuda para compreender o contexto mais amplo do meu trabalho, e agora reconheço esse contexto como a principal razão para a sua aceitação entusiástica.

Repetidas vezes testemunhei como o livro e minhas palestras geravam uma forte ressonância nas pessoas. Repetidas vezes, homens e mulheres me escreviam ou me diziam depois de uma palestra: "Você expressou algo que senti por muito tempo, mas não era capaz de expressar em palavras". Em geral, não eram cientistas, nem místicos. Eram pessoas comuns, mas extraordinárias: artistas, estudantes, avós, empresários, professores, agricultores, enfermeiros; pessoas de todas as idades, indivíduos com mais de 50 anos e com menos de 50 anos em igual número. Alguns eram idosos, e as cartas mais comoventes que recebi eram de mulheres e homens com mais de 80 anos e, em dois ou três casos, até com mais de 90!

O que *O Tao da Física* provocou em todas essas pessoas? O que foi que eles próprios experimentaram? Passei a acreditar que o reconhecimento das semelhanças entre a física moderna e o misticismo oriental faz parte de um movimento muito mais amplo, de uma mudança fundamental de visões de mundo, ou paradigmas, que está acontecendo atualmente em todo o mundo e que equivale a uma transformação cultural intensa e profunda. Essa transformação, essa mudança de consciência tão profunda e tão ampla, é o que tantas pessoas sentiram de forma intuitiva ao longo das últimas cinco décadas, e é por isso que *O Tao da Física* tocou num ponto tão responsivo.

A reação inicial da comunidade científica, como era de se prever, foi muito mais cautelosa; mas também aí o interesse pelas implicações mais amplas da física do século XX tem aumentado. A relutância dos cientistas modernos em aceitar as semelhanças profundas entre seus conceitos e os dos místicos não é surpresa, uma vez que o misticismo – pelo menos no Ocidente – tem sido tradicionalmente associado, de maneira totalmente equivocada, a coisas vagas, misteriosas e não científicas. Felizmente, essa atitude está mudando. À medida que o pensamento oriental começou a provocar interesse entre um número significativo de pessoas e que a meditação já deixou de ser considerada algo derrisório ou suspeito, o misticismo está sendo levado a sério até mesmo no âmbito da comunidade científica.

Um dos reconhecimentos mais gratificantes veio do CERN, o prestigiado centro europeu de pesquisas em física de partículas. Em 2004, uma estátua de Shiva, de dois metros de altura, foi doada ao CERN pelo governo indiano para celebrar a duradoura associação do centro de pesquisa com a Índia. Ao escolher a imagem de Shiva Nataraja, o governo indiano reconheceu a minha descoberta do paralelismo entre a dança

Estátua de Shiva Nataraja no CERN. Foto: Giovanni Chierico.

cósmica de Shiva e a dança das partículas subatômicas, que é observada e analisada pelos físicos do CERN. Hoje, a estátua fica em um pátio, circundada por laboratórios de pesquisa, e ao lado dela o CERN instalou uma placa que explica o significado da metáfora da dança cósmica de Shiva com várias citações de *O Tao da Física*.

O sucesso de *O Tao da Física* mudou minha vida de forma dramática. Durante as décadas de 1970 e 1980, minha carreira profissional se ampliou: do meu trabalho como físico (envolvido em pesquisas teóricas em física de partículas) passei para o de um teórico sistêmico, filósofo e historiador da ciência, e escritor. Essas mudanças foram consequência de numerosas discussões em minhas palestras e seminários, durante os quais muitas pessoas relataram que uma mudança semelhante de visão do mundo – de uma visão mecanicista para uma visão holística e ecológica – também estava ocorrendo atualmente em seus campos. Essas discussões me estimularam a expandir o meu foco da física para essas outras áreas – biologia, medicina, psicologia, economia, administração, e assim por diante.

Para conectar as mudanças conceituais na ciência com a mudança mais ampla de visão de mundo e de valores na sociedade, tive de ir além da física e procurar um arcabouço mais amplo. Ao fazê-lo, percebi que nossas principais questões sociais – saúde, educação, direitos humanos, justiça social, poder político, proteção do meio ambiente, gestão de empresas de negócios, economia, e assim por diante – têm, todas elas, a ver com sistemas vivos; com seres humanos individuais, sistemas sociais e ecossistemas.

Com essa constatação, meus interesses de pesquisa transferiram-se da física para as ciências da vida, onde uma nova concepção de vida está agora emergindo gradualmente – uma visão que é plenamente consistente com a "nova física" discutida neste livro. Ela envolve uma intensa e profunda mudança de perspectiva, na qual deixei de reconhecer o mundo como uma máquina que opera sobre blocos de construção elementares e passei a compreendê-lo como uma rede de padrões de relações inseparáveis.

Ao longo das últimas décadas, desenvolvi uma síntese dessa nova compreensão da vida; um arcabouço conceitual que integra quatro dimensões da vida: a biológica, a cognitiva, a social e a ecológica. Apresentei resumos desse arcabouço, à medida que ele evoluía, em vários livros: *The Turning Point* (1982), *The Web of Life* (1996) e *The Hidden Connections* (2002). Minha síntese final foi publicada no manual *The Systems View of Life* (2014),* em coautoria com meu amigo e colega Pier Luigi Luisi.

Enquanto expandia o foco do meu trabalho teórico, também me envolvi com ativismo ambiental. Minha motivação para essa etapa foi desencadeada por uma observação que fiz na página 325 de *O Tao da Física*:

> Creio que a visão de mundo decorrente da Física moderna é inconsistente com a sociedade atual, que não reflete o estado de inter-relação harmoniosa que observamos na natureza. Para alcançar um tal estado de equilíbrio dinâmico, será necessária uma estrutura social e econômica radicalmente diferente, ou seja, uma revolução cultural no verdadeiro sentido da expressão. A sobrevivência de nossa civilização pode depender da efetivação ou não dessa transformação.

Vários anos depois de escrever essas palavras, que hoje me parecem um manifesto, transformei-as em ação. Em 1984, fundei um *think tank* (laboratório de ideias) ecológico, denominado Elmwood Institute, em conjunto com um pequeno grupo de amigos e colegas; e, ao longo dos dez anos seguintes, construímos uma rede de pensadores e ativistas vindos de muitos campos e em diversas partes do mundo. Em 1994, transformamos o Instituto em uma organização denominada Center for Ecoliteracy (Centro de Ecoalfabetização), onde desenvolvemos uma pedagogia especial para o ensino da "alfabetização ecológica" em escolas primárias e secundárias.

Ao longo dos anos, percebi que os dois lados da minha vida profissional – como cientista e escritor, e como educador e ativista ambiental – estão intimamente inter-relacionados. Foi uma percepção muito feliz porque me permitiu seguir meus interesses intelectuais como cientista de uma maneira plenamente condizente com meus valores.

---

* *A Teia da Vida* (1997), *As Conexões Ocultas* (2002), *O Ponto de Mutação* (2ª ed., 2012), *A Visão Sistêmica da Vida* (2024). Publicados pela Editora Cultrix, São Paulo.

O foco principal de minha educação e de meu ativismo ambientalista consiste em ajudar a construir e a promover comunidades sustentáveis. Para isso, podemos aprender lições valiosas a partir do estudo dos ecossistemas, que *são* comunidades sustentáveis de plantas, animais e micro-organismos. Desse modo, a busca pela sustentabilidade ecológica leva naturalmente à questão: "Como os ecossistemas funcionam? Como eles se organizam de modo a sustentar seus processos vitais ao longo do tempo?". Essa questão, por sua vez, leva a uma pergunta mais geral: "Como os sistemas vivos – organismos, ecossistemas e sistemas sociais – se organizam? Em outras palavras, qual é a natureza da vida?". E esse é o foco do meu trabalho teórico.

Tendo trabalhado como educador e ativista ambiental durante mais de quarenta anos, tenho agora muitos contatos pessoais na rede global de ONGs – uma rede de acadêmicos, ativistas e instituições a que denominei de "a cultura em ascensão" na década de 1980, e que é agora amplamente conhecida como a sociedade civil global.

Hoje em dia, quando ensino, discuto sobretudo a nova compreensão sistêmica da vida e suas implicações filosóficas, sociais e políticas. Ainda assim, em quase todas as palestras ou seminários que ministro me fazem algumas perguntas sobre *O Tao da Física*, à medida que uma terceira geração de leitores começa a apreciar o livro. A maioria deles se mostra curiosa sobre três questões:

> "Como eu descreveria as descobertas e os avanços teóricos feitos na física subatômica durante os últimos cinquenta anos; e será que algum deles invalidou minha apresentação da física moderna no livro?"
>
> "Minhas percepções sobre o misticismo oriental e, de uma maneira mais genérica, sobre a espiritualidade, mudaram nessas cinco décadas?" E, finalmente:
>
> "A tese básica de *O Tao da Física* – a de que há paralelismos significativos entre as visões de mundo da física moderna e do misticismo oriental – resistiu ao teste do tempo, ou vejo necessidade de reformulá-la de alguma maneira?"

Todas essas três questões são legítimas e interessantes, e tentei respondê-las nesta edição de aniversário da maneira mais cuidadosa e honesta possível.

Desde a primeira publicação deste livro, houve avanços consideráveis em diversas áreas da física subatômica. Escrevi um novo Posfácio para esta edição, intitulado "A Nova Física Revisitada", no qual discuto os desenvolvimentos mais importantes, tanto teóricos como experimentais, de forma mais ou menos detalhada.

Foi muito gratificante para mim reconhecer que nenhum desses desenvolvimentos recentes tenha invalidado o que escrevi há cinquenta anos. Na verdade, muitos deles foram previstos na edição original. Isto confirmou a forte crença que me motivou a escrever este livro – a de que os temas básicos que utilizo na minha comparação entre a física e o misticismo serão reforçados, em vez de invalidados, por pesquisas futuras.

Em relação às minhas opiniões no que diz respeito à espiritualidade, posso dizer que elas evoluíram um montante considerável ao longo dos anos. Em particular, tornei-me muito consciente da necessidade de fazer uma distinção clara entre espiritualidade e religião – o que não me parecia tão importante quando escrevi este livro. Discuti esse e outros aspectos do meu pensamento (e da minha experiência) sobre espiritualidade em outro Posfácio, dessa vez a respeito da "Ciência, Espiritualidade e Religião".

Por fim, e quanto à tese básica de *O Tao da Física*? Será que ela resistiu ao teste do tempo ao longo do último meio século? Posso afirmar com segurança que sim. Como argumentei, o reconhecimento das semelhanças entre a física moderna e o misticismo oriental é parte integrante de uma nova visão do mundo que está emergindo na atualidade, em todas as ciências e na sociedade. Depois da publicação de *O Tao da Física* surgiram inúmeros livros nos quais físicos e outros cientistas apresentaram explorações semelhantes dos paralelismos entre a física e o misticismo (veja, por exemplo, Zukav, 1979; Talbot, 1980; Davies, 1983). Outros autores ampliaram suas investigações para além da física, encontrando semelhanças entre o pensamento oriental e certas ideias sobre a natureza da vida, da mente, da consciência e da evolução (ver Mansfield, 2008). Além disso, os mesmos tipos de paralelismo também foram traçados com relação às tradições místicas ocidentais (ver Capra e Steindl-Rast,

1991). Algumas das explorações de paralelismos entre a ciência moderna e o pensamento oriental foram iniciadas por professores espirituais orientais. O Dalai Lama, em particular, organizou uma série de diálogos com cientistas ocidentais sobre "Mente e Vida" na sua casa em Dharamsala (ver Luisi, 2009).

Essas discussões e publicações ampliaram muito minha afirmação original de que a filosofia das tradições místicas fornece um pano de fundo filosófico consistente para o novo paradigma científico.

Berkeley
Fritjof Capra, 2025

O CAMINHO DA FÍSICA

1. A FÍSICA MODERNA: UM CAMINHO COM UM CORAÇÃO?

> Qualquer caminho é apenas um caminho e não constitui insulto algum – para si mesmo ou para os outros – abandoná-lo quando assim ordena o seu coração. [...] Olhe cada caminho com cuidado e atenção. Tente-o tantas vezes quantas julgar necessárias... Então, faça a si mesmo e apenas a si mesmo uma pergunta: possui esse caminho um coração? Em caso afirmativo, o caminho é bom. Caso contrário, esse caminho não possui importância alguma.
>
> Carlos Castañeda, *The teachings of Don Juan*
> (Os Ensinamentos de Dom Juan)

A Física moderna tem exercido uma profunda influência sobre quase todos os aspectos da sociedade humana. Acabou por tornar-se a base da ciência natural, e a combinação da ciência técnica e natural transformou, fundamentalmente, as condições de vida na Terra, tanto no sentido positivo quanto no sentido negativo. Hoje, praticamente, todos os setores da atividade industrial utilizam-se dos resultados da Física atômica; ademais, é bem conhecida a influência de seus resultados sobre a estrutura política do mundo através de sua aplicação via armamento atômico. Contudo, a influência da Física moderna ultrapassa a tecnologia, estendendo-se ao reino do pensamento e da cultura; aqui, a Física moderna gerou uma profunda revisão da concepção humana acerca do universo e do relacionamento do indivíduo com este último. A exploração do mundo atômico e subatômico, no século XX, tem revelado uma limitação insuspeita das ideias clássicas, levando, por conseguinte, a uma revisão radical de inúmeros de nossos conceitos básicos. O conceito de matéria na Física subatômica, por exemplo, é totalmente diverso da ideia tradicional de uma substância material conforme encontramos na Física Clássica. Idêntica observação pode ser feita no tocante a conceitos como espaço, tempo ou causa e efeito. Tais conceitos, não obstante, são fundamentais em nossa percepção do mundo; a partir de sua transformação radical, nossa perspectiva também passou a conhecer um processo de transformação.

Essas transformações geradas pela Física moderna têm sido amplamente discutidas por físicos e filósofos ao longo das últimas décadas. Contudo, raramente temos nos apercebido do fato de que todas parecem conduzir à mesma direção, ou seja, a uma visão do mundo semelhante às existentes no misticismo oriental. Os conceitos da Física moderna oferecem, não raro, surpreendentes paralelos face às ideias expressas nas filosofias religiosas do Extremo Oriente. Embora esses paralelos até o presente momento não tenham sido extensivamente discutidos, nem por isso escaparam à observação de alguns dos grandes físicos do século XX no momento em que entraram em contato com a cultura oriental quando de suas conferências proferidas na Índia, na China e no Japão. As três citações seguintes servem como exemplo:

> As noções gerais acerca da compreensão humana [...], ilustradas pelas descobertas na Física atômica, estão longe de constituir algo inteiramente desconhecido, inédito, novo. Essas noções possuem uma história em nossa própria cultura, desfrutando de uma posição mais destacada e central no pensamento budista ou hindu. Aquilo com que nos depararemos não passa de uma exemplificação, de um encorajamento e de um refinamento da velha sabedoria.[1]
>
> *Julius Robert Oppenheimer*

> Se buscamos um paralelo para a lição da teoria atômica [...] [devemos nos voltar] para aqueles tipos de problemas epistemológicos com os quais já se defrontaram, no passado, pensadores como Buda e Lao Tsé em sua tentativa de harmonizar nossa posição como expectadores e atores no grande drama da existência.[2]
>
> *Niels Bohr*

> A grande contribuição científica em termos de Física teórica que nos chegou do Japão desde a última guerra pode ser um indício de uma certa relação entre as ideias filosóficas presentes na tradição do Extremo Oriente e a substância filosófica da teoria quântica.[3]
>
> *Werner Heisenberg*

O objetivo deste livro é explorar essa relação entre os conceitos da Física moderna e as ideias básicas existentes nas tradições filosóficas e religiosas do Extremo Oriente. Veremos de que forma os fundamentos da Física do século XX – a teoria quântica e a teoria da relatividade – levam-nos a encarar o mundo de forma bastante semelhante à maneira como um hindu, um budista ou um taoista o vê. Veremos, igualmente, de que forma essa similaridade se fortalece à medida que observamos as recentes tentativas de se combinar essas duas teorias com o fito de descrever os fenômenos do mundo submicroscópico: as propriedades e interações das partículas subatômicas de que toda matéria é composta. Aqui, os paralelos entre a Física moderna e o misticismo oriental são ainda mais evidentes e nos depararemos com declarações perante as quais será quase impossível identificar seu autor, se um físico ou um místico oriental.

Quando me refiro ao "misticismo oriental", tenho em vista as filosofias religiosas do Hinduísmo, do Budismo e do Taoismo. Embora tais filosofias abarquem um vasto número de disciplinas espirituais e sistemas filosóficos sutilmente interligados, as características básicas dessas diferentes visões do mundo são as mesmas. Essa visão não se limita ao Oriente, podendo ser encontrada, em determinado grau, em todas as filosofias orientadas para o misticismo. O argumento deste livro pode, portanto, ser apresentado da seguinte forma: a Física moderna leva-nos a uma visão do mundo bastante similar às visões adotadas pelos místicos de todas as épocas e tradições. As tradições místicas acham-se presentes em todas as religiões, e elementos místicos podem ser encontrados em diversas escolas da filosofia ocidental. Os paralelos com a Física moderna aparecem não apenas nos *Vedas* do Hinduísmo, no *I Ching* ou nos *sutras* budistas como, igualmente, nos fragmentos de Heráclito, no sufismo de Ibn Arabi ou nos ensinamentos do feiticeiro yaqui Dom Juan. A diferença entre o misticismo oriental e ocidental reside no fato de que as escolas místicas sempre desempenharam um papel marginal no Ocidente; no Oriente, ao contrário, constituem o caráter essencial da filosofia e do pensamento religioso orientais. Por uma questão de simplicidade, faremos referência à visão oriental do mundo e apenas ocasionalmente mencionaremos outras fontes do pensamento místico.

Se a Física nos conduz, hoje, a uma visão do mundo que se afigura essencialmente mística, isso corresponde, de certa forma, a um retorno às suas origens, cerca de 2.500 anos atrás. Será interessante seguir a evolução da ciência ocidental ao longo de seu caminho espiral, tomando como ponto de partida as filosofias místicas dos antigos gregos e, seguindo adiante, no percurso que nos conduz ao impressionante desenvolvimento do pensamento intelectual em seu processo de gradativo e crescente afastamento de suas origens místicas, até chegar ao desenvolvimento de uma visão do mundo que se encontra em flagrante contraste com o pensamento e a perspectiva adotados no Extremo Oriente. Em suas etapas mais recentes, a ciência ocidental finalmente passa a superar essa visão do mundo, retornando àquelas dos antigos gregos e das filosofias orientais. Este retorno, contudo, não se baseia apenas na intuição mas, igualmente, em experimentos de grande precisão e sofisticação e num rigoroso e consistente formalismo matemático.

As raízes da Física, como de toda ciência ocidental, podem ser encontradas no período inicial da filosofia grega do século VI a.C., numa cultura onde a ciência, a filosofia e a religião não se encontravam separadas. Os sábios da escola de Mileto, em Iônia, não se preocupavam com essas distinções. Seu objetivo girava em torno da descoberta da natureza essencial ou da constituição real das coisas, a que denominavam *physis*. O termo *Física* deriva dessa palavra grega e significava, originalmente, a tentativa de ver a natureza essencial de todas as coisas.

Este, naturalmente, é também o objetivo central de todos os místicos, e a filosofia da escola de Mileto possuía feições nitidamente místicas. Os adeptos dessa escola eram chamados *hilozoístas*, ou seja, "aqueles que pensam que a matéria é viva". Essa denominação, estabelecida pelos gregos dos séculos subsequentes, derivava do fato de que esses sábios não viam distinção alguma entre o animado e o inanimado, entre o espírito e a matéria. De fato, eles não possuíam sequer uma palavra para designar a matéria na medida em que consideravam todas as formas de existência como manifestações da *physis*, dotadas de vida e espiritualidade.

Assim, Tales declarava que todas as coisas estavam cheias de deuses e Anaximandro encarava o universo como uma espécie de organismo mantido pelo *pneuma*, a respiração cósmica, à semelhança do corpo humano mantido pelo ar.

A visão monística e orgânica da escola de Mileto aproximava-se em muito das antigas filosofias chinesa e indiana; na verdade, os paralelos em face do pensamento oriental são ainda mais intensos na filosofia de Heráclito de Éfeso. Heráclito acreditava num mundo em perpétua mudança, de um eterno "vir a ser". Para ele, todo ser estático baseava-se num logro; seu princípio universal era o fogo, um símbolo para o contínuo fluxo e a permanente mudança em todas as coisas. Heráclito ensinava que todas as transformações no mundo derivam da interação dinâmica e cíclica dos opostos, vendo qualquer par de opostos como uma unidade. A essa unidade, que contém e transcende todas as forças opostas, denominava *Logos*.

A divisão dessa unidade deu-se a partir da escola eleática que pressupunha um Princípio Divino posicionado acima de todos os deuses e de todos os homens. Esse princípio foi inicialmente identificado com a unidade do universo; mais tarde, entretanto, passou a ser encarado como um Deus pessoal e inteligente, situado acima do mundo e dirigindo-o. Dessa forma, originou-se uma tendência de pensamento responsável, mais tarde, pela separação entre espírito e matéria, gerando o dualismo que se tornou a marca característica da filosofia ocidental.

Um passo decisivo nessa direção foi tomado por Parmênides de Ekeia. Em nítida oposição a Heráclito, Parmênides denominava seu princípio básico como o Ser, afirmando-o único e invariável. Considerava impossível a mudança encarando aquelas que presumimos perceber no mundo como simples ilusões dos sentidos. O conceito de uma substância indestrutível como sujeito de propriedades diversas originou-se dessa filosofia, vindo mais tarde a tornar-se um dos conceitos fundamentais do pensamento ocidental.

No século V a.C., os filósofos gregos tentaram superar o agudo contraste entre as visões de Parmênides e Heráclito. Com a finalidade de reconciliar a ideia de um Ser imutável (de Parmênides) com a de um eterno "vir a ser" (de Heráclito), partiram do pressuposto de que o Ser acha-se manifesto em determinadas substâncias invariáveis, cuja mistura e separação dá origem às mudanças do mundo. Essa tentativa de reconciliação deu lugar ao conceito do átomo, a menor unidade indivisível da matéria, cuja expressão mais clara pode ser encontrada na filosofia de Leucipo e Demócrito. Os atomistas gregos estabeleceram uma linha demarcatória bastante nítida entre espírito e matéria, retratando esta última como sendo formada de inúmeros "blocos básicos de construção". Tais blocos não passavam de partículas puramente passivas e intrinsecamente mortas, movendo-se no vácuo. Não era explicada a causa de seu movimento, embora este fosse frequentemente associado a forças externas que se supunham provir de uma origem espiritual, sendo fundamentalmente diferentes da matéria. Nos séculos que se seguiram, esta imagem acabou por se tornar um elemento essencial do pensamento ocidental, do dualismo entre mente e matéria, entre corpo e alma.

À medida que a ideia de uma divisão entre espírito e matéria tomava corpo, os filósofos voltaram sua atenção para o mundo espiritual, pondo de lado o material, e passaram a concentrar-se na alma humana e nos problemas de ética. Estas questões continuariam a ocupar o pensamento ocidental por mais de dois milênios após o apogeu da ciência e da cultura gregas nos séculos V e VI a.C. O conhecimento científico da Antiguidade foi sistematizado e organizado por Aristóteles, que criou o esquema que viria a se tornar a base da visão ocidental do universo durante dois mil anos. O próprio Aristóteles, contudo, acreditava que as questões concernentes à alma humana e à contemplação da perfeição de Deus eram muito mais valiosas do que as investigações em torno do mundo material. A razão que permitiu a imutabilidade do modelo aristotélico do universo por tanto tempo tem a ver exatamente com essa ausência de interesse no mundo material, lado a lado com o severo predomínio da Igreja Cristã, que apoiou as doutrinas aristotélicas durante toda a Idade Média.

O desenvolvimento posterior da ciência ocidental teve de aguardar o Renascimento; a partir daí, os homens começaram a se livrar da influência de Aristóteles e da Igreja, passando a apresentar um novo interesse em torno da natureza. No fim do século XV, o estudo da natureza foi abordado e, desta vez, a partir de um espírito verdadeiramente científico, no qual os experimentos eram levados a cabo para testar ideias especulativas. À medida que este desenvolvimento foi acompanhado por um crescente interesse pela matemática, acabou por gerar a formulação de teorias científicas adequadas, tomando por base o experimento; essas teorias eram expressas em linguagem matemática. Assim, Galileu foi o primeiro a combinar o conhecimento empírico com a matemática, o que lhe confere o título de pai da ciência moderna.

O nascimento da ciência moderna foi precedido e acompanhado por um desenvolvimento do pensamento filosófico que deu origem a uma formulação extrema do dualismo espírito/matéria. Essa formulação veio à tona no século XVII, através da filosofia de René Descartes. Para este filósofo, a visão da natureza derivava de uma divisão fundamental em dois reinos separados e independentes: o da mente (*res cogitans*) e o da matéria (*res extensa*). A divisão "cartesiana" permitiu aos cientistas tratar a matéria como algo morto e inteiramente apartado de si-mesmos, vendo o mundo material como uma vasta quantidade de objetos reunidos numa máquina de grandes proporções. Essa visão mecanicista do mundo foi sustentada por Isaac Newton, que elaborou sua Mecânica a partir de tais fundamentos, tornando-a o alicerce da Física clássica. Da segunda metade do século XVII até o fim do século XIX, o modelo mecanicista newtoniano do universo dominou todo o pensamento científico. Esse modelo caminhava paralelamente com a imagem de um Deus monárquico que, das alturas governava o mundo, impondo-lhe a lei divina. As leis fundamentais da natureza, objeto da pesquisa científica, eram então encaradas como as leis de Deus, ou seja, invariáveis e eternas, às quais o mundo se achava submetido.

A filosofia de Descartes não se mostrou importante apenas em termos do desenvolvimento da Física clássica; ela exerce, até hoje, uma tremenda influência sobre o modo de pensar ocidental. A famosa frase cartesiana *Cogito ergo sum* ("penso, logo existo") tem levado o homem ocidental a igualar sua identidade apenas à sua mente, em vez de igualá-la a todo o seu organismo. Em consequência da divisão cartesiana, indivíduos, na sua maioria, têm consciência de si mesmos como *egos* isolados existindo "dentro" de seus corpos. A mente foi separada do corpo, recebendo a inútil tarefa de controlá-lo, causando assim um conflito aparente entre a vontade consciente e os instintos involuntários. Posteriormente, cada indivíduo foi dividido num grande número de compartimentos isolados de acordo com as atividades que exerce, seu talento, seus sentimentos, suas crenças etc., todos estes engajados em conflitos intermináveis, geradores de constante confusão metafísica e frustração.

Essa fragmentação interna espelha nossa visão do mundo "exterior", que é encarado como sendo constituído de uma imensa quantidade de objetos e fatos isolados. O ambiente natural é tratado como se consistisse em partes separadas a serem exploradas por diferentes grupos de interesses. Essa visão fragmentada é ainda mais ampliada quando se chega à sociedade, dividida em diferentes nações, raças, grupos políticos e religiosos. A crença de que todos esses fragmentos – em nós mesmos, em nosso ambiente e em nossa sociedade – são efetivamente isolados pode ser encarada como a razão essencial para a atual série de crises sociais, ecológicas e culturais. Essa crença tem nos alienado da natureza e dos demais seres humanos, gerando uma distribuição absurdamente injusta de recursos naturais e dando origem à desordem econômica e política, a uma onda crescente de violência (espontânea e institucionalizada) e a um meio ambiente feio e poluído, no qual a vida não raro se torna física e mentalmente insalubre.

A divisão cartesiana e a visão de mundo mecanicista têm, pois, apresentado pontos positivos e negativos. Por um lado, mostraram-se extremamente bem-sucedidas em termos do desenvolvimento da Física clássica e da tecnologia; por outro, têm apresentado inúmeras consequências adversas para nossa civilização. É fascinante observar a forma pela qual a ciência do século XX, que se originou da divisão cartesiana e da visão mecanicista do mundo (e que, realmente, se tornou possível graças a essa visão), agora supera essa fragmentação e nos leva de volta à ideia da unidade expressa na Grécia antiga e nas filosofias orientais.

Em contraste com a visão mecanicista ocidental, a visão oriental do mundo é "orgânica". Para o místico oriental, todas as coisas e todos os fatos percebidos pelos sentidos acham-se inter-relacionados, unidos entre si, constituindo tão simplesmente aspectos ou manifestações diversos da mesma realidade última. Nossa tendência para dividir o mundo que percebemos em coisas individuais e isoladas, e para experimentar a nós mesmos como *egos* isolados neste mundo, é vista como uma ilusão proveniente de nossa mentalidade voltada para a mensuração e a categorização. Essa tendência é denominada *avidya* (ignorância) na filosofia budista, sendo considerada como o estado de uma mente perturbada que necessita ser superada:

Quando a mente é perturbada, produz-se a multiplicidade das coisas; quando a mente é aquietada, a multiplicidade das coisas desaparece.[4]

Embora as diversas escolas do misticismo oriental divirjam em inúmeros detalhes, todas enfatizam a unidade básica do universo, característica central de seus ensinamentos. O objetivo mais elevado para seus seguidores – sejam hindus budistas ou taoistas – é precisamente tornar-se consciente dessa unidade e da inter-relação mútua de todas as coisas, transcender a noção de um Si-mesmo (*Self*) individual e identificar-nos com a realidade fundamental. A emersão dessa consciência – denominada "iluminação"– não é apenas um ato intelectual mas, na verdade, uma experiência que envolve a totalidade do indivíduo e se afigura religiosa em sua natureza básica. Por essa razão, a maioria das filosofias orientais são essencialmente filosofias religiosas.

Na visão oriental do mundo, então, a divisão da natureza em objetos separados está longe de ser fundamental e tais objetos possuem um caráter fluido e em eterna mudança. A visão oriental do mundo é, pois, intrinsecamente dinâmica, contendo o tempo e a mudança como características fundamentais. O cosmo é visto como uma realidade inseparável, em eterno movimento, vivo, orgânico, espiritual e material ao mesmo tempo.

Sendo o movimento e a mudança propriedades essenciais das coisas, as forças geradoras do movimento não são exteriores aos objetos (como na visão grega clássica) mas, sendo ao contrário, são uma propriedade intrínseca da matéria. De forma correspondente, a imagem oriental do Divino não é a imagem de um governante que, das alturas, dirige o mundo, mas a de um princípio que tudo controla a partir de dentro:

Aquele que, habitando em todas as coisas,
É, no entanto, diverso de todas as coisas,
Aquele a quem todas as coisas não conhecem,
Cujo corpo é feito de todas as coisas,
Que controla todas as coisas a partir de dentro –
Aquele é a sua Alma, o Controlador interior,
O Imortal.[5]

Os capítulos que se seguem mostrarão que os elementos básicos da visão oriental do mundo são aqueles que se encontram na visão do mundo que vem à tona a partir da Física moderna. Eles pretendem sugerir que o pensamento oriental e, de forma mais ampla, o pensamento místico fornecem um lastro filosófico consistente e relevante para as teorias da ciência contemporânea, uma concepção do mundo na qual as descobertas científicas podem estar em perfeita harmonia com os objetivos espirituais e as crenças religiosas. Os dois temas básicos dessa concepção correspondem à unidade e inter-relação de todos os fenômenos e à natureza intrinsecamente dinâmica do universo. Quanto mais penetramos no mundo submicroscópico, mais compreendemos a forma pela qual o físico moderno, à semelhança do místico oriental, passa a perceber o mundo como um sistema de componentes inseparáveis, em permanente interação e movimento, sendo o homem parte integrante desse sistema.

A visão de mundo orgânica, "ecológica", das filosofias orientais é, sem dúvida alguma, uma das principais razões para a imensa popularidade que adquiriram em nossos dias, no Ocidente, especialmente entre os jovens. Em nossa cultura ocidental, ainda dominada pela visão mecanicista e fragmentada do mundo, um crescente número de indivíduos começa a se aperceber do fato de que essa visão constitui a razão subjacente da ampla insatisfação reinante em nossa sociedade. Assim, muitos têm se voltado para as formas orientais de libertação. É interessante – e talvez não muito surpreendente – que aqueles que se sentem atraídos pelo misticismo oriental, que consultam o *I Ching* e praticam *yoga* ou outras formas de meditação, geralmente apresentam uma atitude marcadamente anticientífica. Esses indivíduos tendem a ver a ciência, e a Física em particular, como uma disciplina escassamente imaginativa, de estreitos limites e responsável por todos os males da nossa tecnologia moderna.

Este livro pretende melhorar a imagem da ciência demonstrando a existência de uma harmonia essencial entre o espírito da sabedoria oriental e o da ciência ocidental. Estas páginas buscam sugerir que a Física moderna ultrapassa a tecnologia, que o caminho – ou Tao – da Física pode ser um caminho com um coração, um caminho que nos conduza ao conhecimento espiritual e à autorrealização.

2. CONHECENDO E VENDO

Do irreal, conduze-me ao real!
Das trevas, conduze-me à luz!
Da morte, conduze-me à imortalidade!

Brihad-aranyaka Upanishad

Antes de estudar os paralelos entre a Física moderna e o misticismo oriental, temos de fazer face à questão de como proceder a uma comparação entre uma ciência exata, expressa na linguagem altamente sofisticada da matemática moderna, e disciplinas espirituais que se baseiam principalmente na meditação e insistem no fato de que seus *insights* não podem ser comunicados verbalmente.

O que desejamos comparar são as afirmações feitas pelos cientistas e pelos místicos orientais acerca de seu conhecimento do mundo. Para que possamos estabelecer a moldura adequada a essa comparação, devemos inicialmente indagar de nós mesmos que tipo de "conhecimento" temos em vista. Será que o monge budista de Angkor Wat ou de Kyoto conferem ao termo "conhecimento" o mesmo significado que o físico de Oxford ou de Berkeley? Em segundo lugar, que tipo de afirmativa pretendemos comparar? O que pretendemos selecionar dentre os dados experimentais, equações e teorias, de um lado, e escrituras religiosas, antigos mitos ou tratados filosóficos, de outro? Este capítulo pretende esclarecer esses dois pontos, i. e., a natureza do conhecimento em questão e a linguagem na qual esse conhecimento é expresso.

Ao longo da história, tem-se reconhecido que a mente humana é capaz de duas espécies de conhecimento, ou de dois modos de consciência, via de regra denominados o racional e o intuitivo e associados tradicionalmente com a ciência e a religião, respectivamente. No Ocidente, o tipo religioso, intuitivo, de conhecimento é, na maioria dos casos, posto de lado em favor do conhecimento racional, científico; por seu turno, a atitude tradicionalmente adotada no Oriente é, em geral, precisamente a oposta. As afirmativas seguintes, acerca do conhecimento, por duas grandes mentes do Ocidente e do Oriente, tipificam essas duas posições. Sócrates, na Grécia, afirmou o famoso "sei que nada sei" e Lao Tsé, na China, assegurou que "o melhor é não saber que se sabe". No Oriente, os valores atribuídos às duas formas de conhecimento mostram-se, com frequência, evidentes já a partir dos nomes que lhes são conferidos. Os *Upanishads*, por exemplo, falam acerca de um conhecimento mais elevado e de um conhecimento inferior, associando estes às diversas ciências e aquele ao estado de consciência religiosa. Os budistas falam de um conhecimento "relativo" e de um "absoluto", ou acerca da "verdade condicional" e da "verdade transcendental". A filosofia chinesa, por sua vez, sempre enfatizou a natureza complementar do intuitivo e do racional, representando-os pelo par arquetípico *yin* e *yang*, que formam os alicerces do pensamento chinês. Assim, duas tradições filosóficas complementares – o Taoismo e o Confucionismo – se desenvolveram na China antiga com o intuito de lidar com esses dois tipos de conhecimento.

O conhecimento racional deriva da experiência que possuímos no trato com objetos e fatos do nosso ambiente cotidiano. Ele pertence ao reino do intelecto, cuja função é discriminar, dividir, comparar, medir e categorizar. Cria-se, desse modo, um mundo de distinções intelectuais, de opostos que só podem existir em mútua relação – razão pela qual os budistas denominam "relativo" a este tipo de conhecimento.

A abstração constitui uma característica crucial desse conhecimento, uma vez que, para que se possa comparar e classificar a imensa variedade de formas, estruturas e fenômenos presentes no mundo que nos cerca, não podemos levar em consideração todas as características aí existentes; somos, na verdade, levados a selecionar algumas que se revistam de maior significação. Dessa forma, construímos um mapa intelectual da realidade no qual as coisas são reduzidas a seus perfis mais gerais. O conhecimento racional é, dessa forma, um sistema de símbolos e conceitos abstratos, caracterizado pela estrutura sequencial e linear tão típica de

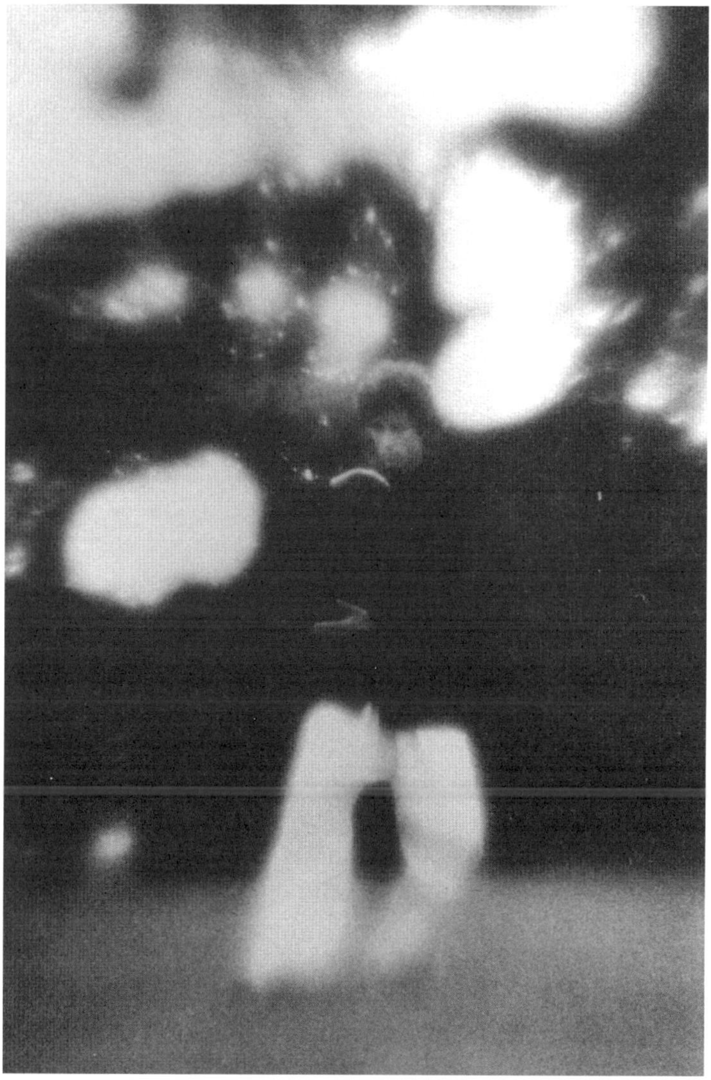

nosso pensamento e de nossa fala. Na maior parte das línguas, essa estrutura linear é explicitada através do uso de alfabetos que servem para comunicar a experiência e o pensamento em longas linhas de letras.

O mundo natural, por sua vez, compõe-se de infinitas variedades e complexidades; trata-se, na verdade, de um mundo multidimensional, onde inexistem linhas retas ou formas inteiramente regulares, onde as coisas não ocorrem em sequência mas concomitantemente; um mundo onde – segundo nos informa a Física moderna – até mesmo o espaço vazio é curvo. É claro que o nosso sistema abstrato de pensamento conceitual se mostra incapaz de descrever ou sequer de apreender integralmente essa realidade.

Ao pensarmos acerca do mundo, deparamo-nos com o mesmo tipo de problema que o cartógrafo quando tenta cobrir a face recurvada da Terra com uma sequência de mapas planos. Só poderemos esperar uma representação aproximada da realidade a partir de um procedimento dessa espécie, o que torna todo conhecimento racional necessariamente limitado.

O reino do conhecimento racional é, naturalmente, o reino da ciência que mede e quantifica, classifica e analisa. As limitações de qualquer conhecimento assim obtido têm se mostrado cada vez mais evidentes, na ciência moderna e, em particular, na Física moderna que nos ensina – nas palavras de Werner Heisenberg – que "cada palavra ou conceito, por mais nítidos que pareçam, só possuem uma faixa limitada de aplicabilidade".[1]

Para a maioria dos seres humanos, é muito difícil permanecer constantemente consciente acerca das limitações e da relatividade do conhecimento conceitual. Na medida em que nossa representação da realidade é muito mais fácil de se apreender que a realidade propriamente dita, tendemos a confundi-las e a fazer com que nossos conceitos e símbolos se tornem equivalentes à realidade. Um dos objetivos principais do misticismo oriental consiste na busca da superação dessa confusão. Os zen-budistas afirmam que necessitamos de um dedo para apontar para a lua, mas que não devemos nos preocupar com o dedo uma vez reconhecida a lua. O sábio taoista Chuang Tsé escreveu:

> Cestas de pescaria são utilizadas para pescar; quando o peixe é pego, os homens esquecem as cestas; as armadilhas são utilizadas para caçar lebres; uma vez que estas são pegas, os homens esquecem as armadilhas. As palavras são utilizadas para expressar ideias, mas quando se apoderam das ideias, os homens esquecem as palavras.[2]

No Ocidente, Alfred Korzybski, estudioso de semântica, tocou exatamente no mesmo ponto com seu poderoso lema "o mapa não é o território".

Os místicos orientais acham-se voltados para uma experiência direta da realidade que transcende não apenas o pensamento intelectual, mas também a percepção sensorial. Nas palavras dos *Upanishads*,

> O que é desprovido de som, tato, forma, imperecível,
> Da mesma forma sem sabor, constante, sem aroma,
> Sem começo e sem fim, mais elevado que o grande, estável –
> Ao discerni-lo, o homem liberta-se da boca da morte.[3]

O conhecimento que provém dessa experiência é denominado "conhecimento absoluto" pelos budistas; para estes, tal conhecimento não depende de discriminações, de abstrações e classificações do intelecto, os quais, como já vimos, são sempre relativos e aproximados. Trata-se, como afirmam os budistas, da experiência direta da "quididade"* indiferenciada, indivisa, indeterminada. A apreensão completa dessa quididade constitui não apenas o cerne do misticismo oriental, mas também a característica central de toda experiência mística.

Os místicos orientais insistem repetidamente no fato de que a realidade última não pode ser objeto de raciocínio ou de conhecimento demonstrável. Essa realidade última não pode ser descrita adequadamente através de palavras na medida em que se situa além dos reinos dos sentidos e do intelecto, fontes de nossas palavras e conceitos. Voltando aos *Upanishads*, lemos que:

> Lá, o olho não alcança,
> Nem a fala, nem a mente.
> Não sabemos ou sequer entendemos
> Como poderia ser ensinado.[4]

Lao Tsé, que denomina essa realidade de *Tao*, faz uma afirmação análoga na primeira linha do *Tao Te Ching*: "o *Tao* que pode ser expresso não

---

*A palavra *suchness* consegue expressar melhor que qualquer palavra em português o conceito de *tathata*, um dos mais importantes do Budismo Mahayana. Indica o estado do mundo tal como ele é na realidade: o estado pelo qual uma coisa é assim como ela é, o estudo de um fato acontecer do modo como acontece. A tradução quididade, essência de uma coisa, deixa muito a desejar, mas optamos por ela para evitar uma longa palavra composta. (N. do T.)

é o *Tao* eterno". O fato – óbvio a partir de uma simples leitura de jornais – de que a humanidade não se tornou muito mais sábia ao longo dos últimos dois mil anos, não obstante o crescimento prodigioso do conhecimento racional, constitui ampla evidência da impossibilidade de comunicação do conhecimento absoluto através de palavras. Segundo Chuang Tsé, "se pudéssemos falar a esse respeito, todos já o teriam contado a seus irmãos".[5]

O conhecimento absoluto é, pois, uma experiência da realidade inteiramente não intelectual, uma experiência nascida de um estado de consciência não usual que pode ser denominado "de meditação" ou estado místico. A existência desse estado não tem sido testemunhada apenas por numerosos místicos orientais e ocidentais, mas aparece igualmente na pesquisa psicológica. Nas palavras de William James:

> Nossa consciência normal do estado de vigília – a consciência racional, como a denominamos – constitui apenas um tipo especial de consciência, ao passo que, ao seu redor, e dela afastada por uma película extremamente tênue, encontram-se formas potenciais de consciência inteiramente diversas.[6]

Embora os físicos estejam basicamente voltados para o conhecimento racional e os místicos para o conhecimento intuitivo, os dois tipos de conhecimento aparecem em ambos os campos. Isto torna-se evidente quando examinamos a forma pela qual o conhecimento é obtido e expresso, tanto na Física como no misticismo oriental.

Na Física, o conhecimento é adquirido através do processo de pesquisa científica que, via de regra, desdobra-se em três etapas. A etapa inicial consiste na reunião de evidência empírica acerca dos fenômenos a serem explicados. Na etapa seguinte, os fatos experimentais são correlacionados com símbolos matemáticos, elaborando-se um esquema matemático que inter-relacione esses símbolos de forma precisa e consistente. Um esquema desse tipo é geralmente denominado um modelo matemático ou, se for mais abrangente, uma teoria. Essa teoria é então utilizada para predizer os resultados de experimentos posteriormente levados a cabo com o fito de verificar todas as suas implicações. Nesse estágio, os físicos podem se mostrar satisfeitos por terem obtido um esquema matemático e por saberem como utilizá-lo para predizer experimentos. Eventualmente, contudo, mostrar-se-ão desejosos de transmitir esses resultados aos não físicos, tendo que fazê-lo em linguagem leiga. Isso significa que terão que formular um modelo em linguagem comum capaz de interpretar seu esquema matemático. Para os próprios físicos, a formulação de um modelo verbal – que equivale à terceira etapa da pesquisa – constituirá um critério da compreensão a que chegaram.

Na prática, naturalmente, as três etapas não se encontram tão nitidamente separadas e nem sempre ocorrem em idêntica sequência. Por exemplo, um físico pode ser levado a um determinado modelo a partir de uma crença filosófica que possua e na qual pode continuar a acreditar, ainda que surja uma evidência empírica em sentido oposto. Esse físico tentará então – e isso ocorre de fato com certa frequência – modificar seu modelo de tal forma que possa responder por novos experimentos. Mas, se a evidência empírica segue contradizendo o modelo, o físico ver-se-á eventualmente forçado a deixá-lo de lado.

Esse modo de fazer com que todas as teorias se apoiem firmemente sobre experimentos é conhecido como o método científico e, conforme veremos, apresenta uma correspondência na filosofia oriental. A filosofia grega, por seu turno, era fundamentalmente diferente a esse respeito. Embora os filósofos gregos possuíssem ideias extremamente brilhantes acerca da natureza (e que, não raro, se aproximam em muito dos modernos modelos científicos), a enorme diferença entre as duas reside na atitude empírica da ciência moderna, inteiramente estranha à mente grega. Os gregos obtinham seus modelos de forma dedutiva, a partir de algum axioma ou princípio fundamental, e não de forma indutiva, a partir daquilo que haviam observado. Por outro lado, naturalmente, a arte grega da lógica e do raciocínio dedutivo constitui um ingrediente essencial na segunda etapa da pesquisa científica, a formulação de um modelo matemático consistente. É, pois, parte essencial da ciência.

O conhecimento racional e as atividades racionais constituem, por certo, a parcela mais significativa da pesquisa científica; contudo, não a esgotam. A parte racional da pesquisa seria de fato inútil se não fosse complementada pela intuição que fornece aos cientistas novos *insights* e os torna mais criativos. Esses *insights* tendem a surgir repentinamente e, de forma característica, em momentos de relaxamento, no banho, durante um passeio pelo bosque ou na praia, etc. – e não quando o pesquisador está sentado à mesa de trabalho, lidando com suas equações. Durante esses períodos de descanso após a atividade intelectual intensa, a mente intuitiva parece apossar-se do pesquisador e pode produzir as repentinas percepções tão esclarecedoras e que dão tanta alegria e prazer à pesquisa científica.

Esses *insights* intuitivos, entretanto, em nada servirão à Física, a menos que possam ser formulados numa moldura matemática consistente e sejam suplementados por uma interpretação em linguagem não técnica. A abstração é, por certo, uma característica crucial dessa moldura, consistindo (conforme já adiantei) num sistema de conceitos e símbolos que constitui um mapa da realidade. Esse mapa representa apenas algumas facetas da realidade. Não sabemos, contudo, precisamente que facetas são essas, uma vez que começamos a esboçar nosso mapa gradativamente e sem análise crítica desde nossa infância. As palavras de nossa linguagem não se encontram, pois, claramente definidas, podendo apresentar diferentes significados, muitos dos quais atravessam nossa mente de forma extremamente vaga, permanecendo largamente em nosso subconsciente.

A ambiguidade e a falta de precisão de nossa linguagem são essenciais para os poetas que trabalham basicamente com as camadas e as associações subconscientes. A ciência, por outro lado, visa definições claras e conexões nítidas e, em razão de tais exigências, limita ainda mais o significado de suas palavras e padroniza sua estrutura, de acordo com as regras da lógica. A abstração última ocorre na matemática, onde as palavras são substituídas por símbolos e onde as operações de conectar os símbolos são rigorosamente definidas. Dessa forma, os cientistas podem condensar a informação numa equação, i. e., dentro de uma única linha de símbolos – o que necessitaria, se se tratasse da escrita usual, de inúmeras páginas a serem preenchidas.

A ideia de que a matemática não passa de uma linguagem extremamente abstrata e compacta não dispensa ressalvas. Muitos matemáticos, de fato, acreditam que a matemática não é apenas uma linguagem voltada para a descrição da natureza, mas, sim, que ela é inerente à própria natureza. Essa crença originou-se em Pitágoras, que fez a célebre afirmativa: "Todas as coisas são números" e desenvolveu um tipo muito especial de misticismo matemático. A filosofia pitagórica introduziu, dessa forma, o raciocínio lógico no domínio da religião, um desenvolvimento que, segundo Bertrand Russell, mostrou-se decisivo para o futuro da filosofia religiosa ocidental:

> A combinação de matemática e teologia, iniciada por Pitágoras, caracterizou a filosofia religiosa na Grécia, na Idade Média e nos tempos modernos até Kant. [...] Em Platão, Santo Agostinho, Santo Tomás de Aquino, Descartes, Spinoza e Leibniz existe uma fusão íntima entre religião e raciocínio, entre aspiração moral e admiração lógica pelo que é intemporal, que provém de Pitágoras e que diferencia a teologia intelectualizada da Europa do misticismo mais direto, proveniente da Ásia.[7]

Este último, naturalmente, não adotaria a visão pitagórica do matemático. Na visão oriental, a matemática, com sua estrutura altamente diferenciada e bem definida, deve ser encarada como parte de nosso mapa conceitual e não como faceta da realidade propriamente dita. A realidade, como é experimentada pelo místico, é completamente indeterminada e indiferenciada.

O método científico de abstração é bastante eficiente e poderoso; temos, não obstante, de pagar um preço por esse método. À medida que definimos de forma mais precisa nosso sistema conceitual, à medida que damos a ele forma "aerodinâmica" e fazemos as interligações cada vez mais rigorosas, nosso sistema torna-se cada vez mais desligado do mundo real. Utilizando novamente a analogia de Korzybski entre o mapa e o território, podemos dizer que a linguagem cotidiana é um mapa que, devido à sua intrínseca falta de precisão, apresenta certa flexibilidade, de tal modo que permite seguir a forma curva do território até certo ponto. À medida que a tornamos mais rigorosa, essa flexibilidade se desfaz gradativamente. Com a linguagem da matemática, alcançamos um ponto onde os laços com a realidade se apresentam tão tênues que a relação entre os símbolos e nossa experiência sensorial não mais se faz evidente. Essa é a razão pela qual temos de suplementar nossos modelos e nossas teorias matemáticas com interpretações verbais, utilizando uma vez mais conceitos que podem ser compreendidos intuitivamente mas que são ligeiramente imprecisos e ambíguos.

É importante perceber a diferença entre os modelos matemáticos e suas contrapartidas verbais. Aqueles são rigorosos e consistentes, no tocante à sua estrutura interna; seus símbolos, contudo, não se encontram diretamente relacionados com a nossa experiência. Os modelos verbais, por seu turno, utilizam conceitos que podem ser compreendidos intuitivamente, mas que são sempre imprecisos e ambíguos. A esse respeito, não diferem dos modelos filosóficos da realidade, podendo-se pois estabelecer comparações entre ambos.

Se existe um elemento intuitivo na ciência, existe um elemento racional no misticismo oriental. O grau a que chega a ênfase sobre a razão e a lógica, não obstante, difere enormemente de uma escola para outra. O *Vedanta* hindu ou o *Madhyamika* budista, por exemplo, são escolas altamente intelectuais; os taoistas, por sua vez, sempre demonstraram uma profunda desconfiança pela razão e pela lógica. O Zen, que se originou do Budismo e foi fortemente influenciado pelo Taoismo, orgulha-se de ser "sem palavras, sem explicações, sem instruções, sem conhecimento". Concentra-se quase inteiramente na experiência da iluminação e só se interessa de forma marginal pela interpretação dessa experiência. Uma frase Zen bastante conhecida diz que "no momento em que se fala sobre uma coisa, perde-se a marca".

Embora outras escolas de misticismo oriental sejam menos extremas, a experiência mística direta constitui o cerne de todas elas. Mesmo os místicos porventura engajados na discussão mais sofisticada jamais consideram o intelecto como sua fonte de conhecimento, utilizando-o meramente para analisar e interpretar sua experiência mística pessoal. Todo o conhecimento baseia-se solidamente nessa experiência, o que confere às tradições orientais uma característica fortemente empírica, sempre ressaltada por seus defensores. D. T. Suzuki, por exemplo, escreve acerca do Budismo:

> A experiência pessoal é [...] o fundamento da filosofia budista. Nesse sentido, o Budismo constitui um experimentalismo ou empirismo radical, por mais dialética que mais tarde viesse a se tornar para esquadrinhar o significado da experiência da iluminação.[8]

Joseph Needham frequentemente destaca a atitude empírica dos taoistas em seu livro *Science and Civilisation in China* [*Ciência e Civilização na China*]; em sua opinião, essa atitude tornou o Taoismo a base da ciência e da tecnologia chinesas. Os primitivos filósofos taoistas, segundo Needham, "retiraram-se para o deserto, as florestas e as montanhas para meditar sobre a Ordem da Natureza e para observar suas inúmeras manifestações.[9] O mesmo espírito acha-se refletido nos versos zen,

> Aquele que desejar compreender o significado da natureza de Buda
> Deve observar atentamente as estações e as relações causais.[10]

A base sólida do conhecimento que repousa na experiência, no misticismo oriental, sugere um paralelo em face da idêntica base sólida do conhecimento científico, que também repousa sobre a experiência. Esse paralelo é ainda mais reforçado pela natureza da experiência mística. Esta é descrita, nas tradições orientais, como um *insight* direto, situado exteriormente ao mundo do intelecto e obtido pela observação e não pelo pensamento, pelo olhar para dentro de si mesmo.

No Taoismo, essa noção de observação acha-se incorporada ao nome dos templos taoistas, *kuan*, palavra que originalmente significa "olhar". Pois os taoistas encaram seus templos como locais de observação. No Budismo *Ch'an*, a versão chinesa do Zen alude-se à iluminação como "a visão do *Tao*"; o "ver" é, por sua vez, considerado como a base do conhecimento em todas as escolas budistas. O primeiro item do Caminho Óctuplo, a prescrição de Buda para a autorrealização, reside na visão correta, seguida pelo conhecimento correto. A esse respeito, escreve D. T. Suzuki:

> O ver desempenha o papel mais importante na epistemologia budista por constituir a base do conhecer. O conhecer é impossível sem o ver; todo conhecimento possui sua origem na visão. O conhecer e o ver encontram-se, pois, geralmente unidos nos ensinamentos de Buda. A filosofia budista, portanto, aponta para a visão da realidade como ela é. O ver é a experiência da iluminação.[11]

Essa citação recorda-nos as palavras do místico yaqui, Dom Juan: "Minha predileção consiste em ver [...], porque somente vendo pode um homem obter o conhecimento".[12]

Uma palavra de advertência deve talvez ser acrescentada aqui. A ênfase no ver, por parte das tradições místicas, não deve ser encarada de forma excessivamente literal; deve, isto sim, ser apreendida em seu sentido metafórico, uma vez que a experiência mística da realidade é, de fato, uma experiência essencialmente não sensorial. Quando os místicos orientais falam em "ver", referem-se a um modo de percepção que pode incluir a percepção visual, mas que sempre e essencialmente a transcende para se tornar uma experiência não sensorial da realidade. O que esses místicos enfatizam, contudo, ao se referirem ao ver, ao olhar ou ao observar diz respeito ao caráter empírico do seu conhecimento. Esta abordagem empírica da filosofia oriental recorda-nos com insistência a ênfase dada à observação por parte da ciência; temos, aqui, uma moldura para a nossa comparação. A etapa experimental na pesquisa científica parece corresponder à percepção direta do místico oriental, e os modelos e teorias científicas correspondem às diversas formas pelas quais essa percepção é interpretada.

O paralelo entre os experimentos científicos e as experiências místicas pode parecer surpreendente em razão da natureza profundamente diversa desses atos de observação. Os físicos efetuam experimentos que envolvem um complexo trabalho de equipe e uma tecnologia altamente sofisticada; por sua vez, os místicos obtêm seu conhecimento puramente através da introspecção, sem a intervenção de qualquer máquina, no silêncio da meditação. Os experimentos científicos, além disso, parecem ser passíveis de repetição em qualquer época e por qualquer indivíduo; por seu turno, as experiências místicas parecem reservadas a alguns poucos seres humanos em ocasiões especiais. Uma análise mais cuidadosa demonstra, contudo, que as diferenças entre os dois tipos de observação residem unicamente em sua abordagem e não em sua confiabilidade ou complexidade.

Todo aquele que quer repetir um experimento na moderna Física subatômica tem de passar por inúmeros anos de treinamento. Somente então estará capacitado a indagar da natureza uma determinada questão, utilizando-se do experimento, e a possuir as condições que o habilitem a compreender a resposta. De idêntica forma, uma experiência mística profunda demanda, via de regra, inúmeros anos de treinamento sob a orientação de um mestre experiente e, da mesma forma que no treinamento científico, o tempo dedicado a essa tarefa não garante, por si só, a obtenção do sucesso. Se o aluno consegue ser bem-sucedido, estará em condições de "repetir o experimento". A possibilidade de repetir a experiência constitui, na verdade, uma característica essencial para o treinamento místico; nela reside, de fato, o objetivo básico da instrução espiritual dos místicos.

Uma experiência mística, portanto à semelhança de um moderno experimento levado a cabo pela Física, não é um fato único. E, por outro lado, não se afigura menos sofisticada que este, embora sua sofisticação seja de um tipo inteiramente diverso. A complexidade e eficiência do aparato técnico de que dispõe o físico é igualada, quando não superada, pelo aparato de que dispõe a consciência do místico – tanto em termos físicos quanto espirituais – quando em meditação profunda. Os cientistas e os místicos desenvolveram, pois, métodos altamente sofisticados de observação da natureza inacessíveis aos leigos. Uma página de uma revista de Física experimental moderna será tão misteriosa para um não iniciado quanto uma mandala tibetana. Ambos constituem registros de indagações a respeito da natureza do universo.

Embora as experiências místicas profundas não ocorram, via de regra, sem uma longa preparação prévia, os *insights* diretos são experimentados por todos nós em nosso cotidiano. Todos conhecemos bem uma situação na qual esquecemos o nome de uma pessoa ou de um lugar ou uma palavra qualquer – e não podemos obtê-la por mais que nos esforcemos para tal. A palavra está "na ponta da língua", mas permanecerá incógnita até que, ao desviarmos nossa atenção para outra coisa, repentinamente nos aperceberemos do nome que por tanto tempo tentamos recordar. Nenhum pensamento se acha envolvido nesse processo; trata-se de um *insight* repentino, imediato. Este exemplo, de lembrar-se repentinamente de algo, é particularmente relevante no Budismo, que afirma ser a nossa natureza original a do Buda iluminado; nós simplesmente esquecemos essa natureza, os estudantes do Zen-budismo são solicitados a descobrir sua "face original" e a "súbita recordação" dessa face constitui a sua iluminação.

Outro exemplo bem conhecido de *insights* intuitivos espontâneos pode ser encontrado nas piadas. Na fração de segundo em que entendemos uma piada, experimentamos um momento de "iluminação". Sabemos muito bem que esse momento deve surgir espontaneamente, que não pode ser alcançado pela "explicação" da piada, i. e., pela análise intelectual. Somente uma percepção intuitiva repentina da natureza da piada permite-nos experimentar o riso liberador que constitui o alvo desta.

A semelhança entre um *insight* espiritual e a compreensão de uma piada deve ser bem conhecida para o homem iluminado; este indivíduo demonstra sempre um grande senso de humor. O Zen, especialmente, está repleto de histórias e anedotas divertidas; no *Tao Te Ching*, lemos que "se dele não se pudesse rir, ele não seria o *Tao*".[13]

Em nossa vida diária, os *insights* intuitivos diretos a respeito da natureza das coisas acham-se normalmente limitados a momentos extremamente breves. Isso, contudo, não se verifica no misticismo oriental; aqui, esses momentos são estendidos a longos períodos e, na verdade, tornam-se por fim uma consciência constante. A preparação da mente para essa consciência – para a consciência imediata, não conceitual da realidade – é o propósito básico de todas as escolas do misticismo oriental e de inúmeros aspectos do modo de vida oriental. Durante a longa história cultural da Índia, da China e do Japão, uma enorme variedade de técnicas, de rituais e de formas artísticas foram desenvolvidas para se alcançar tal propósito; e todas essas formas podem ser denominadas meditação no sentido mais amplo dessa palavra.

O objetivo básico dessas técnicas parece residir no silenciar da mente pensante e na transferência da consciência do modo racional para o intuitivo. Em diversas formas de meditação esse silenciar da mente racional é obtido através da concentração da atenção do indivíduo num único ponto, por exemplo, a respiração, o som de um mantra ou a imagem visual de uma mandala. Outras escolas focalizam a atenção em movimentos corporais, que devem ser efetuados espontaneamente sem a interferência de qualquer pensamento. É o que ocorre com a *yoga* hindu e com o *T'ai Chi Ch'uan* taoista. Os movimentos rítmicos dessas escolas podem levar ao mesmo sentimento de paz e de serenidade tão característicos das formas mais estáticas de meditação, um sentimento que, incidentalmente, pode ser evocado através de alguns esportes. Em minha experiência, por exemplo, o esquiar tem se revelado uma forma altamente gratificante de meditação.

As formas artísticas orientais são, igualmente, formas de meditação. Mais do que meios de expressão das ideias do artista, essas formas constituem-se em meios de autorrealização através do desenvolvimento do modo intuitivo de consciência. A música indiana não é aprendida pela simples leitura de notas, mas através da audição à execução do professor, desenvolvendo em consequência um sentimento pela música. De idêntica forma, os movimentos do *T'ai Chi* não são aprendidos pela intervenção de instruções verbais, mas pela sua prática repetida em uníssono com o professor. As cerimônias japonesas do chá estão repletas de movimentos lentos e rituais. A caligrafia chinesa demanda o movimento espontâneo, desprovido de inibição da mão. Todas essas habilidades são utilizadas no Oriente com vistas ao desenvolvimento do modo meditativo de consciência.

Para a maioria das pessoas – e especialmente para os intelectuais –, esse modo de consciência é uma experiência inteiramente inédita. Os cientistas estão familiarizados com *insights* intuitivos diretos provenientes de sua pesquisa, isso porque cada nova descoberta origina-se de uma percepção repentina e não verbal. Esses momentos, contudo, são extremamente breves e surgem à tona quando a mente está repleta de informações, de conceitos e de padrões de pensamento. Na meditação, a mente é esvaziada de todos os pensamentos e conceitos, sendo preparada para funcionar por longos períodos de tempo através desse modo intuitivo. Lao Tsé fala acerca do contraste entre a pesquisa e a meditação ao dizer que:

> Aquele que busca a aprendizagem crescerá a cada novo dia;
> Aquele que busca o *Tao* decrescerá a cada novo dia.[14]

Quando a mente racional é silenciada, o modo intuitivo produz uma percepção extraordinária. O ambiente é vivenciado de forma direta, sem o filtro do pensamento conceitual. Nas palavras de Chuang Tsé, "a mente serena do sábio é um espelho do céu e da terra – o espelho de todas as coisas".[15] A experiência da unidade do indivíduo com o meio que o cerca constitui a característica principal desse estado de meditação. Trata-se de um estado de consciência onde todas as formas de fragmentação cessaram, desvanecendo-se gradativamente até a unidade indiferenciada.

Na meditação profunda, a mente está inteiramente alerta. Além da apreensão não sensorial da realidade, ela absorve todos os sons, vislumbres e outras impressões presentes no meio ambiente, mas nem por isso as imagens sensoriais são analisadas ou interpretadas. Não se permite que as mesmas distraiam a atenção. Esse estado de consciência assemelha-se ao estado da mente de um guerreiro que espera um ataque inteiramente alerta, registrando tudo o que se passa a seu redor sem que isso o distraia um instante sequer. O mestre de Zen Yasutani Roshi utiliza essa imagem na descrição do *shikan-taza*, a prática da meditação Zen:

> O *shikan-taza* é um estado intensificado de percepção concentrada na qual o indivíduo não se encontra nem tenso nem apressado e muito menos indolente. É a mente de alguém que encara a morte. Imaginemos que você esteja empenhado num duelo de espada à maneira daqueles que se verificavam no Japão antigo. Enquanto você encara o seu oponente, você se mantém incessantemente atento, firme, preparado. Se você relaxasse a vigilância por um único momento, poderia ser atingido de imediato. Em torno dos lutadores reúne-se uma multidão. Como você não é cego, você a vê com o canto dos olhos; como não é surdo, você a ouve. Isso, contudo, não afasta sua mente nem a transfere do duelo para essas impressões sensoriais.[16]

Em razão da similitude existente entre o estado de meditação e o estado de alma de um guerreiro, a imagem deste desempenha um papel importante na vida espiritual e cultural do Oriente. O palco para o texto religioso mais conhecido na Índia, o *Bhagāvād Gītā*, é o campo de batalha, e as artes marciais constituem uma parcela relevante das culturas tradicionais da China e do Japão. No Japão, a forte influência do Zen sobre a tradição dos samurais deu origem ao que se denomina *bushido*, "o caminho do guerreiro", uma arte da luta de espada onde a percepção espiritual do espadachim alcança sua perfeição mais elevada. *O T'ai Chi Ch'uan* taoista, que foi considerado a suprema arte marcial chinesa, combina tanto os momentos lentos e rítmicos da *yoga* com o alerta total da mente do guerreiro numa forma que lhe é única.

O misticismo oriental baseia-se na percepção direta da natureza da realidade; por seu turno, a Física baseia-se na observação dos fenômenos naturais através de experimentos científicos. Em ambos os campos, as observações são então interpretadas e a interpretação é frequentemente comunicada através de palavras. Levando-se em conta que as palavras são sempre um mapa aproximado, abstrato, da realidade, as interpretações verbais de um experimento científico ou de uma percepção mística são forçosamente imprecisas e incompletas. Físicos modernos e místicos orientais estão a par desse fato.

Na Física, as interpretações dos experimentos são chamadas modelos ou teorias, enquanto a compreensão do fato de que todos os modelos e teorias são aproximados constitui um fato básico na pesquisa científica de nossos dias. Vem daí o aforismo de Einstein: "Até onde as leis da matemática se refiram à realidade, elas estão longe de constituir algo certo; e, na medida em que constituem algo certo, não se referem à realidade." Os físicos sabem que seus métodos de análise e raciocínio lógico são incapazes de explicar de imediato a totalidade dos fenômenos naturais; assim, esses físicos isolam um determinado grupo de fenômenos e tentam construir um modelo que descreva esse grupo. Assim procedendo, deixam de lado outros fenômenos e, por isso, o modelo não dará conta por inteiro da descrição integral da situação real. Os fenômenos que são postos de lado talvez apresentem efeitos tão desprezíveis que sua inclusão não alteraria de forma significativa a teoria; ou talvez sejam deixados à margem pelo simples fato de não serem suficientemente bem conhecidos na época em que se procede à construção da teoria.

Para que possamos ilustrar os pontos acima referidos, concentremos nossa atenção num dos mais conhecidos modelos da Física, a Mecânica "clássica" de Newton. Os efeitos da resistência do ar ou da fricção, por exemplo, não são geralmente levados em consideração nesse modelo por serem, via de regra, extremamente pequenos. Apesar dessas omissões, a Mecânica newtoniana foi por muito tempo considerada a teoria final para a descrição dos fenômenos naturais, até o momento em que os fenômenos elétricos e magnéticos – que não dispunham de espaço na teoria de Newton – foram descobertos. A descoberta desses fenômenos demonstrou que o modelo era incompleto, ou seja, que ele podia ser aplicado unicamente a um grupo limitado de fenômenos, essencialmente o movimento dos corpos sólidos.

O estudo de um grupo limitado de fenômenos pode igualmente significar o estudo de suas propriedades físicas ao longo apenas de uma faixa limitada; aqui pode residir uma razão adicional para que a teoria seja aproximada. Esse aspecto da aproximação é bastante sutil, uma vez que não sabemos antecipadamente onde se localizam as limitações de uma teoria. Somente a experiência pode indicá-las. Assim, a imagem da Mecânica clássica sofreu uma nova erosão a partir do momento em que a Física do século XX demonstrou suas limitações essenciais. Sabemos, hoje, que o modelo newtoniano é válido apenas para objetos que consistem em grande número de átomos e exclusivamente para velocidades pequenas comparadas à da luz. Se a primeira condição não se verifica, a Mecânica clássica tem de ceder seu lugar à teoria quântica; se é a segunda condição que não é satisfeita, a teoria da relatividade deve ser aplicada. Isso não quer dizer que o modelo newtoniano seja "errado" ou que as teorias quânticas e da relatividade sejam "certas". Todos esses modelos são aproximados, sendo válidos para uma determinada faixa de fenômenos. Fora dos limites desta, esses modelos deixam de fornecer uma descrição satisfatória da natureza; novos modelos devem ser encontrados para substituir os antigos – ou, melhor, para ampliá-los, então, a fim de melhorar a aproximação.

A especificação das limitações de um dado modelo é, não raro, uma das mais difíceis e das mais importantes tarefas em sua construção. Segundo Geoffrey Chew, cuja teoria *bootstrap* será extensamente discutida mais adiante neste trabalho, torna-se essencial indagar, tão logo se descubra que um dado modelo ou teoria funciona: Por que funciona? Quais são os limites do modelo? De que forma, exatamente, ele constitui uma aproximação? Na opinião de Chew, esse conjunto de questões representa o passo inicial em direção a um progresso posterior.

Os místicos orientais, por sua vez, também têm consciência do fato de que todas as descrições verbais da realidade são imprecisas e incompletas. A experiência direta da realidade transcende o reino do pensamento e da linguagem e, uma vez que todo misticismo se baseia nessa experiência direta, tudo aquilo que se diz acerca dessa experiência só é verdadeiro em parte. Na Física, a natureza aproximada de todas as afirmações é quantificada e o progresso é feito à medida que melhoramos gradativamente as aproximações. De que forma, pois, as tradições orientais enfrentam o problema da comunicação verbal?

Em primeiro lugar, os místicos se voltam principalmente para a experiência da realidade e não para a descrição dessa experiência. Portanto, não se interessam, via de regra, pela análise dessa descrição e, em consequência, o conceito de uma aproximação bem definida não encontra guarida no pensamento oriental. Se, por outro lado, os místicos orientais desejam comunicar sua experiência, deparam-se com as limitações da linguagem. Vários meios diferentes foram desenvolvidos no Oriente para tratar desse problema.

O misticismo indiano – e o Hinduísmo em particular – reveste suas afirmativas sob a forma de mitos, através do uso de metáforas e símbolos, de imagens poéticas, de comparações e alegorias. A linguagem mítica acha-se muito menos acorrentada à lógica e ao senso comum; ao contrário, apresenta-se repleta de situações mágicas e paradoxais, ricas em imagens sugestivas e jamais precisas, o que lhe permite expressar a maneira pela qual os místicos experimentam a realidade de forma muito melhor que a linguagem factual. Segundo Ananda Coomaraswamy, "o mito incorpora a abordagem mais próxima da verdade absoluta capaz de ser expressa em palavras".[17]

A rica imaginação indiana criou um vasto número de deuses e deusas cujas encarnações e proezas constituem o tema de lendas fantásticas, reunidas em épicos de grandes dimensões. Os hindus sabem, em sua profunda percepção, que todos esses deuses são criações da mente, imagens míticas que representam as inúmeras facetas da realidade. Por outro lado, sabem igualmente que todos esses deuses não foram simplesmente criados com o fito de tornar mais atraentes essas histórias, pois elas constituem, em verdade, veículos essenciais para a transmissão das doutrinas de uma filosofia arraigada na experiência mística.

Os místicos chineses e japoneses encontraram uma forma diversa de lidar com o problema da linguagem. Em vez de tornarem mais agradáveis e de mais fácil entendimento a natureza paradoxal da realidade pelo uso de símbolos e de imagens do mito, preferem, com muita frequência, acentuá-la, lançando mão da linguagem factual. Assim, os taoistas fizeram uso constante dos paradoxos a fim de expor as inconsistências que derivam da comunicação verbal, e de exibir os limites dessa comunicação. Essa técnica foi passada para os budistas chineses e japoneses que, por sua vez, desenvolveram-na ainda mais. Sua forma extrema pode ser encontrada no Zen-budismo com seus *koans*, enigmas absurdos utilizados pelos mestres Zen na transmissão de seus ensinamentos. Esses *koans* estabelecem um importante paralelo com a Física moderna, tema a que voltaremos no capítulo seguinte.

No Japão, existe uma outra forma de se expressar pontos de vista filosóficos, que deve ser mencionada. Trata-se de uma forma especial, extremamente concisa, de poesia, muito utilizada pelos mestres Zen para indicar, diretamente, a quididade da realidade. Quando um monge indagou de Fuketsu Ensho "quando a fala e o silêncio são ambos inadmissíveis, como podemos evitar o erro?" – o mestre respondeu:

> Lembro-me sempre de Chiangsé em março –
> O grito da perdiz,
> O aglomerado de flores fragrantes.[18]

Essa forma de poesia espiritualista alcançou sua perfeição no *haiku*, uma forma poética japonesa clássica, de apenas dezessete sílabas, profundamente influenciada pelo Zen. O *insight* a respeito da natureza mesma da Vida, alcançado por esses poetas do *haiku* atinge-nos, não obstante, a tradução:

> Folhas caindo
> Tocam-se umas nas outras;
> A chuva toca na chuva.[19]

Sempre que os místicos orientais expressam em palavras seu conhecimento – seja através de mitos, de símbolos, de imagens poéticas ou de afirmações paradoxais –, estão muito conscientes das limitações impostas pela linguagem e pelo pensamento "linear". A Física moderna toma hoje a mesma atitude com relação a seus modelos e teorias verbais. Estes, também, são apenas aproximados e necessariamente imprecisos. Constituem a contrapartida dos mitos, dos símbolos e imagens poéticas orientais, e é precisamente nesse nível que estabeleço os paralelos. A mesma ideia acerca da matéria é transmitida, por exemplo, para o hindu, pela dança cósmica do deus Shiva, e, para o físico, por certos aspectos da teoria quântica dos campos. O deus que dança e a teoria física são criações da mente, modelos que buscam descrever a intuição que seus autores possuem acerca da realidade.

3. ALÉM DA LINGUAGEM

A contradição que se mostra tão enigmática em face do pensamento usual provém do fato de termos de utilizar a linguagem para comunicar nossas experiências íntimas, as quais, em sua própria natureza, transcendem a linguística.

D. T. Suzuki

Os problemas da linguagem, aqui, são efetivamente sérios. Desejamos de alguma forma falar acerca da estrutura dos átomos... Mas não podemos falar sobre os átomos utilizando a linguagem usual.

W. Heisenberg

A noção de que todas as teorias e modelos científicos são aproximados, e de que suas interpretações verbais sempre padecem da imprecisão de nossa linguagem, já era normalmente aceita pelos cientistas no início do século XX quando um desenvolvimento novo e inteiramente inesperado veio a ocorrer. O estudo do mundo dos átomos forçou os físicos a perceber que nossa linguagem comum, além de imprecisa, afigurava-se inteiramente inadequada para descrever a realidade atômica e subatômica. As teorias quântica e da relatividade, os dois pilares da Física moderna, tornaram claro o fato de que essa realidade transcende a lógica clássica e de que não podemos falar a respeito dela, usando a linguagem cotidiana. Nas palavras de Heisenberg:

O problema mais difícil [...] no tocante à utilização da linguagem surge na teoria quântica. Aqui, não nos deparamos de início com qualquer guia simples que nos permita correlacionar os símbolos matemáticos com os conceitos da linguagem usual; e a única coisa que sabemos desde o início é o fato de que nossos conceitos comuns não podem ser aplicados à estrutura dos átomos.[1]

De um ponto de vista filosófico, este foi por certo o desenvolvimento mais interessante na Física moderna; aqui, igualmente, situa-se uma das raízes de sua relação com a filosofia oriental. Nas escolas da filosofia ocidental, a lógica e o raciocínio têm sido sempre as ferramentas básicas utilizadas na formulação de ideias filosóficas. Segundo Bertrand Russell, essa afirmação permanece verídica mesmo que se trate de filosofias religiosas. No misticismo oriental, por outro lado, sempre ficou claro que a realidade transcende a linguagem ordinária, e os sábios do Oriente não temiam ir além dos conceitos lógicos e comuns. Em minha opinião, essa é a principal razão pela qual seus modelos da realidade constituem um alicerce filosófico mais adequado à Física moderna que os modelos existentes na filosofia ocidental.

O problema da linguagem com que se depara o místico oriental é precisamente o mesmo que se antepõe ao físico moderno. Nas duas citações apresentadas no início deste capítulo, D. T. Suzuki fala sobre o Budismo[2] e Werner Heisenberg sobre a Física atômica[3] – não obstante, as duas citações são quase idênticas. Tanto o físico quanto o místico desejam comunicar seu conhecimento e, quando o fazem com o auxílio de palavras, suas afirmações são paradoxais e cheias de contradições lógicas. Esses paradoxos são característicos de todo misticismo, de Heráclito a Dom Juan e, desde o início do século XX, também da Física.

Na Física atômica, muitas das situações paradoxais têm a ver com a natureza dual da luz ou – num sentido mais amplo – da radiação eletromagnética. Por um lado, é claro que essa radiação deve consistir em ondas, uma vez que produz os tão conhecidos fenômenos de interferência associados às ondas. Quando existem duas fontes de luz, a intensidade luminosa em um ponto qualquer será necessariamente a soma das luzes que provêm das duas fontes, mas poderá ser maior ou menor que essa soma. Tal fato pode ser facilmente explicado pela interferência das ondas que emanam das duas fontes: nos pontos em que duas cristas coincidem, teremos mais luz do que a soma das duas e onde uma crista e uma depressão coincidem, teremos menos luz. A quantidade precisa de interferência pode ser calculada facilmente. Os fenômenos de interferência desse tipo podem ser observados sempre que utilizarmos radiação eletromagnética, forçando-nos a concluir que essa radiação consiste de ondas.

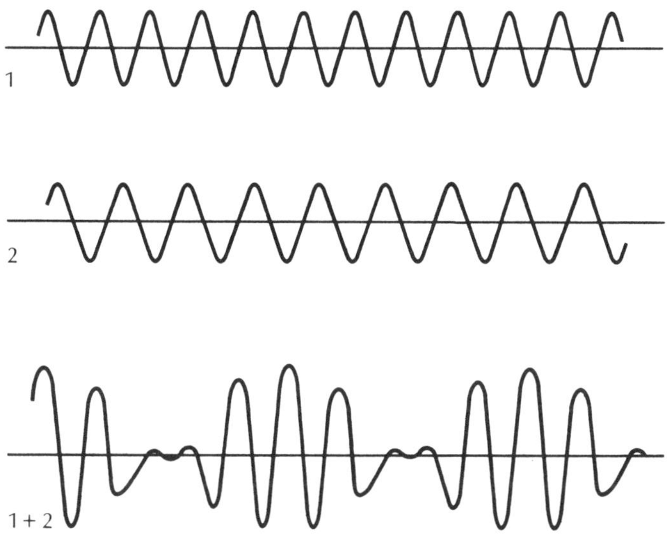

Interferência de duas ondas.

Por outro lado, a radiação eletromagnética também produz o chamado efeito fotoelétrico: quando a luz ultravioleta incide sobre a superfície de alguns metais, pode expulsar elétrons dessa superfície e, portanto, deve consistir em partículas móveis. Situação semelhante ocorre nos experimentos de "espalhamento" com raios X. Tais experimentos só podem ser interpretados corretamente se forem descritos como colisões de "partículas de luz" com elétrons. E, contudo, eles apresentam os padrões de interferência característicos das ondas. A questão que deixou perplexos os físicos nos estágios iniciais da teoria atômica refere-se à forma pela qual a radiação eletromagnética poderia consistir simultaneamente em partículas (isto é, em entidades confinadas a um volume extremamente pequeno) e de ondas, que se espalham sobre vastas áreas. Nem a linguagem nem a imaginação estavam suficientemente bem capacitadas, para lidar com esse tipo de realidade.

O misticismo oriental desenvolveu inúmeras maneiras de lidar com os aspectos paradoxais da realidade. Ainda que o Hinduísmo ignore tais aspectos devido à utilização da linguagem mítica, o Budismo e o Taoismo tendem a enfatizar os paradoxos em lugar de ocultá-los. O texto básico taoista, o *Tao Te Ching* de Lao Tsé, é escrito numa forma extremamente enigmática, lançando mão de um estilo aparentemente ilógico. Acha-se repleto de contradições que despertam a curiosidade e sua linguagem compacta, poderosa e extremamente poética busca interromper a atividade mental do leitor e afastá-la dos trilhos familiares do raciocínio lógico.

Os budistas japoneses e chineses adotaram essa técnica taoista de comunicar a experiência mística simplesmente através da exposição de seu caráter paradoxal. Quando o mestre Zen Daito viu o imperador Godaigo, que se dedicava ao estudo do Zen, disse-lhe:

> Separamo-nos há muitos milhares de *kalpas*, contudo jamais nos separamos por um momento sequer. Vemo-nos durante todo o dia, contudo jamais nos encontramos.[4]

Os zen-budistas possuem um talento especial para mudar em virtude das inconsistências geradas pela comunicação verbal; e, com o sistema *koan*, desenvolveram uma modalidade única, inteiramente não verbal, de transmissão de seus ensinamentos. Os *koans* são enigmas absurdos, cuidadosamente preparados com o fito de fazer com que o estudante do Zen se aperceba, do modo mais dramático, das limitações da lógica e do raciocínio. O palavreado irracional é o conteúdo paradoxal desses enigmas torna impossível sua resolução através do pensamento. Os *koans* são elaborados precisamente para parar o processo do pensamento e, dessa forma, preparar o estudante para a experiência não verbal da realidade. O mestre Zen Yasutani apresentou um de seus mais famosos *koans* a um estudante ocidental, com as seguintes palavras:

> Um dos melhores *koans*, por ser o mais simples, é *Mu*. Este é sem conteúdo: Um monge aproximou-se de Joshu, conhecido mestre Zen que viveu na China séculos atrás, e dele indagou: “Um cão possui a natureza de Buda?”. Joshu retorquiu: “*Mu*!” Literalmente, a expressão significa “não”, mas o significado da resposta de Joshu não se restringia a

isso. *Mu* é a expressão da natureza dinâmica e viva de Buda. O que você deve fazer é descobrir o espírito ou essência desse *Mu*, não através da análise intelectual mas buscando-o em seu ser mais íntimo. Então, você deve demonstrar para mim, concreta e vividamente, que compreende *Mu* como a verdade viva, sem recorrer a concepções, teorias ou explicações abstratas. Lembre-se: você não pode compreender *Mu* por intermédio do conhecimento comum; deve apreendê-lo diretamente, com todo o seu ser.[5]

Para um iniciante, o mestre Zen normalmente apresentará esse *Mu-koan* ou um entre os dois seguintes:

"Qual era o seu rosto original – aquele que você possuía antes de nascer?"
"Você pode produzir o som de duas mãos batendo uma na outra. Mas qual é o som de uma das mãos?"

Todos esses *koans* possuem soluções mais ou menos únicas; um mestre competente é capaz de reconhecê-las imediatamente. Uma vez encontrada a solução, o *koan* deixa de ser paradoxal e se torna uma afirmação profundamente significativa, feita a partir do estado de consciência que ajudará a despertar.

Na escola Rinzai, o aluno deve resolver uma longa série de *koans*, cada um vinculado a um aspecto particular do Zen. Tal é a única forma pela qual essa escola transmite seus ensinamentos: não são feitas quaisquer afirmações positivas, deixando-se exclusivamente ao aluno a tarefa de apreender a verdade através dos *koans*.

Deparamo-nos aqui com um surpreendente paralelo com as situações paradoxais com que se defrontam os físicos no início da Física atômica. Como sucede no Zen, a verdade achava-se escondida em paradoxos que não podiam ser resolvidos pelo raciocínio lógico mas demandavam ser compreendidos nos termos de uma nova percepção: a percepção da realidade atômica. Aqui, o professor foi, unicamente, a natureza que, à semelhança do Zen, não fornece quaisquer afirmativas, mas apenas enigmas.

A resolução de um *koan* demanda um esforço supremo de concentração e de envolvimento por parte do aluno. Em livros sobre o Zen lemos que o *koan* se apossa do coração e da mente do aluno e cria um verdadeiro impasse mental, um estado de tensão permanente no qual o mundo todo assume a forma de uma gigantesca massa de dúvida e questionamento. Os fundadores da teoria quântica vivenciaram exatamente a mesma situação, assim descrita, de maneira muito viva, por Heisenberg:

> Lembro-me das discussões com Bohr, que se prolongavam por horas a fio, penetrando noite adentro e terminando quase em desespero. E quando, ao final da discussão, eu saía sozinho para dar um passeio pelo parque vizinho, indagava continuamente de mim mesmo a mesma coisa: poderá a natureza ser realmente tão absurda como aparentava nesses experimentos atômicos?[6]

Sempre que a natureza essencial das coisas passa pelo crivo analítico do intelecto, deve efetivamente afigurar-se absurda ou paradoxal. Tal fato sempre foi reconhecido pelos místicos; para a ciência, entretanto, só veio a se tornar um problema muito recentemente. Durante o decorrer dos séculos, os cientistas sempre se empenharam na busca das "leis fundamentais da natureza" subjacentes à grande variedade de fenômenos naturais. Tais fenômenos pertenciam ao meio ambiente macroscópico dos cientistas e, em consequência, ao reino da sua experiência sensorial. Levando-se em conta que as imagens e conceitos intelectuais de sua linguagem eram abstraídas de sua própria experiência, mostravam-se suficientes e adequados para descrever os fenômenos naturais.

Indagações concernentes à natureza essencial das coisas eram respondidas, na Física clássica, pelo modelo mecanicista newtoniano do universo. De forma bastante semelhante ao modelo exposto por Demócrito na Grécia antiga, o modelo newtoniano reduzia todos os fenômenos aos movimentos e interações de átomos sólidos e indestrutíveis. As propriedades desses átomos eram abstraídas da noção macroscópica de bolas de bilhar e, daí, da experiência sensorial. Não se questionava se essa noção podia ser efetivamente aplicada ao mundo dos átomos. Isso, na verdade, não podia ser investigado experimentalmente.

No século XX, contudo, os físicos foram capazes de fazer face, experimentalmente, à indagação acerca da natureza última da matéria. Com a ajuda de tecnologia altamente sofisticada, puderam investigar a natureza com profundidade sempre crescente, removendo camada após camada da matéria na busca dos "blocos de construção" finais. Dessa forma, verificou-se a existência dos átomos; a seguir, foram descobertos seus componentes (os núcleos e os elétrons) e, por fim, os componentes do núcleo (prótons e nêutrons) e inúmeras outras partículas subatômicas.

Os delicados e complexos instrumentos da moderna Física experimental penetram fundo no mundo submicroscópico, em reinos da natureza extremamente distanciados de nosso ambiente macroscópico, tornando esse mundo acessível a nossos sentidos. Contudo, podem fazê-lo somente através de uma cadeia de processos cujo ponto terminal, por exemplo, pode ser um audível "clique" emitido por um contador Geiger ou um ponto escuro numa chapa fotográfica. Nunca vemos ou ouvimos os próprios fenômenos investigados; tudo o que vemos e ouvimos são as consequências destes. O mundo atômico e o subatômico situam-se além de nossa percepção sensorial.

Assim, necessitamos do auxílio de instrumentos modernos para poder "observar", de modo indireto, as propriedades dos átomos e de seus componentes e, em consequência, "vivenciar" de alguma forma, o mundo subatômico. Essa experiência, entretanto, não é algo corriqueiro, comparável àquelas extraídas de nosso ambiente cotidiano. O conhecimento que, neste nível, obtemos sobre a matéria não mais deriva da experiência sensorial direta; assim sendo, nossa linguagem usual, que retira suas imagens do mundo dos sentidos, não é mais adequada para descrever os fenômenos observados. À medida que penetramos cada vez mais fundo na natureza, somos levados a abandonar um número cada vez maior de imagens e de conceitos provenientes da linguagem usual.

Nessa jornada ao mundo do infinitamente pequeno, o passo mais importante, do ponto de vista filosófico, foi o primeiro: o passo que leva ao mundo dos átomos. Esquadrinhando o interior do átomo e investigando sua estrutura, a ciência transcendeu os limites de nossa imaginação sensorial. A partir desse ponto, não mais poderia confiar com absoluta certeza na lógica ou no senso comum. A Física atômica forneceu aos cientistas os primeiros lampejos da natureza essencial das coisas. À semelhança dos místicos, os físicos lidavam com uma experiência não sensorial da realidade e, à semelhança dos místicos, viram-se forçados a fazer face aos aspectos paradoxais dessa experiência. A partir de então, os modelos e imagens da Física moderna tornaram-se semelhantes aos da filosofia oriental.

4. A NOVA FÍSICA

Segundo os místicos orientais, a experiência mística direta da realidade constitui um acontecimento que abala os próprios alicerces em que se apoia a visão de mundo de um indivíduo. D. T. Suzuki denominou-a "o fato mais espantoso que pode acontecer no reino da consciência humana [...] descontrolando cada uma das formas da experiência padronizada".[1] Suzuki ilustrou sua forma afirmativa com as palavras de um mestre Zen que descreveu tal experiência como "o fundo de um balde que arrebenta".

No início do século XX, os físicos sentiam as coisas de forma bastante semelhante quando as fundações de sua visão de mundo foram abaladas pela nova experiência da realidade atômica. Esses físicos descreveram tal experiência em termos bastante semelhantes aos empregados pelo mestre Zen mencionado por Suzuki. Nas palavras de Heisenberg,

> a reação violenta em torno do desenvolvimento recente da Física moderna só pode ser entendida à medida que compreendamos que os alicerces da Física começaram a se deslocar e que esse movimento gerou o sentimento de que a ciência perderia terreno.[2]

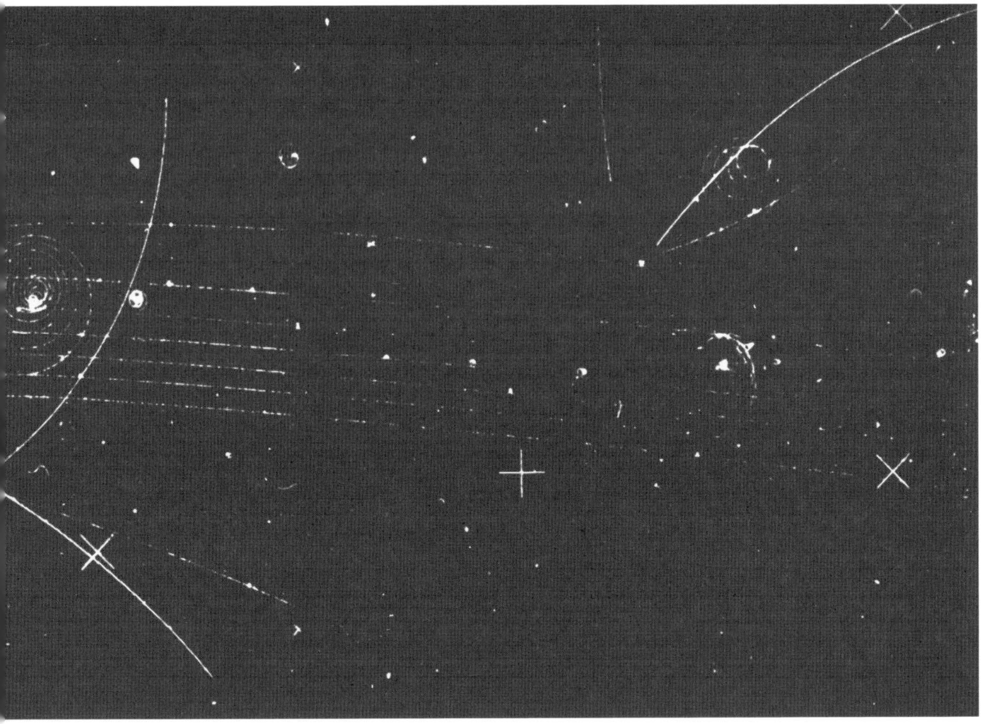

Einstein experimentou o mesmo choque ao entrar pela primeira vez em contato com a nova realidade da Física atômica. Conforme escreveu em sua autobiografia,

> todas as minhas tentativas de adaptar o fundamento teórico da Física a esse [novo tipo de] conhecimento falharam completamente. Era como se o solo tivesse sido retirado de sob nossos pés, sem que se conseguisse vislumbrar qualquer base sólida sobre a qual pudéssemos erguer alguma coisa.[3]

As descobertas da Física moderna demandaram profundas transformações nos conceitos como espaço, tempo, matéria, objeto, causa e efeito, etc. Esses conceitos são tão básicos para o nosso modo de vivenciar o mundo que não chega a surpreender o fato de que os físicos que se viram forçados a adotar essas transformações sentissem algo assim como um choque. A partir dessas transformações veio à tona uma visão de mundo inteiramente nova e radicalmente diferente, e que ainda se encontra em processo de formação pela pesquisa científica atual.

Tudo indica, então, que os místicos orientais e os físicos ocidentais passaram por experiências revolucionárias semelhantes, experiências essas que os levaram a modos inteiramente inéditos de encarar o mundo. Nas duas citações que se seguem, o físico europeu Niels Bohr e o místico indiano Sri Aurobindo expressam o caráter profundo e radical dessa experiência:

> A grande extensão de nossa experiência nos anos recentes tem demonstrado com clareza a insuficiência de nossas concepções mecânicas simples e, em consequência, tem abalado os fundamentos sobre os quais se erguia a interpretação costumeira da observação.[4]
>
> *Niels Bohr*

> Todas as coisas começaram de fato a transformar sua natureza e sua aparência. A experiência que possuímos do mundo é radicalmente diferente [...] Existe uma forma nova, mais vasta e profunda forma de experimentar, de ver, de conhecer, de entrar em contato com as coisas.[5]
>
> *Sri Aurobindo*

Este capítulo servirá para esboçar uma visão preliminar da nova concepção do mundo contra o fundo constante da Física clássica*, mostrando a forma pela qual a visão de mundo clássica e mecanicista teve de ser abandonada no começo do século XX, quando as teorias quântica e da relatividade – as duas teorias básicas da Física moderna – levaram-nos a adotar uma visão mais sutil da natureza, holística e "orgânica".

A FÍSICA CLÁSSICA

A visão de mundo, transformada pelas descobertas da Física moderna, baseava-se no modelo mecanicista newtoniano do universo. Esse modelo constituía a estrutura sólida da Física clássica. Tratava-se, na verdade, de uma fundação tão imponente quanto uma rocha poderosa sobre a qual se apoiava toda a ciência. Esse modelo forneceu uma base firme para a filosofia natural ao longo de quase três séculos.

---

* O leitor que achar esta apresentação preliminar da Física moderna excessivamente compacta e difícil não deve deixar-se inquietar; todos os conceitos mencionados neste capítulo serão discutidos posteriormente de forma mais detalhada.

O palco do universo newtoniano, no qual se desdobravam todos os fenômenos físicos, era o espaço tridimensional da geometria euclidiana clássica. Tratava-se de um espaço absoluto, sempre em repouso e imutável. Nas palavras do próprio Newton, "o espaço absoluto, em sua própria natureza, sem consideração por qualquer coisa externa, permanece sempre idêntico e imóvel".[6] Todas as mudanças verificadas no mundo físico eram descritas em termos de uma dimensão separada, denominada tempo; essa dimensão, por sua vez, também era absoluta, sem qualquer vínculo com o mundo material e fluindo suavemente do passado através do presente e em direção ao futuro. "Tempo absoluto, verdadeiro e matemático", segundo Newton, "de si mesmo e por sua própria natureza, fluindo uniformemente, sem consideração por qualquer coisa externa".[7]

Os elementos do mundo newtoniano que se moviam nesse espaço e tempo absolutos eram partículas materiais. Essas, nas equações matemáticas, eram tratadas como "pontos dotados de massa", e Newton as concebia como objetos pequenos, sólidos e indestrutíveis, a partir dos quais toda a matéria era elaborada. Esse modelo assemelhava-se bastante ao modelo dos atomistas gregos, pois ambos se baseavam na distinção entre o cheio e o vazio, entre matéria e espaço; em ambos os modelos, as partículas permaneciam sempre idênticas em suas massas e formas. A matéria era, portanto, sempre conservada e se mostrava essencialmente passiva. A diferença básica entre o atomismo de Demócrito e o de Newton reside no fato de que este último inclui uma descrição precisa da força que age entre as partículas materiais. Essa força é bastante simples, dependendo exclusivamente das massas e das distâncias mútuas das partículas. Trata-se da força de gravidade, concebida por Newton como estando rigidamente vinculada aos corpos sobre os quais agia, e agindo instantaneamente à distância. Embora fosse uma hipótese estranha, não foi investigada mais a fundo. As partículas e as forças entre elas eram vistas como criadas por Deus e, por essa razão, não estavam sujeitas a qualquer análise mais aprofundada. Em seu *Opticks*, Newton dá-nos uma visão nítida da forma pela qual imaginava a criação, por Deus, do mundo material:

> Parece-me provável que Deus, no início, deu forma à matéria em partículas sólidas, compactas, duras, impenetráveis, móveis, com tais di-

mensões e desenhos, e com tantas outras propriedades e em tal proporção diante do espaço, da maneira que melhor contribuísse para os fins que tinha em mente; e que essas partículas primitivas, sendo sólidas, são incomparavelmente mais duras que quaisquer corpos porosos delas compostos; de tal forma mais duras que jamais se desgastam ou se fragmentam; nenhum poder comum sendo capaz de dividir o que o próprio Deus fez uno em sua criação inicial.[8]

Todos os eventos físicos são reduzidos, na Mecânica newtoniana, ao movimento de pontos materiais no espaço, causado por sua atração mútua, isto é, pela força da gravidade. Para que pudesse equacionar o efeito dessa força sobre um ponto dotado de massa em termos de uma forma matemática precisa, Newton teve de inventar conceitos e técnicas matemáticas inteiramente novos, ou seja, aqueles do cálculo diferencial. Tratava-se de uma tremenda realização intelectual, estimada por Einstein como sendo "talvez o maior avanço no pensamento que um único indivíduo teve o privilégio de fazer".

As equações do movimento de Newton constituem a base da Mecânica clássica. Foram consideradas como leis fixas; os pontos materiais se movem de acordo com elas, e se pensava que elas eram capazes de responder por todas as mudanças observadas no mundo físico. Na perspectiva adotada por Newton, Deus criara, no início, as partículas materiais, as forças entre elas e as leis fundamentais do movimento. Dessa forma, a totalidade do universo foi posta em movimento, permanecendo assim desde então, à semelhança de uma máquina governada por leis imutáveis.

A visão mecanicista da natureza acha-se, dessa forma, intimamente vinculada a um determinismo rigoroso. A grande máquina cósmica era vista como algo inteiramente causal e determinado. Tudo o que acontecia possuía uma causa definida e gerava um efeito definido; o futuro de qualquer parte do sistema poderia – em princípio – ser previsto com absoluta certeza se se conhecesse em todos os detalhes seu estado em determinada ocasião. Essa crença encontrou sua expressão mais cristalina nas famosas palavras do matemático francês Pierre Simon Laplace:

Um intelecto que num determinado momento conhecesse todas as forças que agem na natureza e a posição de todas as coisas das quais se compõe o mundo – supondo-se que dito intelecto fosse suficientemente vasto para sujeitar todos esses dados à sua análise – abarcaria, na mesma fórmula, os movimentos dos maiores corpos do universo e aqueles dos átomos mais ínfimos; nada lhe seria incerto e o futuro, à semelhança do passado, seria presente aos seus olhos.[9]

A base filosófica desse determinismo rigoroso provinha da divisão fundamental entre o *eu* e o *mundo* introduzida por Descartes. Como consequência dessa partição, acreditava-se que o mundo podia ser descrito objetivamente, isto é, sem sequer mencionar o observador humano. Essa descrição objetiva da natureza tornou-se o ideal de toda a ciência.

Os séculos XVIII e XIX testemunharam um tremendo sucesso para a Mecânica newtoniana. O próprio Newton aplicou sua teoria ao movimento dos planetas, explicando as características básicas do sistema solar. Seu modelo planetário era, contudo, extremamente simplificado, negligenciando, por exemplo, a influência gravitacional mútua dos planetas, descobrindo assim que havia algumas irregularidades que ele não foi capaz de explicar. Para superar esse problema, Newton partiu do pressuposto de que Deus se encontrava sempre presente no universo de modo a corrigir essas irregularidades.

Laplace, o grande matemático, atribuiu-se a ambiciosa tarefa de depurar e aperfeiçoar os cálculos de Newton num livro que deveria "oferecer uma solução completa para o grande problema mecânico apresentado pelo sistema solar, fazendo com que a teoria coincidisse tão perfeitamente com a observação que as equações empíricas perderiam seu lugar nas tabelas astronômicas".[10] O resultado foi um trabalho de grande fôlego, em cinco volumes, denominado *Mécanique Céleste*, no qual Laplace conseguia explicar o movimento dos planetas, luas e cometas até os seus menores detalhes, como o movimento das marés e outros fenômenos relacionados com a gravidade. Laplace demonstrou que as leis newtonianas do movimento asseguravam a estabilidade do sistema solar e tratavam o universo como uma máquina perfeitamente autorreguladora. Segundo se conta, Laplace, ao apresentar a primeira edição de seu trabalho a Napoleão, ouviu deste a seguinte observação: "Senhor Laplace, disseram-me que o senhor escreveu este grande livro sobre o sistema do universo mas nele não mencionou o seu Criador". A essas palavras do imperador francês teria respondido Laplace, asperamente: "Eu não precisava dessa hipótese".

Encorajados pelo brilhante sucesso da Mecânica newtoniana na Astronomia, os físicos estenderam-na ao movimento contínuo dos fluidos e às vibrações dos corpos elásticos. A Mecânica newtoniana novamente mostrou-se um sucesso. Finalmente, até mesmo a teoria do calor poderia ser reduzida à Mecânica, se se levasse em conta que o calor era a energia criada por um complexo movimento de "sacudidela" das moléculas. Quando a temperatura da água é elevada, o movimento das moléculas de água aumenta até que supera as forças que as aglutinam, separando-as. Dessa forma, a água se torna vapor. Por outro lado, quando o movimento térmico é reduzido pelo esfriamento da água, as moléculas finalmente aglutinam-se num padrão novo e mais rígido, o gelo. De forma semelhante, muitos outros fenômenos térmicos podem ser apreendidos com facilidade a partir de um ponto de vista puramente mecanicista.

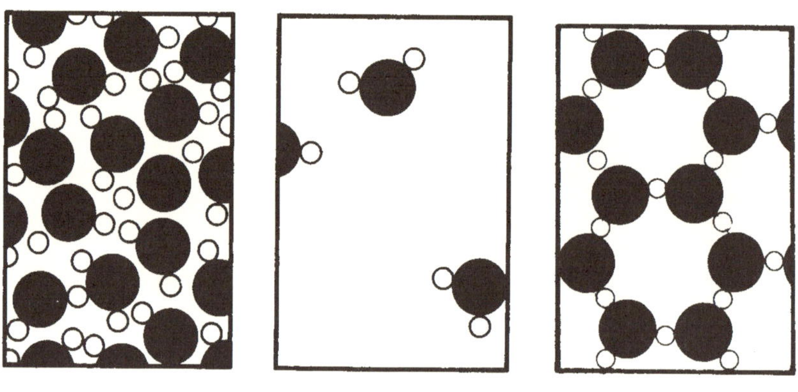

O enorme sucesso do modelo mecanicista fez com que os físicos do início do século XIX acreditassem que o universo era, na verdade, um imenso sistema mecânico funcionando de acordo com as leis newtonianas do movimento. Essas leis eram consideradas as leis básicas da natureza e a Mecânica de Newton era encarada como a teoria última dos fenômenos naturais. Contudo, há menos de cem anos uma nova realidade física foi descoberta, trazendo à tona as limitações do modelo newtoniano e demonstrando que nenhuma de suas características possuía validade absoluta.

Tal compreensão não se deu abruptamente, mas foi gerada pelos progressos feitos ainda no século XIX; essa compreensão, ademais, preparou o advento das revoluções científicas de nosso tempo. O primeiro desses progressos consistiu na descoberta e investigação dos fenômenos elétricos e magnéticos, que não podiam ser adequadamente descritos pelo modelo mecanicista e que envolviam um novo tipo de força. Esse passo fundamental foi dado por Michael Faraday e James Clerk Maxwell – o primeiro, um dos maiores experimentadores na história da ciência; o segundo, um brilhante teórico. Quando Faraday produziu uma corrente elétrica numa bobina de cobre ao movimentar um magneto perto dela – e, dessa forma, convertendo em energia elétrica o trabalho mecânico de movimentar o magneto –, ele levou a ciência e a tecnologia a um ponto crítico. Seu experimento fundamental gerou, por um lado, a vasta tecnologia da engenharia elétrica; por outro, lançou a base das especulações teóricas, suas e de Maxwell, que acabaram por dar origem a uma teoria completa do eletromagnetismo. Faraday e Maxwell não estudaram apenas os efeitos das forças elétricas e magnéticas; indo mais além, tornaram essas mesmas forças o objeto básico de sua investigação. Faraday e Maxwell substituíram o conceito de força pelo de campo de força; ao fazê-lo, foram os primeiros a ultrapassar os limites da Física newtoniana.

Em vez de interpretar a interação entre uma carga positiva e uma negativa simplesmente afirmando que as duas se atraem mutuamente (à semelhança de duas massas na Mecânica newtoniana), Faraday e Maxwell acharam mais apropriado afirmar que cada carga gera uma "perturbação", ou uma "condição", no espaço circunvizinho de tal forma que a outra carga, quando se acha presente, sente uma força. Essa condição no espaço, que apresenta o potencial de produzir uma força, é denominada campo, sendo criada por uma única carga, existindo ainda que uma outra carga não seja trazida para sentir seu efeito.

Tratava-se de uma transformação bastante profunda na concepção humana da realidade física. Na visão newtoniana, as forças se encontravam rigidamente vinculadas aos corpos sobre os quais agiam. Agora, o conceito de força era substituído por um conceito muito mais sutil, o conceito de campo, que possuía sua própria realidade e podia ser estudado sem qualquer referência a corpos materiais. O auge dessa teoria, a eletrodinâmica, consistiu na percepção do fato de que a luz não passa de um campo eletromagnético de alternância rápida e que percorre o espaço sob a forma de ondas. Sabemos atualmente que as ondas de rádio, de luz ou os raios X são ondas eletromagnéticas, campos magnéticos e elétricos oscilatórios, que diferem unicamente pela frequência de suas oscilações; e mais: sabemos que a luz visível é apenas uma fração ínfima do espectro eletromagnético.

Não obstante essas transformações tão amplas, a Mecânica newtoniana manteve, de início, sua posição como base de toda a Física. O próprio Maxwell tentou explicar os resultados que obtivera em termos

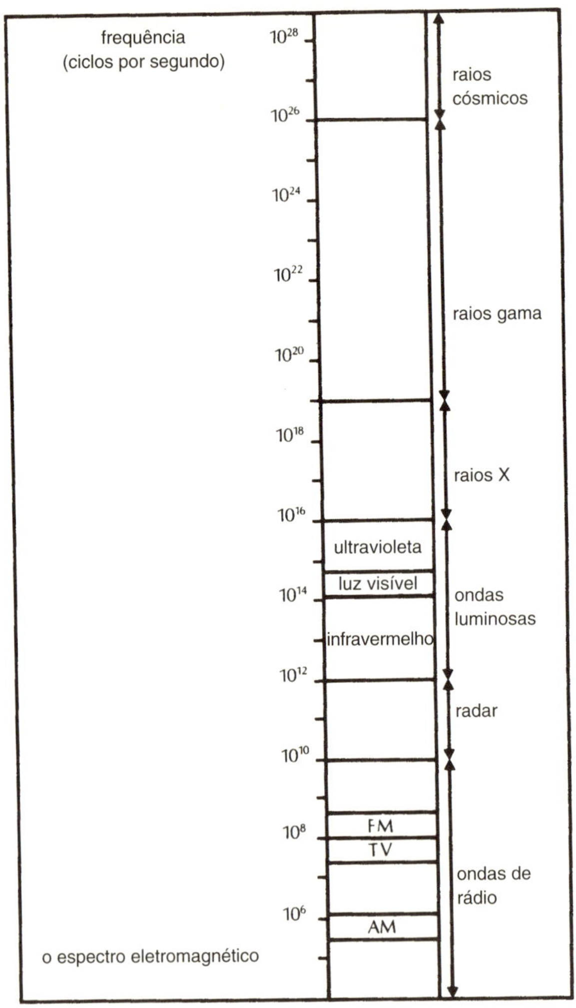

mecânicos, interpretando os campos como estados de fadiga mecânica num meio extremamente sutil denominado éter que enchia o espaço todo, e as ondas eletromagnéticas como ondas elásticas desse éter. Nada mais natural, aliás, uma vez que as ondas são usualmente experimentadas como vibrações de alguma coisa: ondas de água como vibrações da água, ondas sonoras como vibrações do ar. Maxwell, entretanto, utilizou concomitantemente diversas interpretações mecânicas de sua teoria, sem aparentemente levar nenhuma delas efetivamente a sério. Ele deve ter percebido intuitivamente, ainda que não o dissesse explicitamente, que os elementos fundamentais em sua teoria eram os campos e não os modelos mecânicos. Foi Einstein quem reconheceu com clareza esse fato, cinquenta anos mais tarde, ao declarar que o éter não existia e que os campos eletromagnéticos eram entidades físicas por direito próprio, capazes de percorrer o espaço vazio e que não podiam ser explicadas mecanicamente.

No início do século XX, então, os físicos já dispunham de duas teorias que poderiam ser adequadamente aplicadas a diferentes fenômenos: a Mecânica de Newton e a eletrodinâmica de Maxwell. A primeira, portanto, deixara de ser a base de toda a Física.

A FÍSICA MODERNA

As três primeiras décadas do século XX transformaram radicalmente toda a situação da Física. Dois desenvolvimentos separados – o da teoria da relatividade e o da Física atômica – esfacelaram os principais conceitos da visão newtoniana do mundo: a noção de tempo e espaço absolutos, as partículas sólidas elementares, a natureza estritamente causal dos fenômenos físicos e o ideal de uma descrição objetiva da natureza. Nenhum desses conceitos podia ser estendido aos novos domínios em que a Física estava então penetrando.

Na origem da Física moderna situa-se a extraordinária façanha intelectual de um homem: Albert Einstein. Em dois artigos publicados em 1905, Einstein deu início a duas tendências revolucionárias do pensamento. Uma delas foi a sua teoria especial da relatividade; a outra era uma maneira nova de conceber a radiação eletromagnética, que viria a se tornar característica da teoria quântica, a teoria dos fenômenos atômicos.

Toda a teoria quântica foi desenvolvida vinte anos mais tarde por um grupo de físicos. A teoria da relatividade, entretanto, foi construída, em sua forma completa, quase inteiramente por Einstein. Os textos científicos de Einstein permanecem, no alvorecer do século XX, como imponentes monumentos intelectuais, as pirâmides da civilização moderna.

Einstein acreditava decididamente na harmonia inerente da natureza; sua preocupação mais profunda, ao longo de sua vida científica, foi a de encontrar um fundamento unificado para a Física. Seu caminho em direção a esse objetivo teve início com a construção de uma estrutura comum para a eletrodinâmica e a Mecânica, as duas teorias provenientes da Física clássica. Essa estrutura é conhecida como a teoria especial da relatividade. Essa teoria unificava e completava a estrutura da Física clássica, mas, concomitantemente, demandava transformações drásticas nos conceitos tradicionais de tempo e espaço, solapando um dos pilares da visão de mundo newtoniana.

De acordo com a teoria da relatividade, o espaço não é tridimensional e o tempo não constitui uma entidade isolada. Ambos acham-se intimamente vinculados, formando um *continuum* quadridimensional, o "espaço-tempo". Na teoria da relatividade, portanto, nunca podemos falar acerca do espaço sem falar acerca do tempo e vice-versa. Além disso, inexiste qualquer fluxo universal do tempo, como afirmava o modelo newtoniano. Observadores diferentes ordenarão diferentemente os eventos no tempo se se moverem com velocidades diferentes relativamente aos eventos observados. Nesse caso, dois eventos que são vistos ocorrendo simultaneamente por um observador, podem ocorrer em diferentes sequências temporais para outros observadores. Todas as medições que envolvem o espaço e o tempo perdem assim seu significado absoluto. Na teoria da relatividade, o conceito newtoniano de espaço absoluto como o palco dos fenômenos físicos é posto de lado, ocorrendo o mesmo com o conceito de tempo absoluto. Tanto o espaço quanto o tempo tornam-se meramente elementos da linguagem utilizada por um observador particular para descrever os fenômenos observados.

Os conceitos de espaço e tempo são tão básicos para a descrição dos fenômenos naturais que sua modificação impõe a modificação de todo o referencial que utilizamos para descrever a natureza. A consequência mais importante dessa modificação é a compreensão de que a massa nada mais é que uma forma de energia. Mesmo um objeto em repouso possui energia armazenada em sua massa e a relação entre ambas é dada pela famosa equação $E = mc^2$, sendo c a velocidade da luz.

A constante c, a velocidade da luz, é de fundamental importância para a teoria da relatividade. Sempre que descrevemos fenômenos físicos envolvendo velocidades que se aproximam da velocidade da luz, nossa descrição tem que levar em conta a teoria da relatividade. Isso se aplica em particular aos fenômenos eletromagnéticos, entre os quais a luz é apenas um exemplo e que levou Einstein à formulação de sua teoria.

Em 1915, Einstein propôs sua teoria geral da relatividade, na qual a estrutura da teoria especial é levada adiante de modo a abranger a gravidade, isto é, a atração mútua dos corpos dotados de massa. Embora a teoria especial tenha sido confirmada por inúmeros experimentos, a teoria geral ainda não foi confirmada de forma conclusiva. Não obstante, permanece até agora a mais aceita, a mais consistente e elegante das teorias da gravidade, sendo amplamente utilizada na Astrofísica e na Cosmologia para a descrição do universo como um todo.

A força da gravidade, segundo a teoria de Einstein, possui o efeito de "curvar" espaço e tempo. Isso significa que a geometria euclidiana não é mais válida nesse espaço curvo, da mesma forma que a geometria bidimensional de um plano não pode ser aplicada à superfície de uma esfera. Num plano, podemos desenhar, por exemplo, um quadrado marcando um metro sobre uma linha reta, medindo a seguir um ângulo reto e marcando novamente um metro sobre uma linha reta, e assim sucessivamente até chegar ao ponto de partida e completar a figura. Numa esfera, entretanto, esse procedimento não funciona, uma vez que as

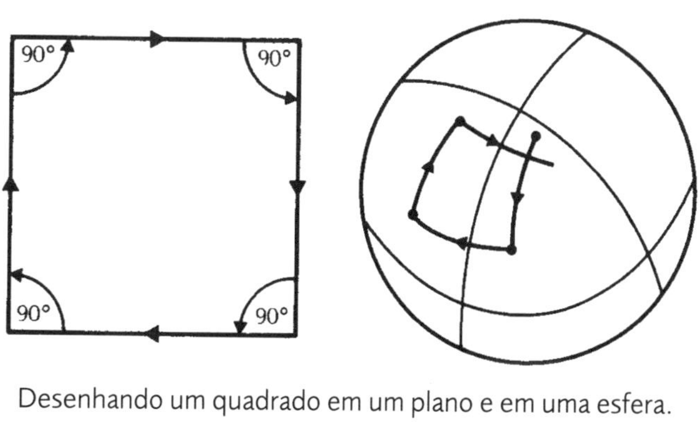

Desenhando um quadrado em um plano e em uma esfera.

regras da geometria euclidiana não valem para as superfícies curvas. Da mesma forma, podemos definir um espaço curvo tridimensional como aquele no qual a geometria euclidiana deixa de ser válida. A teoria de Einstein afirma que o espaço tridimensional é efetivamente curvo e que essa curvatura é causada pelo campo gravitacional dos corpos compactos. Sempre que exista um objeto compacto, por exemplo, uma estrela ou um planeta, o espaço ao redor desse objeto é curvo e o grau de curvatura depende da massa do objeto. E como, pela teoria especial da relatividade o espaço não pode ser isolado do tempo, este é igualmente afetado pela presença da matéria, fluindo diferencialmente em partes diversas do universo. A teoria geral da relatividade de Einstein abole, pois, completamente os conceitos de espaço e tempo absolutos. Não são apenas todas as medidas que envolvem espaço e tempo que são relativas; toda a estrutura do espaço-tempo depende da distribuição da matéria no universo. O conceito de "espaço vazio" perde o seu significado.

A visão mecanicista do mundo, que é a da Física clássica, baseava-se na noção de corpos sólidos movendo-se no espaço vazio. Essa noção permanece válida na região que foi denominada "zona de dimensões médias", isto é, o campo de nossa experiência cotidiana, onde a Física clássica permanece uma teoria útil. Ambos os conceitos – o de espaço vazio e o de corpos materiais sólidos – acham-se profundamente arraigados em nossos hábitos de pensamento, de tal forma que fica extremamente difícil imaginar uma realidade física onde tais conceitos não se apliquem. Contudo, isso é exatamente o que a Física moderna nos força a fazer quando ultrapassamos as dimensões médias. O "espaço vazio" perdeu seu significado na Astrofísica e na Cosmologia, as ciências do universo como um todo, e o conceito de objetos sólidos foi destruído pela Física atômica, a ciência do infinitamente pequeno.

Ao iniciar-se o século XX, foram descobertos vários fenômenos vinculados à estrutura dos átomos e inexplicáveis em termos da Física clássica. A primeira indicação de que os átomos possuíam alguma forma de estrutura foi fornecida pela descoberta dos raios X, uma nova radiação que prontamente encontrou a aplicação que hoje facilmente reconhecemos na medicina. Os raios X, entretanto, não constituem o único tipo de radiação emitida pelos átomos. Logo após sua descoberta, outros tipos de radiação vieram à tona, radiações essas emitidas pelos átomos das chamadas substâncias radioativas. O fenômeno da radioatividade forneceu uma prova definitiva da natureza composta possuída pelos átomos, demonstrando que os átomos de substâncias radioativas não só emitem diversos tipos de radiação como, igualmente, transformam-se em átomos de substâncias inteiramente diversas.

Além de constituírem objeto de intenso estudo, tais fenômenos foram igualmente utilizados, de forma bastante engenhosa, como novos instrumentos para uma investigação mais profunda da matéria que os que tinha sido possível realizar até então. Dessa forma, Max von Laue utilizou os raios X para estudar as disposições dos átomos nos cristais e Ernest Rutherford percebeu que as chamadas partículas alfa, emanadas das substâncias radioativas, eram na verdade projéteis extremamente velozes, de dimensões subatômicas, que poderiam ser utilizados na exploração do interior do átomo. Tais partículas poderiam ser arremessadas sobre os átomos e, conforme a maneira pela qual fossem desviadas, poder-se-ia chegar a conclusões acerca da estrutura dos mesmos.

Quando Rutherford bombardeou átomos com essas partículas alfa, obteve resultados sensacionais e totalmente inesperados. Longe de serem partículas sólidas e duras – conforme se acreditava desde a Antiguidade –, Rutherford percebeu que os átomos consistiam em imensas regiões de espaço nas quais partículas extremamente pequenas – os elétrons – moviam-se em torno do núcleo, ligados a ele por forças elétricas. É por certo bastante difícil fazer uma ideia mesmo aproximada da ordem de grandeza dos átomos, de tal forma esta se acha distanciada de nossa escala macroscópica. O diâmetro de um átomo mede aproximadamente um centésimo milionésimo de centímetro. Para que possamos visualizar esta dimensão ínfima, imaginemos uma laranja cujas dimensões atingissem as dimensões de nosso planeta. Os átomos da laranja possuirão, então, o tamanho de cerejas. Um número inconcebível de cerejas, comprimidas num globo do tamanho da Terra: eis uma imagem ampliada dos átomos numa laranja.

Um átomo, portanto, é extremamente pequeno se comparado a objetos macroscópicos, mas é enorme se comparado ao seu núcleo, que fica no seu centro. Na imagem de átomos com o tamanho de cerejas, o núcleo de um deles seria tão pequeno que não poderíamos vê-lo. Se ampliássemos o tamanho do átomo até as dimensões de uma bola de futebol – ou mesmo até as dimensões de um quarto –, o núcleo seria ainda tão pequeno que continuaria invisível a olho nu. Para que pudéssemos ver o núcleo, teríamos de ampliar o átomo até que atingisse as dimensões da maior abóbada do mundo, a da Catedral de São Pedro, em Roma. Num átomo de tal envergadura, o núcleo teria o tamanho de um grão de sal! Um grão de sal no centro da abóbada da Catedral de São Pedro e poeira girando em torno dele: eis uma imagem do núcleo e dos elétrons de um átomo.

Logo após o surgimento desse modelo "planetário" do átomo, descobriu-se que o número de elétrons nos átomos de um elemento determina suas propriedades químicas. Sabemos atualmente que a tabela periódica dos elementos pode ser construída pela adição sucessiva de prótons e nêutrons ao núcleo do átomo mais leve – o do hidrogênio* – e pela adição de um número correspondente de elétrons à sua "concha" atômica. As interações entre os átomos dão origem aos diversos processos químicos, de tal forma que a Química pode atualmente ser entendida, em princípio, tomando-se por base as leis da Física atômica.

Não foi, entretanto, fácil reconhecer tais leis. Elas foram descobertas na década de 1920 por um grupo internacional de físicos, entre os quais Niels Bohr (Dinamarca), Louis de Broglie (França), Erwin Schrödinger e Wolfgang Pauli (Áustria), Werner Heisenberg (Alemanha) e Paul Dirac (Inglaterra). Esses físicos juntaram suas forças através de todas as fronteiras nacionais e modelaram um dos mais emocionantes períodos da ciência moderna, um período que colocou o homem, pela primeira vez, em contato com a estranha e inesperada realidade do mundo subatômico. Toda vez que os físicos faziam uma pergunta à natureza, num experimento atômico, ela respondia com um paradoxo; quanto mais os físicos tentavam esclarecer a situação, tanto mais agudos tais paradoxos se tornavam. Eles necessitaram de muito tempo para aceitar o fato de que tais paradoxos pertencem à estrutura intrínseca da Física atômica e para perceber que sempre viriam à tona toda vez que se tentasse descrever os fatos atômicos utilizando-se dos termos tradicionais da Física. Uma vez percebido isso, os físicos começaram a aprender a fazer as perguntas corretas e a evitar contradições. Nas palavras de Heisenberg, os físicos, "de alguma forma,

* O átomo de hidrogênio consiste apenas em um próton e um elétron.

conseguiram penetrar no espírito da teoria quântica". Por fim, encontraram, para esta teoria, a formulação matemática precisa e consistente.

Os conceitos da teoria quântica não foram de fácil aceitação, mesmo depois de completada a sua formulação matemática. Seu efeito sobre a imaginação dos físicos foi devastadora. Os experimentos de Rutherford haviam demonstrado que os átomos, em vez de serem sólidos e indestrutíveis, consistiam em vastas regiões de espaço nas quais se moviam partículas extremamente pequenas. Agora, a teoria quântica tornava claro que até mesmo essas partículas nada tinham a ver com os objetos sólidos da Física clássica. As unidades subatômicas da matéria são entidades extremamente abstratas e dotadas de um aspecto dual. Dependendo da forma pela qual as abordam, aparecem às vezes como partículas, às vezes como ondas; e essa natureza dual é igualmente exibida pela luz, que pode assumir a forma de ondas eletromagnéticas ou de partículas.

Essa propriedade da matéria e da luz é bastante estranha. Parece impossível aceitar que algo possa ser, ao mesmo tempo, uma partícula – isto é, uma entidade confinada a um volume extremamente pequeno – e uma onda, que se espalha por uma extensa região do espaço. Essa contradição deu origem à maioria dos paradoxos semelhantes aos *koans*, paradoxos esses que acabaram por levar os cientistas à formulação da teoria quântica. O desenvolvimento dessa teoria teve início quando Max Planck descobriu que a energia da radiação térmica não é emitida continuamente mas aparece sob a forma de "pacotes de energia". Einstein denominou esses pacotes de *quanta*, neles reconhecendo um aspecto fundamental da natureza. Einstein foi suficientemente corajoso para postular que a luz e todas as demais formas de radiação eletromagnética podem aparecer não apenas como ondas eletromagnéticas mas, igualmente, sob a forma desses *quanta*. Os *quanta* de luz, que deram à teoria quântica o seu nome, têm sido aceitos, desde então, como partículas genuínas, que são atualmente chamadas fótons. São partículas de um tipo especial, desprovidas de massa e que sempre se deslocam com a velocidade da luz.

uma partícula   uma onda

A contradição aparente entre as imagens da onda e da partícula foi resolvida de forma inteiramente inesperada e que veio a pôr em questão o próprio fundamento da visão de mundo mecanicista, isto é, o conceito da realidade da matéria. No nível subatômico, não se pode dizer que a matéria exista com certeza em lugares definidos; diz-se, antes, que ela apresenta "tendências a existir", e que os eventos atômicos não ocorrem com certeza em instantes definidos e numa direção definida mas, sim, que apresentam "tendências a ocorrer". No formalismo da teoria quântica, essas tendências são expressas como probabilidades, e são associadas a quantidades matemáticas que tomam a forma de ondas. Essa é a razão pela qual as partículas podem ser ao mesmo tempo ondas. Elas não são ondas tridimensionais "reais", como as ondas sonoras ou as ondas na água. São, em vez disso, "ondas de probabilidade", quantidades matemáticas abstratas, com todas as propriedades características das ondas, que são relacionadas às probabilidades de se encontrar as partículas em determinados pontos do espaço e em determinados instantes. Todas as leis da Física atômica são expressas em termos dessas probabilidades. Jamais podemos prever um fato atômico com certeza; podemos unicamente supor quão provável é a sua ocorrência.

A teoria quântica acabara de pôr abaixo os conceitos clássicos de objetos sólidos e de leis da natureza estritamente deterministas. No nível subatômico, os objetos materiais sólidos da Física clássica dissolvem-se em padrões de probabilidade semelhantes a ondas; esses padrões, em última instância, não representam probabilidades de coisas mas, sim, probabilidades de interconexões. Uma análise cuidadosa do processo de observação na Física atômica tem demonstrado que as partículas subatômicas não possuem significado enquanto entidades isoladas, somente podendo ser compreendidas como interconexões entre a preparação de um experimento e sua posterior medição. A teoria quântica revela, assim, uma unidade básica no universo. Mostra-nos que não podemos decompor o mundo em unidades menores dotadas de existência independente. À medida que penetramos na matéria, a natureza não nos mostra quaisquer "blocos básicos de construção" isolados. Ao contrário, surge perante nós como uma complicada teia de relações entre as diversas partes do todo. Essas relações sempre incluem o observador, de maneira essencial. O observador humano constitui o elo final na cadeia de processos de observação, e as propriedades de qualquer objeto atômico só podem ser compreendidas em termos de interação do objeto com o observador. Em outras palavras, o ideal clássico de uma descrição objetiva da natureza perde sua validade. A partição cartesiana entre o *eu* e o *mundo*, entre o observador e o observado, não pode ser efetuada quando lidamos com a matéria atômica. Na Física atômica, jamais podemos falar sobre a natureza sem falar, ao mesmo tempo, sobre nós mesmos.

A nova teoria atômica pôde esclarecer imediatamente vários enigmas surgidos em conexão com a estrutura dos átomos e que não podiam ser explicados pelo modelo planetário de Rutherford. Em primeiro lugar, as experiências de Rutherford haviam demonstrado que os átomos que compõem a matéria sólida consistem quase integralmente em espaço vazio, quanto à distribuição da sua massa. Mas se todos os objetos que nos cercam, e nós mesmos, consistem, em sua maior parte, em espaço vazio, o que nos impede de caminharmos através de portas fechadas? Em outras palavras: o que confere à matéria seu aspecto sólido?

Um segundo ponto obscuro referia-se à extraordinária estabilidade mecânica dos átomos. No ar, por exemplo, os átomos colidem milhões de vezes a cada segundo e, no entanto, retornam à sua forma original após cada colisão. Nenhum sistema planetário que obedecesse às leis da Mecânica clássica poderia resistir a tais colisões. Mas um átomo de oxigênio sempre conservará sua configuração característica de elétrons, indiferentemente à frequência com que colida com outros átomos. Essa configuração, ademais, é exatamente a mesma em todos os átomos de um determinado tipo. Dois átomos de ferro, e consequentemente dois pedaços de ferro puro, são completamente idênticos, qualquer que seja sua origem ou o tratamento que tenham recebido no passado.

A teoria quântica tem demonstrado que todas essas incríveis propriedades dos átomos decorrem da natureza ondulatória de seus elétrons. O aspecto sólido da matéria é a consequência de um típico "efeito quântico" vinculado ao aspecto dual (onda-partícula) da matéria; essa característica do mundo subatômico não dispõe de analogia macroscópica. Sempre que uma partícula é confinada a uma pequena região do espaço, essa partícula reage a esse confinamento movendo-se circularmente; quanto menor é a região de confinamento, tanto mais rápido é o movimento da partícula. No átomo, há duas forças que concorrem entre si. Por um lado, os elétrons são ligados ao núcleo por forças elétricas que buscam conservá-los tão próximos a ele quanto possível. Por outro, respondem a esse confinamento girando em torno do núcleo, e sua velocidade será tanto maior quanto mais firmemente estiverem ligados a ele. De fato, o confinamento dos elétrons num átomo resulta em enormes velocidades, da ordem de 960 km por segundo! Essas elevadas velocidades fazem com que o átomo aparente ser uma esfera rígida, da mesma forma que uma hélice girando em alta velocidade aparece-nos como um disco. É extremamente difícil comprimir ainda mais os átomos e, dessa forma, eles conferem à matéria seu aspecto sólido que nos é tão familiar.

No átomo, então, os elétrons instalam-se de tal forma nas órbitas que existe um equilíbrio ótimo entre a atração do núcleo e a relutância dos elétrons ao confinamento. As órbitas atômicas, entretanto, diferem muito das dos planetas no sistema solar; a diferença deriva da natureza ondulatória dos elétrons. Um átomo não pode ser figurado como um pequeno sistema planetário. Em vez de partículas girando em torno do núcleo, temos de imaginar ondas de probabilidade dispostas nas diferentes órbitas. Sempre que procedermos a uma medição, encontraremos os elétrons em algum ponto dessas órbitas; não podemos, contudo, dizer que eles "giram em torno do núcleo" no sentido da Mecânica clássica.

Nas órbitas, os elétrons ondulatórios (*electron waves*) têm de estar dispostos de tal forma que "suas extremidades se encontrem", isto é, formem padrões conhecidos como "ondas estacionárias". Esses padrões aparecem sempre que as ondas são confinadas a uma região finita, como as ondas numa corda de violão posta em vibração ou no ar dentro de uma flauta (veja o diagrama a seguir). Esses exemplos tornaram bem conhecido o fato de que tais ondas podem assumir apenas um número limitado de formas bem definidas. No caso dos elétrons ondulatórios dentro de um átomo, isso equivale a afirmar que tais ondas podem existir exclusivamente em determinadas órbitas atômicas com diâmetros definidos. O elétron de um átomo de hidrogênio, por exemplo, só pode existir numa órbita bem determinada, que poderá ser a primeira, a segunda ou terceira, etc., mas não pode existir em nenhum ponto do espaço entre elas. Sob condições normais, ele estará sempre na órbita mais baixa, denominada "estado fundamental" (*ground state*) do átomo. Daí, o elétron pode saltar para órbitas mais elevadas se receber a quantidade necessária de energia; diz-se então que o átomo está num "estado excitado", do qual retornará ao seu estado fundamental após certo lapso de tempo. Para isso, o elétron eliminará o excedente de energia sob a forma de um *quantum* de radiação eletromagnética (ou fóton). Os estados de um átomo, isto é, as formas e as distâncias mútuas das órbitas de seus elétrons, são exatamente os mesmos para todos os átomos que possuam o mesmo número de elétrons. Essa é a razão pela qual dois átomos de oxigênio, por exemplo, serão completamente idênticos. Esses átomos podem se encontrar em diferentes estados excitados, talvez devido às colisões com outros átomos no ar; passado um certo lapso de tempo, contudo, retornarão invariavelmente ao mesmo estado fundamental. A natureza ondulatória dos elétrons responde pela identidade dos átomos e pela sua grande estabilidade mecânica.

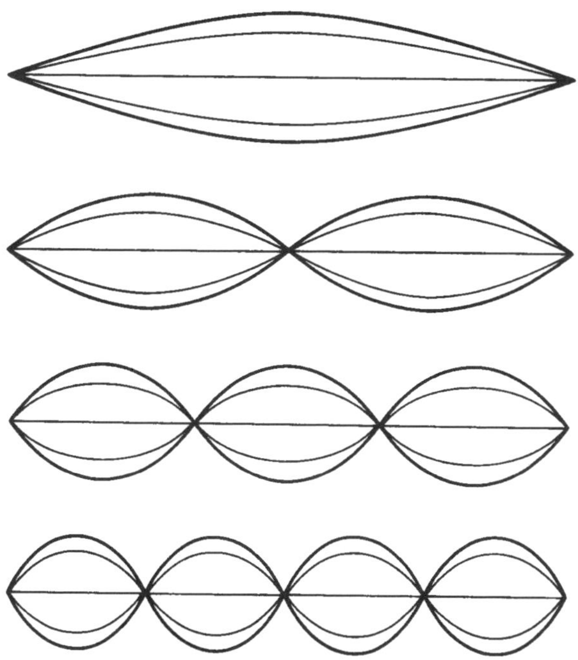

Padrões de ondas estacionárias numa corda em vibração.

Outro aspecto característico dos estados atômicos consiste no fato de que eles podem ser completamente especificados por um conjunto de números inteiros denominados "números quânticos", que indicam a localização e a forma das órbitas dos elétrons. O primeiro número quântico é o número da órbita e determina a energia que um elétron deve possuir para estar naquela órbita; dois outros números especificam a forma detalhada da onda do elétron ondulatório na órbita e estão relacionados com a velocidade e a orientação da rotação do elétron.* O fato de que esses detalhes sejam expressos por números inteiros significa que o elétron não pode alterar sua rotação com continuidade, só podendo saltar de um valor para outro, da mesma forma que pode saltar de uma órbita para outra. Uma vez mais, os valores mais elevados representam estados excitados do átomo, sendo o estado fundamental o único em que todos os elétrons se encontram nas órbitas mais baixas possíveis, e possuem as menores quantidades possíveis de rotação.

Tendências a existir, partículas reagindo ao confinamento com o movimento, átomos passando repentinamente de um "estado quântico" para outro e uma interligação essencial de todos os fenômenos – estas são algumas das facetas fora do comum apresentadas pelo mundo atômico. Por outro lado, a força básica que origina todos os fenômenos atômicos é uma força familiar, e pode ser experimentada no mundo macroscópico. Trata-se da força de atração elétrica entre o núcleo atômico positivamente carregado e os elétrons negativamente carregados. A interação dessa força com os elétrons-ondulatórios origina a tremenda variedade de estruturas e fenômenos em nosso meio ambiente. Essa interação é igualmente responsável por todas as reações químicas e pela formação de moléculas, isto é, agregados de diversos átomos reunidos pela atração mútua. A interação entre elétrons e núcleos atômicos constitui, então, a base de todos os sólidos, líquidos e gases e, ainda, de todos os organismos vivos e de todos os processos biológicos a eles associados.

Neste mundo imensamente rico dos fenômenos atômicos os núcleos desempenham o papel dos centros extremamente pequenos e estáveis, que constituem a fonte da força elétrica e formam os esqueletos da grande variedade de estruturas moleculares. Para que possamos compreender essas estruturas, e a maior parte dos fenômenos naturais que se processam a nosso redor, tudo o que precisamos saber sobre os núcleos é a sua carga e a sua massa. No entanto, a fim de que possamos compreender a natureza da matéria, e saber do que ela é feita, em última instância, pre-

* A "rotação" de um elétron em sua órbita não deve ser entendida no sentido clássico; ela é determinada pela forma da onda do elétron ondulatório em termos das probabilidades de existência da partícula em determinados segmentos de órbita.

cisamos estudar os núcleos atômicos, que contêm praticamente toda a massa do átomo. Na década de 1930, após a elucidação do mundo dos átomos via teoria quântica, os físicos depararam com a tarefa de compreender a estrutura dos núcleos, seus componentes e as forças que os mantêm tão firmemente unidos.

O primeiro passo importante para um entendimento da estrutura nuclear foi a descoberta do nêutron como o segundo componente do núcleo. O nêutron é uma partícula que tem aproximadamente a mesma massa do próton (o primeiro componente nuclear) – cerca de duas mil vezes a massa do elétron – mas não dispõe de uma carga elétrica. Essa descoberta não só explicou como os núcleos de todos os elementos químicos eram construídos a partir de prótons e nêutrons como também revelou que a força nuclear, que mantém essas partículas tão rigidamente ligadas dentro do núcleo, constituía um fenômeno inteiramente novo. Esse fenômeno não poderia ser de origem eletromagnética, uma vez que os nêutrons eram eletricamente neutros. Os físicos logo perceberam que estavam em confronto com uma nova força da natureza que não se manifesta em lugar algum fora do núcleo.

Um núcleo atômico é aproximadamente cem mil vezes menor do que o átomo todo e, entretanto, contém quase toda a massa deste. Isso significa que a matéria dentro do núcleo deve ser extremamente densa se comparada com as formas de matérias com as quais estamos familiarizados. Na verdade, se todo o corpo humano fosse comprimido à densidade nuclear, não ocuparia mais espaço que a cabeça de um alfinete. Essa elevada densidade, contudo, não constitui a única propriedade insólita da matéria nuclear. Possuindo a mesma natureza quântica que os elétrons, os "núcleons" – como os prótons e os nêutrons são frequentemente denominados – respondem a seu confinamento com elevadas velocidades; ademais, levando-se em conta que eles são comprimidos num volume muito mais reduzido, sua reação é tanto mais violenta. Eles percorrem o núcleo de um lado para o outro a velocidades de cerca de 64.000 km por segundo! A matéria nuclear é, assim, uma forma de matéria inteiramente diversa de tudo aquilo com que estamos familiarizados "aqui em cima", em nosso mundo macroscópico. Podemos, talvez, figurá-la sob a forma de minúsculas gotas de um líquido extremamente denso que ferve e borbulha da forma mais intensa possível.

O novo aspecto essencial da matéria nuclear – que responde por todas essas inusitadas propriedades – é a forte força nuclear; a característica que torna tal força tão singular é o seu alcance extremamente curto. Essa força age apenas quando os núcleons se aproximam em demasia uns dos outros, ou seja, quando sua distância é da ordem aproximada de duas a três vezes o seu diâmetro. A essa distância, a força nuclear é fortemente atrativa. Contudo, se essa distância se torna menor, a força torna-se fortemente repulsiva, de modo que os núcleons não podem se aproximar mutuamente mais do que já fizeram. Dessa forma, a força nuclear mantém o núcleo num equilíbrio estável, embora altamente dinâmico.

A visão da matéria que emerge do estudo dos átomos e dos núcleos mostra-nos que essa matéria, em sua maior parte, acha-se concentrada em minúsculas gotas separadas por distâncias consideráveis. No vasto espaço existente entre as gotas nucleares compactas e intensamente ferventes movem-se os elétrons. Estes constituem apenas uma reduzidíssima fração da massa total, embora confiram à matéria seu aspecto sólido e forneçam os vínculos necessários à construção das estruturas moleculares. Eles se acham ainda envolvidos nas reações químicas, sendo também responsáveis pelas propriedades químicas da matéria. As reações nucleares, por outro lado, geralmente não se verificam de modo natural nessa forma de matéria, em virtude do fato de que as energias disponíveis não são suficientemente elevadas para perturbar o equilíbrio nuclear.

Essa forma de matéria, entretanto, com sua grande variedade de formas e texturas e sua completa arquitetura molecular, só consegue existir sob condições muito especiais, quando a temperatura não é muito elevada, de modo que as partículas não se agitem em demasia. Quando a energia térmica aumenta cerca de cem vezes mais, como sucede na maioria das estrelas, todas as estruturas atômicas e moleculares são destruídas. A maior parte da matéria presente no universo existe, de fato, num estado bastante diverso daquele acima descrito. No centro das estrelas existem vastas acumulações de matéria nuclear, e processos nucleares que raramente são registrados na Terra são predominantes lá. São, aliás, essenciais para a grande variedade de fenômenos estelares observados na Astronomia, a maioria dos quais deriva de uma combinação de efeitos nucleares e gravitacionais. Para o planeta em que habitamos, os processos nucleares no centro do Sol são de particular importância, pois fornecem a energia que mantém nosso ambiente terrestre. Um dos grandes triunfos da Física moderna foi a descoberta de que o contínuo fluxo de energia proveniente do Sol – nosso elo vital com o mundo dos corpos de grandes dimensões – resulta de reações nucleares, de fenômenos no mundo do infinitamente pequeno.

Na história da penetração humana dentro deste mundo submicroscópico, uma nova etapa foi alcançada no início da década de 1930, quando os cientistas imaginaram haver finalmente descoberto os "blocos de construção básicos" da matéria. Sabia-se que toda a matéria consistia em átomos e que todos os átomos consistiam em prótons, nêutrons e elétrons. Essas chamadas "partículas elementares" eram encaradas como as últimas e indestrutíveis unidades da matéria, átomos tais como os tinha concebido Demócrito. Embora a teoria quântica implique o fato já mencionado de que não podemos decompor o mundo nas menores unidades existentes independentemente, esse fato não foi, via de regra, percebido naquela época. Os hábitos clássicos de pensamento ainda se mostravam de tal forma persistentes que a maioria dos físicos tentava compreender a matéria em termos de seus "blocos de construção básicos", tendência de pensamento que, aliás, ainda hoje continua sólida.

Dois desenvolvimentos posteriores da Física moderna mostraram-nos, entretanto, que a noção de partículas elementares como sendo as unidades primárias da matéria tinha que ser posta de lado. Um desses desenvolvimentos foi experimental, o outro teórico, e ambos tiveram início na década de 1930. Do lado experimental, foram descobertas novas partículas à medida que os físicos aperfeiçoavam suas técnicas experimentais e desenvolviam novos e engenhosos dispositivos para a detectação de partículas. Assim, o número destas ampliou-se de três para seis por volta de 1935, de seis para dezoito por volta de 1955; hoje, conhecemos mais de duzentas partículas "elementares". As duas tabelas, reproduzidas a seguir e retiradas de uma publicação recente,[11] apresentam a maior parte das partículas atualmente conhecidas. Essas tabelas demonstram convincentemente o fato de que o adjetivo "elementar" deixou de ser atraente em tal situação. À medida que um número crescente de partículas ia sendo descoberto ao longo dos anos, ia se tornando claro que nem todas elas poderiam ser chamadas de "elementares". Hoje é crença generalizada entre os físicos que nenhuma dessas partículas merece esse nome.

Essa crença é reforçada pelos desenvolvimentos teóricos que caminharam paralelos com a descoberta de um número sempre crescente de

Tabela de Mésons
Abril de 1974

entrada	$I^G(J^P)C_n$	entrada	$I^G(J^P)C_n$	entrada	$I^G(J^P)C_n$	entrada	$I\ (J^P)$
π (140)	$1^-(0^-)+$	→ η_N (1080)	$0^+(N\ )+$	ρ′ (1600)	$1^+(1^-)-$	K (494)	$1/2(0^-)$
η (549)	$0^+(0^-)^+$	A_1 (1100)	$1^-(1^+)+$	A_3 (1640)	$1^-(2^-)+$	K^* (892)	$1/2(1^-)$
ε (600)	$0^+(0^+)+$	→ M (1150)		ω (1675)	$0^-(N\ )-$	κ	$1/2(0^+)$
ρ (770)	$1^+(1^-)-$	→ $A_{1.5}$ (1170)	1^-	g (1680)	$1^+(3^-)-$	Q	$1/2(1^+)$
ω (783)	$0^-(1^-)-$	B (1235)	$1^+(1^+)-$	→ X (1690)	$^-$	K^*(1420)	$1/2(2^+)$
→ M (940)		→ ρ′ (1250)	$1^+(1^-)-$	→ X (1795)	1	→ K_N(1660)	1/2
→ M (953)	$^+$	f (1270)	$0^+(2^+)+$	→ S (1930)	1	→ K_N(1760)	1/2
η′ (958)	$0^+(0^-)+$	D (1285)	$0^+(A\ )+$	→ A_4 (1960)	1^-	L (1770)	$1/2(A\ )$
δ (970)	$1^-(0^+)+$	A_2 (1310)	$1^-(2^+)+$	→ ρ (2100)	1^+	→ K_N(1850)	
→ H (990)	$0^-(A\ )-$	E (1420)	$0^+(A\ )+$	→ T (2200)	1	→ K^*(2200)	
S^* (993)	$0^+(0^+)+$	→ X (1430)	0	→ ρ (2275)	1^+	→ K^*(2800)	
φ (1019)	$0^-(1^-)-$	→ X (1440)	1	→ U (2360)	1		
→ M (1033)		f′ (1514)	$0^+(2^+)+$	→ $N\bar{N}$ (2375)	0	→ Raros	
→ B_1(1040)	1^+	F_1 (1540)	$1\ (A\ )$	→ X(2500-3600)			

Tabela de Bárions
Abril de 1974

N(939)	P11	****	Δ(1232)	P33	****	Λ(1116)	P01	****	Σ(1193)	P11	****	Ξ(1317)	P11	****
N(1470)	P11	****	Δ(1650)	S31	****	Λ(1330)		morto	Σ(1385)	P13	****	Ξ(1530)	P13	****
N(1520)	D13	****	Δ(1670)	D33	***	Λ(1405)	S01	****	Σ(1440)		morto	Ξ(1630)		**
N(1535)	S11	****	Δ(1690)	P33	*	Λ(1520)	D03	****	Σ(1480)		*	Ξ(1820)		***
N(1670)	D15	****	Δ(1890)	F35	***	Λ(1670)	S01	****	Σ(1620)	S11	**	Ξ(1940)		***
N(1688)	F15	****	Δ(1900)	S31	*	Λ(1690)	D03	****	Σ(1620)	P11	**	Ξ(2030)		**
N(1700)	S11	****	Δ(1910)	P31	***	Λ(1750)	P01	**	Σ(1670)	D13	****	Ξ(2250)		*
N(1700)	D13	**	Δ(1950)	F37	****	Λ(1815)	F05	****	Σ(1670)		**	Ξ(2500)		**
N(1780)	P11	***	Δ(1960)	D35	**	Λ(1830)	D05	***	Σ(1690)		**			
N(1810)	P13	***	Δ(2160)		**	Λ(1860)	P03	**	Σ(1750)	S11	***	Ω(1672)	P03	****
N(1990)	F17	**	Δ(2420)	H311	***	Λ(1870)	S01	**	Σ(1765)	D15	****			
N(2000)	F15	**	Δ(2850)		***	Λ(2010)	D03	**	Σ(1840)	P13	*			
N(2040)	D13	**	Δ(3230)		***	Λ(2020)	F07	**	Σ(1880)	P11	**			
N(2100)	S11	*				Λ(2100)	G07	****	Σ(1915)	F15	****			
N(2100)	D15	*	Z0(1780)	P01	*	Λ(2110)	?05	*	Σ(1940)	D13	***			
N(2190)	G17	***	Z0(1865)	D03	*	Λ(2350)		****	Σ(2000)	S11	*			
N(2220)	H19	***	Z1(1900)	P13	*	Λ(2585)		***	Σ(2030)	F17	****			
N(2650)		***	Z1(2150)		*				Σ(2070)	F15	*			
N(3030)		***	Z1(2500)		*				Σ(2080)	P13	**			
N(3245)		*							Σ(2100)	G17	**			
N(3690)		*							Σ(2250)		****			
N(3755)		*							Σ(2455)		***			
									Σ(2620)		***			
									Σ(3000)		**			

**** Bom, claro e inequívoco. *** Bom, mas ainda necessita de esclarecimento, ou não totalmente certo.
** Precisa de confirmação. * Fraco.

partículas. Logo após a formulação da teoria quântica, tornou-se claro que uma teoria completa dos fenômenos nucleares não deveria ser apenas uma teoria quântica, mas deveria incorporar, igualmente, a teoria da relatividade. Isto se deve ao fato de que as partículas confinadas às dimensões do núcleo frequentemente se movem tão rápido que sua velocidade se aproxima da velocidade da luz. Esse fato é fundamental para a descrição do seu comportamento, pois toda descrição de fenômenos naturais envolvendo velocidades próximas à da luz precisa levar em conta a teoria da relatividade. Essa descrição, como se costuma falar, precisa ser "relativística". O que precisamos, pois, para um entendimento integral do mundo nuclear é uma teoria que incorpore tanto a teoria quântica quanto a da relatividade. Uma teoria desse porte ainda não foi encontrada, o que nos impede de formular uma teoria completa do núcleo. Embora saibamos bastante acerca da estrutura nuclear e das interações entre as partículas nucleares, ainda não compreendemos a natureza e a forma complexa da força nuclear em nível fundamental. Inexiste uma teoria completa do mundo das partículas nucleares comparável à teoria quântica para o mundo atômico. Dispomos, isto sim, de diversos modelos "quântico-relativísticos" que nos descrevem adequadamente alguns aspectos do mundo das partículas; mas, a fusão das teorias quântica e da relatividade numa teoria completa do mundo das partículas ainda constitui o problema central e o grande desafio da Física moderna.

A teoria da relatividade tem exercido profunda influência na maneira como figuramos a matéria, forçando-nos a modificar de um modo essencial nosso conceito de partícula. Na Física clássica, a massa de um objeto sempre esteve associada a uma substância material indestrutível, a algum "estofo" com o qual se acreditava que todas as coisas fossem feitas. A teoria da relatividade demonstrou que a massa nada tem a ver com qualquer substância, sendo, isso sim, uma forma de energia. A energia, entretanto, é uma quantidade dinâmica associada com a atividade, ou com processos. O fato de a massa de uma partícula ser equivalente a uma certa quantidade de energia significa que a partícula não pode mais ser encarada como um objeto estático mas, sim, que ela deve ser concebida como um modelo dinâmico, um processo que envolve uma energia que se manifesta a si mesma como a massa da partícula.

Essa nova concepção de partícula foi iniciada por Dirac, ao formular uma equação relativística que descreve o comportamento dos elétrons. A teoria de Dirac mostrou-se não apenas extremamente bem-sucedida na explicação dos pequenos detalhes da estrutura atômica como também revelou uma simetria fundamental entre a matéria e a antimatéria. Dirac previu a existência de um antielétron com a mesma massa do elétron, mas com carga oposta. Essa partícula positivamente carregada, agora denominada pósitron, foi realmente descoberta dois anos depois de Dirac ter predito a sua existência. A simetria entre matéria e antimatéria implica o fato de que para cada partícula existe uma antipartícula, portadora de igual massa e carga oposta. Pares de partículas e antipartículas podem ser criados se dispusermos de suficiente energia e podem ser transformados em energia pura no processo reverso de aniquilação. Esses processos de criação e aniquilação de partículas haviam sido previstos pela teoria de Dirac antes de serem efetivamente descobertos na natureza. Têm sido, desde então, observados milhões de vezes.

A criação de partículas materiais a partir da energia pura é, por certo, o efeito mais espetacular da teoria da relatividade, podendo ser compreendida somente em termos da concepção de partículas anteriormente esboçada. Antes da Física relativística das partículas, sempre se considerara a matéria constituída ou de unidades elementares, que seriam indestrutíveis e imutáveis, ou de objetos compostos, que podiam ser fragmentados em suas partes componentes. A questão básica girava em torno da indagação se seria possível dividir indefinidamente a matéria ou se, em vez disso, poder-se-ia chegar às menores unidades indivisíveis. Após a descoberta de Dirac, toda essa questão da divisão da matéria apareceu sob uma nova luz. Quando duas partículas dotadas de elevada energia colidem, geralmente se fragmentam, mas cada um desses fragmentos não é menor que as partículas originais. Trata-se, uma vez mais, de partículas da mesma espécie e que são criadas a partir da energia do movimento (energia cinética) envolvida no processo de colisão. O problema da divisão da matéria é, assim, resolvido de uma forma inesperada. A única maneira de dividir partículas subatômicas consiste em lançá-las em processos de colisão envolvendo energias elevadas. Pode-se, desse modo, dividir indefinidamente a matéria, embora jamais obtenhamos pedaços menores uma vez que simplesmente criamos partículas a partir da energia envolvida no processo. As partículas subatômicas são, pois, destrutíveis e indestrutíveis ao mesmo tempo.

Esse estado de coisas permanecerá paradoxal enquanto adotarmos a concepção estática que postula "objetos" compostos consistindo em "blocos de construção básicos". Somente quando adotarmos a concepção dinâmica e relativística, o paradoxo desaparecerá. As partículas passam então a ser vistas como padrões (processos) dinâmicos, que envolvem uma determinada quantidade de energia que se manifesta a nós como sua massa. Num processo de colisão, a energia das duas partículas envolvidas é redistribuída de modo a formar um novo padrão; e se essa energia tiver sido aumentada de uma quantidade suficiente de energia cinética, esse novo padrão poderá envolver partículas adicionais.

Colisões de alta energia de partículas subatômicas constituem o método principal utilizado pelos físicos para estudar as propriedades dessas partículas, razão pela qual a Física das partículas é também designada como "Física de alta energia". As energias cinéticas exigidas para as experiências de colisão são alcançadas por meio de imensos aceleradores de

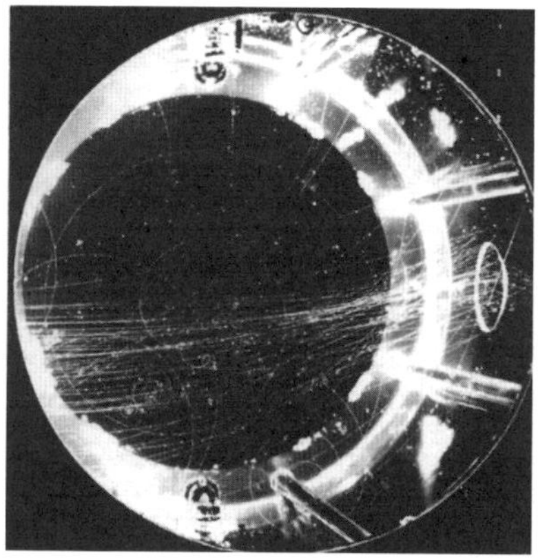

partículas, enormes máquinas circulares com alguns quilômetros de circunferência, nos quais os prótons são acelerados até alcançar velocidades próximas à da luz; conseguido isso, faz-se com que colidam com outros prótons ou com nêutrons. É um fato impressionante que máquinas desse tamanho sejam necessárias para estudar o mundo do infinitamente pequeno. São, na verdade, os supermicroscópios de nosso tempo.

A maior parte das partículas criadas nessas colisões vive apenas durante um lapso extremamente curto de tempo – muito menos que um milionésimo de segundo –, após o que são novamente desintegradas em prótons, nêutrons e elétrons. A despeito desses tempos de vida tão extremamente curtos, essas partículas não só podem ser detectadas e suas propriedades medidas como, igualmente, pode-se fazer com que deixem rastos que podem ser fotografados! Esses rastos das partículas são produzidos nas chamadas câmaras de bolhas, de maneira semelhante àquela pela qual um avião a jato traça uma trilha no céu. As partículas reais são muitas ordens de grandeza menores que as bolhas que constituem esses rastos; no entanto, a partir da espessura e da curvatura de um rasto, os físicos podem identificar a partícula que o causou. A figura acima mostra alguns rastos numa câmara de bolhas. Os pontos dos quais emanam vários rastos são pontos de colisões de partículas e as curvas são causadas pelos campos magnéticos que os experimentadores utilizam para identificar as partículas. As colisões de partículas constituem nosso principal método experimental para o estudo de suas propriedades e interações e as belas linhas, espirais e curvas traçadas pelas partículas nas câmaras de bolhas são de importância capital para a Física moderna.

Os experimentos de espalhamento em alta energia, realizados ao longo das últimas décadas, têm exibido aos nossos olhos, de modo notável, a natureza dinâmica e em perpétua mudança do mundo das partículas. A matéria aparece nessas experiências como algo completamente inconstante. Todas as partículas podem ser transmutadas em outras partículas; elas podem ser criadas da energia e podem desfazer-se em energia. Nesse mundo, conceitos clássicos como "partículas elementares", "substância material" ou "objeto isolado" perderam qualquer significado. A totalidade do universo aparece-nos como uma teia dinâmica de padrões inseparáveis de energia. Até hoje, ainda não encontramos uma teoria completa capaz de descrever esse mundo das partículas subatômicas; dispomos, no entanto, de vários modelos teóricos capazes de descrever muito bem alguns aspectos desse mundo. Nenhum desses modelos está isento de dificuldades matemáticas, e todos eles se contradizem entre si em certos aspectos; todos eles, no entanto, refletem a unidade básica e a natureza intrinsecamente dinâmica da matéria. Todos mostram que as propriedades de uma partícula só podem ser compreendidas em termos de sua atividade – de sua interação com o ambiente circundante – e que a partícula não pode, portanto, ser encarada como uma entidade isolada, devendo ser compreendida como parte integrante do todo.

A teoria da relatividade não só alterou drasticamente nossa concepção das partículas como, igualmente, a maneira como figuramos as forças que agem entre essas partículas. Numa descrição relativística das interações de partículas, as forças entre elas – ou seja, sua mútua atração ou repulsão – são concebidas como uma troca de outras partículas. Esse conceito é muito difícil de visualizar. É uma consequência do caráter quadridimensional espaço-tempo do mundo subatômico, e nem a nossa intuição nem nossa linguagem são capazes de manipular direito essa imagem; não obstante, esse conceito é de importância fundamental para a compreensão dos fenômenos subatômicos. Ele é o vínculo que reúne as forças entre os componentes da matéria às propriedades de outros componentes da matéria, unificando, dessa forma, os dois conceitos – força e matéria – que pareciam tão fundamentalmente diferentes desde os atomistas gregos. Hoje, força e matéria são concebidas como tendo uma origem comum nos padrões dinâmicos que denominamos partículas.

O fato de que as partículas interagem por intermédio de forças que se manifestam como uma permuta de outras partículas é uma outra razão pela qual o mundo subatômico não pode ser decomposto em partes componentes. Desde o nível macroscópico até o nível nuclear, as forças que mantêm as coisas unidas são relativamente fracas. Por essa razão, é uma aproximação razoável afirmar que as coisas consistem em partes componentes. Assim, pode-se dizer que um grão de sal consiste em moléculas de sal; estas, de dois tipos de átomos; estes, de núcleos e elétrons, e os núcleos, de prótons e nêutrons. No nível da partícula, contudo, não se pode mais visualizar os fatos dessa forma.

Ultimamente, evidências crescentes têm demonstrado que os próprios prótons e nêutrons são objetos compostos; mas as forças que os mantêm coesos são tão fortes ou (o que equivale a dizer o mesmo) as velocidades adquiridas pelos seus componentes são tão elevadas que a descrição relativística tem de ser aplicada, nesses casos em que as forças são também partículas. Assim, a distinção entre partículas constituintes e partículas que compõem as forças de coesão torna-se obscura e a aproximação segundo a qual a partícula é um objeto que consiste em partes constituintes cai por terra. O mundo das partículas não pode ser decomposto em componentes elementares.

Na Física moderna, o universo é, pois, experimentado como um todo dinâmico e inseparável, que sempre inclui o observador, num sentido essencial. Nessa experiência, os conceitos tradicionais de espaço e tempo, de objetos isolados, de causa e efeito perdem seu significado. Essa experiência, entretanto, é muito semelhante à dos místicos orientais. A semelhança torna-se evidente na teoria quântica e na teoria da relatividade, e torna-se ainda mais forte nos modelos "quântico-relativísticos" da Física subatômica, onde ambas as teorias se combinam para produzir os mais surpreendentes paralelos em relação ao misticismo oriental.

Antes de passar à descrição detalhada desses paralelos, apresentarei de forma breve, para o leitor não familiarizado, as escolas de filosofia oriental que se mostram relevantes face à comparação que constitui o alvo deste trabalho. São elas as diversas escolas de filosofias religiosas do Hinduísmo, do Budismo e do Taoismo. Nos cinco capítulos que se seguem, serão descritos o fundo histórico, as feições características e os conceitos filosóficos dessas tradições espirituais, com ênfase nos aspectos e conceitos importantes para a comparação que posteriormente se fará com a Física.

O CAMINHO DO MISTICISMO ORIENTAL

Shiva Mahesvara, Elefanta, Índia, séc. VIII d.C.

5. HINDUÍSMO

Para uma assimilação de qualquer uma das filosofias descritas a seguir é importante compreender o fato de que elas são, em essência, religiosas. Seu objetivo principal é a experiência mística direta da realidade e, uma vez que essa experiência é religiosa por natureza, elas não podem ser separadas da religião. Essa afirmação é verídica especialmente com referência ao Hinduísmo, onde a vinculação entre filosofia e religião é particularmente sólida. Já se disse que quase todo o pensamento da Índia é de certa forma um pensamento religioso, e que o Hinduísmo não apenas influenciou, ao longo de muitos séculos, a vida intelectual do país como determinou, de maneira quase total, sua vida social e cultural.

O Hinduísmo não pode ser considerado uma filosofia, nem mesmo uma religião bem definida. Em vez disso, trata-se de um amplo e complexo organismo sociorreligioso, composto de um grande número de seitas, cultos e sistemas filosóficos envolvendo inúmeros rituais, cerimônias e disciplinas espirituais, bem como a adoração de incontáveis deuses e deusas. As múltiplas facetas dessa tradição espiritual complexa, mas persistente e poderosa, refletem as complexidades geográficas, racionais, linguísticas e culturais do vasto subcontinente indiano. As manifestações do Hinduísmo vão desde filosofias altamente intelectuais, envolvendo concepções de alcance e profundidade fabulosas, às práticas rituais ingênuas e pueris das massas. Se os hindus são, em sua maioria, simples aldeãos que mantêm viva a religião popular em sua devoção cotidiana, o Hinduísmo produziu, por outro lado, grande número de destacados professores espirituais, capazes de transmitir seus profundos *insights*.

A fonte espiritual do Hinduísmo encontra-se nos *Vedas*, uma coleção de antigos textos escritos por sábios anônimos, os chamados "videntes" védicos. Existem quatro *Vedas*, o mais antigo dos quais é o *Rig*

Veda. Escritos em sânscrito arcaico, a linguagem sagrada da Índia, os *Vedas* continuam a ser a mais alta autoridade religiosa para a maioria dos setores do Hinduísmo. Na Índia, qualquer sistema filosófico que não aceite a autoridade dos *Vedas* é considerado heterodoxo.

Cada um desses *Vedas* consiste em várias partes, compostas em diversas épocas, provavelmente entre 1500 e 500 a.C. As partes mais antigas são constituídas de preces e hinos sagrados. Partes subsequentes têm a ver com rituais de sacrifício vinculados aos hinos védicos, e as mais recentes, os *Upanishads*, elaboram seu conteúdo prático e filosófico. Os *Upanishads* contêm a essência da mensagem espiritual do Hinduísmo, tendo guiado e inspirado as maiores mentes da Índia ao longo dos últimos vinte e cinco séculos, em consonância com o conselho dado em seus versos:

> Tomando como arco a grande arma do *Upanishad*,
> Nele deve-se pôr uma flecha afiada pela meditação.
> Distendendo-o com o pensamento voltado para a essência d'Aquele,
> Penetre o Imperecível como alvo, meu amigo.[1]

As massas do povo indiano, contudo, têm recebido os ensinamentos do Hinduísmo não através dos *Upanishads* mas, sim, por intermédio de um grande número de contos populares, reunidos em épicos de vastas dimensões, que constituem a base da ampla e colorida mitologia da Índia. Um desses épicos, o *Mahabharata*, contém o texto religioso favorito da Índia, o belíssimo poema espiritual do *Bhagāvād Gītā*. O *Gītā*, como é comumente designado, é um diálogo entre o deus Krishna e o guerreiro Arjuna, que se encontra em grande desespero uma vez que se vê forçado a combater seus próprios parentes na grande guerra familiar que constitui a história principal do *Mahabharata*. Krishna, disfarçado como o cocheiro de Arjuna, dirige o carro de guerra bem no meio dos dois exércitos e, nesse ambiente dramático do campo de batalha, põe-se a revelar a Arjuna as verdades mais profundas do Hinduísmo. À medida que o deus fala, o cenário realista da guerra entre as duas famílias perde seus contornos e fica claro que a batalha de Arjuna é, em verdade, a batalha espiritual da natureza humana, a batalha do guerreiro em busca da iluminação. O próprio Krishna aconselha Arjuna:

> Mata então com a espada da sabedoria a dúvida nascida da ignorância que jaz em teu coração. Fica em harmonia contigo mesmo, em *yoga*, e ergue-te, grande guerreiro, ergue-te.[2]

A base da instrução espiritual do Krishna, como, de resto, de todo o Hinduísmo, consiste na ideia de que as coisas e eventos que nos cercam nada mais são, em sua grande variedade, que manifestações diversas de uma mesma realidade última. Essa realidade, chamada *Brahman*, é o conceito unificador que confere ao Hinduísmo seu caráter essencialmente monístico, não obstante a adoração de numerosos deuses e deusas.

Brahman, a realidade última, é entendida como sendo a "alma" ou essência interna de todas as coisas. Ela é infinita e está além de todos os conceitos. Ela não pode ser apreendida pelo intelecto nem adequadamente descrita em palavras: "*Brahman*, sem princípio, supremo: além do que é e além do que não é".[3] "Incompreensível é essa alma suprema, ilimitada, não nascida, sobre a qual não se pode raciocinar, inacessível ao pensamento".[4] Contudo, as pessoas querem falar acerca dessa realidade e os sábios hindus, com sua propensão característica para o mito, representaram *Brahman* como divino e sobre ele se expressam em linguagem mitológica. Os diversos aspectos do Divino receberam os nomes dos inúmeros deuses adorados pelos hindus, mas os textos deixam bem claro que todos esses deuses são apenas reflexos da realidade última:

> Assim falam essas pessoas, "adorai este deus! adorai aquele deus!" – um após o outro – todos, na verdade, são criação sua [de Brahman]. E ele mesmo é de todos os deuses.[5]

A manifestação de *Brahman* na alma humana é chamada *Atman*, e a ideia de que *Atman* e *Brahman*, a realidade individual e a realidade última, são Um constitui a essência dos *Upanishads*:

> Aquele que é a essência mais fina – o mundo todo o tem como sua alma. Aquele é a Realidade. Aquele é Atman. Aquele és Tu.[6]

O tema básico que se repete na mitologia hindu é a criação do mundo pelo autossacrifício de Deus – "sacrifício" no sentido original de "fazer o sagrado" –, pelo qual Deus se torna o mundo e, no final, o mundo novamente se torna Deus. Essa atividade criativa do Divino é chamada *lila*, a peça de Deus, e o mundo é visto como o palco para essa peça divina. Como ocorre com a maior parte da mitologia hindu, o mito de *lila* possui um intenso sabor mágico. *Brahman* é o grande mago que se transforma no mundo e desempenha sua façanha com seu "poder criativo mágico", que é o significado original de *maya* no *Rig Veda*. A palavra *maya* – um dos termos mais importantes na filosofia da Índia – teve seu significado alterado ao longo dos séculos. De "poder" do agente e mágico divino, veio a significar o estado psicológico de um ser humano sob o encantamento da peça mágica. Na medida em que confundimos a miríade de formas da divina *lila* com a realidade, sem perceber a unidade de *Brahman* subjacente a todas elas, continuaremos sob o encantamento de *maya*.

Maya, então, não significa que o mundo é uma ilusão, como erradamente se afirma com frequência. A ilusão reside meramente em nosso ponto de vista, se pensarmos que as formas e estruturas, coisas e fatos existentes em torno de nós são realidades da natureza, em vez de percebermos que são apenas conceitos oriundos de nossas mentes voltadas para a medição e a categorização. *Maya* é a ilusão de tomar tais conceitos pela realidade, de confundir o mapa com o território.

Na concepção hinduística da natureza, todas as formas são relativas, fluidas, *maya* em eterna mutação, conjuradas pelo grande mago da peça divina. O mundo de *maya* transforma-se continuamente, uma vez que a divina *lila* é uma peça rítmica e dinâmica. A força dinâmica da peça é *karma*, um outro conceito fundamental do pensamento indiano. *Karma* significa "ação". É o princípio ativo da peça, a totalidade do universo em ação, onde tudo se acha dinamicamente vinculado a tudo o mais. Nas palavras do *Gītā*, "*Karma* é a força da criação, de onde provém a vida de todas as coisas".[7]

O significado de *karma*, como o de *maya*, tem sido reduzido de seu nível cósmico original ao nível humano, onde adquiriu um sentido psicológico. Na medida em que nossa concepção do mundo permanece fragmentada, na medida em que continuamos sob o encantamento de *maya* e pensamos estar separados do meio que nos cerca, podendo agir independentemente, achamo-nos atados pelo *karma*. Libertar-se desse laço significa compreender a unidade e harmonia de toda a natureza, inclusive nós mesmos, e agir de acordo com esse entendimento. O *Gītā* é bastante claro a esse respeito:

> Todas as ações são realizadas no tempo pelo entrelaçamento das forças da natureza, mas o homem perdido na ilusão egoísta acredita que ele próprio é o ator.
> Mas o homem que conhece a relação entre as forças da Natureza e as ações vê a forma pela qual algumas forças da Natureza agem sobre outras, e não se torna seu escravo.[8]

Libertar-se do encantamento de *maya*, romper os laços do *karma* significa compreender que todos os fenômenos que percebemos com nossos sentidos constituem parte da mesma realidade. Significa experimentar concreta e pessoalmente o fato de que tudo, inclusive nosso próprio ser, é *Brahman*. Essa experiência é denominada *moksha* ou "libertação" na filosofia hinduísta, e constitui a essência mesma do Hinduísmo.

O Hinduísmo sustenta que existem inúmeros caminhos para a libertação. Não se pode esperar que todos os seus grandes seguidores possam se aproximar do Divino de idêntica forma, razão pela qual o Hinduísmo proporciona diferentes conceitos, rituais e exercícios espirituais para as diversas modalidades de consciência. O fato de que muitos desses conceitos ou práticas sejam contraditórios não preocupa nem um pouco os hindus, pois eles sabem que *Brahman* está além dos conceitos e das imagens. Dessa atitude provêm a grande tolerância e a inclusividade tão característica do Hinduísmo.

A escola mais intelectual é o *Vedanta*, que se baseia nos *Upanishads* e enfatiza *Brahman* como um conceito metafísico, não pessoal, isento de qualquer conteúdo mitológico. Não obstante seu elevado nível filosófico e intelectual, o caminho vedântico de libertação é essencialmente diverso de qualquer escola filosófica ocidental, envolvendo a prática diária da meditação e outros exercícios espirituais com vistas a realizar a união com *Brahman*.

Outro importante e influente método de libertação é conhecido como *yoga*, palavra que significa "unir" e que se refere à união da alma individual com *Brahman*. Existem várias escolas (ou "caminhos") de *yoga* envolvendo algum treinamento físico básico e várias disciplinas mentais, designadas para indivíduos de tipo de níveis espirituais diferentes.

Para o hindu comum, a forma mais popular de se aproximar do Divino consiste em adorá-lo sob a forma de um deus (ou deusa) pessoal. A fértil imaginação indiana criou literalmente milhares de divindades que aparecem em inúmeras manifestações. As três divindades mais adoradas na Índia, hoje, são Shiva, Vishnu e a Mãe Divina. Shiva é um dos mais antigos deuses indianos e pode assumir muitas formas. É chamado *Mahesvara*, o Grande Senhor, quando é representado como a personificação da plenitude de *Brahman*, e pode igualmente personificar muitos aspectos isolados do Divino. Sua aparição mais celebrada corresponde a *Nataraja*, o Rei dos Dançarinos. Como o Dançarino Cósmico, Shiva é o deus da criação e da destruição, que sustenta, através de sua dança, o ritmo interminável do universo.

Vishnu também aparece sob diferentes disfarces. Um deles é o deus Krishna do *Bhagāvād Gītā*. Em geral, o papel de Vishnu é o de preservador do universo. A terceira divindade da tríade é Shakti, a Mãe Divina, a deusa arquetípica, que representa, sob suas inúmeras formas, a energia feminina do universo.

Shakti também aparece como a esposa de Shiva e os dois são frequentemente representados em abraços apaixonados presentes em magníficas esculturas nos templos, esculturas que irradiam uma sensualidade extraordinária, num grau inteiramente desconhecido na arte religiosa ocidental. Ao contrário da maioria das religiões ocidentais, o prazer sensual jamais foi suprimido no Hinduísmo, uma vez que o corpo sempre foi considerado parte integral do ser humano, nunca isolado do espírito. Assim sendo, o hindu não tenta controlar os desejos do corpo pela vontade consciente, mas almeja realizar-se por inteiro, em corpo e alma. O Hinduísmo chegou mesmo a desenvolver um ramo, o tantrismo medieval, onde a iluminação é procurada através de uma experiência profunda de amor sensual "no qual cada um é ambos", de acordo com as palavras dos *Upanishads*:

> Como um homem, ao abraçar a mulher amada, nada sabe interna ou externamente, assim também esse indivíduo, ao abraçar a Alma inteligente, nada sabe interna ou externamente.[9]

Shiva era intimamente associado a essa forma medieval de misticismo erótico, ocorrendo o mesmo com Shakti e numerosas outras divindades femininas que existem em grande número na mitologia hindu. Essa abundância de deusas demonstra, uma vez mais, que no Hinduísmo o lado físico e sensual da natureza humana, sempre associado à mulher, é uma parte do Divino plenamente integrada. As deusas hindus não são apresentadas como virgens sagradas, mas em abraços sensuais de poderosa beleza.

Autorrealização na experiência do amor sensual: escultura em pedra do templo Citragupta, em Khajuraho, cerca de 1000 d.C.

A mente ocidental é facilmente confundida pelo fabuloso número de deuses e deusas que povoam a mitologia hindu sob suas diferentes aparências e encarnações. Para entender como os hindus conseguem lidar com essa multidão de divindades devemos ter em conta a atitude básica do Hinduísmo, segundo a qual todas essas divindades são, em substância, idênticas. São todas manifestações da mesma realidade divina, refletindo aspectos diferentes do infinito, onipresente e incompreensível *Brahman*.

6. BUDISMO

O Budismo tem sido, por muitos séculos, a tradição espiritual dominante na maior parte da Ásia, incluindo os países da Indochina, Sri Lanka, Nepal, Tibete, China, Coreia e Japão. À semelhança do que sucedeu com o Hinduísmo na Índia, o Budismo tem exercido uma forte influência sobre a vida intelectual, cultural e artística desses países. Ao contrário do Hinduísmo, entretanto, o Budismo tem como referencial um único fundador, Sidarta Gautama, o Buda "histórico". Buda viveu na Índia, na metade do século VI a.C., durante o extraordinário período que viu nascer tantos gênios espirituais e filosóficos: Confúcio e Lao Tsé (na China), Zaratustra (na Pérsia), Pitágoras e Heráclito (na Grécia).

Se o Hinduísmo tem um sabor mitológico e ritualístico, o do Budismo é definitivamente psicológico. Buda não estava interessado em satisfazer a curiosidade humana acerca da origem do mundo, da natureza do Divino ou questões desse gênero. Ele estava preocupado exclusivamente com a situação humana, com o sofrimento e as frustrações dos seres humanos. Sua doutrina, portanto, não era a metafísica; era uma psicoterapia. Buda indicava a origem das frustrações humanas e a forma de superá-las. Para isso, empregou os conceitos indianos tradicionais de *maya*, *karma*, *nirvana*, etc., atribuindo-lhes uma interpretação psicológica renovada, dinâmica e diretamente pertinente.

Após a morte de Buda, o Budismo desenvolveu-se em duas escolas principais, a Hinayana e a Mahayana. A primeira – ou Pequeno Veículo – é uma escola ortodoxa que se atém à letra dos ensinamentos de Buda; a segunda – ou Grande Veículo – apresenta uma atitude mais flexível, supondo que o espírito da doutrina é mais importante que sua formulação original. A escola Hinayana estabeleceu-se no que atualmente corresponde a Sri Lanka (antigo Ceilão), Burma e Tailândia, ao passo que a Mahayana se expandiu em direção ao Nepal, ao Tibete, à China e ao Japão, tornando-se, eventualmente, a mais importante das duas. Na própria Índia, o Budismo foi absorvido, depois de muitos séculos, pelo Hinduísmo, flexível e assimilador, e Buda finalmente foi adotado como uma encarnação do deus Vishnu de muitas faces.

À medida que o Budismo Mahayana se difundiu através do território asiático, entrou em contato com povos de culturas e mentalidades muito diferentes, que interpretaram a doutrina budista a partir de suas próprias concepções, elaborando de forma detalhada muitos de seus pontos sutis e acrescentando a estes suas próprias ideias originais. Dessa forma, conservaram o Budismo vivo ao longo dos séculos e desenvolveram filosofias altamente sofisticadas, com profundos *insights* psicológicos.

Não obstante o elevado nível intelectual dessas filosofias, o Budismo Mahayana jamais se perdeu no pensamento especulativo abstrato. Como ocorre sempre no misticismo oriental, o intelecto é visto simplesmente como um meio de aclarar o caminho para a experiência mística direta, que os budistas denominaram "despertar". A essência dessa experiência consiste em ultrapassar o mundo das distinções e dos opostos intelectuais, para alcançar o mundo de *acintya*, o impensável, onde a realidade aparece como uma "quididade" indivisível e indiferenciada.

Essa foi a experiência que Sidarta Gautama teve uma noite, após sete anos de árdua disciplina nas florestas. Sentado em profunda meditação sob a famosa Árvore de Bodhi, a Árvore da Iluminação, ele obteve repentinamente o esclarecimento final e definitivo de todas as suas buscas e dúvidas no ato de um "despertar completo, insuperado" que fez dele o *Buda*, isto é, "o Desperto". Para o mundo oriental, a imagem do Buda no estado de meditação é tão significativa quanto a imagem do Cristo crucificado para o Ocidente, tendo inspirado incontáveis artistas por toda a Àsia, responsáveis pela criação de magníficas esculturas de Budas em meditação.

De acordo com a tradição budista, Buda dirigiu-se ao Parque dos Cervos, em Benares, imediatamente após seu despertar, a fim de pregar sua doutrina aos seus antigos colegas eremitas. Expressou-a através das famosas Quatro Verdades Nobres, uma apresentação compacta da doutrina essencial. À semelhança do que afirma um médico, que, de início, identifica a causa da doença da humanidade, a doutrina, a seguir, passa à afirmação de que a doença pode ser curada; por fim, prescreve o remédio.

A face de Buda irradiando um estado de calma e uma espiritualidade transcendentais: escultura em pedra, Índia, séc. V d.C.

A Primeira Verdade Nobre afirma a característica mais saliente da situação humana, *duhkha*, que é o sofrimento ou a frustração. A frustração deriva de nossa dificuldade em enfrentar o fato básico da vida, isto é, que tudo aquilo que nos cerca é impermanente e transitório. "Todas as coisas surgem e vão embora",[1] disse Buda, e a noção de que o fluxo e a mudança são as características básicas da natureza está na raiz do Budismo. O sofrimento vem à tona, na concepção budista, sempre que resistimos ao fluxo da vida e tentamos nos apegar a formas fixas que são todas *maya*, quer se trate de coisas, fatos, pessoas ou ideias. Essa doutrina da impermanência inclui, igualmente, a noção de que não existe o ego, o Si-mesmo, que é o sujeito persistente de nossas experiências. O Budismo sustenta que a ideia de um eu individual isolado é uma ilusão, uma outra forma de *maya*, um conceito intelectual desprovido de realidade. Apegar-se a esse conceito leva-nos à mesma frustração que o apego a qualquer outra categoria fixa do pensamento.

A Segunda Verdade Nobre refere-se à causa de todo sofrimento, *trishna*, que é o apego, ou a avidez. É o apego fútil à vida baseado num ponto de vista errado, chamado *avidya* (ignorância) na filosofia budista. A partir dessa ignorância, dividimos o mundo percebido em coisas individuais e separadas e, dessa forma, tentamos confinar as formas fluidas da realidade em categorias fixas criadas pela mente. Enquanto prevalecer essa visão, estaremos fadados a experimentar frustração em cima de frustração. Tentando apegarnos a coisas que presumimos permanentes e persistentes – mas que na realidade são transitórias e se acham em contínua mudança –, caímos na armadilha de um círculo vicioso onde cada ação gera uma nova ação e a resposta a cada indagação propõe novas indagações. Esse círculo vicioso é conhecido no Budismo como *samsara*, o ciclo de nascimento e morte impelido pelo *karma*, a cadeia infindável de causa e efeito.

A Terceira Verdade Nobre afirma que o sofrimento e a frustração podem chegar a um fim. É possível transcender o círculo vicioso de *samsara*, livrar-se do jugo do *karma* e alcançar um estado de libertação total denominado *nirvana*. Neste estado, as noções falsas de um eu separado desaparecem para sempre e a unidade da vida torna-se uma sensação constante. O *nirvana* é o equivalente ao *moksha* da filosofia hindu e, sendo um estado de consciência além de todos os conceitos intelectuais, desafia quaisquer descrições. Atingir o *nirvana* é atingir o despertar ou Estado de Buda.

A Quarta Verdade Nobre é a prescrição de Buda para extinguir todo sofrimento, o Caminho Óctuplo do autodesenvolvimento que nos leva ao Estado de Buda. As duas seções iniciais desse caminho, conforme já foi mencionado, referem-se à visão correta e ao conhecimento correto, isto é, ao límpido *insight* acerca da situação humana, o que constitui o ponto de partida necessário. As quatro seções seguintes tratam das ações corretas, estabelecendo as regras para o modo de vida budista, que é um Caminho do Meio entre extremos opostos. As duas seções finais referem-se à consciência correta e à meditação correta, e descrevem a experiência mística direta da realidade, na verdade, seu objetivo final.

Buda não desenvolveu sua doutrina num sistema filosófico consistente; ele a considerava como uma forma de se atingir a iluminação. Suas afirmativas acerca do mundo foram restritas à ênfase sobre a impermanência de todas as "coisas". Buda insistia na necessidade de nos libertarmos de toda autoridade espiritual, inclusive de sua própria, afirmando que somente poderia indicar o caminho para o Estado de Buda, e que cabia a cada indivíduo percorrê-lo até o fim por seus próprios esforços. As últimas palavras de Buda, em seu leito de morte, são características de sua visão de mundo e de sua atitude como mestre. "O declínio é inerente a todas as coisas compostas", afirmou antes de morrer; "empenhai-vos com diligência."[2]

Nos primeiros séculos que se seguiram à morte de Buda, foram organizados diversos Grandes Concílios dirigidos pelos principais monges da ordem budista. Durante esses concílios, toda a doutrina era recitada em voz alta, e as diferenças de interpretação eram expostas. No quarto desses concílios, realizado na ilha de Ceilão (atual Sri Lanka), no primeiro século da era cristã, a doutrina memorizada oralmente e transmitida durante mais de quinhentos anos, foi afinal registrada em forma escrita. Esse registro, elaborado na língua páli, é conhecido como o Cânone de Páli e forma a base da escola ortodoxa Hinayana. A escola Mahayana, por seu turno, baseia-se num certo número de *sutras*, textos de grandes dimensões, escritos em sânscrito cem ou duzentos anos mais tarde e que apresentam os ensinamentos de Buda numa forma muito mais sutil e elaborada que o Cânone de Páli.

A escola Mahayana denomina-se a si mesma o Grande Veículo do Budismo porque oferece a seus adeptos uma grande variedade de métodos, ou "meios habilidosos" de alcançar o Estado de Buda. Esses métodos vão desde doutrinas que dão ênfase à fé religiosa nos ensinamentos de Buda até complexas filosofias envolvendo conceitos que se aproximam muito do moderno pensamento científico.

O primeiro comentador da doutrina Mahayana, e um dos mais profundos pensadores entre os patriarcas budistas, foi Ashvaghosha, que viveu no primeiro século da era cristã. Ashvaghosha explicou os pensamentos fundamentais do budismo Mahayana, em particular aqueles relacionados com o conceito budista de "quididade", em um pequeno livro denominado *O Despertar da Fé*. Esse texto lúcido e extremamente belo, que nos recorda, sob vários aspectos, o *Bhagāvād Gītā*, constituiu o primeiro tratado representativo da doutrina Mahayana, vindo com o tempo a se tornar uma das principais autoridades para todas as escolas do budismo Mahayana.

Ashvaghosha exerceu, provavelmente, uma forte influência sobre Nagarjuna, o mais intelectual entre os filósofos Mahayana, que empregava uma dialética altamente sofisticada para mostrar as limitações de todos os conceitos de realidade. Com argumentos brilhantes, ele demolia as proposições metafísicas do seu tempo, e assim demonstrava que a realidade, no final das contas, não pode ser agarrada por meio de conceitos e ideias. Por isso, deu a ela o nome *sunyata*, o "vácuo", ou "vazio", termo equivalente ao *tathata*, ou "quididade", de Ashvaghosha; quando se reconhece a futilidade de todo pensamento conceitual, a realidade é vivenciada como pura quididade.

A afirmação de Nagarjuna de que a natureza essencial da realidade é o vazio está longe de corresponder à afirmação niilista pela qual e, com frequência, é tomada. Ela significa apenas que todos os conceitos acerca da realidade, formados pela mente humana, são, em última instância, vazios. A Realidade, ou o Vazio, não é, em si mesma, um estado de mero nada, mas é, isto sim, a fonte de toda a vida e a essência de todas as formas.

As concepções do Budismo Mahayana apresentadas até aqui refletem sua faceta intelectual, especulativa. Isso, contudo, representa apenas uma das facetas do Budismo. Complementa-a a consciência religiosa budista, que envolve a fé, o amor e a compaixão. A verdadeira sabedoria iluminada (*bodhi*) é vista, na escola Mahayana, como sendo composta de dois elementos, aos quais D. T. Suzuki denominou os "dois pilares sobre os quais se ergue o grande edifício do Budismo". Esses elementos são *prajna*, a sabedoria transcendental ou inteligência intuitiva, e *Karuna*, o amor ou compaixão.

Nesse sentido, a natureza essencial de todas as coisas é descrita no Budismo Mahayana não apenas por intermédio dos termos metafísicos abstratos Quididade e Vazio mas, igualmente, pelo termo *Dharmakaya*, o "Corpo do Ser", que descreve a realidade tal como esta se apresenta à consciência religiosa budista. O *Dharmakaya* assemelha-se ao *Brahman* do Hinduísmo, e permeia todas as coisas materiais no universo, refletindo-se na mente humana como *bodhi*, a sabedoria iluminada. O *Dharmakaya* é, pois, espiritual e material ao mesmo tempo.

A ênfase no amor e na compaixão como parte essencial da sabedoria encontrou sua expressão mais intensa no ideal do Bodhisattva, um dos desenvolvimentos mais característicos do Budismo Mahayana. Um Bodhisattva é um ser humano altamente evoluído, a caminho de se tornar um Buda, que não busca a iluminação somente para si-mesmo mas que se consagra a ajudar todos os seres humanos a alcançar o Estado de Buda antes que ele mesmo entre no *nirvana*. A origem dessa ideia está na decisão de Buda – apresentada na tradição budista como uma decisão consciente e de forma alguma uma decisão fácil – de não apenas entrar no *nirvana*, mas também de retornar ao mundo a fim de indicar o caminho da salvação aos demais seres humanos. O ideal do Bodhisattva é igualmente consistente com a doutrina budista do não ego, pois, se não existe um eu individual isolado, a ideia de um indivíduo entrando sozinho no *nirvana* obviamente não faz muito sentido.

Finalmente, o elemento de fé é enfatizado na chamada escola da Terra Pura do Budismo Mahayana. A base dessa escola é a doutrina budista segundo a qual a natureza original de todos os seres humanos é a de um Buda e sustenta que para entrar no *nirvana*, ou "Terra Pura", tudo o que se tem de fazer é ter fé em nossa própria natureza original de Buda.

Segundo diversos autores, o apogeu do pensamento budista foi alcançado na chamada escola *Avatamsaka*, que se baseia no *sutra* do mesmo nome. Esse *sutra* é considerado o cerne do Budismo Mahayana, e é exaltado por Suzuki com as palavras mais entusiastas:

> No que diz respeito ao Avatamsaka-sutra, trata-se realmente da consumação do pensamento budista, do sentimento budista e da experiência budista. Para mim, nenhuma literatura religiosa no mundo pode sequer se aproximar da grandeza de concepção, da profundidade de sentimento e da gigantesca escala de composição alcançadas por este sutra. O *Avatamsaka-sutra* é a fonte eterna da vida, de onde nenhuma mente religiosa retornará sedenta ou apenas parcialmente saciada.[3]

Foi esse *sutra* que estimulou as mentes chinesas e japonesas mais do que qualquer outra coisa, quando o Budismo Mahayana difundiu-se pelo território asiático. O contraste entre os chineses e os japoneses, de um lado, e os indianos, de outro, é tão grande que já se afirmou que ambos representam dois polos da mente humana. Enquanto aqueles são práticos, pragmáticos e voltados para o lado social, estes são imaginativos, metafísicos e transcendentais. Quando os filósofos chineses e japoneses começaram a traduzir e interpretar o *Avatamsaka*, uma das maiores escrituras sagradas produzidas pelo gênio religioso indiano, os dois polos combinaram-se de modo a formar uma nova unidade dinâmica; o resultado foi a filosofia *Hua-yen*, na China, a filosofia *Kegon*, no Japão, que constituem, segundo Suzuki, "o clímax do pensamento budista que se tem desenvolvido no Extremo Oriente ao longo dos dois últimos milênios".[4]

O tema central do *Avatamsaka* é a unidade e inter-relação de todas as coisas e eventos; uma concepção que não apenas é a própria essência da visão oriental do mundo, mas que é também um dos elementos básicos da visão de mundo que surge à tona com a Física moderna. Ver-se-á então que o *Avatamsaka-sutra*, esse antigo texto religioso, oferece os mais impressionantes paralelos com os modelos e teorias da Física moderna.

7. O PENSAMENTO CHINÊS

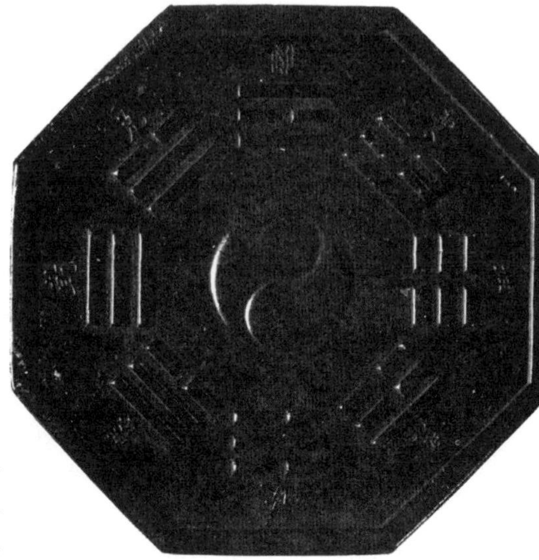

Pastilha de tinta, por Ch'eng Chung-fang, séc. XVII.

Quando o Budismo chegou à China, por volta do século I da era cristã, encontrou aí uma cultura que possuía mais de dois milênios de existência. Nessa cultura antiga, o pensamento filosófico havia alcançado sua culminância durante o final do período Chou (apr. 500-221 a.C.), a idade de ouro da filosofia chinesa, merecendo desde então a mais alta estima.

Desde o início, essa filosofia apresentou dois aspectos complementares. Por serem um povo prático, com uma consciência social altamente desenvolvida, os chineses contavam com escolas filosóficas voltadas, de uma forma ou de outra, para a vida em sociedade, com suas relações humanas, valores morais e governo. Esse, no entanto, é só um aspecto do pensamento chinês. Complementando-o, encontra-se o lado místico do caráter chinês; este aspecto exigia que o objetivo mais elevado da filosofia deveria ser o de transcender o mundo da sociedade e da vida cotidiana e alcançar um plano mais elevado de consciência. Este é o plano do sábio, o ideal chinês do homem iluminado que alcançou a unidade mística com o universo.

O sábio chinês, contudo, não habita exclusivamente esse elevado plano espiritual; preocupa-se igualmente com as questões do mundo. Unifica em si mesmo os dois lados complementares da natureza humana – a sabedoria intuitiva e o conhecimento prático, a contemplação e a ação social – que os chineses associaram às imagens do sábio e do rei. Seres humanos plenamente realizados, nas palavras de Chuang Tsé, "tornam-se sábios por sua tranquilidade, reais por seus movimentos".[1]

Durante o século VI a.C., esses dois aspectos da filosofia chinesa desenvolveram-se em duas escolas filosóficas distintas, o Confucionismo e o Taoismo. O Confucionismo era a filosofia da organização social, do senso comum e do conhecimento prático, que fornecia à sociedade chinesa um sistema de educação e as convenções estritas do comportamento social. Um de seus objetivos básicos era estabelecer uma base ética para o sistema familiar tradicional, com sua estrutura complexa e seus rituais de adoração dos ancestrais. O Taoismo, por outro lado, voltava-se primariamente para a observação da natureza e a descoberta do Caminho, ou *Tao*. A felicidade humana, segundo os taoistas, é alcançada quando os homens seguem a ordem natural, agindo espontaneamente e confiando em seu próprio conhecimento intuitivo.

Essas duas correntes de pensamento representam polos opostos na filosofia chinesa; na China, entretanto, sempre foram consideradas polos de uma única natureza humana e, portanto, complementares. O Confucionismo era geralmente destacado quando se tratava da educação das crianças, que tinham de aprender as regras e convenções necessárias à vida em sociedade, ao passo que o Taoismo costumava ser seguido por indivíduos mais idosos, empenhados em obter e desenvolver novamente a espontaneidade original destruída pelas convenções sociais. Nos séculos XI e XII, a escola neoconfucionista tentou promover uma síntese do Confucionismo, do Budismo e do Taoismo; essa tentativa culminou na filosofia de Chu Hsi, um dos maiores pensadores chineses. Chu Hsi foi um filósofo notável, que combinou a sabedoria confucionista com uma profunda compreensão do Budismo e do Taoismo, incorporando elementos de todas essas três tradições em sua síntese filosófica.

O Confucionismo deriva seu nome de Kung-Fu-Tsé, ou Confúcio, um professor de enorme influência, que considerava sua função básica a transmissão da antiga herança cultural a seus discípulos. Assim fazendo, ultrapassou, contudo, os limites de uma simples transmissão de conhecimentos, pois interpretou as ideias tradicionais em consonância com seus próprios conceitos morais. Seus ensinamentos foram baseados nos chamados Seis Clássicos, antigos livros de pensamento filosófico, rituais, poesia, música e história, que representavam a herança espiritual e cultural dos "sábios santos" do passado chinês. A tradição chinesa associou Confúcio a todos esses trabalhos, quer na condição de autor, de comentador ou de editor; segundo o conhecimento moderno, entretanto, Confúcio não foi o autor, nem o comentador e nem mesmo o editor de qualquer um dos Seis Clássicos. Suas próprias ideias tornaram-se conhecidas através dos *Lun Yü*, ou Antologia Confucionista, uma coleção de aforismos compilada por alguns de seus discípulos.

O Taoismo nasce com Lao Tsé, cujo nome significa, literalmente, "o velho mestre"; segundo a tradição, Lao Tsé foi contemporâneo, embora mais idoso, de Confúcio. Diz-se ter sido ele o autor de um pequeno livro de aforismos que é considerado o principal texto taoista. Na China, esse trabalho é geralmente denominado apenas *Lao Tsé*; no Ocidente, é comumente denominado *Tao Te Ching*, o "Clássico do Caminho e do Poder", nome que acabou por receber em época mais recente. Já mencionei o estilo paradoxal e a linguagem poderosa e poética desse livro que Joseph Needham considera "o trabalho mais belo e profundo da língua chinesa".[2]

O segundo livro taoista mais importante é o *Chuang Tsé*, obra muito mais ampla que o *Tao Te Ching*, cujo autor, Chuang Tsé, deve ter vivido aproximadamente duzentos anos após Lao Tsé. Segundo o conhecimento moderno, entretanto, o *Chuang Tsé*, e provavelmente também o *Lao Tsé*, não pode ser considerado como sendo o trabalho de um único autor; ao contrário, constituiriam uma coleção de escritos taoistas compilados por diferentes autores em diferentes épocas.

Tanto a Antologia Confucionista como o *Tao Te Ching* são escritos naquele estilo compacto e sugestivo tão característico do modo chinês de pensar. A mente chinesa não era dada ao pensamento lógico abstrato e desenvolveu uma linguagem bastante diversa daquela que acabou por se desenvolver no Ocidente. Muitas de suas palavras podiam ser utilizadas como substantivos, adjetivos ou verbos, e sua sequência era determinada não tanto por regras gramaticais como pelo conteúdo emocional da sentença. A palavra chinesa clássica era bastante diversa de um signo abstrato representando um conceito nitidamente delimitado. Tratava-se, antes, de um símbolo eficiente; portador de fortes poderes de sugestão e capaz de trazer à mente um complexo indeterminado de imagens pictóricas e de emoções. A intenção de quem falava era menos expressar uma ideia intelectual que afetar e influenciar o ouvinte. De forma correspondente, o caráter escrito não era apenas um signo abstrato, mas um padrão orgânico – uma *Gestalt* – que preservava todo o complexo de imagens e o poder de sugestão da palavra.

Uma vez que os filósofos chineses se expressavam numa linguagem tão bem adequada a seu modo de pensar, seus escritos e provérbios podiam ser curtos e desarticulados e, no entanto, ricos em imagens sugestivas. É claro que grande parte desse conjunto de imagens se perde numa tradução. A tradução de uma sentença do *Tao Te Ching*, por exemplo, somente pode transmitir uma pequena parcela do rico complexo de ideias contidas no original; por esse motivo, as diferentes traduções desse controvertido livro parecem ser, com frequência, textos completamente diferentes. Segundo Fung Yu-Lan, "precisa-se de uma combinação de todas as traduções já feitas e de muitas outras ainda a fazer para que se possa revelar a riqueza do *Lao tsé* e da Antologia Confucionista em suas formas originais".[3]

Os chineses, à semelhança dos indianos, acreditavam na existência de uma realidade última que é subjacente e que unifica todas as coisas e fatos que observamos:

> Existem três termos – "completo", "abrangente" e "o todo". Esses nomes são diferentes mas a realidade que se procura neles é a mesma: refere-se à coisa Única.[4]

Essa realidade é denominada o *Tao*, palavra que, originalmente, significava "o Caminho". É o caminho ou processo do universo, a ordem da natureza. Em tempos mais recentes, os confucionistas conferiram a esse termo interpretações distintas. Assim, falaram do *Tao* do homem ou do *Tao* da sociedade humana, entendendo-o como um modo de vida, num sentido moral.

Em seu significado cósmico original, o *Tao* é a realidade última e indefinível como tal, é o equivalente do *Brahman* hinduísta e do *Dharmakaya* budista. Difere, no entanto, desses dois conceitos indianos em razão de sua qualidade intrinsecamente dinâmica que constitui, na visão chinesa, a essência do universo. O *Tao* é o processo cósmico no qual se acham envolvidas todas as coisas; o mundo é visto como um fluxo contínuo, uma mudança contínua.

O Budismo indiano, com sua doutrina da impermanência, tinha uma visão semelhante; contudo, ele se utilizou dessa visão simplesmente como a premissa básica da situação humana, partindo daí para elaborar suas consequências psicológicas. Os chineses, por outro lado, não apenas acreditavam que o fluxo e a mudança constituíssem as facetas essenciais da natureza mas, igualmente, que existem padrões constantes nessas mudanças, que podem ser observados por homens e mulheres. O sábio reconhece esses padrões e dirige suas ações de acordo com eles. Desse modo, ele se torna "Uno com o *Tao*" vivendo em harmonia com a natureza e logrando sucesso em tudo aquilo que busque levar a cabo. Nas palavras de Huai Nan Tsé, filósofo do século II da era cristã:

> Aquele que age em conformidade com o curso do *Tao*, seguindo os processos naturais do Céu e da Terra, acha fácil manipular o mundo todo.[5]

Quais são, portanto, os padrões do Caminho cósmico que os seres humanos devem reconhecer? A característica principal do *Tao* é a natureza cíclica de seu movimento e sua mudança incessantes. "O retorno é o movimento do *Tao*", afirma Lao Tsé, e "afastar-se significa retornar".[6] Essa ideia é a de que todos os desenvolvimentos ocorridos na natureza, quer no mundo físico, quer nas situações humanas, apresentam padrões cíclicos de ida e vinda, de expansão e contração.

Essa ideia deriva, sem dúvida, dos movimentos do Sol e da Lua e da mudança das estações, mas também era encarada como uma regra de vida. Os chineses creem que sempre que uma situação se desenvolva até atingir seu ponto extremo, é compelida a voltar e a se tornar o seu oposto. Essa crença básica lhes dá coragem e perseverança em tempos de dificuldade enquanto os torna cautelosos e modestos em tempos de sucesso. Ela os levou à doutrina do meio-termo, aceita tanto pelos taoistas como pelos confucionistas. "O sábio", afirma Lao Tsé, "evita o excesso, a extravagância e a indulgência."[7]

Na concepção chinesa, é melhor possuir muito pouco do que demasiado, e é melhor deixar coisas por fazer do que fazê-las em exagero, porque, embora não se possa ir muito longe procedendo assim, certamente se caminhará na direção correta. Assim como o homem que quer ir sempre mais e mais longe em direção ao leste acabará por chegar ao oeste, aqueles que acumulam mais e mais dinheiro a fim de ampliar sua riqueza acabarão na pobreza. A moderna sociedade industrial que, em sua tentativa contínua de elevar o "padrão de vida" faz decrescer a qualidade da vida para todos os seus membros, constitui uma ilustração eloquente dessa antiga sabedoria chinesa.

A ideia de padrões cíclicos no movimento do *Tao* recebeu uma estrutura precisa com a introdução dos opostos polares *yin* e *yang*. São eles os dois polos que estabelecem os limites para os ciclos de mudança:

> O *yang*, tendo alcançado seu apogeu, retrocede em favor do *yin*; o *yin*, tendo alcançado seu apogeu, retrocede em favor do *yang*.[8]

Na concepção chinesa, todas as manifestações do *Tao* são geradas pela inter-relação dinâmica dessas duas forças polares. Essa ideia é bastante antiga e muitas gerações aperfeiçoaram o simbolismo do par arquetípico *yin* e *yang* até que ele veio a se tornar o conceito fundamental do pensamento chinês. O significado original das palavras *yin* e *yang* correspondia aos lados ensombreado e ensolarado de uma montanha, significado este que nos dá uma boa ideia acerca da relatividade dos dois conceitos:

> Aquilo que ora nos apresenta a escuridão e ora nos mostra a luz é o *Tao*.[9]

Desde os primeiros tempos, os dois polos arquetípicos da natureza foram representados não apenas pelo claro e pelo escuro mas, igualmente, pelo masculino e pelo feminino, pelo inflexível e pelo dócil, pelo acima e pelo abaixo. *Yang*, o forte, o masculino, o poder criador era associado ao Céu, enquanto *yin*, o escuro, o receptivo, o feminino, o maternal, era representado pela Terra. O Céu está acima e está cheio de movimento; a Terra – na antiga concepção geocêntrica – está embaixo e em repouso; dessa forma, *yang* passou a simbolizar o movimento e *yin* o repouso. No reino do pensamento, *yin* é a mente intuitiva, feminina e complexa, ao passo que *yang* é o intelecto masculino, racional e claro. *Yin* é a tranquilidade contemplativa do sábio, *yang* a vigorosa ação criativa do rei.

O caráter dinâmico do *yin* e do *yang* é representado pelo antigo símbolo chinês denominado *T'ai-chi T'u*, ou "Diagrama do Supremo Fundamental":

Esse diagrama apresenta uma disposição simétrica do *yin* sombrio e do *yang* claro; a simetria, contudo, não é estática. É uma simetria rotacional que sugere, de forma eloquente, um contínuo movimento cíclico:

> O *yang* retorna ciclicamente ao seu início, o *yin* atinge seu apogeu e cede lugar ao *yang*.[10]

Os dois pontos do diagrama simbolizam a ideia de que toda vez que cada uma das forças atinge o seu ponto extremo, manifesta dentro de si a semente de seu oposto.

O par *yin-yang* é o grande *leitmotiv* que permeia a cultura chinesa e determina todas as facetas do tradicional modo de vida chinês. "A vida", diz Chuang Tsé, "é a harmonia combinada do *yin* e do *yang*".[11] Por se tratar de uma nação de agricultores, os chineses sempre estiveram familiarizados com os movimentos do Sol e da Lua, e com a mudança das estações. As mudanças sazonais e os fenômenos delas resultantes, do crescimento e decadência presentes na natureza orgânica eram encarados pelos chineses como as expressões mais evidentes da inter-relação entre o *yin* e o *yang*, entre o inverno frio e escuro e o verão claro e quente. A relação sazonal entre os dois opostos aparece igualmente no alimento que comemos e que contém elementos de *yin* e de *yang*. Para os chineses, obtém-se uma dieta saudável balanceando esses elementos *yin* e *yang*.

A medicina tradicional chinesa também se baseia no equilíbrio do *yin* e do *yang* no corpo humano, sendo qualquer doença encarada como um rompimento desse equilíbrio. O corpo acha-se dividido em partes *yin* e *yang*. Globalmente falando, o interior do corpo é *yang* e sua superfície, *yin*; a parte posterior é *yang*, a dianteira é *yin*; dentro do corpo, existem órgãos *yin* e *yang*. O equilíbrio entre todas essas partes é mantido por intermédio de um fluxo contínuo de *ch'i*, ou energia vital, que corre ao longo de um sistema de "meridianos" que contém os pontos utilizados na acupuntura. Cada órgão dispõe de um meridiano associado, de tal sorte que meridianos *yang* pertencem a órgãos *yin* e vice-versa. Sempre que o fluxo entre o *yin* e o *yang* é bloqueado, o corpo adoece; a doença, contudo, pode ser curada fixando agulhas nos pontos de acupuntura para estimular e restaurar o fluxo de *ch'i*.

A interação entre *yin* e *yang*, o par primordial de opostos, aparece assim como o princípio que guia todos os movimentos do *Tao*. Os chineses, contudo, não param aí. Eles estudaram diversas combinações de *yin* e *yang*, que desenvolveram até atingir a forma de um sistema de arquétipos cósmicos. Esse sistema é elaborado no *I Ching*, ou *Livro das Mutações*.

O *Livro das Mutações* é o primeiro entre os seis Clássicos Confucionistas e deve ser considerado como um trabalho que se encontra no próprio cerne da cultura e do pensamento chineses. A autoridade e consideração que tem desfrutado na China ao longo de milhares de anos só podem ser comparadas às gozadas por textos sagrados, como os *Vedas* ou a Bíblia, em outras culturas. O conhecido sinólogo Richard Wilhelm inicia a introdução à sua tradução do *I Ching* com as seguintes palavras:

> O *Livro das Mutações* – *I Ching* em chinês – é, sem sombra de dúvida, um dos livros mais importantes da literatura mundial. Sua origem perde-se na antiguidade mítica, tendo ocupado a atenção dos maiores estudiosos chineses daquele período até nossos dias. Praticamente tudo de mais significativo e relevante ocorrido nestes três milênios de história cultural chinesa retirou sua inspiração deste livro ou exerceu influência na interpretação de seu texto. Dessa forma, pode-se afirmar com segurança que a sabedoria, amadurecida em milhares de anos, tem participado da elaboração do *I Ching*.[12]

O *Livro das Mutações* é, pois, um trabalho que cresceu organicamente no curso de milhares de anos, consistindo em inúmeras camadas provenientes dos períodos mais significativos do pensamento chinês. O ponto de partida do livro é um conjunto de 64 figuras, ou "hexagramas", como a da ilustração abaixo, que se baseiam no simbolismo *yin-yang* e que foram usadas como oráculos. Cada hexagrama consiste em 6 linhas que podem ou ser quebradas (*yin*) ou cheias (*yang*); esses 64 hexagramas compreendem todas as combinações possíveis dessas linhas. Esses hexagramas, que serão discutidos detalhadamente mais adiante, eram considerados arquétipos cósmicos que representavam os padrões do *Tao* na

natureza e nas situações humanas. Cada um recebeu um título, e foi suplementado por um pequeno texto (denominado Julgamento) para indicar o rumo da ação adequado ao padrão cósmico em questão. A assim chamada Imagem é, na verdade, um outro texto breve, acrescentado posteriormente, que elabora o significado do hexagrama em umas poucas (e, não raro, extremamente poéticas) linhas. Um terceiro texto interpreta cada uma das seis linhas do hexagrama numa linguagem carregada de imagens míticas quase sempre de entendimento difícil.

Essas três categorias de textos formam as partes básicas do livro utilizadas para a adivinhação. Um ritual elaborado, envolvendo cinquenta varetas feitas de mil-folhas, era utilizado para determinar o hexagrama correspondente à situação pessoal do indagante. Pretendia-se tornar visível no hexagrama o padrão cósmico daquele momento, aprendendo do oráculo o curso mais adequado de ação:

> Nas *Mutações* existem imagens para revelar, existem julgamentos que permitem interpretar, a sorte e o infortúnio são determinados de modo que o indagante possa decidir.[13]

O objetivo da consulta ao *I Ching* não era, portanto, simplesmente conhecer o futuro; era, antes de tudo, descobrir a disposição da situação atual, de modo a que se pudesse tomar a atitude mais apropriada. Essa finalidade elevou o *I Ching* acima do nível vulgar de um mero livro de adivinhações, fazendo dele um livro de sabedoria.

O uso do *I Ching* neste último sentido é, de fato, de uma importância muito maior do que o seu uso como oráculo. Com tal propósito, o livro inspirou as maiores mentes chinesas nas diversas épocas; entre elas, Lao Tsé que de sua fonte extraiu alguns de seus aforismos mais profundos. Confúcio estudou-o intensamente e a maior parte dos comentários sobre o texto, que compõem as camadas finais, originam-se da escola confucionista. Esses comentários, as chamadas Dez Asas, combinam a interpretação estrutural dos hexagramas com explicações filosóficas.

No centro dos comentários de Confúcio, como no centro de todo o *I Ching*, encontra-se a ênfase no aspecto dinâmico de todos os fenômenos. A transformação incessante de todas as coisas e situações é a mensagem essencial de O *Livro das Mutações*:

> O Livro das Mutações é uma obra
> Da qual o homem não deve se manter distante.
> Seu Tao está em perpétua mutação –
> Modificação, movimento sem descanso
> Fluindo através de seis posições vazias;
> Subindo e descendo sem cessar.
> O firme e o maleável mudam.
> Não se pode contê-los numa regra;
> Aqui só a mudança atua.[14]

8. O TAOISMO

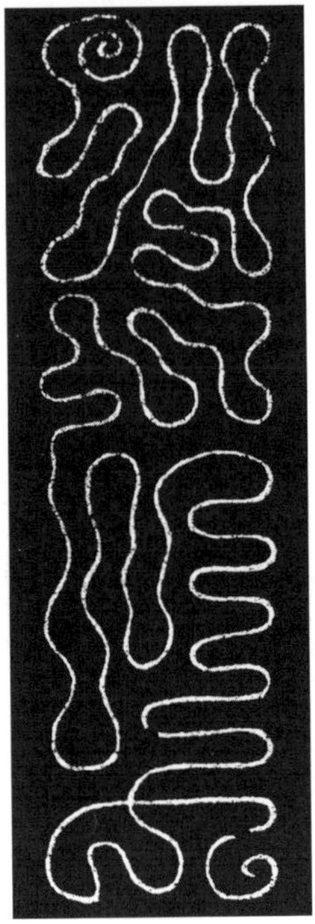

Diagrama mágico do Cânone Taoista, dinastia Sung.

Entre as duas principais tendências do pensamento chinês – o Confucionismo e o Taoismo –, apenas este último apresenta uma orientação mística, o que o torna mais relevante para a comparação que se pretende fazer com a Física moderna. À semelhança do Hinduísmo e do Budismo, o Taoismo se interessa pela sabedoria intuitiva e não pelo conhecimento racional. Reconhecendo as limitações e a relatividade do mundo do pensamento racional, o Taoismo é, basicamente, um caminho de libertação deste mundo e, nesse aspecto, pode ser comparado aos caminhos da *yoga* e do *Vedanta*, no Hinduísmo, ou ao Caminho Óctuplo do Buda. No contexto da cultura chinesa, a libertação taoista significava, mais especificamente, uma libertação das regras rígidas da convenção.

A desconfiança em face do conhecimento e do raciocínio convencionais é mais forte no Taoismo do que em qualquer outra escola de filosofia oriental, baseando-se na sólida crença de que o intelecto humano jamais poderá compreender o *Tao*. Nas palavras de Chuang Tsé,

> O conhecimento mais amplo não o conhece, necessariamente; o raciocínio não tornará os homens sábios. Os sábios decidiram-se contra estes dois métodos.[1]

O livro de Chuang Tsé está cheio de passagens que refletem o desprezo do taoista pelo raciocínio e pela argumentação. Nele encontramos, por exemplo, que

> Não se considera bom um cão simplesmente porque late bem; não se considera bom um homem simplesmente porque fala de forma habilidosa.[2]

e que

> A controvérsia é uma prova de que não se vê com clareza.[3]

O raciocínio lógico era considerado pelos taoistas como parte do mundo artificial do homem, lado a lado com a etiqueta social e os padrões morais. Os taoistas não se interessavam de forma alguma por este mundo, concentrando sua atenção integralmente na observação da natureza a fim de discernir as "características do *Tao*". Dessa forma, eles desenvolveram uma atitude essencialmente científica e somente sua desconfiança profunda em relação ao método analítico impediu a construção de teorias científicas adequadas. Não obstante, a observação cuidadosa da natureza, combinada com uma forte intuição mística, levou os sábios taoistas a profundos *insights*, confirmados pelas teorias científicas modernas.

Um dos *insights* mais importantes do Taoismo foi a compreensão de que a transformação e a mudança são características essenciais da natureza. Uma passagem do *Chuang Tsé* demonstra claramente como a importância fundamental da mudança foi reconhecida com base na observação do mundo orgânico:

> Na transformação e crescimento de todas as coisas, cada broto e cada característica apresentam sua forma própria. Nesta, observamos sua maturação e decadência graduais, o fluxo constante de transformação e mudança.[4]

Os taoistas consideravam todas as mudanças da natureza como manifestações da interação dinâmica entre polaridades de opostos *yin* e *yang*, o que acabou por levá-los a acreditar que qualquer par de opostos constitui uma relação polar na qual cada um dos polos se acha dinamicamente vinculado ao outro. Para a mente ocidental, essa ideia da unidade implícita de todos os opostos é extremamente difícil de aceitar. Parece-nos bastante paradoxal que as experiências e os valores que sempre acreditamos fossem opostos sejam, afinal de contas, aspectos da mesma coisa. No Oriente, entretanto, sempre se considerou o dirigir-se para "além de todos os opostos concebíveis"[5] essencial para se chegar à iluminação. Na China, a relação polar de todos os opostos encontra-se na base mesma do pensamento taoista. É Chuang Tsé quem afirma:

> O "isto" é também "aquilo". O "aquilo" é também "isto" .[...] Que o "aquilo" é o "isto" deixem de ser opostos, eis aí a essência mesma do *Tao*. Somente essa essência, como se fosse um eixo, constitui o centro do círculo que responde às mudanças incessantes.[6]

A partir da noção de que os movimentos do *Tao* são uma contínua interação entre opostos, os taoistas deduziram duas regras básicas para a conduta humana. Sempre que desejarmos alcançar alguma coisa, afirmam, devemos começar com seu oposto. Assim, nas palavras de Lao Tsé:

> Para contrair uma coisa, devemos, certamente, primeiro expandi-la.
> Para enfraquecê-la, devemos, certamente, primeiro fortalecê-la.
> Para derrotá-la, devemos, certamente, primeiro exaltá-la.
> Para despojá-la, devemos, certamente, primeiro presenteá-la.
> Essa é a chamada sabedoria sutil.[7]

Por outro lado, sempre que desejarmos reter alguma coisa, nela devemos admitir algo do seu oposto:

> Fiquem curvos, e permanecerão retos.
> Fiquem vazios, e permanecerão cheios.
> Fiquem gastos, e permanecerão renovados.[8]

Esse modo de vida do sábio que alcançou um ponto de vista superior, uma perspectiva a partir da qual a relatividade e a relação polar entre todos os opostos são percebidas com clareza. Esses opostos incluem, primeiro e acima de tudo, os conceitos de bem e de mal, que interagem da mesma forma que o *yin* e o *yang*. Reconhecendo a relatividade do bem e do mal – e, portanto, de todos os padrões morais –, o sábio taoista não se esforça por alcançar o bem mas, em vez disso, procura manter um equilíbrio dinâmico entre bem e mal. *Chuang Tsé* é bastante claro a esse respeito:

> Os ditados "Não devemos seguir e honrar o certo e pôr de lado o errado?" e "Não devemos seguir e honrar os que asseguram o bom governo e pôr de lado os que geram a desordem?" demonstram uma falta de familiaridade com os princípios do Céu e da Terra e com as diferentes qualidades das coisas. É como se seguíssemos e honrássemos o Céu e não levássemos em conta a Terra; é como se seguíssemos e honrássemos o *yin* e deixássemos de lado o *yang*. É claro que não se deve seguir esse percurso.[9]

É espantoso perceber que, ao mesmo tempo que Lao Tsé e seus discípulos desenvolviam sua concepção do mundo, as características essenciais da concepção taoista foram também ensinadas na Grécia por um homem cujos ensinamentos chegaram até nós de forma fragmentária e que foi – e ainda é – frequentemente malcompreendido. Esse "taoista" grego foi Heráclito de Éfeso. Heráclito partilhava com Lao Tsé não apenas a ênfase na mudança contínua – que expressou em sua famosa afirmação "Tudo flui" – mas, igualmente, a noção de que todas as mudanças são cíclicas. Heráclito comparou a ordem do mundo a "um fogo eternamente vivo, acendendo-se em medidas e extinguindo-se em medidas",[10] imagem muito semelhante à ideia chinesa do *Tao* que se manifesta na interação cíclica do *yin* e do *yang*.

É fácil perceber como o conceito de mudança – como uma interação dinâmica de opostos – levou Heráclito, como também Lao Tsé, à descoberta de que todos os opostos são polares e, dessa forma, unidos. "O caminho para cima e o caminho para baixo são um único e o mesmo caminho", afirmou o grego, e "Deus é dia-noite, inverno-verão, guerra-paz, saciedade-fome".[11] À semelhança dos taoistas, Heráclito via qualquer par de opostos como uma unidade e estava ciente da relatividade de todos esses conceitos. Ainda uma vez, as palavras de Heráclito – "As coisas frias se aquecem, o quente esfria, o úmido seca, o seco se torna úmido"[12] – recordam-nos incisivamente as de Lao Tsé: "O fácil gera o difícil [...], a ressonância harmoniza o som, o depois segue o antes".[13]

É surpreendente que a grande semelhança entre as visões de mundo desses dois sábios do século VI a.C. não seja geralmente reconhecida. Heráclito é frequentemente mencionado com relação à Física moderna; todavia, sua vinculação com o Taoismo raramente é trazida à luz. Contudo, é esta última vinculação que demonstra, de forma mais nítida, que sua visão do mundo era a de um místico, estabelecendo – a meu ver – os paralelos entre suas ideias e as da Física moderna em sua perspectiva correta.

Sempre que mencionarmos o conceito taoista de mudança, é importante compreender que ela não ocorre em consequência de qualquer tipo de força, mas sim como uma tendência inata em todas as coisas e situações. Os movimentos do *Tao* ocorrem espontânea e naturalmente, não exercendo pressão alguma sobre ela. A espontaneidade é o princípio ativo do *Tao*. Dessa forma, uma vez que a conduta humana deve ser modelada de acordo com a operação do *Tao*, a espontaneidade deveria também ser a característica de toda ação humana. Agir em harmonia com a natureza equivale, para os taoistas, a agir espontaneamente e em consonância com a verdadeira natureza de cada indivíduo. Significa confiar na inteligência intuitiva do indivíduo, inata na mente humana da mesma forma que as leis da mudança são inatas a todas as coisas que nos cercam.

As ações do sábio taoista decorrem, pois, de sua sabedoria intuitiva, espontaneamente e em harmonia com o meio ambiente. Esse indivíduo não precisa exercer força sobre si mesmo ou sobre coisa alguma ao seu redor; ele, simplesmente, adapta suas ações aos movimentos do *Tao*. Nas palavras de Huai Nan Tsé,

> Aqueles que seguem a ordem natural fluem na corrente do *Tao*.[14]

Essa forma de ação é denominada *wu-wei*, na filosofia taoista; termo que significa, literalmente, "não ação", e que Joseph Needham traduz como "refrear-se de atividade contrária à natureza". Needham justifica essa interpretação com uma citação do *Chuang Tsé*:

> A não ação não significa nada fazer e permanecer silencioso. Deixe que tudo ocorra como deve naturalmente ocorrer, de tal forma que sua natureza seja satisfeita.[15]

Se nos refreamos de agir em oposição à natureza – ou, como afirma Needham, de "ir contra a semente das coisas" –, estamos em harmonia com o *Tao* e, dessa forma, nossas ações serão bem-sucedidas. Este é o significado das palavras aparentemente tão enigmáticas de Lao Tsé: "Através da não ação, tudo pode ser feito".[16]

O contraste entre *yin* e *yang* não constitui o único princípio ordenador básico que permeia a cultura chinesa, mas reflete-se também nas duas tendências dominantes do pensamento chinês. O Confucionismo era racional, masculino, ativo e dominador. O Taoismo, por outro lado, enfatizava tudo o que era intuitivo, feminino, místico e dócil. "O melhor é não saber que sabemos" e "O sábio leva a cabo suas atividades sem a ação e transmite seus ensinamentos sem palavras",[17] afirma Lao Tsé. Os taoistas acreditavam que desenvolvendo as qualidades femininas, dóceis da natureza humana, ficava mais fácil viver uma vida perfeitamente equilibrada e em harmonia com o *Tao*. Seu ideal está bem sintetizado na seguinte citação do *Chuang tsé*, que descreve uma espécie de paraíso taoista:

> Os homens de antigamente, enquanto a condição caótica ainda não se desenvolvera, compartilhavam a plácida tranquilidade que pertencia ao mundo todo. Naquele tempo, o *yin* e o *yang* eram harmoniosos e serenos; seu repouso e seu movimento processavam-se sem qualquer inquietação; as quatro estações possuíam seus tempos definidos; coisa alguma recebia ofensa; nenhum ser conhecia fim prematuro. Os homens podiam possuir a faculdade do conhecimento; não dispunham, porém, de ocasião para seu uso. A isto se chamava o estado da unidade perfeita. Nessa época não havia qualquer ação por parte de qualquer indivíduo – mas uma manifestação constante de espontaneidade.[18]

9. ZEN

Caligrafia – uma maneira oriental de desenvolver o modo meditativo de consciência; "círculo Mente-Lua", por Kyokwan, séc. XVIII ou início do XIX.

Quando a mente chinesa entrou em contato com o pensamento indiano, sob a forma do Budismo – por volta do século I d.C. –, dois desenvolvimentos paralelos vieram a ocorrer. Por um lado, a tradução dos *sutras* budistas estimulou os pensadores chineses, levando-os a interpretar os ensinamentos de Buda à luz de suas próprias filosofias. Esse processo deu origem a um valioso intercâmbio de ideias cujo apogeu – conforme já foi anteriormente mencionado – ocorreu na escola *Hua-yen* (em sânscrito: *Avatamsaka*) de Budismo na China e na escola *Kegon* no Japão.

Por outro lado, o aspecto pragmático da mentalidade chinesa respondeu ao impacto do Budismo indiano concentrando-se nos seus aspectos práticos e desenvolvendo estes numa forma especial de disciplina espiritual que recebeu a denominação de *Ch'an*, termo geralmente traduzido por meditação. Essa filosofia *Ch'an* acabou sendo adotada pelo Japão por volta de 1200 d.C. Dessa época até nossos dias, essa filosofia permanece cultivada no Japão como uma tradição viva sob o nome de Zen.

Dessa forma, o Zen é uma combinação única das filosofias e idiossincrasias de três culturas diferentes. Trata-se de um modo de vida tipicamente japonês, muito embora reflita o misticismo indiano, o amor taoista à naturalidade e à espontaneidade e o sólido pragmatismo da mente confucionista.

Não obstante seu caráter especial, o Zen é puramente budista em sua essência, uma vez que seu único objetivo é aquele a que se propusera o próprio Buda, ou seja, chegar-se à iluminação, que no Zen recebe a denominação de *satori*. A experiência da iluminação é a essência de todas as escolas de filosofia oriental; o Zen, contudo, é o único que se concentra exclusivamente nessa experiência e não demonstra qualquer interesse por qualquer modalidade de interpretação. Nas palavras de Suzuki, "o Zen é disciplina em iluminação". Do ponto de vista do Zen, o despertar do Buda e seu ensinamento no sentido de que todos possuem o potencial de atingir esse despertar constituem a essência do Budismo. O restante da doutrina, exposto nos inúmeros *sutras*, é considerado meramente suplementar.

A experiência do Zen é, pois, a experiência do *satori*; levando-se em conta que essa experiência na realidade transcende todas as categorias de pensamento, o Zen não demonstra qualquer interesse em qualquer modalidade de abstração ou conceituação. Não possui qualquer doutrina ou filosofia especiais, dogmas ou credos formais e afirma que essa liberdade perante todas as formas fixas de crença torna-o verdadeiramente espiritual.

Mais do que qualquer outra escola de misticismo oriental, o Zen está convencido de que as palavras jamais poderão expressar a verdade última. Essa convicção deve ter sido herdada do Taoismo, que demonstrava a mesma atitude descomprometida. Conforme afirma Chuang Tsé, "se alguém indaga acerca do *Tao* e outro responde, nenhum dos dois o conhece".[1]

Contudo, a experiência Zen pode ser transmitida do mestre ao discípulo, o que tem ocorrido ao longo dos séculos fazendo-se uso de métodos especiais, próprios do Zen. Num resumo clássico de quatro linhas, o Zen é descrito como

> Uma transmissão especial fora das escrituras,
> Que não se baseia em palavras ou letras,
> Que aponta diretamente para a mente humana,
> Olhando dentro da natureza-própria do homem e
>   alcançando o Estado de Buda.

Essa técnica de "apontar diretamente" constitui o sabor especial do Zen. É na verdade típico da mente japonesa, que prefere anunciar fatos como fatos sem muitos comentários e que é mais intuitiva do que intelectual. Os mestres Zen não eram dados à verbosidade e desprezavam toda a teorização e especulação. Desenvolveram, assim, métodos de apontar diretamente para a verdade, com ações ou palavras repentinas e espontâneas que expõem os paradoxos do pensamento conceitual e, à semelhança dos *koans* anteriormente referidos, têm por objetivo deter o processo de pensamento de modo a preparar o discípulo para a experiência mística. Essa técnica acha-se bem ilustrada nos seguintes exemplos, que representam diálogos entre mestre e discípulo. Nestas conversações, que constituem quase toda a literatura Zen, os mestres falam o menos possível e utilizam suas palavras com a finalidade de deslocar a atenção dos discípulos dos pensamentos abstratos para a realidade concreta.

> Um monge, buscando instrução, disse a Bodhidharma: "Minha mente não tem paz. Por favor, pacifique minha mente".
> "Traga sua mente, perante mim", respondeu Bodhidharma, "e eu a pacificarei."
> "Mas quando busco minha própria mente não posso encontrá-la", respondeu o monge.
> "Pronto!", retrucou Bodhidharma, "pacifiquei a sua mente!"[2]

> Um monge disse a Joshu: "Acabei de entrar para o mosteiro. Ensine-me, por favor".
> Joshu indagou: "Já comeu seu mingau de arroz?"
> "Já o comi", respondeu o monge.
> Disse-lhe Joshu: "Então é melhor que lave a tigela".[3]

Esses diálogos trazem à luz outro aspecto característico do Zen. A iluminação, no Zen, não significa retirar-se do mundo, mas sim tomar parte ativa nas questões cotidianas. Esse ponto de vista deve muito à mentalidade chinesa, que conferia grande importância a uma vida prática e produtiva e à ideia de perpetuação da família, não podendo dessa forma aceitar o caráter monástico do Budismo indiano. Os mestres chineses sempre destacaram o fato de que o *Ch'an*, ou Zen, é nossa própria experiência cotidiana, a "mente cotidiana" de que falava Ma tsé. A ênfase estava no despertar em meio às questões de todos os dias. Dessa forma, os mestres Zen deixavam bem claro que, a seu ver, a vida diária não era apenas um caminho para a iluminação, mas a própria iluminação.

No Zen, o *satori* equivale à experiência imediata da natureza de Buda de todas as coisas. Acima de tudo, entre essas coisas estão os objetos, os fatos e os indivíduos envolvidos na vida cotidiana de modo que, embora enfatize o lado prático da vida, o Zen é, contudo, profundamente místico. Vivendo inteiramente no presente e concedendo atenção integral às coisas do cotidiano, aquele que alcançou o *satori* experimenta a maravilha e o mistério da vida em todos os atos:

> Como isto é maravilhoso, como isto é misterioso!
> Carrego combustível e extraio água.[4]

A perfeição do Zen reside precisamente em viver-se a vida diária com naturalidade e espontaneidade. Solicitado a definir o Zen, assim replicou Po-chang: "Quando tiver fome, coma; quando tiver sono, durma". Embora essa frase soe como algo simples e óbvio – como, de resto, grande parte do Zen –, trata-se na verdade de uma tarefa bastante difícil. Retornar à naturalidade de nossa natureza original demanda um longo treinamento e constitui um grande feito espiritual. Nas palavras de um famoso provérbio Zen,

> Antes de estudar o Zen, as montanhas são montanhas e os rios são rios. Enquanto estudamos o Zen, as montanhas deixam de ser montanhas, os rios deixam de ser rios. Uma vez alcançada a iluminação, as montanhas voltam a ser montanhas, os rios voltam a ser rios.

A ênfase do Zen na naturalidade e na espontaneidade demonstra, por certo, suas raízes taoistas; a base para essa ênfase, entretanto, é puramente budista. Trata-se da crença na perfeição de nossa natureza original, a compreensão de que o processo de iluminação consiste simplesmente em nos tornarmos aquilo que somos desde o começo. Indagado acerca da busca da natureza de Buda, assim respondeu o mestre Zen Pochang: "É como cavalgar um boi à procura do boi".

Atualmente, existem no Japão duas escolas principais de Zen que diferem em seus métodos de ensino. A escola Rinzai (ou "abrupta") utiliza o método do *koan* – já discutido num capítulo anterior – e dá ênfase a entrevistas formais periódicas com o mestre, denominadas *sanzen*, ocasião em que este solicita aos discípulos para exporem a visão que têm do *koan* que estão tentando resolver. A resolução de um *koan* demanda longos períodos de intensa concentração, que encaminham o estudante ao *insight* repentino do *satori*. Um mestre experiente sabe quando o discípulo atingiu a beira da iluminação repentina e é capaz de levá-lo abruptamente à experiência do *satori*, com atos inesperados como golpeá-lo com uma bengala ou dar um estrondoso grito.

A escola Soto (ou "gradual") evita os métodos de choque da escola Rinzai e pretende provocar o amadurecimento gradual do discípulo Zen de forma semelhante à "brisa primaveril que acaricia a flor ajudando-a a desabrochar".[5] Essa escola defende o "sentar-se tranquilamente" e a utilização do próprio trabalho cotidiano do indivíduo como duas formas de meditação.

As duas escolas atribuem a maior importância ao *zazen*, ou meditação sentada, que é praticada todos os dias nos mosteiros Zen durante várias horas. A postura e a respiração corretas exigidas por essa forma de meditação constituem a primeira coisa que cada estudante de Zen tem de aprender. No Zen Rinzai, o *zazen* é utilizado para preparar a mente intuitiva para o manuseio do *koan*. Por sua vez, a escola Soto considera o *zazen* como o meio mais importante para ajudar o discípulo a amadurecer e a desenvolver-se em direção ao *satori*. Mais do que isso, considera o *zazen* como a realização efetiva da natureza de Buda em cada um de nós; o corpo e a mente fundem-se, então, numa unidade harmônica que não necessita de qualquer melhoramento ulterior. Conforme nos indica um poema Zen,

> Sentado tranquilamente, nada fazendo,
> Surge a primavera e a grama cresce por si mesma.[6]

O fato de o Zen afirmar que a iluminação se manifesta nas ocupações cotidianas tem exercido enorme influência em todos os aspectos do modo tradicional japonês de viver. Esses aspectos incluem não apenas as artes da pintura, da caligrafia, do desenho de jardins, etc., e as várias atividades artesanais, mas também as atividades cerimoniais, como servir o chá e o arranjo de flores, e as artes marciais de manejar o arco e a flecha, a esgrima e o judô. Cada uma dessas atividades é conhecida no Japão como um *do*, ou seja, um *tao* ou "caminho" para a iluminação. Todas exploram diversas características da experiência Zen e podem ser utilizadas para treinar a mente e colocá-la em contato com a realidade última.

Já mencionei as atividades lentas e ritualistas do *cha-no-yu*, a cerimônia japonesa do chá, o movimento espontâneo da mão exigido para a caligrafia e a pintura, e a espiritualidade do *bushido*, o "caminho do guerreiro". Todas essas artes são expressões da espontaneidade, da simplicidade e da total presença de espírito características da vida Zen. Embora todas exijam uma perfeição de técnica, o domínio efetivo só é alcançado quando se transcende a técnica e a arte se torna uma "arte sem arte", brotando arraigada no inconsciente.

Somos afortunados por possuirmos uma descrição maravilhosa dessa "arte sem arte" nas páginas do pequeno livro *A Arte Cavalheiresca do Arqueiro Zen** de Eugen Herrigel. Herrigel passou mais de cinco anos com um célebre mestre japonês para aprender sua arte "mística", e nos dá em seu livro um relato pessoal da forma como fez a experiência do Zen através do manejo do arco e da flecha. Ele descreve como a arte de manejar o arco e a flecha foi-lhe apresentada como um ritual religioso "dançado" em movimentos espontâneos e realizados sem esforço e sem propósito. Herrigel precisou de muitos anos de prática exaustiva, que acabaram por transformar todo o seu ser, para que pudesse aprender como vergar o arco "espiritualmente", fazendo uma espécie de força sem esforço, e como soltar a corda "sem intenção", deixando o disparo "cair das mãos do arqueiro como uma fruta madura". Quando alcançou o apogeu da perfeição, o arco, a flecha, o alvo e o arqueiro fundiram-se num só e Herrigel não disparou, mas "dispararam" para ele.

Essa descrição da arte de manejar o arco e a flecha é um dos relatos mais puros do Zen, pois jamais fala sobre o Zen.

---

* Editora Pensamento, 1984.

$$\mathcal{L} = \bar{\psi} i \gamma^{\mu} D_{\mu} \psi - \frac{i}{2} g \bar{\psi} \gamma^{\mu} (D_{\mu} U) \psi - m \bar{\psi} U \psi + \frac{1}{16 f^2} \mathrm{Tr}(D^{\mu} U D_{\mu} U^{\dagger})$$

$$= \bar{N} i \gamma^{\mu} (D_{\mu} + M_{\mu}) N - m \bar{N} N + \frac{\alpha}{16 f^2} \mathrm{Tr}(D^{\mu} U D_{\mu} U^{\dagger})$$

$$D_{\mu} U = \partial_{\mu} U - 2 i g f \gamma_5 \rho \vec{\tau} (\vec{\varphi} \times \vec{\rho}_{\mu}) + i g \gamma_5 \sigma \vec{\tau} \vec{a}_{\mu} - 2 g f \rho \vec{a}_{\mu} \vec{\varphi}$$

$$D_{\mu} N = \partial_{\mu} N - i g \left[\sigma \frac{\vec{\tau}}{2} - (1+g') \gamma_5 f \rho (\vec{\tau} \times \vec{\varphi}) + \frac{2 f^2 \rho^2}{1+\sigma} (\vec{\tau} \vec{\varphi}) \vec{\varphi} \right] N \vec{\rho}_{\mu}$$

$$- i g \left[(1+g') \gamma_5 \sigma \frac{\vec{\tau}}{2} - f \rho (\vec{\tau} \times \vec{\varphi}) + (1+g') \gamma_5 \frac{2 f^2 \rho^2}{1+\sigma} (\vec{\tau} \vec{\varphi}) \vec{\varphi} \right] N \vec{a}_{\mu}$$

$$M_{\mu} = U^{1/2} \partial_{\mu} U^{-1/2} + \frac{g'}{2} (U^{1/2} \partial_{\mu} U^{\dagger}) U^{-1/2}$$

$$\mathcal{L} = \bar{N} i \gamma^{\mu} (D_{\mu} + M_{\mu}) N - m \bar{N} N + \frac{\alpha}{16 f^2} \mathrm{Tr}(D^{\mu} U D_{\mu} U^{\dagger})$$

$$- \frac{1}{4} \vec{R}^{\mu\nu} \vec{R}_{\mu\nu} - \frac{1}{4} \vec{A}^{\mu\nu} \vec{A}_{\mu\nu} + \frac{1}{2} m_{\rho}^2 (\vec{\rho}^{\mu} \vec{\rho}_{\mu} + \vec{a}^{\mu} \vec{a}_{\mu})$$

$$\vec{R}_{\mu\nu} = \partial_{\mu} \vec{\rho}_{\nu} - \partial_{\nu} \vec{\rho}_{\mu} + g (\vec{\rho}_{\mu} \times \vec{\rho}_{\nu}) + g (\vec{a}_{\mu} \times \vec{a}_{\nu})$$

$$\vec{A}_{\mu\nu} = \partial_{\mu} \vec{a}_{\nu} - \partial_{\nu} \vec{a}_{\mu} + g (\vec{a}_{\mu} \times \vec{\rho}_{\nu}) + g (\vec{\rho}_{\mu} \times \vec{a}_{\nu})$$

$$\partial^{\nu} \vec{R}_{\mu\nu} = - g \vec{V}'_{\mu} + m_{\rho}^2 \vec{\rho}_{\mu} \; ; \quad \vec{V}_{\mu} = \vec{V}'_{\mu} + \frac{1}{g} \partial^{\nu} \vec{R}_{\mu\nu}$$

$$\partial^{\nu} \vec{A}_{\mu\nu} = - g \vec{A}'_{\mu} + m_{\rho}^2 \vec{a}_{\mu} \; ; \quad \vec{A}_{\mu} = \vec{A}'_{\mu} + \frac{1}{g} \partial^{\nu} \vec{A}_{\mu\nu}$$

$$[V_0^a(\vec{x},t), V_0^b(\vec{y},t)] = [A_0^a(\vec{x},t), A_0^b(\vec{y},t)] = i \varepsilon^{abc} V_0^c(\vec{x},t) \delta^3(\vec{x}-\vec{y})$$

$$[V_0^a(\vec{x},t), A_0^b(\vec{y},t)] = [A_0^a(\vec{x},t), V_0^b(\vec{y},t)] = i \varepsilon^{abc} A_0^c(\vec{x},t) \delta^3(\vec{x}-\vec{y})$$

$$[V_0^a(\vec{x},t), A_i^b(\vec{y},t)] = [A_0^a(\vec{x},t), V_i^b(\vec{y},t)] = i \varepsilon^{abc} A_i^c(\vec{x},t) \delta^3(\vec{x}-\vec{y})$$

OS PARALELOS

ऋतस्य यज्ञस्य धूर्षदं धुरि निर्वहणे सीदन्तं यज्ञनिर्वाहकमग्निं मित्रं न मित्रमिव समिधानः इध्मैर्दीप्यमानः ऋञ्जते। प्रसाधयति। ऋञ्जतिः प्रसाधनकर्मा। इन्धानः। सम्यग्दीप्यमानः। अक्रः। ज्वालासमिदादिभिराक्रान्तः। अन्यैरनाक्रान्तो वा। क्रमेश्छान्दसो डः। विदथेषु। यज्ञेषु वेदयत्सु स्तोत्रेषु निमित्तभूतेषु दीद्यत् स्वयं दीप्यमानोऽस्मदीयां धियं प्रज्ञां यागादिविषयां शुक्रवर्णां शुभ्रवर्णां निर्मलां ज्योतिष्टोमादि कर्म वा उद् यंसते। उद्योतयत्येव। यमेर्लेट्यडागमः। सिप्। उशब्दोऽवधारणे। धीरिति कर्मनाम। धीः शमीति तन्नामसु पाठात्॥

अप्रयुच्छन्नप्रयुच्छद्भिरग्ने
शिवेभिर्नः पायुभिः पाहि शग्मैः।
अदब्धेभिरदृपितेभिरिष्टेऽ-
निमिषद्भिः परि पाहि नो जाः॥ ८॥

पदपाठः।

अप्रऽयुच्छन्। अप्रयुच्छत्ऽभिः। अग्ने। शिवेभिः। नः। पायुऽभिः। पाहि। शग्मैः। अदब्धेभिः। अदृपितेभिः। इष्टे। अनिमिषत्ऽभिः। परि। पाहि। नः। जाः। ८॥

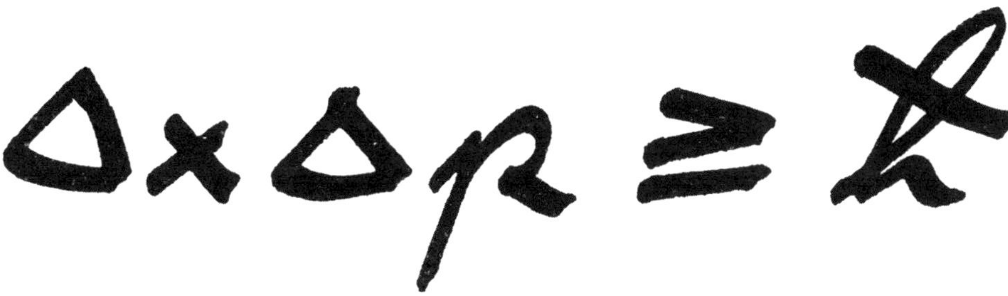

10. A UNIDADE DE TODAS AS COISAS

Embora as tradições espirituais descritas nos cinco últimos capítulos difiram em muitos detalhes, suas visões de mundo são essencialmente as mesmas. É uma visão baseada na experiência mística – numa experiência direta e não intelectual da realidade – e essa experiência possui numerosas características fundamentais, independentes da origem geográfica, histórica ou cultural do místico. Um hindu e um taoista podem enfatizar aspectos diversos da experiência; um budista japonês pode interpretar sua experiência em termos bastante diversos daqueles de que lança mão o budista indiano; não obstante, os elementos básicos da visão do mundo desenvolvida em todas essas tradições são os mesmos. Esses elementos também parecem ser as características fundamentais da visão de mundo que vem à tona com a Física moderna.

A característica mais importante da visão oriental do mundo – poder-se-ia mesmo dizer, a essência dessa visão – é a consciência da unidade e da inter-relação de todas as coisas e eventos, a experiência de todos os fenômenos do mundo como manifestações de uma unidade básica. Todas as coisas são encaradas como partes interdependentes e inseparáveis do todo cósmico; em outras palavras, como manifestações diversas da mesma realidade última. As tradições orientais referem-se constantemente a essa realidade última, indivisível, que se manifesta em todas as coisas e da qual todas as coisas são partes componentes. Essa realidade é denominada *Brahman* no Hinduísmo, *Dharmakaya* no Budismo, *Tao* no Taoismo. Como transcende todos os conceitos e todas as categorias, recebe dos budistas o nome *Tathata*, ou Quididade:

> Aquilo que a alma conhece como Quididade é a unidade da totalidade de todas as coisas, o grande todo que tudo integra.[1]

Na vida cotidiana, não nos apercebemos dessa unidade de todas as coisas; em vez disso, dividimos o mundo em objetos e eventos isolados. Essa divisão é, por certo, útil e necessária, para enfrentarmos com sucesso nosso ambiente de todos os dias; contudo, essa divisão não é uma característica fundamental da realidade. Trata-se, na verdade, de uma abstração elaborada pelo nosso intelecto afeito à discriminação e à categorização. A crença de que nossos conceitos abstratos de "coisas" e "eventos" isolados são realidades da natureza e uma ilusão. Os hindus e os budistas dizem-nos que essa ilusão tem por base a *avidya*, ou ignorância, produzida pela mente sob o fascínio de *maya*. O alvo principal das tradições místicas orientais reside, pois, no reajustamento da mente, centrando-a e aquietando-a através da meditação. O termo sânscrito correspondente à meditação – *samadhi* – significa, literalmente, "equilíbrio mental" e se refere ao estado equilibrado e sereno da mente no qual se faz a experiência da unidade básica do universo:

> Entrando-se no *samadhi* da pureza, [obtém-se] o *insight* que tudo penetra e que nos torna conscientes da unidade absoluta do universo.[2]

A unidade básica do universo não constitui a única característica central da experiência mística; ela é, igualmente, uma das mais importantes revelações da Física moderna. Essa unidade torna-se evidente no nível do átomo e se manifesta com crescente intensidade à medida que penetramos mais fundo na matéria, rumo ao reino das partículas subatômicas. A unidade de todas as coisas e eventos será um tema que se repetirá ao longo de nossas comparações entre a Física moderna e a filosofia oriental. À medida que estudarmos os diversos modelos da Física subatômica, veremos que eles expressam, com frequência, e sob diversas formas, o mesmo *insight*, segundo o qual os componentes da matéria e os fenômenos básicos que os envolvem acham-se todos interligados, em mútua interação e interdependência; em outras palavras, não podem ser entendidos como entidades isoladas, mas unicamente como partes integrantes do todo.

Neste capítulo, discutirei a forma pela qual a noção de estado de interligação básica da natureza surge na teoria quântica – a teoria dos fenômenos atômicos – através de uma análise cuidadosa do processo de observação.* Antes de dar início à discussão, tenho de retomar à distinção entre a estrutura matemática de uma teoria e de sua interpretação verbal. A estrutura matemática da teoria quântica tem sido testada com pleno sucesso inúmeras vezes, sendo atualmente aceita por todos como uma descrição consistente e precisa de todos os fenômenos atômicos. A interpretação verbal, por outro lado – isto é, a metafísica da teoria quântica –, apoia-se num solo menos sólido. De fato, ao longo de mais de quarenta anos os físicos ainda não conseguiram chegar a um modelo metafísico claro.

A discussão que se segue baseia-se na chamada interpretação de Copenhague da teoria quântica, interpretação desenvolvida por Bohr e Heisenberg no final da década de 1920, e que ainda é o modelo mais amplamente aceito. Nesta discussão, seguirei a apresentação dada por Henry Stapp, da Universidade da Califórnia,[3] que se concentra em determinados aspectos da teoria e num determinado tipo de situação experimental frequentemente encontrada na Física subatômica.** A apresentação de Stapp demonstra com muita clareza como a teoria quântica implica a existência de um estado de interligação essencial da natureza, posicionando a teoria em uma moldura que pode ser facilmente estendida aos modelos relativísticos das partículas subatômicas a serem discutidos posteriormente.

O ponto de partida da interpretação de Copenhague é a divisão do mundo físico num sistema observado ("objeto") e num sistema observador. O primeiro pode ser um átomo, uma partícula subatômica, um processo atômico, etc. O segundo consiste num aparelhamento experimental e poderá incluir um ou mais observadores humanos. Uma séria dificuldade origina-se do fato de que os dois sistemas são tratados de formas diversas. O sistema observador é descrito nos termos da Física clássica, muito embora esses termos não possam ser utilizados consistentemente

* Embora eu tenha suprimido toda a formulação matemática e simplificado consideravelmente a análise, a discussão que se segue talvez pareça relativamente árida e técnica. Deveria, porventura, ser encarada como "um exercício de *yoga*", que, à semelhança de muitos exercícios incluídos no treinamento espiritual proveniente da tradição oriental, talvez não seja muito divertido, embora possa levar a um belo e profundo *insight* na natureza essencial das coisas.

** Outros aspectos da teoria quântica serão discutidos em capítulos subsequentes.

para a descrição do "objeto" observado. Sabemos que os conceitos clássicos são inadequados ao nível atômico, contudo, temos que utilizá-los para descrever nossos experimentos e apresentar seus resultados. Não há meio de fugir desse paradoxo. A linguagem técnica da Física clássica é simplesmente um refinamento de nossa linguagem cotidiana, e é a única linguagem de que dispomos para comunicar nossos resultados experimentais.

Os sistemas observados são descritos na teoria quântica em termos de probabilidades. Isso significa que jamais podemos predizer com certeza onde se encontrará uma partícula subatômica num determinado momento ou a forma pela qual ocorrerá um dado processo atômico. Tudo o que podemos fazer é predizer as possibilidades. Por exemplo: a maior parte das partículas subatômicas atualmente conhecidas são instáveis, isto é, desintegram-se – ou "decaem" – em outras partículas depois de um certo tempo. Não podemos, contudo, predizer exatamente qual é esse intervalo de tempo. Podemos apenas predizer a probabilidade de decaimento após um certo lapso de tempo ou, em outras palavras, o tempo de vida médio de um grande número de partículas do mesmo tipo. O mesmo se aplica ao "modo" de decaimento. Em geral, uma partícula instável pode decair em* diversas combinações de outras partículas; uma vez mais, não podemos dizer que combinação será escolhida por uma determinada partícula. Tudo o que podemos dizer é que, de um grande número de partículas, 60%, digamos, decairão desta maneira, 30% daquela maneira e 10% de uma terceira maneira. É claro que tais previsões estatísticas necessitam de muitas medições para ser verificadas. De fato, nos experimentos de colisão da Física de alta energia, dezenas de milhares de colisões de partículas são registradas e analisadas para se determinar a probabilidade de ocorrência de um processo em particular.

É importante compreender que a formulação estatística das leis da Física atômica e subatômica não reflete nossa ignorância da situação física, como ocorre com o uso das probabilidades pelas companhias de seguro ou pelos jogadores. Na teoria quântica, somos levados a reconhecer

* A Física nuclear emprega esse verbo num sentido específico e com um regime inusitado em português, para indicar o decaimento de uma partícula: "decair em" significa "transformar-se em". (N. do T.)

a probabilidade como uma característica fundamental da realidade atômica, que governa todos os processos e até mesmo a própria existência da matéria. As partículas subatômicas não existem com certeza em pontos definidos; em vez disso, apresentam "tendências a existir"; de forma semelhante, os eventos atômicos não ocorrem com certeza em momentos definidos e de um modo definido, mas, em vez disso, apresentam "tendências a ocorrer".

Não é possível, por exemplo, afirmar com certeza onde um elétron poderá se encontrar num átomo e num determinado momento. Sua posição depende da força de atração que o mantém ligado ao núcleo atômico e também, da influência dos demais elétrons do átomo. Essas condições determinam um padrão de probabilidade, que representa as tendências do elétron a se encontrar nas diversas regiões do átomo. A figura abaixo apresenta alguns modelos visuais desses padrões de probabilidades. O elétron pode ser encontrado onde os padrões são claros e dificilmente poderão ser achados onde esses padrões são escuros. O ponto importante a assinalar reside no fato de que o padrão todo representa o elétron num dado momento. Dentro do padrão, não podemos mencionar a posição do elétron mas, unicamente, a tendência deste a se achar em determinadas regiões. No formalismo matemático da teoria quântica, essas tendências (ou probabilidades) são representadas pela chamada função de probabilidade,

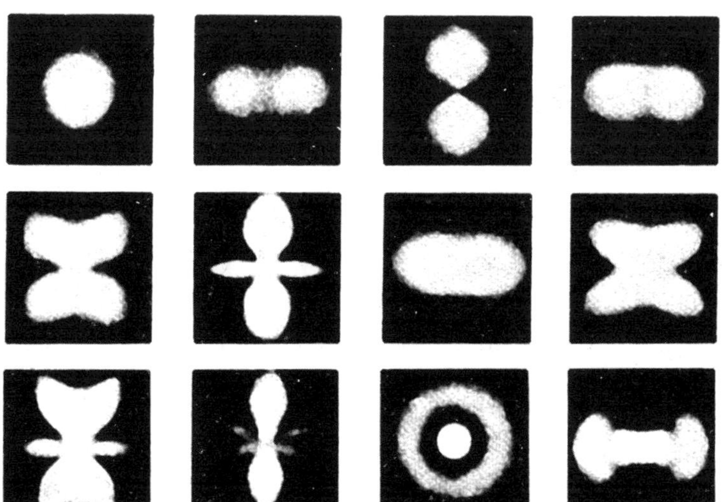

Modelos visuais de padrões de probabilidade.

quantidade matemática relacionada com as probabilidades de se encontrar o elétron em diversos locais e em diversos momentos.

O contraste entre os dois tipos de descrição – os termos clássicos para a disposição experimental e as funções de probabilidade para os objetos observados – leva-nos a profundos problemas metafísicos ainda não resolvidos. Na prática, entretanto, esses problemas são contornados descrevendo-se o sistema observador em termos operacionais, isto é, em termos de instruções que permitem aos cientistas estabelecer e levar adiante seus experimentos. Dessa forma, os aparelhos de medida e os cientistas estão efetivamente enlaçados num sistema complexo que não apresenta partes distintas e bem definidas, e o aparato experimental não precisa ser descrito como uma entidade física isolada.

Para que se possa levar adiante a discussão do processo de observação será proveitoso tomar um exemplo definido: a entidade física mais simples que pode ser utilizada é uma partícula subatômica como o elétron. Se o nosso objetivo é a observação e a medida de tal partícula, devemos inicialmente isolá-la – ou, mesmo, criá-la – num processo que pode ser denominado processo de preparação. Tão logo a partícula esteja pronta para a observação, suas propriedades poderão ser medidas. Este passo constitui o processo de medida. A situação pode ser representada simbolicamente como segue. Uma partícula é preparada na região A, desloca-se de A para B e é medida na região B. Na prática, tanto a preparação como a medição da partícula podem consistir em toda uma série de processos muito complicados. Nos experimentos de colisão da Física de alta energia, por exemplo, a preparação das partículas utilizadas como projéteis consiste no envio destas ao longo de um rasto circular, acelerando-as até que sua energia se torne suficientemente elevada. Esse processo ocorre no acelerador de partículas. Quando se alcança a energia desejada, faz-se com que as partículas abandonem o acelerador (A) e se desloquem para a área-alvo (B) onde colidem com outras partículas. Essas colisões realizam-se numa câmara de bolhas, onde as partículas produzem trajetórias que podem ser fotografadas. As propriedades das partículas são, então, deduzidas de uma análise matemática de suas trajetórias; essa análise pode ser bastante complexa, sendo via de regra efetuada com o auxílio de computadores. Todos esses processos e atividades constituem o ato de medição.

O ponto importante a assinalar nessa análise de observação reside no fato de que a partícula constitui um sistema intermediário que vincula os processos em A e em B, existindo e tendo significado unicamente nesse contexto, isto é, não como entidade isolada mas como interconexão entre os processos de preparação e de medição. As propriedades da partícula não podem ser definidas independentemente desses processos. Se a preparação ou a medição forem modificadas, as propriedades da partícula também sofrerão alterações.

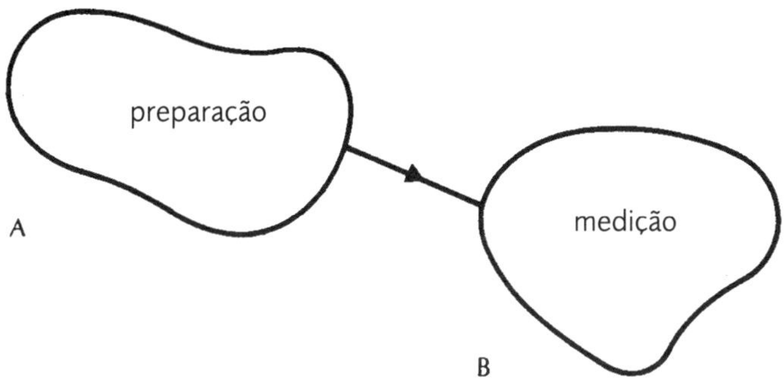

Observação de uma partícula na Física atômica.

Por outro lado, o fato de falarmos acerca da "partícula" ou de qualquer outro sistema observado mostra que temos em mente uma certa entidade física independente, que é inicialmente preparada e, a seguir, medida. O problema básico relativo à observação na Física atômica é, então, nas palavras de Henry Stapp, o fato de que "é preciso que o sistema observado seja isolado a fim de ser definido, sem com isto deixar de interagir a fim de que possa ser observado".[4] Esse problema é resolvido na teoria quântica de forma pragmática, fazendo-se com que o sistema observado fique isento de perturbações externas causadas pelo processo de observação durante certo intervalo entre sua preparação e a subsequente medição. Poder-se-á esperar que essa condição seja satisfeita se os artifícios de preparação e de medição estiverem fisicamente separados por uma grande distância, de forma que o objeto observado possa se deslocar da região de preparação até a região de medição.

Qual, então, deverá ser a ordem de grandeza dessa grande distância? Em princípio, deve ser infinita. No âmbito da teoria quântica, o conceito de uma entidade física distinta pode ser definido com precisão somente se essa entidade estiver infinitamente distante das atividades de observação. Na prática, isso, naturalmente, não é possível, nem necessário. Devemos recordar, aqui, a atitude básica da ciência moderna, ou seja, que todos os seus conceitos e teorias são aproximados.* No caso em questão, isso significa que o conceito de uma entidade física distinta não necessita de uma definição precisa, mas pode ser definido de forma aproximada. Isso é feito da seguinte maneira.

O objeto observado é uma manifestação da interação entre os processos de preparação e de medição. Essa interação é, em geral, complexa e envolve diversos efeitos que se estendem ao longo de diferentes distâncias; possui vários "alcances", como dizemos em Física. Ora, se a parte dominante da interação possui um longo alcance, a manifestação desse efeito de longo alcance deslocar-se-á ao longo de uma grande distância. Estará, então, livre de perturbações externas e poderá ser considerado como uma entidade física específica. No âmbito da teoria quântica, entidades físicas distintas são, portanto, idealizações dotadas de significado somente até o ponto em que a parte principal da interação apresente um longo alcance. Uma situação desse tipo pode ser definida matematicamente de forma precisa. Fisicamente, significa que os aparelhos de medida são colocados a uma distância tal que sua interação principal se dá através da troca de uma partícula ou, em casos mais complicados, de uma rede de partículas. Outros efeitos também estarão sempre presentes; contudo, na medida em que a separação dos instrumentos de medida seja suficientemente grande, esses efeitos podem ser considerados desprezíveis. Somente quando os instrumentos não forem afastados o suficiente é que os efeitos de curto alcance se tornarão dominantes. Nesse caso, todo o sistema macroscópico forma um todo unificado e a noção de objeto observado desaparece.

A teoria quântica revela assim um estado de interconexão essencial do universo. Ela mostra que não podemos decompor o mundo em suas menores unidades capazes de existir independentemente.** À medida que penetramos mais e mais dentro da matéria, descobrimos que ela é feita de partículas, mas essas partículas não são os "blocos de construção bá-

---

* Veja páginas 62-3.

** Veja Posfácio à 2ª edição para uma discussão adicional sobre esse estado de interligação quântica em termos das conexões "não locais" acarretadas pelo teorema de Bell.

sicos" no sentido de Demócrito e de Newton. Elas, simplesmente, são idealizações úteis de um ponto de vista prático, mas desprovidas de significado fundamental. Nas palavras de Niels Bohr, "partículas materiais isoladas são abstrações, sendo que suas propriedades só podem ser definidas e observadas através de sua interação com outros sistemas".[5]

A interpretação de Copenhague da teoria quântica não é aceita universalmente. Existem inúmeras contrapropostas, e os problemas filosóficos envolvidos acham-se longe de estar efetivamente assentados. O estado de interconexão universal entre coisas e eventos, entretanto, parece ser uma característica fundamental da realidade atômica e que independe de uma interpretação particular da teoria matemática. A citação que se segue, extraída de um recente artigo escrito por David Bohm, um dos principais oponentes da interpretação de Copenhague, confirma esse fato de forma eloquente:

> Somos levados a uma nova noção de totalidade intacta, que refuta a ideia clássica da analisabilidade do mundo em partes separadas e portadoras de existência independente. [...]. Invertemos a noção clássica usual de que as "partes elementares" independentes do mundo constituem a realidade fundamental e que os diversos sistemas são simplesmente formas contingentes particulares e arranjos dessas partes. Em vez disso, dizemos que o inseparável estado de interconexão quântica de todo o universo e a realidade fundamental, e que as partes capazes de comportamento relativamente independente são simplesmente formas particulares e contingentes desse todo.[6]

No nível atômico, então, os objetos materiais sólidos da Física clássica dissolvem-se em padrões de probabilidades, e esses padrões não representam probabilidades de coisas mas, sim, probabilidades de interconexões. A teoria quântica força-nos a encarar o universo não sob a forma de uma coleção de objetos físicos mas, em vez disso, sob a forma de uma complexa teia de relações entre as diferentes partes de um todo unificado. Essa, entretanto, é a forma pela qual os místicos orientais expressaram sua experiência em palavras quase idênticas às utilizadas pelos físicos atômicos. Eis dois exemplos:

> O objeto material torna-se [...] algo diverso daquilo que agora vemos, não um objeto separado, ao fundo ou no meio ambiente, do restante da natureza, mas uma parte indivisível e até mesmo, de um modo sutil, uma expressão da unidade de tudo aquilo que vemos.[7]

> As coisas recebem seu ser e sua natureza por dependência mútua e, em si mesmas, nada são.[8]

Se tais sentenças podem ser encaradas como um relato da forma pela qual a natureza se apresenta na Física atômica, as duas citações que se seguem, escritas por físicos atômicos, podem, por sua vez, ser lidas como uma descrição da experiência mística da natureza:

> Uma partícula elementar não é uma entidade não analisável e portadora de existência independente. É, em essência, um conjunto de relações que se voltam para fora em direção a outras coisas.[9]

> O mundo afigura-se assim como um complicado tecido de eventos, no qual conexões de diferentes tipos se alternam ou se sobrepõem, ou se combinam, determinando, assim, a textura do todo.[10]

A figura de uma teia cósmica interligada que emerge da moderna Física atômica tem sido utilizada de forma extensiva no Oriente para expressar a experiência mística da natureza. Para os Hindus, *Brahman* é o fio unificador da teia cósmica, o solo último de todo ser:

> Aquele em quem se acham entrelaçados o céu, a terra e a atmosfera
> E o vento, juntamente com todos os sopros vitais,
> Somente ele pode ser considerado como a Alma única.[11]

No Budismo, a imagem da teia cósmica desempenha um papel ainda mais relevante, o cerne do *Avatamsaka-sutra*, uma das principais escrituras do Budismo Mahayana,* é a descrição do mundo como uma perfeita rede de relações mútuas onde todas as coisas e eventos interagem de forma infinitamente complexa. O Budismo Mahayana gerou inúmeras

---

* Veja página 120.

parábolas e comparações com o objetivo de ilustrar esse estado de inter-relação universal, algumas das quais serão discutidas mais tarde em conexão com a versão relativista da "filosofia da teia" na Física moderna. A teia cósmica, por fim, desempenha um papel central no Budismo tântrico, ramo da escola Mahayana que veio à luz na Índia por volta do século III d.C. e que constitui, atualmente, a escola mais importante do Budismo tibetano. As escrituras dessa escola são denominadas *Tantras*, termo cuja raiz sânscrita significa "tecer" e que se refere ao estado de entrelaçamento e à interdependência de todas as coisas e eventos.

No misticismo oriental, esse estado de entrelaçamento universal sempre inclui o observador humano e sua consciência; o mesmo também ocorre na Física atômica. No nível atômico, os "objetos" só podem ser compreendidos em termos da interação entre os processos de preparação e de medição. O ponto terminal dessa cadeia de processos reside sempre na consciência do observador humano. As medições são interações que criam "sensações" em nossa consciência – por exemplo, a sensação visual de um lampejo luminoso ou de um ponto escuro numa chapa fotográfica – e as leis da Física atômica dizem-nos com que probabilidade um objeto atômico dará origem a uma determinada sensação se permitirmos que o mesmo interaja conosco. "A ciência natural", afirma Heisenberg, "não se limita simplesmente a descrever e a explicar a natureza; ela constitui parte da interação entre a natureza e nós mesmos."[12]

A característica crucial da Física atômica reside no fato de que o observador humano não é necessário apenas para a observação das propriedades de um objeto mas, igualmente, para a definição dessas propriedades. Na Física atômica não podemos falar acerca das propriedades de um objeto como tal. Estas apenas possuem significado no contexto da interação do objeto com o observador. Nas palavras de Heisenberg, "o que observamos não é a natureza propriamente dita, mas a natureza exposta ao nosso método de questionamento".[13] O observador decide a forma pela qual estabelecerá a medição e essa disposição determinará, de uma certa forma, as propriedades do objeto observado. Se se modifica a disposição experimental, modificar-se-ão, em consequência, as propriedades do objeto observado.

Isso pode ser ilustrado com o simples caso de uma partícula subatômica. Ao observarmos uma partícula desse tipo, podemos optar por medir – entre outras quantidades – a posição da partícula e seu *momentum* (uma quantidade definida como a massa da partícula multiplicada por sua velocidade). Veremos, no capítulo seguinte, que uma das mais importantes leis da teoria quântica – o princípio da incerteza, de Heisenberg – afirma que essas duas quantidades jamais poderão ser medidas simultaneamente com precisão. Podemos obter um conhecimento preciso acerca da posição da partícula e permanecer completamente ignorantes no tocante a seu *momentum* (e, portanto, sua velocidade) ou vice-versa; ou, então, podemos obter um conhecimento tosco e impreciso a respeito de ambas as quantidades. O ponto que importa assinalar agora é que essa limitação nada tem a ver com a imperfeição de nossas técnicas de medida. Trata-se de uma limitação inerente à realidade atômica. Se decidirmos medir de forma precisa a posição da partícula, esta simplesmente *não possuirá* um *momentum* bem definido; se, por outro lado, optarmos por medir o *momentum*, ela não possuirá uma posição bem definida.

Na Física atômica, o cientista não pode desempenhar o papel de um observador objetivo distanciado; torna-se, isto sim, envolvido no mundo que observa na medida em que influencia as propriedades dos objetos observados. John Wheeler vê esse envolvimento do observador como a característica mais importante da teoria quântica, o que o levou a sugerir a substituição da palavra "observador" pela palavra "participante". Citando o próprio Wheeler,

> Nada é mais importante acerca do princípio quântico do que isso, ou seja, que ele destrói o conceito do mundo como "algo que existe lá fora", com o observador em segurança e separado dele por uma chapa de vidro de 20cm de espessura. Até mesmo para observar um objeto tão minúsculo como um elétron, ele precisa despedaçar o vidro. Precisa poder atingi-lo. Precisa, então, instalar seu equipamento de medida. Cabe a ele decidir se deve medir a posição ou o *momentum*. A instalação do equipamento para medir um deles exclui a instalação do equipamento para medir o outro. Além disso, a medição altera o estado do elétron. Depois disso, o universo jamais será o mesmo. Para descrever o que aconteceu, temos de cancelar a velha palavra "observador", substituindo-a por "participante". Num estranho sentido, o universo é um universo participante.[14]

A ideia da "participação em vez de observação" só foi formulada na Física moderna recentemente; mas é uma ideia bem familiar aos estudantes do misticismo. O conhecimento místico nunca pode ser obtido pela simples observação, mas somente através da plena participação do indivíduo que nela lança mão de todo o seu ser. A noção de participante é, assim, crucial para a concepção oriental do mundo; e os místicos orientais levaram essa noção ao extremo, a um ponto onde observador e observado, sujeito e objeto não só são inseparáveis como acabam por se tornar indistinguíveis. Os místicos não se mostram satisfeitos com uma situação análoga à verificada na Física atômica, onde o observador e o observado não podem ser separados, embora possam ser ainda diferenciados. Eles vão bem mais além, chegando, na meditação profunda, a um ponto onde a distinção entre observador e observado desaparece integralmente, onde sujeito e objeto se fundem num todo unificado e indiferenciado. Lemos nos *Upanishads*:

> Onde existe uma dualidade, um pode ver o outro, por assim dizer, sentir o aroma do outro, pode sentir o sabor do outro. [...] Mas onde tudo se tornou um único ser, então a quem e por meio de que pode ele ver, a quem e por meio de que pode ele sentir o aroma, a quem e por meio de que pode ele sentir o sabor?[15]

Eis aí a apreensão final da unidade de todas as coisas. Ela é alcançada – nos dizem os místicos – num estado de consciência onde a individualidade se dissolve numa unidade indiferenciada, onde o mundo dos sentidos é transcendido e onde a noção de "coisas" é ultrapassada. Nas palavras de Chuang Tsé,

> Minha ligação com o corpo e suas partes é dissolvida. Meus órgãos de percepção são postos de lado. Assim, tendo abandonado minha forma material e dado adeus ao meu conhecimento, torno-me um único com o Grande Impregnador. A isso denomino sentar e esquecer todas as coisas.[16]

A Física moderna, naturalmente, trabalha em âmbito inteiramente diverso e não pode ir tão longe na experiência da unidade de todas as coisas. Mas, na teoria atômica, deu um grande passo em direção à visão do mundo dos místicos orientais. A teoria quântica aboliu a noção de objetos fundamentalmente separados, introduziu o conceito de participante em substituição ao de observador, e pode vir a considerar necessário incluir a consciência humana em sua descrição do mundo.* Ela foi levada a ver o universo como uma teia interligada de relações físicas e mentais cujas partes só podem ser definidas através de suas vinculações com o todo. Para resumir a visão de mundo que vem à tona com a Física atômica, as palavras do budista tântrico Lama Anagarika Govinda parecem perfeitamente apropriadas:

> O Budista não crê num mundo externo independente, ou existindo separadamente, em cujas forças dinâmicas possa se inserir. O mundo externo e seu mundo interior são, para ele, apenas dois lados do mesmo tecido, no qual os fios de todas as forças e de todos os eventos, de todas as formas de consciência e de seus objetos, se acham entrelaçados numa rede inseparável de relações intermináveis e que se condicionam mutuamente.[17]

* Esse ponto será discutido mais detalhadamente no Capítulo 18.

11. ALÉM DO MUNDO DOS OPOSTOS

Quando os místicos orientais nos dizem que vivenciam todos os eventos e todas as coisas como manifestações de uma unidade básica, isso não significa que consideram iguais todas as coisas. Eles reconhecem a individualidade das coisas, mas ao mesmo tempo, estão conscientes de que todas as diferenças e contrastes são relativos dentro de uma unidade que tudo abrange. Uma vez que em nosso estado normal de consciência essa unidade de todos os contrastes – e, especialmente, a unidade dos opostos – é extremamente difícil de ser aceita, ela constitui uma das características mais enigmáticas da filosofia oriental. Trata-se, entretanto, de um *insight* que se situa na própria raiz da concepção oriental do mundo.

Os opostos são conceitos abstratos que pertencem ao reino do pensamento; como tal, são relativos. No momento mesmo em que focalizamos nossa atenção num determinado conceito, criamos o seu oposto. Segundo Lao Tsé, "quando todos no mundo reconhecem a beleza como bela, então existe a feiura; quando todos reconhecem a bondade como boa, então existe o mal".[1] O místico transcende esse reino dos conceitos intelectuais e, ao fazê-lo, torna-se consciente da relatividade e da relação polar de todos os opostos. Ele se apercebe de que bem e mal, prazer e dor, vida e morte não constituem experiências absolutas que pertencem a categorias diferentes mas, em vez disso, são simplesmente dois lados de uma mesma realidade, partes extremas de um único todo. A consciência de que todos os opostos são polares e, dessa forma, uma unidade é vista como um dos alvos mais elevados do homem nas tradições espirituais do Oriente. "Sejam em verdade eternos, além dos opostos do mundo!" é o conselho de Krishna no *Bhagāvād Gītā*, e o mesmo conselho é dado aos seguidores do Budismo. Assim, D. T. Suzuki escreve:

O escudo de armas de Niels Bohr.

A ideia fundamental do Budismo consiste em ultrapassar o mundo dos opostos, um mundo construído pelas distinções intelectuais e pelas corrupções emocionais, em compreender o mundo espiritual da não distinção, que implica a obtenção de um ponto de vista absoluto.[2]

A totalidade dos ensinamentos budistas – e, de fato, todo o misticismo oriental – gira em torno desse ponto de vista absoluto que é alcançado no mundo de *acintya*, ou do "não pensamento", onde a unidade de todos os opostos torna-se uma experiência vivida. Nas palavras de um poema Zen,

Ao entardecer, o galo anuncia a madrugada;
À meia-noite, o sol brilhante.[3]

A noção de que todos os opostos são polares – que a luz e a escuridão, o vencer e o perder, o bem e o mal não passam de aspectos diferentes do mesmo fenômeno – constitui um dos princípios básicos do modo de vida oriental. Uma vez que todos os opostos são interdependentes, seu conflito jamais pode resultar na vitória integral de um dos lados; em vez disso, será sempre uma manifestação da interação entre os dois lados. No Oriente, uma pessoa virtuosa não é aquela que busca concretizar a tarefa impossível de lutar pelo bem e eliminar o mal mas, sim, aquela que se mostra capaz de manter um equilíbrio dinâmico entre o bem e o mal.

Essa noção de equilíbrio dinâmico é essencial à forma pela qual a unidade dos opostos é vivenciada no misticismo oriental. Essa unidade nunca surge como uma identidade estática, mas é sempre uma interação dinâmica entre dois extremos. Esse ponto foi enfatizado mais extensamente pelos sábios chineses em seu simbolismo dos polos arquetípicos *yin* e *yang*. Eles denominaram *Tao* a unidade oculta sob o *yin* e o *yang* e o conceberam como um processo que realiza a interação entre os dois polos. "Aquilo que faz aparecer agora a escuridão, agora a luz é o *Tao*."[4]

A unidade dinâmica dos opostos polares pode ser ilustrada com o exemplo simples de um movimento circular e sua projeção. Suponha que você tenha uma bola que percorre um círculo. Se esse movimento for projetado numa tela, tornar-se-á uma oscilação entre dois pontos extremos. (Para manter a analogia com o pensamento chinês, escrevi TAO no círculo e assinalei os pontos extremos da oscilação com YIN e YANG.) A bola percorre o círculo com uma velocidade constante; sua projeção, contudo, reduz a velocidade à medida que se aproxima da borda, volta-se e então acelera novamente apenas para, uma vez mais, reduzir sua velocidade e assim por diante, em ciclos intermináveis. Em qualquer projeção desse tipo, o movimento circular aparecerá como uma oscilação entre dois pontos opostos mas, no movimento propriamente dito, os opostos

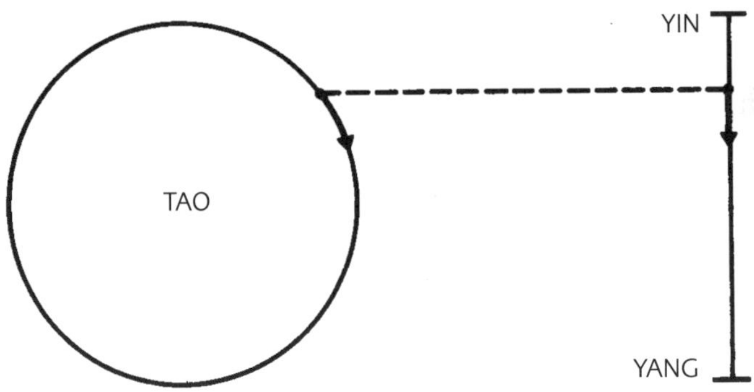

A unidade dinâmica dos opostos polares.

são unificados e transcendidos. Essa imagem de uma unificação dinâmica dos opostos estava bastante clara na mente dos pensadores chineses, como podemos observar na seguinte passagem do *Chuang tsé*, já citada:*

> Que o "aquilo" e o "isto" deixem de ser opostos, eis a essência mesma do *Tao*. Somente essa essência, como se fosse um eixo, constitui o centro do círculo que responde às mudanças incessantes.

Uma das principais polaridades da vida é a que se refere aos lados masculino e feminino da natureza humana. Assim como ocorre com a polaridade do bem e do mal, da vida e da morte, tendemos a sentir desconforto perante a polaridade masculino/feminino em nós mesmos, razão pela qual conferimos destaque a um ou outro desses polos. A sociedade ocidental favoreceu, tradicionalmente, o lado masculino de preferência ao feminino. Em vez de reconhecer que a personalidade de cada homem e de cada mulher é o resultado de uma interação entre elementos femininos e masculinos, estabeleceu uma ordem estática em que

* Veja página 134.

se pressupõe que todos os homens são masculinos e todas as mulheres femininas, e conferiu aos homens os papéis principais e a maioria dos privilégios sociais. Essa atitude deu origem a uma ênfase exagerada nos aspectos *yang* – ou masculinos – da natureza humana, isto é, atividade, pensamento racional, competição, agressividade, etc. Os modos de consciência *yin* – ou femininos –, geralmente descritos através de palavras como intuitivo, religioso, místico, oculto ou psíquico, foram constantemente suprimidos em nossa sociedade orientada por valores masculinos.

Shiva, Mahesvara, Elefanta, Índia, séc. VIII d.C.

Shiva Ardhanari, Elefanta, Índia, séc. VIII d.C.

No misticismo oriental, esses modos femininos são desenvolvidos, procurando-se alcançar uma unidade entre os dois aspectos da natureza humana. Um ser humano plenamente realizado é aquele que, nas palavras de Lao Tsé, "conhece o masculino e contudo conserva o feminino". Em muitas tradições orientais, o equilíbrio dinâmico entre os modos masculino e feminino de consciência constitui o alvo principal da meditação, sendo frequentemente ilustrado em obras de arte. Uma soberba escultura de Shiva no templo hindu de Elefanta mostra três faces do deus: à direita, seu perfil masculino, demonstrando virilidade e força de vontade; à esquerda, seu aspecto feminino, gentil, encantador, sedutor; e ao centro, a união sublime dos dois aspectos na magnífica cabeça de Shiva Mahesvara, o Grande Senhor, irradiando serena tranquilidade e indiferença transcendental. Nesse mesmo templo, Shiva é igualmente apresentado em sua forma andrógina – metade masculina, metade feminina –, em que o movimento fluente do corpo do deus e o sereno desprendimento da face dele/dela simbolizam, uma vez mais, a unificação dinâmica do masculino e do feminino.

No Budismo tântrico, a polaridade masculino/feminino é frequentemente ilustrada com o auxílio de símbolos sexuais. A sabedoria intuitiva é vista como a qualidade feminina e passiva da natureza humana; o amor e a compaixão como a qualidade ativa e masculina; e a união de ambas no processo de iluminação é representada pelos abraços sexuais extáticos das divindades masculinas e femininas. Os místicos orientais afirmam que a união dos modos masculino e feminino do indivíduo somente pode ser vivenciada num plano superior de consciência onde o reino do pensamento e da linguagem seja transcendido e todos os opostos apareçam como uma unidade dinâmica.

Já afirmei anteriormente que um plano semelhante foi alcançado na Física moderna. A exploração do mundo subatômico revelou uma realidade que repentinamente transcende a linguagem e o raciocínio, e a unificação de conceitos que até agora se afiguravam opostos e irreconciliáveis acabou por se tornar uma das características mais notáveis dessa nova realidade. Esses conceitos aparentemente irreconciliáveis não são, geralmente, os únicos com os quais se preocupam os místicos orientais – embora ocasionalmente isso venha a suceder – mas sua unificação num nível não usual da realidade fornece um paralelo em face do misticismo oriental. Os físicos modernos deveriam, pois, estar em condições de penetrar em alguns dos ensinamentos centrais do Extremo Oriente, relacionando-os às experiências em seu próprio campo. Um número ainda restrito (embora crescente) de jovens físicos tem encontrado nesse paralelo uma abordagem extremamente válida e estimulante do misticismo oriental.

Exemplos dessa unificação de conceitos opostos na Física moderna podem ser encontrados no nível subatômico, onde as partículas são igualmente destrutíveis e indestrutíveis, onde a matéria é igualmente contínua e descontínua e a força e a matéria não passam de aspectos diferentes de um mesmo fenômeno. Em todos esses exemplos, que serão detalhadamente analisados em capítulos posteriores, verifica-se que a estrutura dos conceitos opostos, derivada de nossa experiência cotidiana, é por demais estreita para o mundo das partículas subatômicas. A teoria da relatividade é crucial para a descrição desse mundo; e na moldura "relativística", os conceitos clássicos são ultrapassados à medida que caminhamos para uma dimensão mais elevada. O espaço-tempo quadridimensional. O espaço e o tempo, dois conceitos que pareciam inteiramente diversos, foram unificados na Física relativística. Essa unidade fundamental constitui a base da unificação dos conceitos opostos anteriormente mencionados. À semelhança da unidade dos opostos vivenciada pelos místicos, esta unidade da Física ocorre num "plano mais elevado", isto é, numa dimensão mais elevada; à semelhança daquela vivenciada pelos místicos, é uma unidade dinâmica porque a realidade do espaço-tempo relativístico é uma realidade intrinsecamente dinâmica onde os objetos são igualmente processos e todas as formas são padrões dinâmicos.

Não necessitamos da teoria da relatividade para que possamos vivenciar a unificação de entidades aparentemente separadas numa dimensão mais elevada. Isso pode igualmente ser vivenciado ao passarmos de uma para duas dimensões ou de duas para três. No exemplo do movimento circular e de sua projeção, visto anteriormente, os polos opostos da oscilação numa dimensão (ao longo de uma linha) são unificados no movimento circular em duas dimensões (num plano). A figura a seguir representa outro exemplo envolvendo uma transição de duas para três dimensões.

Apresenta um anel "de rosquinha" cortado horizontalmente por um plano. Nas duas dimensões do plano, as superfícies do corte aparecem como dois discos completamente separados; em três dimensões, contudo, são reconhecidas como partes de um único objeto. Uma unificação semelhante de entidades que parecem separadas e irreconciliáveis é obtida na teoria da relatividade ao passar-se de três para quatro dimensões. O mundo quadridimensional da Física relativística é o mundo onde a força e a matéria se acham unificadas, onde a matéria pode aparecer como partículas descontínuas ou como um campo contínuo. Nesses casos, con-

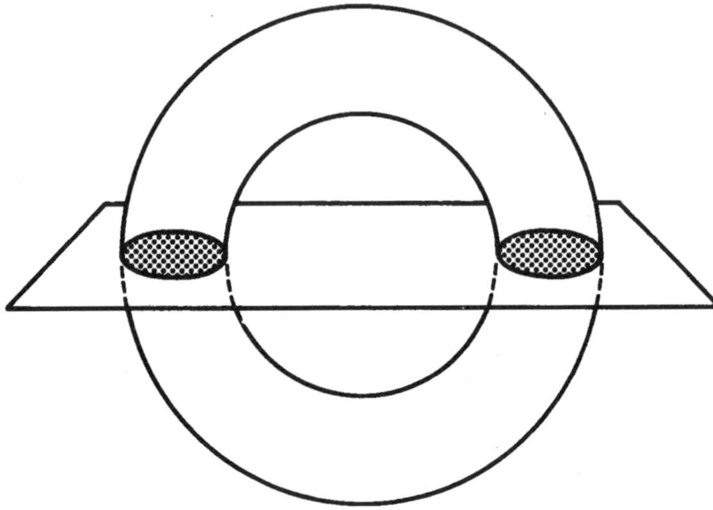

tudo, não podemos mais visualizar com clareza a unidade. Os físicos podem "vivenciar" o mundo quadridimensional do espaço-tempo através do formalismo matemático abstrato de suas teorias; sua imaginação visual – como a de todos nós –, contudo, acha-se limitada pelo mundo tridimensional dos sentidos. Nossa linguagem e nossos padrões de pensamento se desenvolveram nesse mundo tridimensional, razão pela qual consideramos extremamente difícil lidar com a realidade quadridimensional da Física relativística.

Os místicos orientais, por outro lado, parecem capazes de vivenciar uma realidade de dimensão mais elevada diretamente e de forma concreta. No estado da meditação profunda, eles podem transcender o mundo tridimensional da vida cotidiana e vivenciar uma realidade inteiramente diversa, uma realidade na qual todos os opostos se acham unificados num todo orgânico. Entretanto, quando os místicos tentam expressar essa experiência em palavras, eles se defrontam com os mesmos problemas que os físicos quando tentam interpretar a realidade multidimensional da Física relativística. Nas palavras do Lama Govinda,

> Uma experiência de dimensionalidade superior é alcançada através da integração de experiências de diferentes centros e níveis de consciência. Dessa forma, deparamo-nos com a indescritibilidade de certas experiências de meditação no plano da consciência tridimensional e

dentro de um sistema de lógica que reduz as possibilidades de expressão na medida em que se impõe limites adicionais ao processo de pensamento.[5]

O mundo quadridimensional da teoria da relatividade não é o único exemplo da Física moderna onde conceitos aparentemente contraditórios e irreconciliáveis passam a ser encarados simplesmente como aspectos diferentes da mesma realidade. É bem provável que o caso mais conhecido dessa unificação de conceitos contraditórios seja o dos conceitos de partículas e ondas na Física atômica.

No nível atômico, a matéria tem um aspecto dual, manifestando-se como partículas e como ondas. O aspecto que apresente depende da situação. Em algumas situações, predomina o aspecto partícula, em outros as partículas se comportam mais como ondas; e essa natureza dual aparece também na luz e em todas as outras radiações eletromagnéticas. A luz, por exemplo, é emitida e absorvida na forma de *quanta* ou de fótons; contudo, quando essas partículas de luz se deslocam através do espaço, aparecem como campos magnéticos e elétricos vibratórios que apresentam todo o comportamento característico das ondas. Os elétrons são normalmente considerados partículas; não obstante, quando um feixe dessas partículas é enviado através de uma pequena fenda, é difratado exatamente como um feixe de luz – em outras palavras: os elétrons também se comportam como ondas.

uma partícula uma onda

Esse aspecto dual da matéria e da radiação é, na verdade, bastante surpreendente e deu origem a muitos dos "*koans* quânticos" que levaram à formulação da teoria quântica. A figura de uma onda que se espalha progressivamente no espaço é fundamentalmente diferente da figura de uma partícula, que implica uma localização determinada. Os físicos levaram muito tempo para aceitar o fato de que a matéria se manifesta sob formas que parecem ser mutuamente exclusivas, que as partículas também são ondas, que as ondas igualmente são partículas.

Observando as duas figuras, um leigo poderia ser tentado a pensar que a contradição pode ser resolvida afirmando-se que a figura à direita simplesmente corresponde a uma partícula que se move num padrão de onda. Esse argumento, contudo, se baseia numa compreensão equivocada da natureza das ondas. Partículas que se movam em padrões de onda não existem na natureza. Numa onda de água, por exemplo, as partículas de água não se deslocam ao longo da onda, juntamente com ela, mas se movem em círculos à medida que a onda segue seu percurso. Da mesma forma, as partículas do ar numa onda sonora simplesmente oscilam para a frente e para trás mas não se propagam com a onda. Na realidade, o que é transportado com a onda é a perturbação que gera o fenômeno ondulatório e não qualquer partícula material. Na teoria quântica, portanto, não nos referimos à trajetória de uma partícula ao afirmarmos que uma partícula é igualmente uma onda. O que queremos dizer é que o padrão de onda como um todo é uma manifestação da partícula. A representação dessas ondas que se deslocam é totalmente diferente daquela que corresponde às partículas que se deslocam, tão diferente – nas palavras de Victor Weisskopf – "como a noção de ondas num lago difere da de um cardume de peixes nadando na mesma direção".[6]

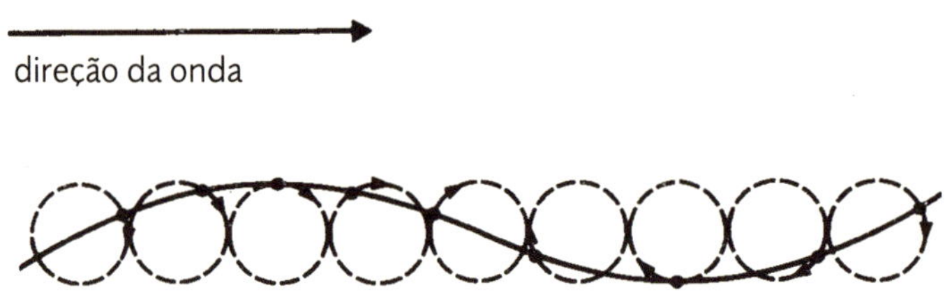

uma onda de água

O fenômeno das ondas é encontrado em muitos contextos diferentes em toda a Física e pode ser descrito com o mesmo formalismo matemático, sempre que ocorra. As mesmas formas matemáticas são utilizadas para descrever uma onda de luz, uma corda de violão posta em vibração, uma onda sonora ou uma onda de água. Na teoria quântica, essas formas são utilizadas uma vez mais para descrever as ondas associadas às partículas. Nesse caso, entretanto, as ondas são muito mais abstratas. Elas estão intimamente relacionadas com a natureza estatística da teoria quântica, isto é, com o fato de que os fenômenos atômicos somente podem ser descritos em termos de probabilidades. A informação acerca das probabilidades para uma partícula está contida numa quantidade denominada função de probabilidade, e a forma matemática dessa quantidade é a de uma onda, ou seja, é semelhante às formas utilizadas para a descrição de outros tipos de ondas. As ondas associadas a partículas, entretanto, não são ondas "reais" tridimensionais, como as ondas sonoras ou da água, mas, em vez disso, "ondas de probabilidades", quantidades matemáticas abstratas relacionadas com as probabilidades de se encontrar as partículas em vários lugares e com várias propriedades.

A introdução das ondas de probabilidade resolve, de certa forma, o paradoxo de as partículas serem ondas na medida em que insere esse paradoxo no contexto inteiramente inédito; mas, ao mesmo tempo, dá origem a um outro par de conceitos opostos, ainda mais fundamental: o da existência e da não existência. Esse par de opostos também é transcendido pela realidade atômica. Jamais podemos afirmar que uma partícula atômica exista num determinado lugar; também não podemos afirmar que não exista. Pelo fato de ser um padrão de probabilidade, a partícula tende a existir em diversos lugares, manifestando dessa forma uma estranha modalidade de realidade física entre a existência e a não existência. Não podemos, portanto, descrever o estado da partícula em termos de conceitos opostos fixos. A partícula não está presente num lugar definido, nem está ausente. Não altera sua posição nem permanece em repouso. O que muda é o padrão de probabilidade e, assim, as tendências da partícula a existir em determinados lugares. Nas palavras de Robert Oppenheimer,

> Se indagarmos, por exemplo, se a posição do elétron permanece a mesma, devemos responder "não"; se indagarmos se a posição do elétron varia com o tempo, devemos responder "não"; se indagarmos se o elétron permanece em repouso, devemos responder "não"; se indagarmos se está em movimento, devemos responder "não".[7]

A realidade do físico atômico, à semelhança da realidade do místico oriental, transcende os estreitos limites dos conceitos opostos. As palavras de Oppenheimer parecem fazer eco às palavras dos *Upanishads*,

> Move. Não se move.
> Está longe e está perto.
> Está dentro de tudo isso,
> E está fora de tudo isso.[8]

Força e matéria, partículas e ondas, movimento e repouso, existência e não existência – estes são alguns dos conceitos opostos ou contraditórios transcendidos na Física moderna. De todos esses pares opostos, o último parece ser o mais fundamental e, não obstante, na Física atômica somos forçados a ir além até mesmo dos conceitos de existência e não existência. Essa é a característica da teoria quântica de aceitação mais difícil e que reside no cerne da contínua discussão acerca de sua interpretação. Ao mesmo tempo, a transcendência dos conceitos de existência e não existência é também um dos aspectos mais enigmáticos do misticismo oriental. À semelhança dos físicos atômicos, os místicos orientais lidam com uma realidade que se situa além da existência e da não existência, fato que com frequência recebe ênfase por parte desses místicos. Assim, nas palavras de Ashvaghosha:

> A quididade não é aquilo que é existência, nem é aquilo que é não existência, nem aquilo que é ao mesmo tempo existência e não existência, nem aquilo que não é ao mesmo tempo existência e não existência.[9]

Perante uma realidade que se situa além dos conceitos opostos, físicos e místicos veem-se forçados a adotar uma forma especial de pensamento na qual a mente não se acha fixada na rígida moldura da lógica clássica, mas segue movendo-se e mudando seu ponto de vista. Na Física atômica, por exemplo, já nos habituamos a aplicar tanto o conceito de partícula como o de onda em nossa descrição da matéria. Já aprendemos como lidar com essas duas representações, passando de uma para outra (e vice-versa) de modo a fazer face à realidade atômica. Esta é, precisamente a forma pela qual os místicos orientais pensam quando tentam interpretar sua experiência de uma realidade além dos opostos. Nas palavras do Lama Govinda "o modo oriental de pensar consiste em circundar o objeto da contemplação [...], uma impressão multifacetada, isto é, multidimensional formada a partir da superposição de impressões isoladas provenientes de diferentes pontos de vista".[10]

Para que possamos perceber a forma pela qual podemos passar da representação de partícula para a de onda (e vice-versa) na Física atômica, examinemos os conceitos de ondas e partículas de forma mais detalhada. Uma onda é um padrão vibratório no espaço e no tempo. Podemos considerá-la num determinado instante e então veremos um padrão periódico no espaço, como na figura a seguir. Esse padrão é caracterizado por uma amplitude A, a extensão da vibração, e um comprimento de onda L, a distância entre duas cristas consecutivas. Alternativamente, podemos observar o movimento de um determinado ponto da onda e então veremos uma oscilação caracterizada por uma certa frequência, o número de vezes em que o ponto oscila de um lado para outro a cada segundo. Voltemo-nos, a seguir, para a representação da partícula. De acordo

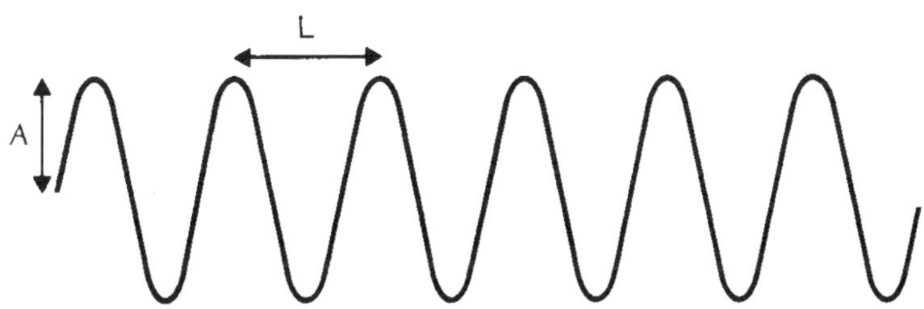

Um padrão de onda.

com as ideias clássicas, uma partícula possui uma posição bem definida em qualquer instante e seu estado de movimento pode ser descrito em termos de sua velocidade e de sua energia de movimento. As partículas que se movimentam com alta velocidade possuem igualmente elevada energia. De fato, os físicos, dificilmente lançam mão do termo "velocidade" para descrever o estado de movimento da partícula; em vez disso, utilizam-se de uma quantidade, denominada *momentum*, definida como a massa da partícula multiplicada por sua velocidade.

A teoria quântica associa as propriedades de uma onda de probabilidade com as propriedades da partícula correspondente, relacionando a amplitude da onda numa determinada região com a probabilidade de se encontrar a partícula nesta região. Onde a amplitude é grande, é provável que encontremos a partícula se a procurarmos; onde é pequena, é improvável. O trem de ondas representado graficamente acima, por exemplo, apresenta a mesma amplitude ao longo de todo o seu comprimento, o que indica que a partícula pode ser encontrada em qualquer ponto ao longo da onda com idêntica probabilidade.*

A informação acerca do estado de movimento da partícula está contida no comprimento de onda e na frequência da onda. O comprimento de onda é inversamente proporcional ao *momentum* da partícula, o que equivale a dizer que uma onda com um pequeno comprimento de onda corresponde a uma partícula que se desloca com um elevado *momentum* (e, assim, com uma elevada velocidade). A frequência da onda é proporcional à energia da partícula; uma onda com alta frequência significa que a partícula possui uma alta energia. No caso da luz, por exemplo, a luz violeta possui uma alta frequência e um pequeno comprimento de onda, consistindo em fótons de alta energia e de elevado *momentum*, ao passo que a luz vermelha possui baixa frequência e longo comprimento de onda, correspondendo a fótons de baixa energia e *momentum*.

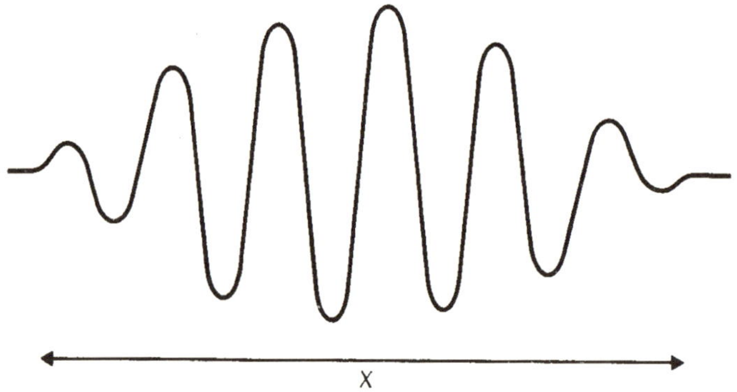

Um pacote de ondas correspondendo a uma partícula localizada na região X.

Uma onda que se espalha como a que apresentamos em nosso exemplo não nos diz muito acerca da posição da partícula correspondente. Ela pode ser encontrada em qualquer ponto ao longo da onda com idêntica probabilidade. Com muita frequência, entretanto, lidamos com situações

* Neste exemplo, não se deve pensar que a partícula tem maior probabilidade de ser encontrada onde a onda apresenta cristas do que nos lugares onde apresenta depressões. O padrão de onda estático presente nessa figura é, simplesmente, o "instantâneo" de uma vibração contínua durante a qual cada ponto ao longo da onda alcança o topo de uma crista em intervalos periódicos.

onde a posição da partícula é razoavelmente conhecida, como na descrição de um elétron num átomo. Nesse caso, as probabilidades de se encontrar a partícula em vários lugares devem ser confinadas a uma determinada região. Fora desta, tais probabilidades devem ser nulas. Isso pode ser alcançado por um padrão de onda semelhante ao representado no diagrama anterior, que corresponde a uma partícula confinada à região X. Esse padrão recebe a denominação de pacote de ondas.* É composto de vários trens de onda com vários comprimentos de onda que interferem umas nas outras de forma destrutiva** fora da região X, de tal forma que a amplitude total – e, portanto, a probabilidade de aí se encontrar a partícula – é nula, enquanto constroem o padrão dentro de X. Esse padrão mostra que a partícula está localizada em algum ponto dentro da região X, mas não nos fornece dado algum que permita sua localização. Para os pontos dentro da região só podemos dar as probabilidades para a presença da partícula. (A partícula tende mais a estar presente no centro, onde as amplitudes de probabilidade são grandes, e tende menos a se encontrar junto às extremidades do pacote de onda, onde as amplitudes são pequenas.) O comprimento do pacote de ondas representa, dessa forma, a incerteza quanto à localização da partícula.

A propriedade relevante desse pacote de ondas é a de não possuir comprimento de onda definido, isto é, as distâncias entre duas cristas sucessivas não são iguais ao longo do padrão. Verifica-se uma expansão no comprimento de onda cujo montante depende do comprimento do pacote de ondas: quanto menor for o pacote de ondas, maior a expansão no comprimento de onda. Isso nada tem a ver com a teoria quântica, embora decorra das propriedades das ondas. Os pacotes de ondas não possuem comprimentos de onda definidos. A teoria quântica surge em cena quando associamos o comprimento de onda com o *momentum* da partícula correspondente. Se o pacote de ondas não possui um comprimento de onda bem definido, a partícula não possui um *momentum* bem definido. Isso equivale a dizer que não existe apenas uma incerteza no tocante à po-

---

* Por uma questão de simplicidade, lidaremos aqui com apenas uma dimensão do espaço, isto é, com a posição da partícula em algum ponto ao longo de uma linha. Os padrões de probabilidade apresentados na página 151 são exemplos bidimensionais correspondentes a pacotes de ondas mais complexos.

** Veja página 69.

sição da partícula correspondendo ao comprimento do pacote de ondas, mas, também, uma incerteza no seu *momentum*, causada pela expansão no comprimento de onda. As duas incertezas estão interligadas, uma vez que a expansão no comprimento de onda (isto é, a incerteza do *momentum*) depende do comprimento do pacote de ondas (isto é, a incerteza da posição). Se desejarmos localizar de forma mais precisa a partícula, ou seja, se desejarmos confinar seu pacote de ondas a uma região menor, isso resultará num aumento da expansão no comprimento de ondas e, portanto, num aumento na incerteza do *momentum* da partícula.

A forma matemática precisa dessa relação entre as incertezas de posição e o *momentum* de uma partícula é conhecida como a relação de incerteza (ou princípio de incerteza) de Heisenberg. Essa relação (princípio) afirma que, no mundo subatômico, nunca podemos conhecer a posição e o *momentum* de uma partícula com grande precisão. Quanto melhor for o conhecimento dessa posição, mais obscuro será seu *momentum*, e vice-versa. Podemos nos decidir a efetuar uma medição precisa de uma das duas quantidades; nesse caso, seremos forçados a permanecer completamente ignorantes acerca da outra. É importante compreender, como já foi feito no capítulo anterior, que essa limitação não é causada pela imperfeição de nossas técnicas de medida, mas é uma limitação de princípio. Se decidirmos medir com precisão a posição da partícula, esta simplesmente não terá um *momentum* bem definido e vice-versa.

A relação entre as incertezas da posição e do *momentum* de uma partícula não é a única forma do princípio de incerteza. Relações semelhantes ocorrem entre outras quantidades, por exemplo, entre o tempo em que ocorre um evento atômico e a energia nele envolvida. Isso pode ser visto muito facilmente representando-se nosso pacote de ondas não como um padrão no espaço, mas como um padrão vibratório no tempo. À medida que a partícula passa por um determinado ponto de observação, as vibrações do padrão de onda nesse ponto começarão com pequenas amplitudes que crescerão e depois decrescerão novamente até que por fim a vibração cesse. O tempo gasto para se passar por esse padrão representa o tempo durante o qual a partícula passa por nosso ponto de observação. Podemos dizer que a passagem ocorre dentro desse lapso de tempo mas não podemos localizar a partícula num instante preciso. A duração do padrão vibratório representa, portanto, a incerteza na localização temporal do evento.

Se o padrão espacial do pacote de ondas não possui um comprimento de onda bem definido, o padrão vibratório correspondente no tempo não apresenta uma frequência bem definida. A faixa de expansão da frequência depende da duração do padrão vibratório e, uma vez que a teoria quântica associa a frequência da onda à energia da partícula, a faixa de expansão da frequência do padrão corresponde a uma incerteza na energia da partícula. A incerteza na localização de um evento no tempo torna-se assim relacionada com uma incerteza na energia, da mesma forma que a incerteza na localização de uma partícula no espaço acha-se relacionada com uma incerteza no *momentum*. Isso equivale a dizer que não podemos jamais saber com grande precisão o tempo em que sucede um evento e a energia nele envolvida. Os eventos que ocorrem dentro de um curto lapso de tempo envolvem uma grande incerteza na energia; os eventos que envolvem uma quantidade precisa de energia somente podem ser localizados dentro de um longo período de tempo.

A importância fundamental do princípio de incerteza reside no fato de que ele expressa as limitações de nossos conceitos clássicos numa forma matemática precisa. Como foi descrito anteriormente, o mundo subatômico afigura-se como uma teia de relações entre as diversas partes de um todo unificado. Nossas noções clássicas, derivadas de nossa experiência macroscópica cotidiana, não são plenamente adequadas para descrever este mundo. Antes de tudo, porque o conceito de uma entidade física distinta, como uma partícula, é uma idealização desprovida de significado fundamental e que só pode ser definida em termos de suas conexões com o todo – e essas conexões são de natureza estatística, probabilidades mais do que certezas. Quando descrevemos as propriedades de uma dessas entidades em termos dos conceitos clássicos – por exemplo, posição, energia, *momentum*, etc. – , deparamo-nos com pares de conceitos inter-relacionados e que não podem ser definidos simultaneamente de forma precisa. Quanto mais impusermos um conceito sobre o "objeto" físico, tanto mais o outro conceito tornar-se-á incerto, e a relação precisa entre ambos será dada pelo princípio da incerteza.

Visando chegar a uma compreensão mais adequada dessa relação entre pares de conceitos clássicos, Niels Bohr introduziu a noção de complementaridade. Bohr considerava a representação como partícula e a representação como onda como duas descrições complementares da mesma realidade, sendo cada uma delas apenas parcialmente correta e possuindo um intervalo de aplicação limitado. Cada representação é necessária para se obter uma descrição integral da realidade atômica e ambas podem ser aplicadas somente dentro das limitações estabelecidas pelo princípio de incerteza.

Essa noção de complementaridade tornou-se parte essencial da maneira pela qual os físicos pensam acerca da natureza. Muitas vezes, Bohr sugeriu que tal noção poderia ser um conceito útil fora do campo da Física. De fato, a noção de complementaridade mostrou-se extremamente útil dois mil e quinhentos anos atrás, desempenhando um papel essencial no antigo pensamento chinês, que se baseava no *insight* de que conceitos opostos permanecem numa relação polar – ou complementar – entre si. Os sábios chineses representavam essa complementaridade de opostos pelo par arquetípico *yin* e *yang*, considerando sua interacão dinâmica como a essência de todos os fenômenos naturais e de todas as situações humanas.

Niels Bohr estava bem cônscio do paralelo entre o conceito de complementaridade e o pensamento chinês. Ao visitar a China em 1937, numa época em que sua interpretação da teoria quântica já se achava plenamente desenvolvida, Bohr ficou profundamente impressionado pela noção chinesa dos opostos polares. A partir dessa época, conservou um grande interesse pela cultura oriental. Dez anos mais tarde, foi oficialmente condecorado em reconhecimento pelas suas grandes contribuições à ciência e à vida cultural dinamarquesas. Tendo de escolher um motivo para seu escudo de armas – fora nomeado cavaleiro –, sua escolha recaiu sobre o símbolo chinês do *t'ai-chi*, que representa a relação complementar dos opostos arquetípicos *yin* e *yang*. Ao escolher esse símbolo para seu escudo de armas, juntamente com a inscrição *Contraria sunt complementa* (Os opostos são complementares), Niels Bohr reconheceu a profunda harmonia existente entre a antiga sabedoria oriental e a moderna ciência ocidental.

$$R_{\mu\nu} - \frac{1}{2} g_{\mu\nu} R = \kappa T_{\mu\nu}$$

12. ESPAÇO-TEMPO

A Física moderna confirmou, de forma dramática, uma das ideias básicas do misticismo oriental: a de que todos os conceitos que utilizamos para descrever a natureza são limitados, e não são características da realidade, como tendemos a acreditar, mas criações da mente, partes do mapa e não do território. Sempre que expandimos o reino de nossa experiência, as limitações da nossa mente racional tornam-se evidentes, levando-nos a modificar, ou mesmo a abandonar, alguns de nossos conceitos.

Nossas noções de espaço e tempo figuram, de forma destacada, em nosso mapa da realidade. Essas noções servem para ordenar coisas e eventos no ambiente que nos cerca, razão pela qual são de suprema importância em nossa vida cotidiana e em nossas tentativas de compreender a natureza através da ciência e da filosofia. Todas as leis da Física exigem os conceitos de espaço e tempo para sua formulação. As profundas modificações desses conceitos básicos, efetuadas pela teoria da relatividade, constituíram, sem sombra de dúvida, uma das maiores revoluções na história da ciência.

A Física clássica baseava-se não apenas na noção de um espaço absoluto, tridimensional, independente dos objetos materiais que contém e obedecendo às leis da geometria euclidiana, mas também na noção do tempo como uma dimensão separada, que é igualmente absoluto e flui de maneira uniforme, independentemente do mundo material. No Ocidente, essas noções de espaço e tempo achavam-se tão profundamente enraizadas nas mentes dos filósofos e cientistas que eram consideradas propriedades genuínas e inquestionáveis da natureza.

A crença de que a geometria é inerente à natureza, e não apenas parte do arcabouço de que lançamos mão para descrever a natureza, tem sua origem no pensamento grego. A geometria demonstrativa foi a característica central da matemática grega, e exerceu profunda influência na filosofia da Grécia. Seu método, que partia de axiomas aceitos como verdadeiros sem demonstração, com os quais deduzia teoremas através do raciocínio dedutivo, tornou-se característico do pensamento filosófico grego. A geometria situava-se, assim, no centro mesmo de todas as atividades intelectuais e formava a base do treinamento filosófico. Afirma-se que a porta da Academia de Platão, em Atenas, trazia a inscrição "Só é permitida a entrada a quem conhece geometria". Os gregos acreditavam que seus teoremas matemáticos eram expressões de verdades eternas e exatas acerca do mundo real e que as formas geométricas eram manifestações da beleza absoluta. A geometria era considerada uma combinação perfeita de lógica e beleza, creditando-se-lhe uma origem divina. Daí a máxima de Platão: "Deus é um geômetra".

Levando-se em conta que a geometria era vista como a revelação de Deus, era óbvio, para os gregos, que os céus deveriam exibir formas geométricas perfeitas, o que equivalia a afirmar que os corpos celestes deviam mover-se em círculos. Para apresentar essa representação de forma ainda mais geométrica, os gregos pensavam que esses corpos celestes estavam fixados a uma série de esferas cristalinas concêntricas que se moviam como um todo, com a Terra no centro.

Nos séculos que se seguiram, a geometria grega continuou a exercer uma influência decisiva sobre a ciência e a filosofia ocidentais. O *Elementos* de Euclides tornou-se um texto padrão adotado nas escolas europeias até o início do século XX, e a geometria euclidiana foi considerada como a natureza verdadeira do espaço por mais de dois mil anos. Foi preciso que surgisse Einstein para que cientistas e filósofos percebessem que essa geometria não é inerente à natureza, mas fora imposta a ela pela mente humana. Nas palavras de Henry Margenau,

> O reconhecimento central da teoria da relatividade é o de que a geometria [...] é uma construção do intelecto. Só quando essa descoberta é aceita, pode a mente sentir-se livre para lidar com as noções tão veneradas de espaço e tempo, examinar o intervalo de possibilidades disponíveis para sua definição e selecionar a formulação que esteja de acordo com a observação.[1]

A filosofia oriental, ao contrário da grega, sempre sustentou que espaço e tempo são construções da mente. Os místicos orientais trataram-nas da mesma forma com que lidaram com todos os demais conceitos intelectuais, ou seja, como algo relativo, limitado e ilusório. Num texto budista, por exemplo, deparamo-nos com as palavras,

> Foi ensinado pelo Buda, ó monges, que [...] o passado, o futuro, o espaço físico [...] e os indivíduos não passam de nomes, formas de pensamento, palavras de uso comum, realidades meramente superficiais.[2]

Dessa forma, a geometria jamais atingiu, no Oriente, o *status* alcançado na Grécia antiga, embora isso não signifique que indianos e os chineses dela não tivessem conhecimento. Pelo contrário, eles se utilizavam dela extensivamente na construção de altares de formas geométricas precisas, na medição da terra e no mapeamento dos céus, mas nunca para determinar verdades abstratas e eternas. Essa atitude filosófica acha-se igualmente refletida no fato de que a antiga ciência oriental geralmente não considerava necessário enquadrar a natureza num esquema de linhas retas e círculos perfeitos. As observações de Joseph Needham acerca da astronomia chinesa são muito interessantes a esse respeito:

> Os [astrônomos] chineses não sentiam a necessidade de formas [geométricas] de explicação – os organismos componentes do organismo universal seguiam cada um o seu *Tao*, de acordo com sua própria natureza e podia-se lidar com seus movimentos na forma essencialmente "não representacional" da álgebra. Os chineses estavam assim livres da obsessão dos astrônomos europeus pelo círculo como a figura mais perfeita, [...] não estando igualmente subjugados à prisão medieval das esferas de cristal.[3]

Dessa forma, os antigos filósofos e cientistas orientais já demonstravam a atitude que veio a se tornar tão básica na teoria da relatividade, ou seja, que nossas noções de geometria não são propriedades absolutas e imutáveis da natureza, mas construções intelectuais. Nas palavras de Ashvaghosha,

> Fique bem claro que o espaço nada mais é senão um modo de particularização, não possuindo existência real própria. [...] O espaço existe unicamente em relação à nossa consciência particularizadora.[4]

Idêntica observação aplica-se à nossa ideia de tempo. Os místicos orientais vinculam as noções de espaço e tempo a estados particulares de consciência. Estando em condições de ir além do estado usual através da meditação, os místicos orientais compreenderam que as noções convencionais de espaço e tempo não constituem a verdade última. As noções requintadas de espaço e tempo que resultam de suas experiências místicas assemelham-se, de diversas maneiras, às noções da Física moderna exemplificadas pela teoria da relatividade.

Qual é, então, essa nova visão de espaço e tempo que vem à tona com a teoria da relatividade? Ela se baseia na descoberta de que todas as medidas de espaço e tempo são relativas. A relatividade das especificações espaciais não constituía, por certo, novidade. Já se sabia, antes de Einstein, que a posição de um objeto no espaço só pode ser definida em relação a algum outro objeto, o que geralmente é efetuado com a ajuda de três coordenadas; e o ponto a partir do qual as coordenadas são medidas pode ser denominado localização do "observador".

Para ilustrar a relatividade dessas coordenadas, imaginemos dois observadores flutuando no espaço e observando um guarda-chuva, como aparece na figura abaixo.

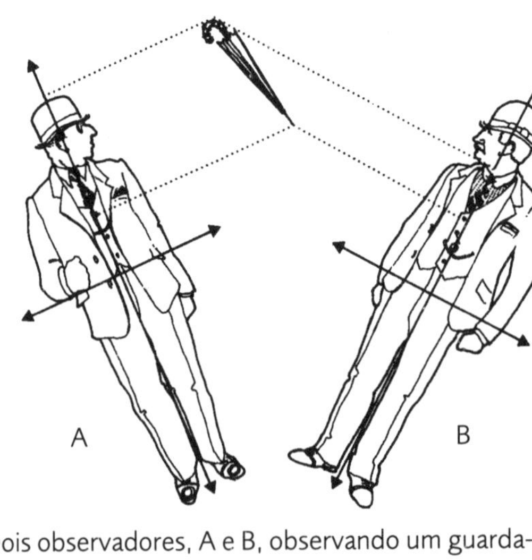

Dois observadores, A e B, observando um guarda-chuva.

O observador A vê o guarda-chuva à sua esquerda e ligeiramente inclinado, com sua extremidade superior mais próxima de seu corpo. O observador B, por sua vez, vê o guarda-chuva à sua direita e de tal modo que a extremidade superior do objeto está mais distante. Estendendo esse exemplo bidimensional às três dimensões, torna-se claro que todas as especificações espaciais – tais como, "esquerda", "direita", "acima", "abaixo", "oblíquo", etc. – dependem da posição do observador sendo, pois, relativas. Isso já era conhecido muito antes do advento da teoria da relatividade. No tocante ao tempo, contudo, a situação na Física clássica era completamente diferente. A ordem temporal de dois eventos era tomada como independente de qualquer observador. Às especificações que diziam respeito ao tempo – tais como, "antes", "depois", ou "simultaneamente" – era creditado um significado absoluto, independente de qualquer sistema de coordenadas.

Einstein reconheceu que as especificações temporais também são relativas e dependem do observador. Na vida cotidiana, a impressão de que podemos dispor os eventos a nosso redor numa sequência temporal única é criada pelo fato de que a velocidade da luz – aproximadamente 300.000 km por segundo – é tão elevada, comparada a qualquer outra velocidade que conhecemos, que podemos partir do pressuposto de que estamos observando os eventos no momento mesmo em que estes ocorrem. Tal suposição, contudo, é incorreta. A luz necessita de algum tempo para se deslocar do evento para o observador. Normalmente, esse tempo é tão curto que a propagação da luz pode ser considerada instantânea; entretanto, se o observador se deslocar a uma alta velocidade com relação aos fenômenos observados, o lapso de tempo entre a ocorrência de um evento e sua observação desempenhará um papel crucial no estabelecimento de uma sequência de eventos. Einstein compreendeu que, nesse caso, observadores movendo-se a diferentes velocidades ordenarão os eventos de formas igualmente diversas no tempo.* Dois eventos que são vistos como ocorrendo simultaneamente por um observador, podem ocorrer em sequências temporais diferentes para outros. Para as velocidades comuns, as diferenças são tão pequenas que não podem ser

* Para deduzir este resultado é essencial levar em consideração o fato de que a velocidade da luz é a mesma para todos os observadores.

detectadas; mas quando as velocidades se aproximam da velocidade da luz, dão origem a efeitos mensuráveis. Na Física de alta energia, onde os eventos são interações entre partículas que se deslocam quase à velocidade da luz, a relatividade do tempo é bem estabelecida, tendo sido confirmada por incontáveis experiências.*

A relatividade do tempo também nos obriga a abandonar o conceito newtoniano de espaço absoluto. Considerava-se que esse espaço continha uma configuração definida de matéria a cada instante; agora, contudo, que a simultaneidade é vista como um conceito relativo, dependendo do estado de movimento do observador, não é mais possível definir esse instante preciso para a totalidade do universo. Um evento distante que ocorre em algum instante particular para um observador pode ocorrer antes ou depois para um segundo observador. Não é possível, portanto, falar-se acerca do "universo num dado instante" de maneira absoluta; o espaço absoluto independente do observador não existe.

A teoria da relatividade demonstrou, assim, que todas as medidas que envolvem espaço e tempo perdem seu significado absoluto, levando-nos a abandonar os conceitos clássicos de espaço e tempo absolutos. A importância fundamental desse desenvolvimento foi expressa com clareza por Mendel Sachs nestas palavras:

> A verdadeira revolução que surgiu com a teoria de Einstein [...] foi o abandono da ideia de que o sistema de coordenadas do espaço-tempo possui significado objetivo como uma entidade física isolada. Em vez dessa ideia a teoria da relatividade implica o fato de que as coordenadas de espaço e tempo são apenas os elementos de uma linguagem utilizada por um observador para descrever seu meio ambiente.[5]

Essa observação, proveniente de um físico contemporâneo, demonstra a afinidade entre as noções de tempo e espaço na Física moderna e aquelas sustentadas pelos místicos orientais que afirmam, como vimos em citação anterior, que espaço e tempo "não passam de nomes, de formas de pensamento, de palavras de uso comum".

---

* Note-se que, neste caso, o observador encontra-se em repouso em seu laboratório, mas os eventos que observa são causados por partículas que se deslocam a velocidades diferentes. O efeito é o mesmo. O que importa é o movimento *relativo* do observador e dos eventos observados. É irrelevante saber qual dos dois se move com referência ao laboratório.

Uma vez que o espaço e o tempo acham-se agora reduzidos ao papel subjetivo de elementos da linguagem, que um dado observador utiliza em sua descrição de fenômenos naturais, cada observador descreverá esses fenômenos de maneira diferente. Para abstrair algumas leis naturais universais de suas descrições, tais observadores são levados a formular essas leis de tal modo que possuam a mesma forma em todos os sistemas de coordenadas, isto é, para todos os observadores em posições arbitrárias e movimento relativo. Essa exigência é conhecida como o princípio da relatividade e foi, de fato, o ponto de partida da teoria da relatividade. É interessante levar em conta que o germe da teoria da relatividade estava contido num paradoxo que Einstein imaginou quando tinha apenas dezesseis anos. Einstein tentou imaginar de que modo um raio de luz apareceria a um observador que se deslocasse juntamente com esse raio à velocidade da luz e concluiu que tal observador veria esse raio de luz como um campo eletromagnético oscilando de um lado para outro sem se deslocar, isto é, sem formar uma onda. Esse fenômeno, contudo, é desconhecido na Física. Parecia assim ao jovem Einstein que algo que era visto por um observador como sendo um fenômeno eletromagnético bem conhecido, ou seja, uma onda de luz, apareceria como um fenômeno que contradizia as leis da Física para outro observador – e isso Einstein não podia aceitar. Mais tarde, Einstein compreendeu que o princípio da relatividade pode ser satisfeito na descrição de fenômenos eletromagnéticos somente se todas as especificações espaciais *e* temporais forem relativas. As leis da Mecânica, que governam os fenômenos associados aos corpos em movimento, e as leis da Eletrodinâmica, a teoria da eletricidade e do magnetismo, podem então ser formuladas numa moldura "relativística" comum que incorpora o tempo com as três coordenadas espaciais como uma quarta coordenada a ser especificada em relação ao observador.

A fim de comprovar se o princípio da relatividade é satisfeito – ou seja, se as equações da teoria de um indivíduo parecem as mesmas em todos os sistemas de coordenadas – devemos, certamente, estar em condições de traduzir as especificações de espaço e tempo de um sistema de coordenadas (ou "referencial") para os outros. Essas traduções, ou "transformações" como são denominadas, já eram bem conhecidas e amplamente utilizadas na Física clássica. A transformação entre os dois referenciais representados na figura dos dois observadores e do guarda-chuva representados anteriormente, por exemplo, expressa cada uma das duas coordenadas do observador A (uma horizontal e uma vertical, conforme está indicado pelas setas no desenho) como uma combinação das coordenadas do observador B e vice-versa. As expressões exatas podem ser facilmente obtidas com o auxílio de geometria elementar.

Na Física relativística surge uma nova situação, porque o tempo é acrescentado às três coordenadas espaciais como uma quarta dimensão. Uma vez que as transformações entre diferentes referenciais expressam cada coordenada de um referencial como a combinação das coordenadas do outro, uma coordenada espacial num referencial aparecerá geralmente como uma mistura de coordenadas de espaço e tempo no outro. Trata-se, na verdade, de uma situação inteiramente nova. Cada mudança de sistemas de coordenadas mistura espaço e tempo numa forma matematicamente bem definida. Os dois não podem, pois, ser separados porque o que é espaço para um observador será uma mistura de espaço e tempo para o outro. A teoria da relatividade mostrou que o espaço não é tridimensional e que o tempo não é uma entidade isolada. Ambos se acham íntima e inseparavelmente conectados e formam um *continuum* quadridimensional denominado "espaço-tempo". Esse conceito de espaço-tempo foi introduzido por Hermann Minkowski, numa famosa conferência pronunciada em 1908, com as seguintes palavras:

> As concepções de espaço e tempo que desejo apresentar aos senhores emergiu do solo da Física experimental e nele reside a sua força. Essas concepções são radicais. Daqui para diante, o espaço por si mesmo e o tempo por si mesmo estão condenados a desaparecer como simples sombras e só uma espécie de união de ambos preservará uma realidade independente.[6]

Os conceitos de espaço e tempo são tão básicos para a descrição de fenômenos naturais que sua modificação impõe uma alteração de toda a estrutura que utilizamos na Física para descrever a natureza. Na nova estrutura, o espaço e o tempo são tratados em termos iguais e se acham inseparavelmente vinculados. Na Física relativística, jamais podemos falar acerca do espaço sem falar sobre o tempo – e vice-versa. Essa nova estrutura tem de ser utilizada sempre que descrevemos fenômenos que envolvem altas velocidades.

O vínculo íntimo entre o espaço e o tempo era bem conhecido na Astronomia, num contexto diferente, muito antes da teoria da relatividade. Os astrônomos e os astrofísicos lidam com distâncias extremamente grandes, e o fato de que a luz necessita de algum tempo para se deslocar do objeto observado ao observador é importante. Em razão da velocidade finita da luz, o astrônomo nunca observa o universo em seu estado presente, mas, sempre, como ele era no passado. A luz gasta oito minutos para viajar do Sol à Terra; por essa razão, quando vemos o Sol em qualquer momento, estamos vendo como ele era oito minutos antes. De idêntica forma, vemos a estrela mais próxima como ela existia há quatro anos, e com nossos potentes telescópios podemos ver galáxias como elas existiram há milhões de anos.

A velocidade finita da luz de maneira alguma representa um obstáculo para os astrônomos mas é uma grande vantagem, pois permite que eles observem a evolução das estrelas, dos aglomerados estelares ou das galáxias em todos os seus estágios simplesmente lançando os olhos ao espaço e voltando atrás no tempo. Todos os tipos de fenômenos que ocorreram durante os últimos milhões de anos podem, na verdade, ser observados em algum ponto do céu. Os astrônomos estão assim acostumados à importância do vínculo entre o espaço e o tempo. O que a teoria da relatividade nos afirma é que esse vínculo é importante não apenas quando lidamos com grandes distâncias mas, igualmente, quando lidamos com altas velocidades. Até mesmo na Terra a medição de qualquer distância não independe do tempo, uma vez que envolve as especificações do estado de movimento do observador e, portanto, uma referência ao tempo.

A unificação do espaço e do tempo requer – conforme foi mencionado no capítulo anterior – uma unificação de outros conceitos básicos, e este aspecto unificador constitui o traço mais característico da moldura relativística. Conceitos que pareciam totalmente não relacionados na Física não relativística são agora encarados como aspectos diferentes de um mesmo e único conceito. Esse traço confere à moldura relativística grande beleza e elegância matemática. Muitos anos de trabalho com a teoria da relatividade levaram-nos a apreciar essa elegância e a nos tornar totalmente familiarizados com o formalismo matemático. Não obstante, isso não ajudou em muito a nossa intuição. Não possuímos experiência sensorial direta do espaço-tempo quadridimensional ou de qualquer outro conceito relativístico. Sempre que nos voltamos para o estudo de fenômenos naturais que envolvam altas velocidades, sentimos grande dificuldade em lidar com esses conceitos, tanto no nível da intuição quanto no da linguagem usual.

Por exemplo: na Física clássica, sempre se partia do pressuposto de que barras postas em movimento e em repouso possuem o mesmo comprimento. A teoria da relatividade mostrou que isso não é verdadeiro. O comprimento de um objeto depende de seu movimento em relação ao observador e se altera com a velocidade desse movimento. A alteração é tal que o objeto se contrai na direção de seu movimento. Uma barra apresenta seu comprimento máximo num referencial onde se encontra em repouso, tornando-se cada vez menor à medida que aumenta a velocidade relativa ao observador. Nas experiências de "espalhamento" da Física de alta energia, onde partículas colidem com velocidades extremamente altas, a contração relativística é tão extrema que partículas esféricas são reduzidas a formatos de "panquecas".

É importante compreender que não faz sentido indagar acerca do comprimento "real" de um objeto, da mesma forma como não faz sentido, em nossa vida cotidiana, indagar acerca do comprimento real da sombra de um indivíduo. A sombra é uma projeção de pontos do espaço tridimensional sobre um plano bidimensional e seu comprimento será diferente conforme os diferentes ângulos de projeção. De forma semelhante, o comprimento de um objeto em movimento é a projeção de pontos do espaço-tempo quadridimensional sobre um espaço tridimensional e, dessa forma, seu comprimento é diferente em diferentes referenciais.

O que é verdadeiro para os comprimentos é igualmente verdadeiro para os intervalos de tempo. Estes, também, dependem do referencial mas, ao contrário das distâncias espaciais, tornam-se mais longos à medida que aumenta a velocidade relativa ao observador. Isso significa que relógios em movimento funcionam mais lentamente; o tempo torna-se mais lento. Esses relógios podem ser de diversos tipos: mecânicos, atômicos ou simplesmente a batida do coração. Se entre dois gêmeos um se deslocasse numa viagem a grande velocidade no espaço exterior, este seria mais jovem que o irmão quando voltasse para casa; pois todos os seus "relógios" – sua batida cardíaca, seu fluxo sanguíneo, suas ondas cerebrais, etc. – tornar-se-iam mais lentos, durante a jornada, em relação à pessoa que permaneceu na Terra. O próprio viajante, naturalmente, não notaria nada de extraordinário; quando de seu retorno, entretanto, perceberia repentinamente que seu irmão gêmeo estaria muito mais idoso. Esse "paradoxo dos gêmeos" é talvez o mais famoso paradoxo da Física moderna, tendo provocado discussões acaloradas em publicações científicas (algumas das quais ainda persistem atualmente). Isso constitui prova eloquente de que a realidade descrita pela teoria da relatividade não pode ser facilmente apreendida pela nossa compreensão cotidiana.

A redução da marcha dos relógios em movimento – por mais inverossímil que pareça – foi testada com sucesso na Física de partículas. A maior parte das partículas subatômicas é instável, isto é, desintegra-se após um determinado tempo em outras partículas. Numerosos experimentos confirmaram o fato de que o tempo de vida* de uma partícula instável depende de seu estado de movimento, crescendo com a velocidade da partícula. Partículas que se movem com 80% da velocidade da luz vivem cerca de 1,7 vez mais que seus "irmãos gêmeos" lentos; partículas que se movem a 99% da velocidade da luz vivem cerca de 7 vezes mais. Isto, importa novamente acentuar, não significa que o tempo de vida intrínseco da partícula seja alterado. Do ponto de vista da partícula, seu tempo de vida é sempre o mesmo; do ponto de vista do observador em laboratório, contudo, o "relógio interno" da partícula reduziu sua marcha, levando-a a viver mais.

Todos esses efeitos relativísticos parecem estranhos simplesmente porque não podemos experimentar o mundo do espaço-tempo quadridimensional com os nossos sentidos; só podemos observar suas "imagens" tridimensionais. Essas imagens apresentam aspectos diferentes em diferentes referenciais; objetos em movimento afiguram-se diferentes de objetos em repouso, e relógios em movimento funcionam com marchas diferentes. Esses efeitos parecerão paradoxais se não compreendermos que são apenas projeções de fenômenos quadridimensionais, da mesma forma que as sombras são projeções de objetos tridimensionais. Se pu-

---

* Um pequeno ponto técnico talvez deva ser mencionado. Ao falar acerca do tempo de vida de um determinado tipo de partícula instável, temos sempre em mente a vida média. Devido ao caráter estatístico da Física subatômica, não estamos em condições de fazer qualquer afirmativa acerca de partículas individuais.

déssemos visualizar a realidade do espaço-tempo quadridimensional, nada pareceria paradoxal.

Os místicos do Oriente, conforme já mencionamos, parecem estar em condições de atingir estados não usuais de consciência nos quais transcendem o mundo tridimensional da vida cotidiana de modo a experimentar uma realidade mais elevada, multidimensional. Assim, Sri Aurobindo refere-se a "uma mudança sutil, que permite a visão de uma espécie de quarta dimensão".[7] As dimensões desses estados de consciência podem não ser as mesmas com que estamos lidando na Física relativística; contudo, não deixa de chamar a atenção o fato de que esses estados de consciência levaram os místicos a noções de espaço e tempo muito semelhantes àquelas com que nos deparamos na teoria da relatividade.

Ao longo de todo o misticismo oriental, parece haver uma forte intuição do caráter de "espaço-tempo" da realidade. O fato de espaço e tempo se encontrarem inseparavelmente vinculados, tão característicos da Física relativística, é enfatizado com grande frequência. Essa noção intuitiva de espaço e tempo alcançou, talvez, sua expressão mais clara e sua elaboração mais completa no Budismo e, em especial, na escola *Avatamsaka* do Budismo Mahayana. O *Avatamsaka Sutra*, no qual se baseia essa escola,* dá-nos uma descrição vívida da forma pela qual o mundo é vivenciado no estado de iluminação. A consciência de uma "interpretação do espaço e do tempo" – uma expressão perfeita para descrever o espaço-tempo – é enfatizada repetidas vezes no *sutra* e é vista como uma característica essencial do estado da mente iluminada. Nas palavras de D. T. Suzuki:

> O significado do *Avatamsaka* e de sua filosofia é ininteligível, a menos que cheguemos a experimentar [...] um estado de completa dissolução onde não exista mais distinção entre mente e corpo, entre sujeito e objeto [...]. Olhamos ao redor e percebemos que [...] cada objeto se acha relacionado com cada um dos demais objetos [...], não apenas espacial como também temporalmente. [...] Como fato de pura experiência, inexiste espaço sem tempo, inexiste tempo sem espaço; eles se interpenetram.[8]

---

* Veja página 120.

Dificilmente se poderia encontrar uma forma mais adequada para descrever o conceito relativístico de espaço-tempo. Comparando-se a afirmativa de Suzuki com a de Minkowski (citada anteriormente), é igualmente interessante notar que tanto o físico como o budista enfatizam o fato de que suas noções de espaço-tempo se baseiam na experiência: nos experimentos científicos, num caso; na experiência mística, no outro.

Em minha opinião, essa intuição dos místicos orientais é uma das razões básicas pelas quais suas concepções da natureza parecem corresponder, via de regra, muito melhor às concepções da ciência moderna do que àquelas estabelecidas pela maioria dos filósofos gregos. A filosofia natural grega era, em seu conjunto, essencialmente estática e em grande parte baseada em considerações geométricas. Era – poder-se-ia dizer –, extremamente "não relativística" e sua forte influência sobre o pensamento ocidental pode muito bem ter sido uma das razões pelas quais experimentamos grandes dificuldades conceituais com os modelos relativísticos na Física moderna. As filosofias orientais, por outro lado, são filosofias do "espaço-tempo" e, com frequência, sua intuição aproxima-se muito das concepções da natureza decorrentes das teorias relativísticas modernas.

Devido à sua compreensão de que espaço e tempo se acham intimamente vinculados e se interpenetram, as visões de mundo da Física moderna e do misticismo oriental são intrinsecamente dinâmicas, incluindo o tempo e a mudança como elementos essenciais. Este ponto será discutido detalhadamente no capítulo seguinte e constitui o segundo dos principais temas recorrentes ao longo desta comparação entre a Física e o misticismo oriental, sendo o primeiro deles a unidade de todas as coisas e de todos os eventos. À medida que estudarmos os modelos e teorias relativísticos da Física moderna, veremos que todos constituem ilustrações impressionantes desses dois elementos básicos da visão oriental do mundo: a unidade básica do universo e seu caráter intrinsecamente dinâmico.

A teoria da relatividade discutida até aqui é conhecida como "teoria especial da relatividade". Essa teoria fornece uma estrutura comum para a descrição dos fenômenos associados aos corpos em movimento, à eletricidade e ao magnetismo; sendo a relatividade do espaço e do tempo e sua unificação no espaço-tempo quadridimensional características básicas dessa estrutura.

Na "teoria geral da relatividade", o âmbito da teoria especial é ampliado de modo a incluir a gravidade. O efeito da gravidade, segundo a relatividade geral, consiste em tornar curvo o espaço-tempo. Isso também é extremamente difícil de imaginar. Podemos facilmente imaginar uma superfície curva bidimensional – por exemplo, a superfície de um ovo – porque podemos ver tais superfícies curvas em nosso espaço tridimensional. O significado da palavra curvatura para as superfícies curvas bidimensionais é bastante claro. Quando, no entanto, ela se refere ao espaço tridimensional – para não falarmos no espaço-tempo quadridimensional –, nossa imaginação nos abandona. Uma vez que não podemos olhar "de fora" o espaço tridimensional, não podemos imaginar como ele pode "dobrar-se para alguma direção".

Para que possamos compreender o significado do espaço-tempo curvo, temos que lançar mão de superfícies bidimensionais curvas como analogias. Imaginemos, por exemplo, a superfície de uma esfera. O dado crucial que viabiliza a analogia com o espaço-tempo reside no fato de que a curvatura é uma propriedade intrínseca da superfície esférica e pode ser medida sem se levar em consideração o espaço tridimensional. Um inseto bidimensional confinado à superfície da esfera e incapaz de experimentar o espaço tridimensional poderá, todavia, descobrir que a superfície na qual vive é curva, desde que possa fazer medições geométricas.

Para compreender como isso sucede, devemos comparar a geometria de nosso besouro na esfera com a geometria de um outro besouro que viva numa superfície plana.* Suponhamos que os dois besouros deem início a seu estudo de geometria traçando um segmento de reta, definido como a conexão mais curta entre dois pontos. O resultado será aquele que aparece nas figuras a seguir. Vemos que o besouro na superfície plana traçou um belo segmento de reta; mas o que fez o besouro que está na esfera? Para ele, a linha que traçou é a conexão mais curta entre dois pontos A e B, uma vez que qualquer outra linha que trace será

---

* Os exemplos que se seguem foram tirados do livro de R. P. Feynman, R. B. Leighton e M. Sands, *The Feynman Lectures on Physics*, Reading, Mass.: Addison-Wesley, 1966, vol. II, cap. 42.

mais comprida; mas, do nosso ponto de vista, reconhecemo-la como uma curva (o arco de um grande círculo, para sermos mais precisos). Suponhamos, a seguir, que os dois besouros estudem triângulos. O besouro que está no plano descobrirá que os três ângulos internos de qualquer triângulo somam dois ângulos retos, isto é, 180°; mas o besouro que está na esfera descobrirá que a soma dos ângulos internos de seus triângulos é sempre maior que 180°. Tratando-se de pequenos triângulos, o

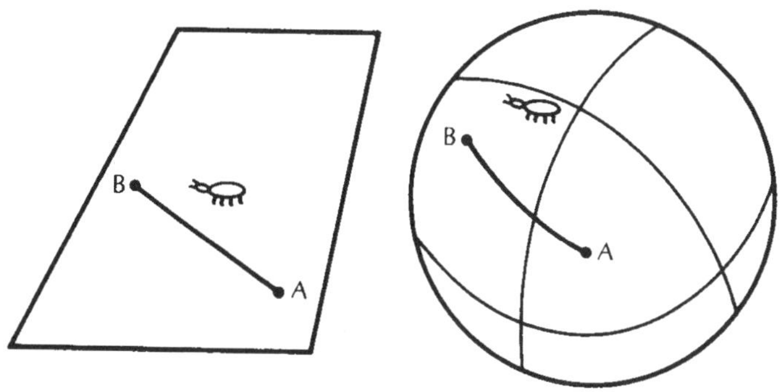

Traçando um "segmento de reta" num plano e numa esfera.

excesso será pequeno; à medida que os triângulos se tornam maiores, maior se torna esse excesso; e, como um caso extremo, nosso besouro sobre a esfera poderá mesmo chegar a desenhar triângulos com três ân-

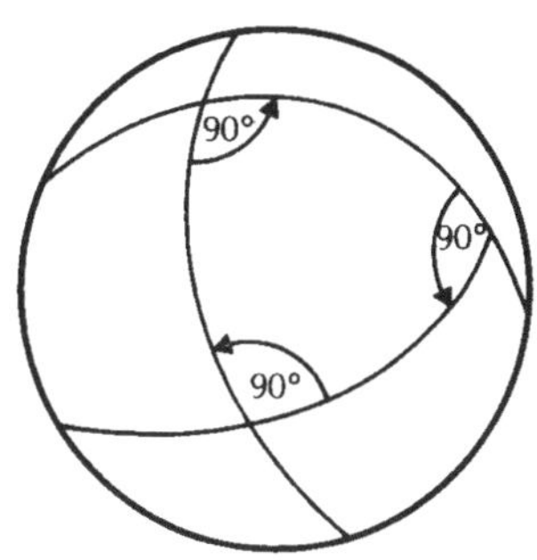

Numa esfera, um triângulo pode ter três ângulos retos.

gulos retos. Por fim, deixemos os dois besouros desenharem círculos e medirem sua circunferência. O besouro do plano descobrirá que a circunferência é sempre igual a 2π vezes o raio, qualquer que seja o tama-

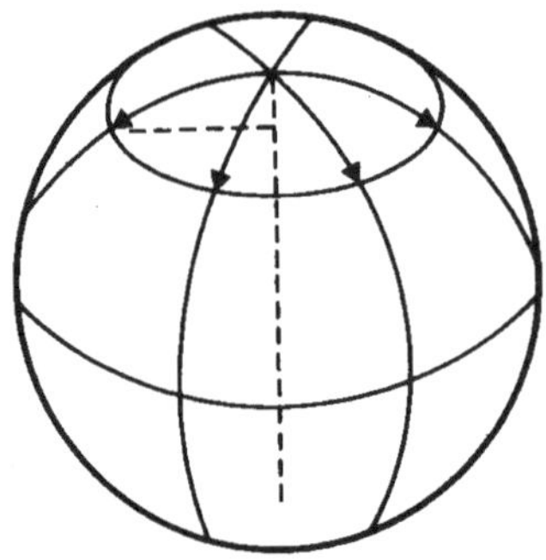

Desenhando um círculo em uma esfera.

nho do círculo. O besouro da esfera, por sua vez, notará que a circunferência é sempre menor que 2π vezes o raio. Conforme poderá ser observado na figura acima, nosso ponto de vista tridimensional permite ver que aquilo que o besouro denomina raio de seu círculo é, na verdade, uma curva sempre mais comprida que o verdadeiro raio do círculo.

À medida que os dois besouros continuem a estudar geometria, aquele que está no plano deverá descobrir os axiomas e as leis da geometria euclidiana; seu colega da esfera descobrirá leis diferentes. A diferença será pequena para pequenas figuras geométricas, mas aumentará à medida que as figuras se tornarem maiores. O exemplo dos dois besouros mostra-nos que sempre podemos determinar se uma superfície é curva ou não simplesmente através de medições geométricas na superfície e posterior comparação dos resultados com aqueles previstos pela geometria euclidiana. Se houver discrepância, a superfície será curva; e quanto maior a discrepância – para um dado tamanho de figuras –, mais acentuada será a curvatura.

Da mesma maneira, podemos definir um espaço curvo tridimensional como aquele no qual a geometria euclidiana perde validade. As leis da geometria num espaço desse tipo serão diferentes de um tipo "não euclidiano". Uma geometria não euclidiana desse tipo foi introduzida como uma ideia matemática puramente abstrata no século XIX pelo matemático Georg Riemann, não encontrando maior acolhida até Einstein apresentar a sugestão revolucionária de que o espaço tridimensional em que vivemos na verdade é curvo. Segundo a teoria de Einstein, a curvatura do espaço é causada pelos campos gravitacionais de corpos maciços. Sempre que exista um desses corpos, o espaço a seu redor é curvo e o grau de curvatura – isto é, o grau no qual a geometria se desvia da euclidiana – depende da massa do objeto.

As equações que relacionam a curvatura do espaço à distribuição da matéria nesse espaço são denominadas equações de campo de Einstein. Essas equações podem ser aplicadas não só para determinar as variações locais da curvatura na vizinhança de estrelas e planetas mas, igualmente, para descobrir se existe uma curvatura total do espaço em grande escala. Em outras palavras, as equações de Einstein podem ser utilizadas para determinar a estrutura do universo como um todo. Infelizmente, elas não fornecem uma resposta única. Diversas soluções matemáticas dessas equações são possíveis, e essas soluções constituem os diversos modelos do universo estudados em Cosmologia, alguns dos quais serão discutidos no capítulo seguinte. A determinação de qual desses modelos corresponde à verdadeira estrutura de nosso universo constitui a tarefa básica da Cosmologia de nossos dias.

Levando-se em conta que o espaço não pode ser separado do tempo na teoria da relatividade, a curvatura causada pela gravidade não pode ser limitada ao espaço tridimensional, mas deve ser estendida ao espaço-tempo quadridimensional, e é isso, realmente, o que prevê a teoria geral da relatividade. Num espaço-tempo curvo, as distorções causadas pela curvatura afetam não apenas as relações espaciais descritas pela geometria, mas também a duração dos intervalos de tempo. O tempo não flui com a mesma taxa que no "espaço-tempo plano"; com o tempo ocorre o mesmo que sucede com a curvatura, que varia de lugar para lugar conforme a distribuição dos corpos maciços. É importante compreender, entretanto, que essa variação do fluxo de tempo só pode ser constatada por um observador que se situe num lugar diferente daquele em que se situam os relógios utilizados para medir a variação. Se a observadora, por exemplo, se deslocasse para um lugar onde o tempo flui mais lentamente, todos os seus relógios funcionariam também mais lentamente e ela não teria condições de medir o efeito.

Em nosso meio ambiente terrestre, os efeitos da gravidade sobre o espaço e o tempo são tão pequenos que não são significantes; na Astrofísica, contudo, que lida com corpos extremamente maciços, como os planetas, as estrelas e as galáxias, a curvatura do espaço-tempo é um fenômeno importante. Todas as observações efetuadas até agora têm confirmado a teoria de Einstein, obrigando-nos a acreditar que o espaço-tempo é realmente curvo. Os efeitos mais extremos da curvatura do espaço-tempo tornam-se evidentes durante o colapso gravitacional de uma estrela maciça. De acordo com as ideias correntes na Astrofísica, cada estrela alcança um estágio em sua evolução em que entra em colapso devido à atração gravitacional mútua de suas partículas. Levando-se em conta que essa atração aumenta rapidamente à medida que decresce a distância entre as partículas, o processo de colapso é acelerado e, se a estrela for suficientemente maciça (isto é, se apresentar massa mais de duas vezes superior à do Sol), nenhum processo conhecido pode evitar que esse colapso se estenda indefinidamente.

À medida que se desdobra esse processo e a estrela se torna cada vez mais densa, a força de gravidade em sua superfície torna-se cada vez mais poderosa e, consequentemente, o espaço-tempo a seu redor torna-se cada vez mais curvo. Em razão da crescente força de gravidade na superfície estelar, torna-se cada vez mais difícil fugir dela e, eventualmente, a estrela alcança um estágio no qual coisa alguma – nem mesmo a luz – pode escapar de sua superfície. Nesse estágio, dizemos que um "horizonte de eventos" se forma em torno da estrela uma vez que nenhum sinal pode dela evadir-se para comunicar qualquer evento ao mundo exterior. O espaço em torno da estrela fica tão fortemente curvo que toda a luz fica presa nesse espaço e não consegue escapar. Não podemos ver tal estrela simplesmente porque sua luz jamais nos alcançará; por essa razão ela é denominada buraco negro. A existência de buracos negros foi prevista, no âmbito da teoria da relatividade, por volta de 1916, passando a receber mais tarde considerável atenção devido ao fato de que alguns fenômenos estelares recentemente descobertos poderiam indicar a existência de uma estrela pesada movendo-se em torno de um companheiro invisível que poderia ser um buraco negro.

Os buracos negros estão entre os objetos mais misteriosos e mais fascinantes investigados pela moderna Astrofísica e ilustram os efeitos da teoria da relatividade da forma mais espetacular. A forte curvatura do espaço-tempo a seu redor impede não apenas que toda sua luz nos atinja mas também apresenta um efeito igualmente notável sobre o tempo. Se um relógio, que nos transmitisse seus sinais, fosse colocado na superfície de uma estrela em colapso, verificaríamos que esses sinais diminuiriam sua cadência à medida que a estrela se aproximasse do horizonte de eventos; uma vez que a estrela se tornou um buraco negro, nenhum sinal do relógio poderia nos alcançar. Para um observador externo, o fluxo do tempo na superfície estelar diminui sua cadência à medida que a estrela entra em colapso, parando inteiramente à altura do horizonte de eventos. Assim, o total colapso da estrela dura um tempo infinito. A própria estrela, contudo, nada experimenta de peculiar ao entrar em colapso além do horizonte de eventos. O tempo continua a fluir normalmente e o colapso é completado após um período finito de tempo, quando a estrela se contrai até atingir um ponto de densidade infinita. Afinal, quanto dura na verdade esse colapso: um tempo finito ou infinito? No mundo da teoria da relatividade, tal questão não faz sentido. O tempo de vida de uma estrela em colapso, como todos os outros intervalos de tempo, é relativo e depende do referencial do observador.

Na teoria geral da relatividade, os conceitos clássicos de espaço e tempo como entidades absolutas e independentes são completamente abolidos. Não apenas todas as medidas que envolvem espaço e tempo são relativas, dependendo do estado de movimento do observador, como toda a estrutura do espaço-tempo está inextricavelmente vinculada à distribuição da matéria. O espaço é curvo em diferentes graus e o tempo flui a diferentes taxas em diferentes partes do universo. Chegamos, então, a apreender que nossas noções de um espaço euclidiano tridimensional e de um tempo que flui linearmente estão, na verdade, limitados à nossa experiência usual do mundo físico, e precisam ser completamente abandonadas quando estendemos essa experiência.

Os sábios orientais também se referem a uma ampliação de sua experiência do mundo nos estados superiores de consciência, e afirmam que esses estados envolvem uma experiência do espaço e do tempo radicalmente diferente. Eles enfatizam não apenas que ultrapassam o espaço tridimensional usual através da meditação como também – e com um vigor ainda maior – que transcendem a consciência usual do tempo. Em vez de uma sucessão linear de instantes, dizem experimentar um presente infinito, eterno e, todavia, dinâmico. Nas citações que se seguem, três místicos orientais falam acerca da experiência desse "eterno agora": Chuang Tsé, o sábio taoista; Hui-neng, o Sexto Patriarca Zen; e D. T. Suzuki, o erudito budista de nossos dias.

Esqueçamos o lapso de tempo; esqueçamos o conflito de opiniões. Apelemos para o infinito e tomemos nossas posições nele.[9]

Chuang Tsé

A tranquilidade absoluta é o momento presente. Embora ela esteja neste momento, não existe limite para este momento, e nisto reside o deleite eterno.[10]

Hui-neng

Neste mundo espiritual não existem divisões do tempo, como o passado, o presente e o futuro; pois tais divisões contraíram-se num único momento do presente, onde a vida palpita em seu verdadeiro sentido. [...] Passado e futuro são trazidos até esse momento presente de iluminação e esse momento presente não é algo que permanece parado com tudo aquilo que contém, pois, incessantemente, ele se move.[11]

D. T. Suzuki

Falar sobre uma experiência do presente eterno é quase impossível, porque palavras como "eterno", "presente", "passado", "momento", etc. se referem às noções convencionais de tempo. É, portanto, extremamente difícil compreender o que os místicos pretendem transmitir em citações como as acima transcritas. Novamente, a Física moderna pode facilitar essa compreensão na medida em que pode ser utilizada para ilustrar graficamente a forma pela qual suas teorias transcendem as noções usuais de tempo.

Na Física relativística, a história de um objeto – uma partícula, por exemplo – pode ser representada no chamado "diagrama de espaço-tempo" (veja figura a seguir). Nesses diagramas, a direção horizontal representa o espaço* e a direção vertical, o tempo. O caminho da partícula através do espaço-tempo é denominado "linha de universo". Se a partícula está em repouso, ela, contudo, move-se através do tempo e sua linha de universo será, nesse caso, uma linha reta vertical. Se a partícula se desloca no espaço, sua linha de universo será inclinada; quanto maior a inclinação da linha de universo, tanto mais rapidamente se deslocará a partícula. Observe-se que as partículas podem mover-se unicamente pa-

* Nesses diagramas, o espaço apresenta uma única dimensão; as duas restantes foram eliminadas para tornar possível um diagrama plano.

ra cima no tempo, podendo, no entanto, mover-se para a frente e para trás no espaço. Suas linhas de universo podem ser inclinadas em direção à horizontal em graus diversos; não podem, entretanto, tornar-se completamente horizontais, uma vez que isso equivaleria a dizer que uma partícula se desloca de um ponto a outro sem gastar para isso tempo algum.

Os diagramas de espaço-tempo são utilizados na Física relativística para representar as interações entre as diversas partículas. Para cada processo, podemos desenhar um diagrama e associar uma expressão matemática definida que nos oferece a probabilidade de ocorrência desse

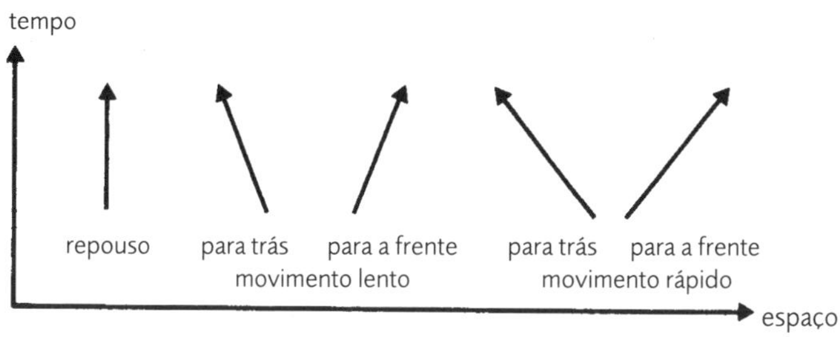

Linhas de universo de partículas.

processo. O processo de colisão, ou "espalhamento", entre um elétron e um fóton, por exemplo, pode ser representado por um diagrama como o que vemos na figura a seguir. Esse diagrama deve ser lido da seguinte forma (de baixo para cima, conforme a direção do tempo): um elétron (assinalado por e em razão de sua carga negativa) colide com um fóton (assinalado por "gama"); o fóton é absorvido pelo elétron, que continua seu caminho com uma velocidade diferente (inclinação diferente da linha de universo); após um certo lapso de tempo, o elétron emite novamente o fóton e reverte sua direção de movimento.

A teoria que constitui a estrutura adequada a esses diagramas de espaço-tempo, e às expressões matemáticas a eles associadas, é denominada "teoria quântica de campo". Trata-se de uma das principais teorias relativísticas da Física moderna, cujos conceitos básicos serão discutidos posteriormente. Para nossa discussão dos diagramas de espaço-tempo, será suficiente conhecermos dois aspectos característicos dessa teoria. O primeiro é o fato de que todas as interações envolvem a criação e a destruição de partículas, à semelhança da absorção e emissão do fóton em nosso diagrama, e o segundo desses aspectos é uma simetria básica entre partículas e antipartículas. Para cada partícula existe uma antipartícula com massa igual e carga de sinal contrário. A antipartícula do elétron, por exemplo, é denominada pósitron e geralmente simbolizada por e^+. O fóton, não possuindo carga, é a sua própria antipartícula. Pares de elétrons e pósitrons podem ser criados espontaneamente por fótons e podem ser transformados em fótons no processo inverso de aniquilamento.

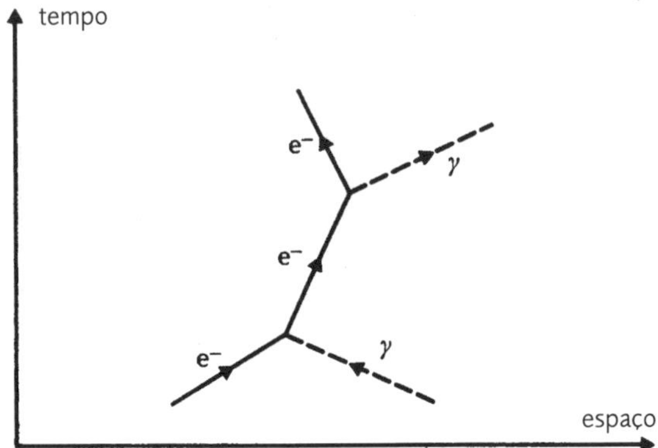

Espalhamento elétron-fóton.

Os diagramas de espaço-tempo podem, agora, ser grandemente simplificados adotando-se um simples dispositivo. A seta numa linha de universo deixa de indicar a direção de movimento da partícula (que se faz desnecessário, uma vez que todas as partículas se movem para a frente no tempo, isto é, para cima, no diagrama); em vez disso, a seta é utilizada para distinguir entre partículas e antipartículas: se aponta para cima, indica uma partícula (por exemplo, um elétron); se aponta para baixo, indica uma antipartícula (por exemplo, um pósitron). O fóton, sendo sua própria antipartícula, é representado por uma linha de universo sem qualquer seta. Com esta modificação, podemos emitir todos os símbolos, em nossos diagramas, sem causar qualquer confusão: as linhas com setas representam elétrons; as linhas sem setas, fótons. De modo a tornar o diagrama ainda mais simples, podemos também dispensar o eixo do espaço e o eixo do tempo, recordando sempre que a direção do tempo é de baixo para cima e que a direção para a frente, no espaço, é da esquerda para a direita. O diagrama espaço-tempo resultante, para o processo de espalhamento elétron-fóton, afigura-se como segue:

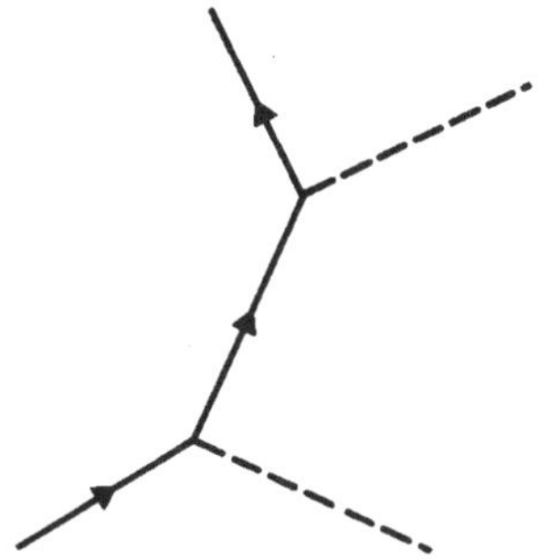

Espalhamento elétron-fóton.

Se desejarmos representar o processo de espalhamento entre um fóton e um pósitron, podemos desenhar o mesmo diagrama e simplesmente inverter a direção das setas:

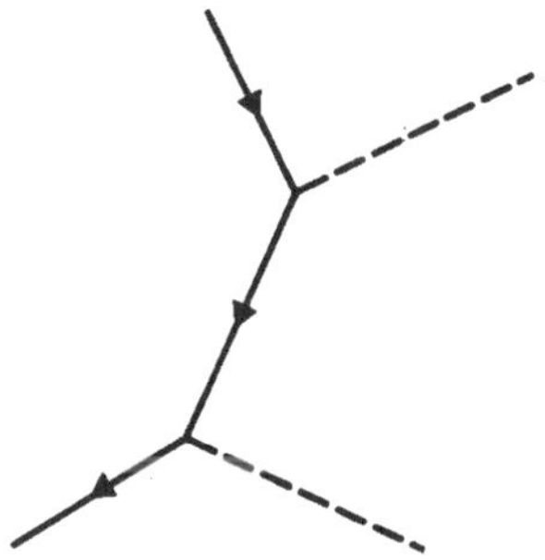

Espalhamento pósitron-fóton.

Até aqui, nada de excepcional apareceu em nossa discussão acerca dos diagramas de espaço-tempo. Tais diagramas são lidos de baixo para cima, segundo nossa noção convencional de um fluxo linear de tempo. O aspecto inusitado está relacionado com diagramas que contêm linhas de pósitron, à semelhança daquele que representa o espalhamento pósitron-fóton. O formalismo matemático da teoria de campo sugere que essas linhas podem ser interpretadas de duas formas: ou como pósitrons que se movem para a frente no tempo ou como elétrons que se *movem para trás no tempo*! As interpretações são matematicamente idênticas; a mesma expressão descreve uma antipartícula que se move do passado para o futuro ou uma partícula que se move do futuro para o passado. Nossos dois diagramas podem, dessa forma, ser vistos como representando o mesmo processo desenvolvendo-se em diferentes direções no

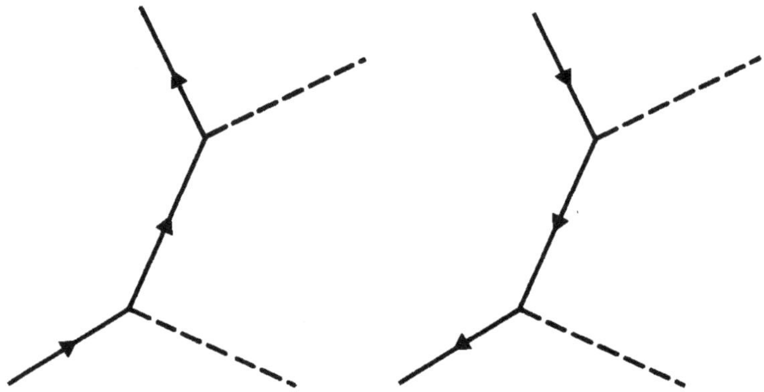

tempo. Ambos podem ser interpretados como o espalhamento de elétrons e fótons; num processo, contudo, as partículas se movem para a frente no tempo, ao passo que no outro se movem para trás.*A teoria relativística das interações de partículas exibe assim uma completa simetria com relação à direção do tempo. Todos os diagramas de espaço-tempo podem ser lidos em qualquer uma das duas direções. Para qualquer processo, existe um processo equivalente com a direção do tempo invertida e partículas substituídas por antipartículas.**

Para que possamos ver como essa característica surpreendente do mundo das partículas subatômicas afeta nossas concepções do tempo e do espaço, consideremos o processo representado no diagrama abaixo. Lendo-se o diagrama na forma convencional, de baixo para cima, ele será interpretado desta maneira: um elétron (representado por uma linha cheia) e um fóton (representado por uma linha pontilhada) aproximam-se um do outro; o fóton cria um par elétron-pósitron no ponto A, o elétron correndo para a direita e o pósitron para a esquerda; o pósitron

* As linhas pontilhadas são sempre interpretadas como fótons, quer se desloquem para a frente ou para trás no tempo; isso porque a antipartícula de um fóton é também um fóton.

** Uma evidência experimental recente sugere que isso talvez não seja verdadeiro para um processo particular que envolva uma "interação superfraca". À parte esse processo, para o qual o papel da simetria de inversão do tempo ainda não está claro, todas as interações de partículas parecem apresentar uma simetria básica com relação à direção do tempo.

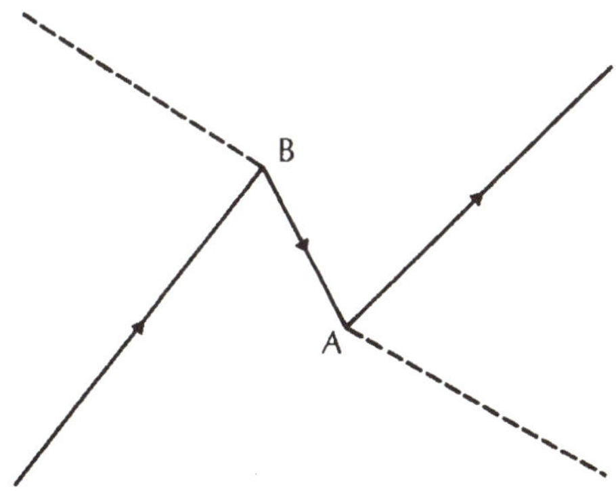

Processo de espalhamento envolvendo fótons, elétrons e um pósitron.

colide então com o elétron original no ponto B e ambos se aniquilam mutuamente, criando, no processo, um fóton, que se desloca para a esquerda. Alternativamente, podemos também interpretar o processo como a interação dos dois fótons com um único elétron que se desloca inicialmente para a frente no tempo, depois para trás e, a seguir, uma vez mais para a frente. Para esta interpretação, simplesmente seguimos as setas em toda a extensão da linha do elétron; o elétron desloca-se para o ponto B, onde emite um fóton e inverte sua direção de modo a se deslocar para trás no tempo até o ponto A; aí, ele absorve o fóton inicial, inverte novamente sua direção e segue sua viagem deslocando-se para a frente no tempo. De certa forma, a segunda interpretação é muito mais simples, uma vez que simplesmente seguimos a linha de universo de uma partícula. Por outro lado, observamos imediatamente que, ao fazê-lo, incorremos em sérias dificuldades de linguagem. O elétron desloca-se "inicialmente" para o ponto B e "a seguir" para o ponto A; contudo, a absorção do fóton em A ocorre antes da emissão do outro fóton em B.

A melhor forma de evitar tais dificuldades consiste em utilizar diagramas de espaço-tempo semelhantes àquele da página anterior, não como registros cronológicos das trajetórias das partículas através do tempo, mas como padrões quadridimensionais no espaço-tempo representando uma rede de eventos interligados à qual não se acha vinculada qualquer direção definida de tempo. Uma vez que todas as partículas podem se deslocar para a frente e para trás no tempo – assim como elas podem se deslocar para a esquerda e para a direita no espaço –, não faz sentido impor um fluxo unilateral de tempo nos diagramas. Estes são simplesmente mapas quadridimensionais traçados no espaço-tempo, de tal sorte que não podemos falar de qualquer sequência temporal. Nas palavras de Louis de Broglie:

> No espaço-tempo, tudo aquilo que para cada um de nós constitui o passado, o presente e o futuro é dado em bloco. [...] Cada observador, à medida que seu tempo passa, descobre, por assim dizer, novas porções do espaço-tempo que se lhe afiguravam como aspectos sucessivos do mundo material, embora na realidade o conjunto dos eventos que constituem o espaço-tempo exista anteriormente a seu conhecimento dos mesmos.[12]

Este é, então, o significado pleno do espaço-tempo na Física relativística. O espaço e o tempo são plenamente equivalentes; encontram-se unificados num *continuum* quadridimensional no qual as interações de partículas podem se estender em qualquer direção. Se desejarmos representar essas interações, teremos que fazê-lo através de um "instantâneo quadridimensional" que cubra todo o intervalo de tempo e toda a região do espaço. Para que possamos apreender corretamente o mundo relativístico das partículas deveremos "esquecer o lapso de tempo", como diz Chuang Tsé, razão pela qual os diagramas de espaço-tempo da teoria de campo podem constituir uma analogia útil em face da experiência do espaço-tempo vivida pelos místicos orientais. A relevância da analogia fica evidente através das seguintes observações, feitas pelo Lama Govinda, referentes à meditação budista:

> Se falarmos da experiência de espaço na meditação, estaremos lidando com uma dimensão inteiramente diferente. [...] Nessa experiência de espaço, a sequência temporal é convertida numa coexistência simultânea, a existência lado a lado das coisas [...]; isso, uma vez mais, não permanece estático, mas torna-se um *continuum* vivo no qual o espaço e o tempo acham-se integrados.[13]

Embora os físicos utilizem seu formalismo matemático e seus diagramas para representar as interações "em bloco" no espaço-tempo quadridimensional, eles afirmam que no mundo real cada observador só pode experimentar os fenômenos em uma sucessão de seções do espaço-tempo, isto é, numa sequência temporal. Os místicos, por outro lado, sustentam que podem efetivamente experimentar o pleno intervalo do espaço-tempo, onde o tempo deixa inteiramente de fluir. Segundo o mestre Zen Dogen:

> A maioria das pessoas acredita que o tempo passa; na verdade, o tempo permanece onde está. Essa ideia de passagem pode ser chamada tempo; trata-se, não obstante, de uma ideia incorreta, uma vez que na medida em que o encaremos somente como passagem, não podemos perceber que ele permanece onde está.[14]

Muitos mestres orientais enfatizam o fato de que o pensamento deve ter lugar no tempo, mas que a visão pode transcendê-lo. Para Govinda, "a visão achava-se limitada a um espaço de dimensão superior e, por isso, eterna".[15] O espaço-tempo da Física relativística é um espaço eterno semelhante de uma dimensão mais elevada. Todos os eventos acham-se aí interligados, mas as interligações não são causais. As interações de partículas podem ser interpretadas em termos de causa e efeito somente quando os diagramas de espaço-tempo são lidos numa direção definida, por exemplo, de baixo para cima. Sempre que sejam tomados como padrões quadridimensionais sem qualquer direção definida de tempo a eles vinculada, inexiste o "antes" e o "após" e, por isso, inexiste causalidade.

De modo semelhante, os místicos orientais asseguram que ao transcender o tempo, eles transcendem igualmente o mundo de causa e efeito. À semelhança do que ocorre com nossas noções usuais de espaço e tempo, a causalidade é uma ideia limitada a uma certa experiência do mundo e deve ser posta de lado quando essa experiência se amplia. Segundo o *swami* Vivekananda:

> O tempo, o espaço e a causalidade assemelham-se ao vidro através do qual se vê o Absoluto. [...] No absoluto, inexistem o espaço, o tempo e a causalidade.[16]

As tradições espirituais orientais fornecem a seus seguidores várias maneiras de superar a experiência usual do tempo e de se libertar da cadeia de causa e efeito – da servidão ao *karma*, como dizem os hindus e os budistas. Afirma-se, por isso, que o misticismo oriental constitui uma forma de libertação do tempo. De certa forma, pode-se dizer o mesmo acerca da Física relativística.

靈寶始青 變化之圖

13. O UNIVERSO DINÂMICO

O objetivo central do misticismo oriental consiste em vivenciar todos os fenômenos do mundo como manifestações da mesma realidade última. Essa realidade é vista como a essência do universo, sustentando e unificando todas as coisas e eventos que observamos. Os hindus chamam-na de *Brahman*), os budistas *Dharmakaya* (o Corpo do Ser) ou *Tathata* (Quididade) e os taoistas, *Tao*. Cada um afirma que essa realidade transcende nossos conceitos intelectuais e desafia qualquer descrição. Essa essência última, contudo, não pode ser separada de suas múltiplas manifestações. A característica central de sua natureza reside no fato de que esta se manifesta em incontáveis formas que assumem sua existência e se desintegram, transformando-se em outras formas num processo sem fim. Em seu aspecto fenomenal a Unidade cósmica é, pois, intrinsecamente dinâmica e a apreensão dessa natureza dinâmica é básica para todas as escolas de misticismo oriental. D. T. Suzuki assim se refere à escola *Kegon* do Budismo Mahayana:

> A ideia central do *Kegon* reside na apreensão dinâmica do universo, a característica do universo consiste em mover-se sempre para a frente, em estar sempre disposto a se mover, e isso é a vida.[1]

Essa ênfase no movimento, fluxo e mudança não é a única característica das tradições místicas orientais; mas sempre constitui um aspecto essencial da visão de mundo dos místicos, ao longo dos séculos. Na Grécia antiga, Heráclito ensinava que "tudo flui" e comparava o mundo a um fogo eternamente vivo. No México, o místico yaqui Dom Juan re-

Diagrama da Mudança, do Cânone Taoista, Dinastia Sung setentrional.

fere-se ao "mundo fugaz" e afirma que "para ser um homem de conhecimento, é necessário ser leve e fluido".[2]

Na filosofia indiana, os principais termos utilizados pelos hindus e pelos budistas têm conotações dinâmicas. A palavra *Brahman* deriva da raiz sânscrita *brih* – crescer –, sugerindo uma realidade sempre dinâmica e viva. Nas palavras de S. Radhakrishnan, "a palavra *Brahman* significa crescimento e sugere vida, movimento e progresso".[3] Os *Upanishads* referem-se a *Brahman* como "aquilo que não possui forma, que é imortal, que se move",[4] associando-o assim ao movimento, embora transcenda todas as formas.

O *Rig Veda* utiliza outro termo para expressar a natureza dinâmica do universo: *Rita*. Essa palavra deriva da raiz *ri* (mover) e seu significado original no *Rig Veda* é "o curso de todas as coisas", "a ordem da natureza". Esse termo desempenha papel importante nas lendas do *Veda* e se acha em conexão com todos os deuses védicos. A ordem da natureza foi concebida pelos profetas védicos, não como lei divina estática, mas como um princípio dinâmico inerente ao universo. Essa ideia assemelha-se à concepção chinesa do *Tao* – "O Caminho" – como o caminho trilhado pelo universo, isto é, a ordem da natureza. À semelhança dos profetas védicos, os sábios chineses encaravam o mundo em termos de fluxo e mudança, e dando à ideia de uma ordem cósmica uma conotação essencialmente dinâmica. Ambos os conceitos, *Rita* e *Tao*, foram deslocados de seu nível cósmico original para o nível humano e aí interpretado em sentido moral: *Rita* como a lei universal à qual devem obedecer todos os deuses e seres humanos, e *Tao* como o caminho correto da vida.

O conceito védico de *Rita* antecipa a ideia de *karma*, mais tarde desenvolvida para expressar a interação dinâmica de todas as coisas e eventos. A palavra *karma* significa "ação" e denota a inter-relação "ativa" ou dinâmica de todos os fenômenos. Nas palavras do *Bhagāvād Gītā*, "todas as ações ocorrem no tempo através do entrelaçamento das forças da natureza".[5] Buda tomou o conceito tradicional de *karma* e deu a ele um novo significado ao estender a ideia de interconexões dinâmicas à esfera das situações humanas. Assim, *karma* passou a significar a cadeia interminável de causa e efeito na vida humana, rompida por Buda ao atingir o estado de iluminação.

O Hinduísmo encontrou também muitas formas de expressar a natureza dinâmica do universo em linguagem mítica. Assim, Krishna afirma no *Gītā*: "Se eu não me lançasse à ação, esses mundos pereceriam".[6] Shiva, o Dançarino Cósmico, é talvez a personificação mais perfeita do universo dinâmico. Através de sua dança, Shiva sustenta os múltiplos fenômenos do mundo, unificando todas as coisas ao imergi-las em seu ritmo e ao torná-las participantes de sua dança – uma imagem magnífica da unidade dinâmica do universo.

A representação geral que emerge do Hinduísmo é a de um cosmos orgânico, crescendo e movendo-se ritmicamente; de um universo em que tudo é fluido e em permanente mudança, em que todas as forças estáticas são *maya*, ou seja, existindo apenas como conceitos ilusórios. Essa última ideia – a impermanência de todas as formas – é o ponto de partida do Budismo. Buda ensinou que "todas as coisas compostas são impermanentes" e que todo o sofrimento presente no mundo deriva de nossa tentativa de apego a formas fixas – objetos, pessoas ou ideias –, em lugar de aceitarmos o mundo à medida que este se move e se transforma. A concepção dinâmica do mundo encontra-se na raiz mesma do Budismo. Nas palavras de S. Radhakrishnan:

> Uma filosofia maravilhosa de dinamismo foi formulada por Buda há 2.500 anos. [...] Impressionado com a transitoriedade dos objetos, a mutação e as transformações incessantes das coisas, Buda formulou uma filosofia da mudança. Nela, reduz substâncias, almas, mônadas e coisas a forças, movimentos, sequências e processos e adota uma concepção dinâmica da realidade.[7]

Os budistas denominam esse mundo de mudança incessante de *samsara* (literalmente, "em movimento incessante") e afirmam que não faz sentido o apego a coisa alguma deste mundo. Para os budistas, pois, um ser iluminado é aquele que não resiste ao fluxo da vida mas permanece em movimento com ele. Quando alguém indagou ao monge *Ch'an* Yün-men, "O que é o *Tao*", recebeu esta resposta: "Vá embora". Por essa razão, os budistas também denominam Buda de Tathagata ("aquele que vem e vai"). Na filosofia chinesa, essa realidade fluente e em permanente mudança é denominada o *Tao* e é encarada como um processo cósmico que abrange todas as coisas. À semelhança dos budistas, os taoistas afirmam que não devemos resistir ao fluxo; mas devemos adaptar nossas ações a ele. Esse procedimento é característico do sábio, o ser iluminado. Se Buda é aquele "que vem e vai", o sábio taoista é aquele que "flui na corrente do *Tao*" segundo Huai Nan Tsé.*

Quanto mais estudamos os textos religiosos e filosóficos de hindus, budistas e taoistas, tanto mais evidente se torna o fato de que em todos eles o mundo é concebido em termos de movimento, fluxo e mudança. Essa qualidade dinâmica da filosofia oriental parece ser uma de suas características mais importantes. Os místicos orientais encaram o universo como uma teia inseparável e cujas interconexões, em vez de estáticas, são dinâmicas. A teia cósmica é viva; move-se, cresce e se transforma incessantemente. A Física moderna também concebe, hoje em dia, o universo como essa teia de relações e, à semelhança do misticismo oriental, acabou por reconhecer que essa teia é intrinsecamente dinâmica. O aspecto dinâmico da matéria emerge da teoria quântica como uma consequência da natureza ondulatória das partículas subatômicas e é ainda mais essencial na teoria da relatividade; aqui, conforme veremos, a unificação do espaço e do tempo implica que a existência da matéria não pode ser separada de sua atividade. As propriedades das partículas subatômicas só podem ser compreendidas num contexto dinâmico, ou seja, em termos de movimento, interação e transformação.

Segundo a teoria quântica, as partículas também são ondas e isso faz com que se comportem de maneira bastante peculiar. Sempre que uma partícula subatômica é confinada a uma pequena região do espaço, ela reage a esse confinamento movimentando-se de um lado para o ou-

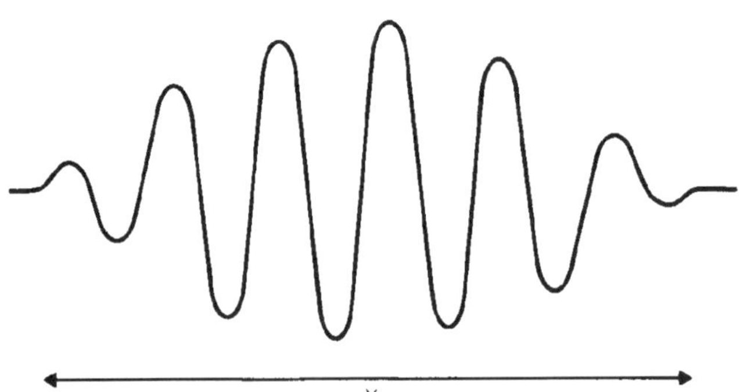

Um pacote de ondas.

* Veja página 136.

tro. Quanto menor a região de confinamento, tanto mais rapidamente a partícula se agitará. Esse comportamento constitui um "efeito quântico" típico, uma característica do mundo subatômico, que não tem qualquer analogia macroscópica. Para que possamos ver como isso se processa, devemos recordar que as partículas são representadas, na teoria quântica, por pacotes de ondas. Conforme verificamos anteriormente,* o com-

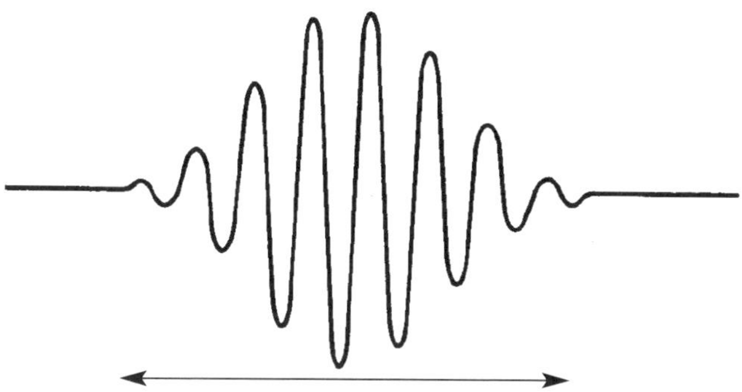

Comprimindo o pacote de ondas numa região menor.

primento de um pacote de ondas representa a incerteza na localização da partícula. O padrão de ondas anterior, por exemplo, corresponde a uma partícula localizada em algum ponto da região X; contudo, não podemos afirmar com certeza seu ponto de localização. Se desejarmos localizar de forma mais precisa essa partícula, isto é, se desejarmos confiná-la a uma região menor, teremos de comprimir seu pacote de ondas nessa região (veja o último diagrama anterior). Tal procedimento, contudo, afetará o comprimento de onda do pacote de ondas e, consequentemente, a velocidade da partícula. Em decorrência disso, a partícula deslocar-se-á nesse espaço e, quanto mais confinada, tanto mais rapidamente se deslocará.

A tendência das partículas a reagir ao confinamento através do movimento implica uma "inquietude" fundamental da matéria que é característica do mundo subatômico. Nesse mundo, a maior parte das partículas materiais se acham ligadas às estruturas moleculares, atômicas e nucleares; por essa razão, não se encontram em repouso mas apresentam uma tendência inerente ao movimento, ou seja, são intrinsecamente

---

* Veja página 174.

"inquietas". Segundo a teoria quântica, a matéria jamais se encontra em repouso, mas se acha em permanente estado de movimento. Macroscopicamente, os objetos materiais que nos circundam podem parecer passivos e inertes; mas, se ampliarmos um pedaço "morto" de pedra ou metal, veremos que este se encontra cheio de atividade. Quanto mais próxima é nossa observação, mais viva se apresenta a matéria. Todos os objetos materiais em nosso meio ambiente são feitos de átomos que se interligam de diversas formas de modo a formar uma enorme variedade de estruturas moleculares, que não são rígidas e destituídas de movimento, mas que oscilam de acordo com sua temperatura e em harmonia com as vibrações térmicas de seu meio ambiente. Nos átomos em vibração, os elétrons são ligados aos núcleos atômicos através de forças elétricas que tentam mantê-los tão próximos quanto possível e que respondem a esse confinamento rodopiando nesse espaço de forma extremamente rápida. Nos núcleos, finalmente, os prótons e nêutrons são comprimidos até atingirem um minúsculo volume por intermédio de poderosas forças nucleares e, consequentemente, deslocam-se nesse espaço a velocidades inimagináveis.

A Física moderna representa a matéria não como passiva e inerte, mas em contínuo movimento de dança e vibração, cujos padrões rítmicos são determinados pelas estruturas moleculares, atômicas e nucleares. Essa é, igualmente, a forma pela qual os místicos orientais encaram o mundo material. Todos esses místicos destacam o fato de que o universo precisa ser apreendido dinamicamente à medida que se move, vibra e dança, ou seja, que a natureza não se encontra em equilíbrio estático mas dinâmico. Nas palavras de um texto taoista:

> A tranquilidade na tranquilidade não é a tranquilidade real. Só quando existe tranquilidade no movimento pode aparecer o ritmo espiritual que impregna o céu e a terra.[8]

Na Física, reconhecemos a natureza dinâmica do universo não só quando nos voltamos para as pequenas dimensões – para o mundo dos átomos e dos núcleos – mas igualmente quando nos voltamos para as grandes dimensões – para o mundo das estrelas e das galáxias. Através de nossos poderosos telescópios, observamos um universo em permanente movimento. Nuvens rotatórias de hidrogênio contraem-se para formar

estrelas, aquecendo-se nesse processo até que se tornem fogos candentes no céu. Atingindo esse estágio, elas continuam a girar, algumas delas lançando material no espaço, que se movimenta em espirais e se condensa em planetas girando em torno da estrela. Enfim, passados milhões de anos, quando quase todo o seu combustível de hidrogênio já foi consumido, uma estrela se expande e se contrai novamente no derradeiro colapso gravitacional. Esse colapso pode envolver explosões gigantescas e pode até mesmo fazer com que a estrela se torne um buraco negro. Todas essas atividades – a formação de estrelas a partir de nuvens de gás interestelar, sua contração e posterior expansão e seu colapso final – podem ser observadas em algum ponto dos céus.

As estrelas em rotação, contração, expansão ou explosão aglutinam-se em galáxias de diversas formas – discos planos, esferas, espirais, etc. – que, uma vez mais, não são imóveis, mas giram. Nossa galáxia, a Via Láctea, é um imenso disco de estrelas e gás girando no espaço como uma roda de dimensões imensas, de tal forma que todas as suas estrelas – inclusive o Sol e seus planetas – se movem em torno do centro da galáxia. O universo apresenta-se, de fato, repleto de galáxias espalhadas através de todo o espaço que a nossa vista pode alcançar; todas essas galáxias giram como a nossa.

Quando estudamos o universo como um todo, com seus milhões de galáxias, alcançamos a mais ampla escala de espaço e tempo; e, uma vez mais, nesse nível cósmico, descobrimos que o universo não é estático – ele se encontra em expansão! Esta foi uma das mais importantes descobertas da Astronomia moderna. Uma análise detalhada da luz recebida de galáxias distantes demonstrou que o conjunto das galáxias se expande de forma bem orquestrada. A velocidade de recuo de qualquer galáxia que observemos é proporcional à distância da galáxia. Quanto mais distante a galáxia, tanto mais rapidamente ela se afasta de nós; no dobro da distância, a velocidade de recuo igualmente dobrará. Isso é verdadeiro não apenas para as distâncias medidas a partir de nossa galáxia, mas se aplica a qualquer ponto de referência. Em qualquer galáxia que estejamos, observaremos as demais afastando-se de nós: as galáxias mais próximas, a vários milhares de quilômetros por segundo; galáxias mais distantes, a velocidades ainda maiores; e as mais distantes, a velocidades que se aproximam da velocidade da luz. A luz de galáxias situadas além dessa distância jamais nos alcançará, uma vez que se afastam de nós a velocidades superiores à da luz. Sua luz assemelha-se, nas palavras de *Sir* Arthur Eddington – "a um corredor numa pista em expansão e onde o local de chegada recua mais rapidamente do que o atleta pode correr".

Para que tenhamos uma ideia mais adequada da forma pela qual se expande o universo, devemos recordar que o âmbito apropriado para o estudo dessa realidade em larga escala é a teoria geral da relatividade de Einstein. Segundo essa teoria, o espaço não é "plano", mas "curvo", e a forma precisa pela qual ocorre essa curvatura relaciona-se à distribuição da matéria conforme as equações de campo de Einstein. Essas equações

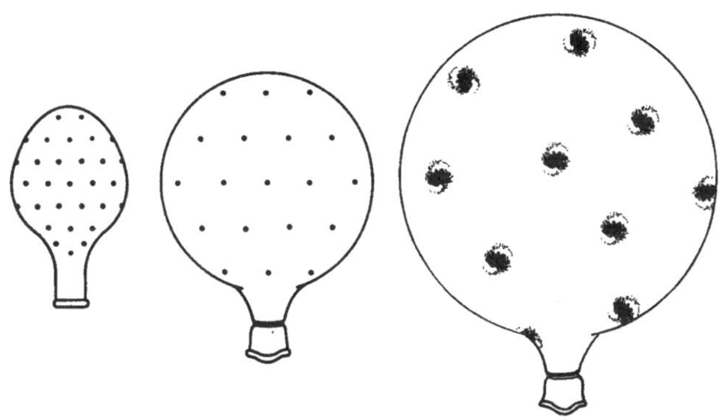

podem ser utilizadas para determinar a estrutura do universo como um todo; elas constituem o ponto de partida da moderna Cosmologia.

Quando nos referimos a um universo em expansão no âmbito da relatividade geral, temos em vista uma expansão numa dimensão superior. À semelhança do espaço curvo, somente podemos visualizar esse conceito com a ajuda de uma analogia bidimensional. Imaginemos um balão com um grande número de pontos em sua superfície. O balão representa o universo, sua superfície curva bidimensional representa o espaço curvo tridimensional, e os pontos na superfície, as galáxias nesse espaço. Soprando-se o balão, todas as distâncias entre os pontos aumentam. Qualquer que seja o ponto que escolhamos, os demais dele se afastarão. O universo expande-se da mesma maneira: qualquer que seja a galáxia onde esteja um observador, as demais dela se afastarão.

Cabe aqui uma indagação óbvia acerca do universo em expansão: como se iniciou tudo isso? A partir da relação entre a distância de uma galáxia e sua velocidade de recessão – conhecida como Lei de Hubble –, pode-se calcular o ponto de partida da expansão, ou seja, a idade do universo. Partindo-se do pressuposto de que não tenha ocorrido alteração na taxa de expansão (o que de forma alguma é seguro), chega-se a uma idade da ordem de 10.000 milhões de anos. Esta é a idade do universo. A maior parte dos estudiosos da Cosmologia acredita, hoje em dia, que o universo passou a existir a partir da ocorrência de um evento altamente dramático, cerca de 10.000 milhões de anos atrás, quando a totalidade de sua massa explodiu a partir de uma pequena bola primitiva de fogo. A expansão atual do universo é vista como o impulso remanescente dessa explosão inicial. De acordo com o modelo do "grande estrondo", o momento deste assinalou o início do universo e o princípio do espaço e do tempo. Se desejarmos saber o que aconteceu antes desse momento, teremos uma vez mais que fazer face a grandes dificuldades em termos de pensamento e linguagem. Nas palavras de *Sir* Bernard Lovell:

> Atingimos aí a grande barreira do pensamento, uma vez que nos pomos a lutar com os conceitos de tempo e espaço antes que ambos existissem com o significado que lhes atribuímos em nossa experiência cotidiana. Perante tal questão, sinto-me como se houvesse sido impelido para uma grande barreira de neblina onde desaparece o mundo familiar.[9]

No que diz respeito ao futuro do universo em expansão, as equações de Einstein não fornecem uma resposta única. Elas permitem várias soluções diferentes que correspondem a diferentes modelos do universo. Alguns modelos prevêm que a expansão continuará eternamente; segundo outros a velocidade da expansão está diminuindo, podendo eventualmente inverter seu curso, transformando-se numa contração. Esses modelos descrevem um universo oscilante, que se expande ao longo de bilhões de anos, contraindo-se depois até que sua massa total tenha se condensado numa pequena bola de matéria, após o que volta a se expandir, repetindo-se esse processo indefinidamente.

A ideia de um universo que se expande e se contrai periodicamente, o que envolve uma escala de espaço e tempo de vastas proporções, veio à tona não apenas na Cosmologia de nossos dias, pois já está presente na antiga mitologia indiana. Na medida em que experimentavam o universo como um cosmos orgânico que se move ritmicamente, os hindus puderam desenvolver cosmologias evolucionárias que muito se aproximam de nossos modelos científicos modernos. Uma dessas cosmologias baseia-se no mito hindu de *lila* – a peça divina –, na qual *Brahman* se transforma no próprio mundo.* *Lila* é uma peça, um jogo rítmico que se desdobra em ciclos intermináveis, no qual o Um se transforma nos muitos e os muitos retornam ao Um. No *Bhagāvād Gītā*, o deus Krishna descreve esse jogo rítmico de criação através das seguintes palavras:

> Ao findar-se a noite do tempo, todas as coisas retornam à minha natureza; quando começa o novo dia do tempo, trago-as novamente à luz.
>
> Assim, através de minha natureza, trago à luz toda a criação e esta gira em torno, nos círculos do tempo.
>
> Mas não me encontro preso por este vasto trabalho de criação. Sou e observo o drama dos trabalhos.
>
> Observo e neste seu trabalho de criação, a natureza traz à luz tudo aquilo que se move e que não se move: e, dessa forma, processam-se os ciclos do mundo.[10]

Os sábios hindus não temiam identificar esse divino jogo rítmico com a evolução do cosmos como um todo. Eles representavam o universo em expansão e contração periódica e denominavam *kalpa* ao intervalo inimaginável de tempo entre o princípio e o fim de uma criação. A escala desse antigo mito é deveras impressionante: foram necessários mais de dois mil anos para que voltasse a aparecer um conceito semelhante na mente humana.

Do mundo das grandes proporções, do cosmos em expansão, retornemos agora ao mundo do infinitamente pequeno. No século XX, a Física tem se caracterizado por uma penetração sempre crescente nesse mundo das dimensões submicroscópicas, chegando aos reinos dos átomos, dos núcleos e seus componentes. Essa exploração do mundo submicroscópico tem sido motivada por uma questão básica que tem ocupado e estimulado o pensamento humano através dos séculos: de que é feita a matéria? Desde o início da filosofia natural, homens e mulheres têm especulado acerca dessa questão, tentando encontrar a "substância básica" da qual é feita toda matéria. Somente no século XX, contudo, tornou-se

---

* Veja página 110.

possível buscar uma resposta através da realização de experimentos. Com a ajuda de tecnologia altamente sofisticada, os físicos puderam explorar primeiramente a estrutura dos átomos. Ao fazê-lo, observaram que os mesmos eram constituídos de núcleos e de elétrons; por sua vez, descobriram que a estrutura dos núcleos atômicos era constituída de prótons e nêutrons, comumente denominados núcleons. Nas últimas duas décadas, os físicos deram um novo passo adiante e começaram a investigar a estrutura dos núcleons – os componentes dos núcleos atômicos – que, novamente, não parecem ser as partículas elementares últimas, mas parecem ser constituídos de outras entidades.

O primeiro passo na penetração em camadas cada vez mais profundas da matéria – a exploração do mundo dos átomos – deu origem a diversas e profundas modificações em nossa concepção da matéria, conforme a discussão efetuada em capítulos anteriores. O segundo passo foi a penetração no mundo dos núcleos atômicos e seus componentes, o que levou a uma nova e igualmente profunda transformação em nossas concepções. Nesse mundo, lidamos com dimensões que se apresentam cerca de cem mil vezes menores que as dimensões atômicas e, consequentemente, as partículas confinadas em dimensões tão reduzidas movem-se com velocidades consideravelmente maiores do que as partículas confinadas às dimensões das estruturas atômicas. Movem-se, de fato, tão rapidamente que só podem ser descritas de forma adequada no âmbito da teoria especial da relatividade. Para compreender as propriedades e interações das partículas subatômicas, é necessário utilizar uma moldura que leve em conta a teoria quântica e a da relatividade. E é precisamente esta última que nos força a modificar uma vez mais nossa concepção em torno da matéria.

A marca característica da moldura relativística reside, como já foi mencionado, no fato de que ela unifica conceitos básicos que antes pareciam estar totalmente não relacionados. Um dos exemplos mais importantes é a equivalência entre massa e energia, expressa matematicamente através da famosa equação de Einstein $E = mc^2$. Para compreender o profundo sentido dessa equivalência, devemos inicialmente compreender o significado de energia e o significado de massa.

Energia é um dos mais importantes conceitos utilizados na descrição de fenômenos naturais. À semelhança do que sucede na vida cotidiana, dizemos que um corpo possui energia quando este apresenta a capacidade de realizar trabalho. Essa energia pode ocorrer sob grande variedade de formas: pode ser energia de movimento, de calor, energia gravitacional, energia elétrica, química, etc. Qualquer que seja a forma, ela pode ser utilizada para realizar trabalho. Uma pedra, por exemplo, pode receber energia gravitacional se elevada a uma certa altura. Quando é largada dessa altura, sua energia gravitacional é transformada em energia de movimento ("energia cinética"); ao atingir o solo, a pedra poderá realizar trabalho quebrando alguma coisa. Um exemplo mais construtivo é o da energia elétrica ou energia química, que podem ser transformadas em energia térmica e utilizadas para fins domésticos. Na Física, a energia sempre está associada a algum processo, ou a algum tipo de atividade e sua importância fundamental reside no fato de que a energia total envolvida num processo é sempre conservada. Ela pode transformar sua forma da maneira mais complexa, mas dela nada se perde. A conservação da energia é uma das leis mais fundamentais da Física, governando todos os fenômenos naturais conhecidos sem que se saiba de qualquer violação a essa lei.

A massa de um corpo, por outro lado, é uma medida de seu peso, isto é, a atração da gravidade sobre o corpo. Além disso, a massa mede a inércia de um objeto, isto é, sua resistência à aceleração. Os objetos pesados são de aceleração mais difícil que os leves, fato bem conhecido daqueles que alguma vez já empurraram um carro. Na Física clássica, a massa achava-se além disso associada a uma substância material indestrutível, isto é, ao "estofo" de que, se supunha, todas as coisas eram feitas. À semelhança da energia, acreditava-se que também a massa era rigorosamente conservada, de tal modo que dela nada se perdia.

A teoria da relatividade afirma-nos que a massa nada mais é que uma forma de energia. A energia não só pode assumir as diversas formas conhecidas na Física clássica como pode, igualmente, ser aprisionada na massa de um objeto. A quantidade de energia contida, por exemplo, numa partícula é igual à massa da partícula, m, multiplicada por c^2, o quadrado da velocidade da luz. Assim,

$$E = mc^2$$

Uma vez encarada como uma forma de energia, deixa-se de exigir da massa que seja indestrutível; ela pode, agora, ser transformada em outras modalidades de energia. Isso pode ocorrer quando partículas subatômicas colidem umas com as outras. Nessas colisões, as partículas podem ser destruídas e a energia contida em suas massas pode ser convertida em energia cinética e distribuída entre as demais partículas que participam da colisão. Reciprocamente, quando partículas colidem a elevadíssimas velocidades, sua energia cinética pode ser utilizada para formar as massas de novas partículas. A fotografia abaixo apresenta um exemplo extremo de uma colisão desse tipo; um próton penetra na câmara de bolhas vindo da esquerda, choca-se com um elétron arremessando-o para fora de um átomo (trajetória espiral) e, a seguir, colide com outro próton, de modo a criar dezesseis novas partículas no processo de colisão.

A criação e destruição de partículas materiais é uma das mais impressionantes consequências da equivalência entre massa e energia. Nos processos de colisão da Física de alta energia, a massa não é mais conservada. As partículas em colisão podem ser destruídas e suas massas podem ser parcialmente transformadas em massas e parcialmente em energias cinéticas das partículas recém-criadas. Somente a energia total envolvida nesse processo – isto é, a energia cinética total mais a energia contida em todas as massas – é conservada. As colisões de partículas subatômicas constituem nosso principal instrumento para estudar suas propriedades, e a relação entre massa e energia é essencial para sua descrição. Isso já foi verificado inúmeras vezes e os físicos de partículas estão inteiramente familiarizados com a equivalência entre massa e energia; tão familiarizados, de fato, que medem as massas das partículas com as unidades de energia correspondentes.

A descoberta de que a massa é apenas uma modalidade de energia levou-nos a modificar de modo essencial nosso conceito de partícula. Na

Física moderna, a massa deixou de ser associada a uma substância material, razão pela qual as partículas não são mais vistas como consistindo de um "estofo" básico, mas como pacotes de energia. Contudo, levando-se em conta que a energia está associada à atividade, a processos, resulta daí que a natureza das partículas subatômicas é intrinsecamente dinâmica. Para que possamos compreender melhor essa afirmativa, devemos recordar que essas partículas só podem ser concebidas em termos relativísticos, ou seja, em termos de uma moldura onde espaço e tempo estejam fundidos num *continuum* quadridimensional. As partículas não devem ser representadas como objetos tridimensionais estáticos, como bolas de bilhar ou grãos de areia, mas, em vez disso, como entidades quadridimensionais no espaço-tempo. Suas formas devem ser compreendidas dinamicamente, como formas no espaço e no tempo. As partículas subatômicas são padrões dinâmicos que têm um aspecto espacial e um aspecto temporal. Seu aspecto espacial faz com que apareçam como objetos portadores de uma certa massa; seu aspecto temporal, como processos que envolvem a energia equivalente.

Esses padrões dinâmicos – ou "pacotes de energia" – formam as estruturas nucleares, atômicas e moleculares estáveis que constituem a matéria e lhe conferem seu aspecto macroscópico sólido, levando-nos a acreditar que ela é feita de alguma substância material. Em nível macroscópico, essa noção de substância é uma aproximação útil; em nível subatômico, deixa de fazer sentido. Os átomos consistem em partículas e estas não são feitas de qualquer substância material. Observando-as, não podemos ver qualquer substância: o que em verdade observamos são padrões dinâmicos que se transformam continuamente uns nos outros – uma contínua dança de energia.

A teoria quântica mostrou que as partículas não são grãos isolados de matéria, mas padrões de probabilidade, interconexões numa teia cósmica inseparável. A teoria da relatividade como que deu vida a esses padrões na medida em que revelou seu caráter intrinsecamente dinâmico. Demonstrou-se que a atividade da matéria é a essência mesma de sua existência. As partículas do mundo subatômico não são apenas ativas no sentido de seu movimento ser extremamente rápido; mais que isso, elas mesmas são processos! A existência da matéria e a sua atividade não podem ser separadas: elas constituem aspectos diferentes da mesma realidade espaçotemporal.

Afirmou-se, no capítulo precedente, que a consciência da "interpenetração" do espaço e tempo levou os místicos orientais a uma visão de mundo intrinsecamente dinâmica. O estudo de seus escritos revela que esses místicos concebem o mundo não apenas em termos de movimento, fluxo e mudança como, também, parecem possuir uma forte intuição acerca do caráter "espaço-tempo" dos objetos materiais, tão típica da Física relativística. Os físicos são forçados a levar em conta a unificação do espaço e do tempo quando estudam o mundo subatômico e, consequentemente, não encaram os objetos desse mundo (as partículas) de forma estática, mas dinâmica, em termos de energia, atividade e processos. Os místicos orientais, em seus estados não usuais de consciência, parecem ter chegado à percepção da interpenetração do espaço e do tempo em nível macroscópico; dessa forma, veem os objetos macroscópicos de forma muito semelhante à concepção dos físicos acerca das partículas subatômicas. Isso é particularmente notável no Budismo. Um dos principais ensinamentos de Buda era que "todas as coisas compostas são não permanentes". Na versão Páli original dessa famosa afirmativa,[11] o termo usado para expressar "coisas" é *sankhara* (em sânscrito: *samskara*), palavra que significa primariamente "um evento" ou "um acontecimento"– também uma ação, "um ato" – e apenas secundariamente, "uma coisa existente". Isso mostra claramente que os budistas possuem uma concepção dinâmica das coisas como processos em permanente mudança. Nas palavras de D. T. Suzuki,

> Os budistas conceberam um objeto como um evento e não como uma coisa ou substância. [...] A concepção budista de "coisas" como *samskara* (ou *sankhara*), isto é, como "ações" ou "eventos", torna claro que os budistas compreendem nossa experiência em termos de tempo e movimento.[12]

À semelhança dos físicos modernos, os budistas encaram todos os objetos como processos em um fluxo universal, negando a existência de qualquer substância material. Essa negação é uma das feições mais características de todas as escolas de filosofia budista. É também característica do pensamento chinês, que desenvolveu uma visão semelhante das coisas como etapas transitórias num *Tao* que flui perenemente. O pensamento chinês estava mais interessado em suas inter-relações do que em sua redução a uma substância fundamental. "Enquanto a filosofia europeia tendia a encontrar a realidade na substância, a filosofia chinesa tendia a encontrá-la na relação", afirma Joseph Needham.[13]

Nas visões dinâmicas de mundo do misticismo oriental e da Física moderna não há lugar para formas estáticas ou para qualquer substância material. Os elementos básicos do universo são padrões dinâmicos; etapas transitórias no "fluxo constante de transformação e mudança", segundo Chuang Tsé.

Segundo nosso conhecimento atual da matéria, seus padrões básicos são as partículas subatômicas, e a compreensão de suas propriedades e interações é o objetivo principal da moderna Física fundamental. Conhecemos atualmente mais de duzentas partículas, a maioria das quais criadas artificialmente em processos de colisão e vivendo um tempo extremamente curto, isto é, muito menos que um milionésimo de segundo! É, pois, bastante óbvio que essas partículas de vida curta representam padrões meramente transitórios de processos dinâmicos. As indagações principais com relação a esses padrões ou partículas são as seguintes: quais são as suas características diferenciadoras? São compostas e, em caso afirmativo, de que consistem ou – em termos mais precisos – que outros padrões se acham nelas envolvidos? Como interagem entre si, isto é, quais são as forças existentes entre elas? E, por fim, se as próprias partículas são processos, de que tipo de processos se trata?

Tornamo-nos conscientes de que, na Física das partículas, todas estas questões estão inseparavelmente conectadas. Em razão da natureza relativística das partículas subatômicas, não podemos compreender suas propriedades sem compreender suas mútuas interações; e em razão do estado básico de interconexão do mundo subatômico, jamais compreenderemos uma dada partícula sem antes compreendermos todas as demais. Os capítulos seguintes nos indicarão até que ponto já conseguimos caminhar na compreensão das propriedades e interações das partículas. Embora ainda não se disponha de uma teoria quântico-relativística completa do mundo subatômico, vários modelos e teorias parciais já foram desenvolvidos, os quais têm sido muito bem-sucedidos em descrever alguns aspectos desse mundo. Uma discussão dos mais importantes dentre esses modelos e teorias mostrará que todos envolvem concepções filosóficas que estão em notável concordância com aquelas presentes no misticismo oriental.

14. VAZIO E FORMA

A visão clássica, mecanicista do mundo baseava-se no conceito de partículas sólidas e indestrutíveis deslocando-se no vazio. A Física moderna trouxe à tona uma revisão radical dessa representação, levando não apenas a uma noção inteiramente inédita do que sejam "partículas", mas também transformando profundamente o conceito clássico de vazio. Essa transformação ocorreu nas chamadas teorias de campo. Teve início com a ideia de Einstein de associar o campo gravitacional à geometria do espaço e tornou-se ainda mais pronunciada quando a teoria quântica e a teoria da relatividade foram combinadas para descrever os campos de força das partículas subatômicas. Nessas "teorias quânticas do campo", a distinção entre partículas e o espaço circunvizinho perde sua nitidez original e o vazio passa a ser reconhecido como uma quantidade dinâmica de exponencial importância.

O conceito de campo foi introduzido no século XIX por Faraday e Maxwell, através de sua descrição das forças entre cargas e correntes elétricas. Um campo elétrico é uma condição no espaço em torno de um campo carregado e que produzirá uma força sobre qualquer outra carga nesse espaço. Os campos elétricos são, pois, criados por corpos carregados e seus efeitos só podem ser experimentados por corpos carregados. Campos magnéticos são produzidos por cargas em movimento, isto é, por correntes elétricas, e as forças magnéticas daí resultantes podem ser sentidas por outras cargas em movimento. Na Eletrodinâmica clássica, a teoria construída por Faraday e Maxwell, os campos são entidades físicas primárias que podem ser estudadas sem qualquer referência a corpos materiais. Campos elétricos e magnéticos em vibração podem deslocar-se através do espaço sob a forma de ondas de rádio, de ondas de luz ou de outras modalidades de radiação eletromagnética.

A teoria da relatividade tornou muito mais elegante a estrutura da Eletrodinâmica através da unificação dos conceitos de cargas e correntes e campos elétricos e magnéticos. Levando-se em conta que todo movimento é relativo, cada carga pode igualmente aparecer como uma corrente – num referencial onde se desloca em relação ao observador – e, consequentemente, seu campo elétrico também pode aparecer como um campo magnético. Na formulação relativística da Eletrodinâmica, os dois campos são dessa forma unificados num único campo eletromagnético.

O conceito de campo tem sido associado não apenas a força eletromagnética mas, também, à força de maior expressão no mundo das grandes escalas, à força de gravidade. Os campos gravitacionais são criados e experimentados por todos os corpos sólidos e as forças daí resultantes são sempre forças de atração, ao contrário dos campos eletromagnéticos, que são experimentados apenas por corpos carregados e que originam as forças de atração e repulsão. A teoria do campo adequada ao campo gravitacional é a teoria geral da relatividade; nessa teoria, a influência de um corpo sólido sobre o espaço circunvizinho é mais ampla do que a influência correspondente de um corpo carregado na Eletrodinâmica. Uma vez mais, o espaço em torno do objeto é "condicionado" de tal modo que outro objeto experimentará uma força. Desta vez, contudo, o condicionamento afeta a Geometria e, através desta, a própria estrutura do espaço.

Matéria e espaço vazio – o cheio e o vazio – foram os dois conceitos fundamentalmente distintos sobre os quais se basearam o atomismo de Demócrito e de Newton. Na relatividade geral, esses dois conceitos não podem mais ser separados. Sempre que exista um corpo sólido, existirá igualmente um campo gravitacional, e este se manifestará como a curvatura do espaço circunvizinho àquele corpo. Não devemos pensar, contudo, que o campo preenche o espaço e o "curva". Os dois não podem ser diferenciados; o campo *é* o espaço curvo! Na relatividade geral, o campo gravitacional e a estrutura ou geometria do espaço são idênticos e se acham representados nas equações de campo de Einstein por uma única quantidade matemática. Na teoria de Einstein, pois, a matéria não pode ser separada de seu campo de gravidade e este não pode ser separado do espaço curvo. Matéria e espaço são, pois, encarados como partes inseparáveis e interdependentes de um único todo.

Os objetos materiais não apenas determinam a estrutura do espaço circunvizinho como são, por sua vez, influenciados de forma essencial por seu meio. De acordo com o físico e filósofo Ernst Mach, a inércia de um objeto material – ou seja, a resistência deste contra a aceleração – não é uma propriedade intrínseca da matéria, mas uma medida de sua interação com o restante do universo. Na concepção de Mach, a matéria só possui inércia porque existe outra matéria no universo. Quando um corpo gira, sua inércia produz forças centrífugas (utilizadas, por exemplo, numa máquina de lavar para retirar a água da roupa), mas essas forças só aparecem porque o corpo gira "em relação às estrelas fixas", segundo as palavras de Mach. Se essas estrelas fixas desaparecessem repentinamente, a inércia e as forças centrífugas do corpo que gira também desapareceriam.

Essa concepção de inércia, que se tornou conhecida como o princípio de Mach, exerceu uma profunda influência sobre Albert Einstein e foi sua motivação original para construir a teoria geral da relatividade. Em razão da considerável complexidade matemática da teoria de Einstein, os físicos ainda não puderam concluir se essa teoria efetivamente incorpora o princípio de Mach. Muitos físicos acreditam, contudo, que esse princípio deveria ser incorporado, de uma forma ou de outra, numa teoria completa da gravidade.

Assim, a Física moderna mostra-nos, uma vez mais – e desta vez em nível macroscópico –, que os objetos materiais não são entidades distintas, mas se encontram inseparavelmente vinculadas a seu meio; que suas propriedades só podem ser compreendidas em termos de sua interação com o restante do mundo. De acordo com o princípio de Mach, essa interação volta-se para o universo como um todo, para as estrelas e galáxias distantes. A unidade básica do cosmos manifesta-se, portanto, não apenas no mundo do muito pequeno mas também no mundo do muito grande, um fato crescentemente reconhecido na Astrofísica e na Cosmologia modernas. Nas palavras do astrônomo Fred Hoyle:

> Os desenvolvimentos atuais da Cosmologia estão a ponto de sugerir, com certa insistência, que as condições cotidianas não poderiam persistir a não ser para as partes mais distantes do universo, que todas as nossas ideias acerca do espaço e da geometria tornar-se-iam inteiramente inválidas se as partes distantes do universo fossem retiradas. Nossa experiência cotidiana, até mesmo nos detalhes mais insignifi-

cantes, afigura-se tão intimamente integrada às características em grande escala do universo que se torna praticamente impossível encará-las como coisas separadas.[1]

A unidade e inter-relação entre um objeto material e seu meio, manifestada em escala macroscópica na teoria geral da relatividade, aparece ainda mais notável em nível subatômico. Aqui, as ideias da teoria clássica do campo são combinadas com as da teoria quântica, de modo a descrever as interações entre as partículas subatômicas. Uma combinação desse tipo ainda não se tornou possível para a interação gravitacional em razão da complexidade matemática da teoria einsteiniana da gravidade; contudo, a outra teoria clássica do campo, a Eletrodinâmica, foi fundida à teoria quântica, na chamada teoria "eletrodinâmica quântica" que descreve todas as interações eletromagnéticas entre as partículas subatômicas. Essa teoria incorpora tanto a teoria quântica quanto a da relatividade. Foi o primeiro modelo "quântico-relativístico" da Física moderna, sendo até hoje o mais bem-sucedido de todos.

A surpreendente nova característica da Eletrodinâmica quântica deriva da combinação de dois conceitos, ou seja, o do campo eletromagnético e o dos fótons como manifestações, sob a forma de partículas, das ondas eletromagnéticas. Uma vez que os fótons também são ondas eletromagnéticas, e uma vez que essas ondas são campos vibratórios, os fótons devem ser manifestações de campos eletromagnéticos. Resulta daí o conceito de um "campo quantizado", isto é, de um campo que pode assumir a forma de *quanta* ou de partículas. Trata-se, de fato, de um conceito inteiramente novo que foi ampliado de modo a descrever todas as partículas subatômicas e suas interações, sendo que cada tipo de partícula corresponde a um campo diferente. Nessas "teorias quânticas dos campos", o contraste clássico entre as partículas sólidas e o espaço circunvizinho é completamente superado. O campo quantizado e concebido como entidade física fundamental, um meio contínuo que está presente em todos os pontos do espaço. As partículas não passam de condensações locais do campo, concentrações de energia que vêm e vão, perdendo dessa forma seu caráter individual e se dissolvendo no campo subjacente. Nas palavras de Albert Einstein:

> Podemos então considerar a matéria como constituída por regiões do espaço nas quais o campo é extremamente intenso. [...] Não há lugar nesse novo tipo de Física para campo e matéria, pois o campo é a única realidade.[2]

A concepção de fenômenos e coisas físicas como manifestações transitórias de uma entidade fundamental subjacente não é apenas um elemento básico da teoria quântica dos campos, mas é também um elemento básico da visão oriental do mundo. À semelhança de Einstein, os místicos orientais consideram essa entidade subjacente como a única realidade: todas as suas manifestações fenomênicas são vistas como transitórias e ilusórias. Essa realidade do místico oriental não pode ser identificada com o campo quantizado do físico, pois é vista como a essência de *todos* os fenômenos deste mundo e, consequentemente, está situada além de todos os conceitos e ideias. O campo quantizado, por outro lado, é um conceito bem definido que responde apenas por alguns dos fenômenos físicos. Não obstante, a intuição implícita na interpretação que o físico faz do mundo subatômico, em termos do campo quantizado é estreitamente paralela à do místico oriental que interpreta sua experiência do mundo em termos de uma realidade subjacente última. Posteriormente ao aparecimento do conceito de campo, os físicos tentaram unificar os diversos campos num único campo fundamental que incorporaria todos os fenômenos físicos. Einstein, em particular, passou os últimos anos de sua vida na busca desse campo unificado. O *Brahman* dos hindus, à semelhança do *Dharmakaya* dos budistas e do *Tao* dos taoistas, pode talvez ser encarado como o campo unificado fundamental do qual emergem não apenas os fenômenos estudados na Física como também todos os outros fenômenos.

Na visão oriental, a realidade subjacente a todos os fenômenos está além de todas as formas e desafia qualquer descrição e especificação. Por isso frequentemente se diz que ele é sem forma, vazio ou vácuo. Mas essa vacuidade não deve ser encarada como o simples nada. Ao contrário, ela é a essência de todas as formas e a fonte de toda a vida. Nas palavras dos *Upanishads*,

Brahman é vida. *Brahman* é alegria. *Brahman* é o vazio [...]
Alegria, na verdade, é o mesmo que o Vazio.
O Vazio, na verdade, é o mesmo que alegria.[3]

Os budistas expressam a mesma ideia ao afirmarem que a realidade última – *Sunyata* ("Vazio" ou "Vácuo") – é um Vazio vivo que gera todas as formas do mundo dos fenômenos. Os taoistas conferem semelhante criatividade infinita e eterna ao *Tao* e, uma vez mais, chamam-na de vazio. "O *Tao* do Céu é vazio e sem forma", afirma o *Kuan Tsé*.[4] Lao Tsé utiliza várias metáforas para ilustrar esse vazio, comparando o *Tao* a um vale vazio ou a um vaso perenemente vazio e que possui o potencial de conter uma infinidade de coisas.

Apesar de lançar mão de termos como vazio e vácuo, os sábios orientais deixam bem claro que não se referem ao vazio usual quando falam acerca de *Brahman*, de *Sunyata* ou de *Tao*; ao contrário, referem-se a um Vácuo que possui um potencial criativo infinito. Assim, o Vácuo dos místicos orientais pode ser facilmente comparado ao campo quântico da Física subatômica. À semelhança deste, aquele origina uma variedade infinita de formas que mantém e, eventualmente, reabsorve. Conforme expressam os *Upanishads*:

Tranquilo, deixe que alguém o adore
Como aquilo de onde veio,
Como aquilo no qual se dissolverá,
Como aquilo no qual respira.[5]

As manifestações fenomênicas do Vácuo místico, à semelhança das partículas subatômicas, não são estáticas e permanentes, mas dinâmicas e transitórias, surgindo e desaparecendo numa dança incessante de movimento e energia. À semelhança do mundo subatômico do físico, o mundo fenomênico do místico oriental é um mundo de *samsara*, de nascimento e morte contínuos. Por serem manifestações transitórias do Vácuo, as coisas neste mundo não possuem qualquer identidade fundamental. Esse ponto é enfatizado particularmente na filosofia budista que nega a existência de qualquer substância material e igualmente sustenta que a ideia de um Si-mesmo constante e que passa por experiências sucessivas é uma ilusão. Os budistas comparam com frequência essa ilusão de uma substância material e de um Si-mesmo individual ao fenômeno de uma onda de água, no qual os movimentos de ascensão e queda das partículas da água levam-nos a acreditar que um "pedaço" de água se move sobre a superfície.* É interessante observar que os físicos utilizaram a mesma analogia no contexto da teoria de campo para indicar a ilusão de uma substância material criada por uma partícula em movimento. De acordo com Hermann Weyl,

> Segundo a teoria [de campo da matéria], uma partícula material – por exemplo, um elétron – é apenas um pequeno domínio do campo elétrico dentro do qual a intensidade do campo assume valores extremamente elevados, indicando que uma energia de campo comparativamente elevada acha-se concentrada num espaço bastante pequeno. Um tal nó de energia, que de forma alguma está claramente delineado contra o campo restante, propaga-se através do espaço vazio como uma onda de água através da superfície de um lago. Não existe algo que seja uma substância única da qual o elétron se compõe sempre.[6]

Na filosofia chinesa, a ideia de campo não está apenas implícita na noção do *Tao* como algo vazio e sem forma, e contudo gerador de todas as formas, mas é igualmente expressa, de maneira explícita, no conceito de *ch'i*. Esse termo desempenhou um papel importante em quase todas as escolas chinesas de filosofia natural, tornando-se particularmente importante no neoconfucionismo, a escola que tentou chegar a uma síntese do Confucionismo, do Budismo e do Taoismo.** A palavra *ch'i* significa, literalmente, "gás" ou "éter" e era utilizada na China antiga para denotar o sopro vital ou a energia que anima o cosmos. No corpo humano, os "caminhos do *ch'i*" constituem a base da medicina tradicional chinesa. O objetivo da acupuntura consiste em estimular o fluxo do *ch'i* através desses canais. O fluxo do ch'i constitui igualmente a base dos movimentos fluentes do *T'ai Chi Ch'uan*, a dança taoista do guerreiro.

Os neoconfucionistas desenvolveram uma noção do *ch'i* que apresenta a mais notável semelhança com o conceito de campo quantizado na Física moderna. À semelhança deste, o *ch'i* é concebido como uma for-

---

* Veja página 170.

** Veja página 123.

ma tênue e não perceptível de matéria presente em todo o espaço e que pode condensar-se em objetos materiais sólidos. Assim, nas palavras de Chang Tsai:

> Quando o *ch'i* se condensa, sua visibilidade torna-se evidente de modo que existem, então, as formas (das coisas individuais). Quando se dispersa, sua visibilidade não é mais evidente e não há mais formas. No momento de sua condensação, podemos afirmar outra coisa a não ser que se trata de algo temporário? Mas, no momento de sua dispersão, podemos nos apressar a afirmar que se torna então não existente?[7]

Assim, o *ch'i* se condensa e se dispersa ritmicamente, gerando todas as formas que eventualmente se dissolvem no Vácuo. Mais uma vez, nas palavras de Chang Tsai,

> O Grande Vácuo não pode consistir senão em *ch'i*; este *ch'i* não pode condensar-se senão para formar todas as coisas; e essas coisas não podem senão dispersar-se de modo a formar (uma vez mais) o Grande Vácuo.[8]

A semelhança do que se verifica na teoria quântica dos campos, o campo – ou o *ch'i* – não é apenas a essência subjacente a todos os objetos materiais como, igualmente, transporta suas interações mútuas sob a forma de ondas. As seguintes descrições do conceito de campo na Física moderna por Walter Thirring e da visão chinesa do mundo físico por Joseph Needham tornam evidente essa forte semelhança:

> A Física teórica moderna [...] colocou nosso pensamento acerca da essência da matéria num contexto diferente. Ela desviou nosso olhar do que é visível – as partículas – para a entidade subjacente, o campo. A presença da matéria é simplesmente uma perturbação do estado perfeito do campo nesse lugar; algo acidental, poder-se-ia quase dizer, um mero "defeito". Assim, não existem leis simples que descrevam as forças entre as partículas elementares. [...] A ordem e a simetria devem ser buscadas no campo subjacente.[9]

> O universo físico chinês nos tempos antigos e medievais constituía um todo perfeitamente contínuo. O *ch'i* condensado em matéria palpável

> não estava particularizado em qualquer sentido importante, mas os objetos individuais agiam e reagiam com todos os demais objetos no mundo [...] de maneira vibratória ou semelhante a ondas, dependente, em última instância, da alternância rítmica em todos os níveis das duas forças fundamentais, o *yin* e o *yang*. Dessa forma, os objetos individuais possuíam seus ritmos intrínsecos. E estes estavam integrados [...] no padrão geral da harmonia do mundo.[10]

Com o conceito de campo quantizado, a Física moderna encontrou uma resposta inesperada para a velha questão: a matéria consiste em átomos indivisíveis ou num *continuum* subjacente? O campo é um *continuum* que está presente em todos os pontos do espaço e, contudo, em seu aspecto de partícula, apresenta uma estrutura "granular", descontínua. Dois conceitos aparentemente contraditórios são assim unificados e vistos como aspectos meramente diferentes da mesma realidade. Como sempre se verifica numa teoria relativística, a unificação dos dois conceitos opostos ocorre de forma dinâmica: os dois aspectos da matéria se transformam incessantemente um no outro. O misticismo oriental enfatiza uma unidade dinâmica similar entre o Vácuo e as formas que ele cria. Nas palavras do Lama Govinda,

> A relação entre forma e vazio não pode ser concebida como um estado de opostos mutuamente exclusivos, mas somente como dois aspectos da mesma realidade, que coexistem e se encontram em cooperação contínua.[11]

A fusão desses conceitos opostos num único todo foi expressa nessas famosas palavras de um *sutra* budista:

> Forma é vazio, vazio é na verdade forma. Vazio não difere da forma, a forma não difere do vazio. O que é forma é vazio; o que é vazio é forma.[12]

As teorias de campo da Física moderna levaram-nos não só a uma nova visão das partículas subatômicas mas também modificaram, e de forma decisiva, nossas noções acerca das forças entre essas partículas. O conceito de campo estava, originalmente, vinculado ao conceito de força; mesmo na teoria quântica dos campos, está ainda associado às forças entre partículas. O campo eletromagnético, por exemplo, pode manifestar-se como um "campo livre", sob a forma de ondas/fótons que se deslocam ou pode desempenhar o papel de um campo de força entre partículas carregadas. Neste último caso, a força manifesta-se como a troca de fótons entre as partículas em interação. A repulsão elétrica entre dois elétrons, por exemplo, é mediada através dessas trocas de fótons.

Essa nova noção de força pode parecer de difícil compreensão; tornar-se-á, contudo, muito mais clara quando o processo de troca de um fóton é representado num diagrama de espaço-tempo. O diagrama abaixo mostra dois elétrons que se aproximam um do outro, um deles emitindo o fóton (denotado por γ) no ponto A, o outro absorvendo-o no ponto B. Quando o primeiro elétron emite o fóton, inverte sua direção e muda sua velocidade (conforme pode ser visto a partir da direção e da inclinação diferentes de sua linha de universo), o mesmo fazendo o segundo elétron quando absorve o fóton. Ao final, os dois elétrons se afastam, repelindo-se mutuamente por intermédio da troca do fóton. A interação plena entre os elétrons envolverá uma série de trocas de fótons e, como resultado, os elétrons parecerão desviar-se mutuamente ao longo de curvas suaves.

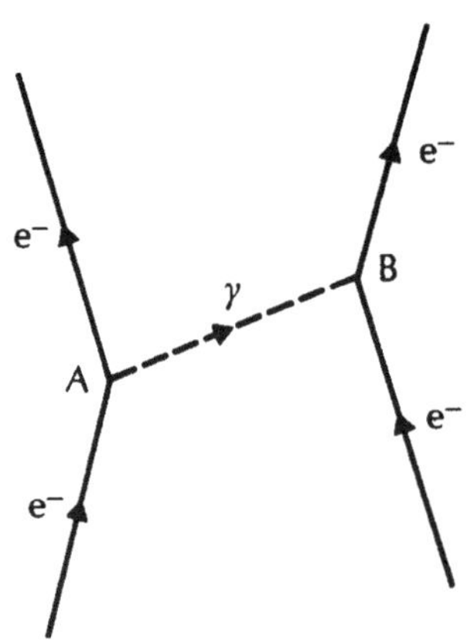

Repulsão mútua de dois elétrons por intermédio da troca de um fóton.

Em termos da Física clássica, poder-se-ia afirmar que os elétrons exercem uma força de repulsão mútua. Isto, contudo, é agora encarado como uma forma muito imprecisa de descrever a situação. Nenhum dos dois elétrons "sente" uma força quando se aproximam um do outro. Tudo o que fazem é interagir com os fótons trocados. A força nada mais é que o efeito macroscópico coletivo dessas múltiplas trocas de fótons. O conceito de força deixa de ser útil na Física subatômica. Trata-se de um conceito clássico que associamos (ainda que apenas subconscientemente) à ideia newtoniana de uma força experimentada à distância. No mundo subatômico não existem tais forças, mas apenas interações entre partículas mediadas através de campos, isto é, através de outras partículas. Assim, os físicos preferem falar de interações em vez de forças.

Segundo a teoria quântica dos campos, todas as interações ocorrem através da troca de partículas. No caso das interações eletromagnéticas, as partículas trocadas são fótons; os núcleons, por sua vez, interagem através da força nuclear muito mais poderosa – ou "interação forte" – que se manifesta como a troca de um novo tipo de partículas denominadas "mésons". Existem muitos tipos diferentes de mésons que podem ser trocados entre prótons e nêutrons. Quanto mais próximos entre si se encontrarem os núcleons, mais numerosos e pesados são os mésons que trocam. As interações entre núcleons, estão, pois, vinculadas às propriedades dos mésons trocados e estes, por sua vez, interagem mutuamente por intermédio da troca de outras partículas. Por essa razão, não poderemos compreender a força nuclear num nível fundamental sem compreendermos todo o espectro das partículas subatômicas.

Na teoria quântica dos campos, todas as interações de partículas podem ser representadas em diagramas de espaço-tempo, e cada um destes está associado a uma expressão matemática que nos permite calcular a probabilidade de ocorrência do processo correspondente. A correspondência exata entre os diagramas e as expressões matemáticas foi estabe-

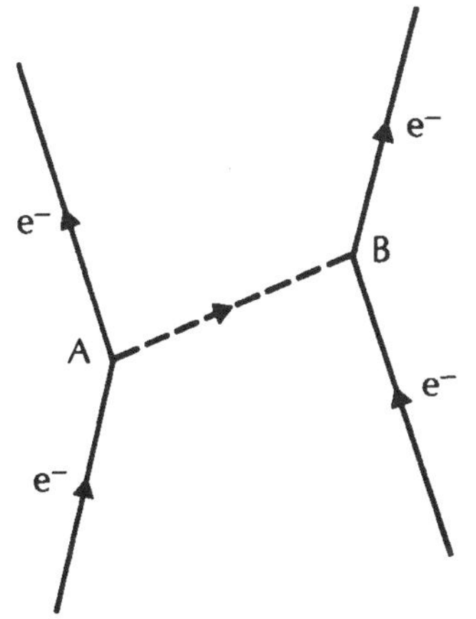

lecida em 1949 por Richard Feynman, razão pela qual esses diagramas são conhecidos como diagramas de Feynman. Uma característica crucial da teoria é a criação e destruição de partículas. Por exemplo, o fóton de nosso diagrama é criado no processo de emissão no ponto A e destruído ao ser absorvido no ponto B. Um processo desse tipo só pode ser concebido numa teoria relativística onde as partículas não são vistas como objetos indestrutíveis, mas sim como padrões dinâmicos, envolvendo uma determinada quantidade de energia, que pode ser redistribuída ao se formarem novos padrões.

A criação de uma partícula sólida só é possível quando a energia correspondente à sua massa é fornecida, por exemplo, num processo de colisão. No caso das interações fortes, essa energia não se acha sempre disponível, como no caso em que dois núcleons interagem entre si num núcleo atômico. Nesses casos, a troca de mésons maciços não deveria, pois, ser possível. Não obstante, essas trocas ocorrem. Dois prótons, por exemplo, podem trocar um "méson pi" ou "píon", cuja massa é aproximadamente um sétimo da massa do próton:

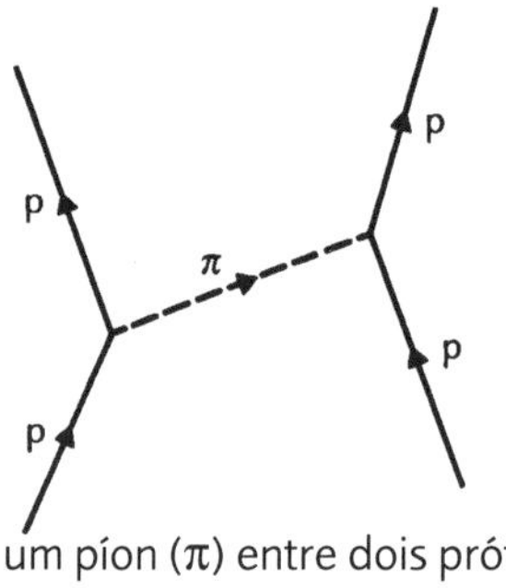

Troca de um píon (π) entre dois prótons (p).

As razões pelas quais processos de troca desse tipo podem ocorrer, não obstante a aparente falta de energia para a criação do méson, deve ser buscada num "efeito quântico" vinculado ao princípio da incerteza. Conforme vimos anteriormente,* eventos subatômicos que ocorrem num curto intervalo de tempo envolvem uma grande incerteza de energia. A troca de mésons, isto é, sua criação e subsequente destruição, são eventos desse tipo. Ocorrem durante um curto intervalo de tempo, de tal modo que a incerteza de energia é suficiente para permitir a criação dos

* Veja páginas 175-76.

mésons. Esses mésons são denominados partículas "virtuais", diferindo dos mésons "reais" (criados nos processos de colisão) porque só podem existir durante o período de tempo permitido pelo princípio da incerteza. Quanto mais pesados os mésons (isto é, quanto mais energia é exigida para a sua criação), menor será o tempo permitido para o processo de troca. Essa é a razão pela qual os núcleons só podem trocar mésons pesados quando estes se encontram muito próximos. A troca de fótons virtuais, por outro lado, pode ocorrer ao longo de distâncias indefinidas, porque os fótons, sendo desprovidos de massa, podem ser criados com quantidades indefinidamente pequenas de energia. Essa análise das forças nucleares e eletromagnéticas efetuada por Hideki Yukawa, em 1935, não apenas predisse a existência do píon (doze anos antes que este fosse observado) como também fez uma estimativa aproximada de sua massa com base no alcance da força nuclear.

Consequentemente, na teoria quântica dos campos, todas as interações são representadas com a troca de partículas virtuais. Quanto mais forte a interação, isto é, quanto mais forte a "força" resultante entre as partículas, mais elevada a probabilidade de tais processos de troca e mais frequentemente ocorrerá a troca de partículas virtuais. O papel destas últimas, contudo, não se acha limitado a essas interações. Um único núcleon, por exemplo, pode muito bem emitir uma partícula virtual e reabsorvê-la quase que imediatamente. Desde que o méson criado desapareça dentro do tempo permitido pelo princípio da incerteza, nada im-

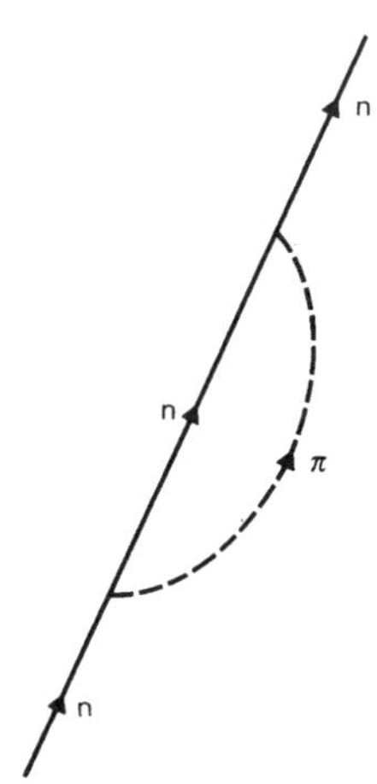

Um nêutron (n) emitindo e reabsorvendo um píon.

pede esse processo. O correspondente diagrama de Feynman para um nêutron emitindo e reabsorvendo um píon aparece na página anterior.

A probabilidade desses processos de "autointeração" é muito elevada para os núcleons em razão de sua forte interação. Isso significa que os núcleons estão, de fato, emitindo e absorvendo partículas virtuais a todo instante. Segundo a teoria dos campos, eles devem ser considerados como centros de atividade contínua cercados por nuvens de partículas virtuais. Os mésons virtuais devem desaparecer quase que imediatamente após sua criação, ou seja, não podem mover-se para muito longe do núcleon. A nuvem de mésons é, pois, muito pequena. Suas regiões exteriores são povoadas por mésons leves (predominantemente píons); os mésons mais pesados, que devem ser absorvidos após um período muito menor de tempo, acham-se então confinados às partes internas da nuvem.

Cada núcleon é cercado por uma dessas nuvens de mésons virtuais, que vive somente por um período extremamente reduzido de tempo. Contudo, mésons virtuais podem tornar-se mésons reais sob circunstâncias especiais. Quando um núcleon é atingido por uma outra partícula que se move a uma velocidade elevada, parte da energia de movimento dessa partícula pode ser transferida para um méson virtual, de modo a libertá-lo da nuvem. Esta é a forma pela qual mésons reais são criados em colisões de alta energia. Por outro lado, quando dois núcleons se aproximam tanto um do outro que suas nuvens de mésons se sobrepõem, algumas das partículas virtuais podem não voltar a ser absorvidas pelo núcleon que as criara originalmente; em vez disso, podem "saltar para fora" e ser absorvidas pelo outro núcleon. Tal é a forma pela qual se originam os processos de troca que constituem as interações fortes.

Esse quadro mostra claramente que as interações entre as partículas e, portanto, as "forças" entre estas, são determinadas pela composição de suas nuvens virtuais. O alcance de uma interação, ou seja, a distância entre as partículas onde principia a interação, depende da extensão das nuvens virtuais, e a forma detalhada da interação dependerá das propriedades das partículas presentes nas nuvens. Assim, as forças eletromagnéticas são devidas à presença de fótons virtuais "dentro" de partículas carregadas, ao passo que as interações fortes entre os núcleons derivam da presença de píons virtuais e de outros mésons "dentro" dos núcleons. Na teoria de campo, as forças entre as partículas aparecem como propriedades intrínsecas das partículas. Admite-se agora que força e matéria, os dois conceitos tão nitidamente separados no atomismo grego e newtoniano, possuem uma origem comum nos padrões dinâmicos a que chamamos partículas.

Tal concepção acerca das forças é também característica do misticismo oriental, que considera o movimento e a mudança como propriedades essenciais e intrínsecas de todas as coisas. "Todas as coisas que giram", afirma Chang Tsai com referência aos céus, "possuem uma força espontânea e dessa forma seu movimento não lhes é imposto a partir do exterior";[13] no *I Ching* lemos:

> As leis [naturais] não são forças externas às coisas, mas representam a harmonia do movimento a elas imanente.[14]

Essa antiga descrição chinesa das forças como uma forma de representar a harmonia do movimento dentro das coisas parece especialmente adequada à luz da teoria quântica dos campos, onde se considera que as forças entre as partículas refletem padrões dinâmicos (as nuvens virtuais) inerentes a essas partículas.

As teorias de campo da Física moderna forçam-nos a abandonar a distinção clássica entre partículas materiais e o vácuo. A teoria de campo da gravidade, de Einstein, e a teoria quântica dos campos mostram que as partículas não podem ser separadas do espaço que as circunda. Por outro lado, determinam a estrutura daquele espaço, ao passo que não podem ser encaradas como entidades isoladas mas, em vez disso, como condensações de um campo contínuo que se acha presente por todo o espaço. Na teoria quântica dos campos, o campo é visto como a base de todas as partículas e de suas interações mútuas.

> O campo existe sempre e por toda parte; jamais pode ser removido. É o portador de todos os fenômenos materiais. É o "vácuo" a partir do qual o próton cria os mésons pi. A existência e o desaparecimento das partículas não passam de formas de movimento do campo.[15]

A distinção entre matéria e espaço vazio teve finalmente de ser abandonada quando se tornou evidente que as partículas virtuais podem passar a existir espontaneamente a partir do vácuo e desaparecer novamente neste último, sem que esteja presente qualquer núcleon ou outra partícula que interaja fortemente. A seguir aparece um "diagrama de vácuo" para esse processo: três partículas – um próton (p), um antipróton (p) e um píon (π) – são formados a partir do nada e desaparecem novamente no vácuo. De acordo com a teoria de campo, eventos desse tipo ocorrem a todo instante. O vácuo está longe de ser vazio. Ao contrário, contém um número ilimitado de partículas que passam a existir e desaparecem ininterruptamente.

Eis aqui o mais estreito paralelo entre o Vácuo do misticismo oriental e a Física moderna. Assim como o vácuo oriental, o "vácuo físico" – como é denominado na teoria de campo – não é um estado de um simples nada, mas contém a potencialidade para todas as formas do mundo das partículas. Essas formas, por sua vez, não são entidades físicas independentes mas, simplesmente, manifestações transitórias do Vácuo subjacente. Como diz o *sutra*, "Forma é vazio, e vazio, na verdade, é forma".

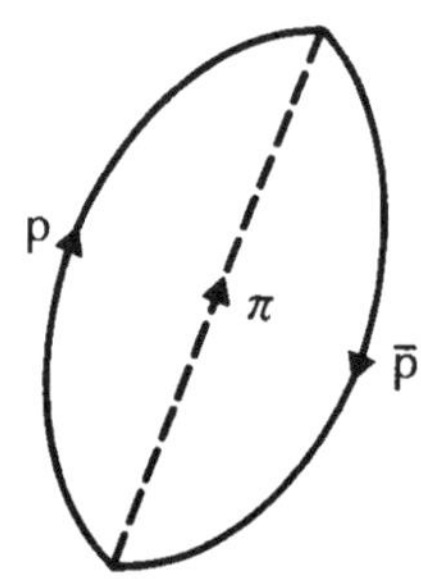

Um diagrama de vácuo.

A relação entre as partículas virtuais e o vácuo é uma relação essencialmente dinâmica: na verdade, o vácuo é um "Vácuo vivo" e que pulsa num ritmo sem fim de criação e destruição. A descoberta da qualidade dinâmica do vácuo é vista por muitos físicos como uma das descobertas mais importantes da Física moderna. De seu papel de recipiente vazio dos fenômenos físicos, o vácuo emergiu como uma quantidade dinâmica da maior importância. Os resultados da Física moderna parecem, pois, confirmar as palavras do sábio chinês Chang Tsai:

> Quando se sabe que o Grande Vácuo está pleno de *ch'i*, compreende-se que não existe coisa alguma que seja o nada.[16]

15. A DANÇA CÓSMICA

A exploração do mundo subatômico no século XX revelou a natureza intrinsecamente dinâmica da matéria. Mostrou que os componentes dos átomos, as partículas subatômicas, são padrões dinâmicos que não existem como entidades isoladas, mas como partes integrantes de uma rede inseparável de interações. Essas interações envolvem um fluxo incessante de energia que se manifesta com troca de partículas, ou seja, uma interação dinâmica na qual as partículas são criadas e destruídas interminavelmente numa variação contínua de padrões de energia. As interações de partículas dão origem às estruturas estáveis que edificam o mundo material, as quais não permanecem estáticas mas oscilam em movimentos rítmicos. Todo o universo está, pois, empenhado em movimento e atividade incessantes, numa permanente dança cósmica de energia.

Essa dança envolve uma enorme variedade de padrões mas, surpreendentemente, estes recaem numas poucas categorias distintas. O estudo das partículas subatômicas e suas interações revela-nos, assim, um alto grau de ordem. Todos os átomos, e consequentemente todas as formas de matéria em nosso meio ambiente, são compostos de apenas três partículas maciças: o próton, o nêutron e o elétron. Uma quarta partícula, o fóton, não possui massa e representa a unidade de radiação eletromagnética. O próton, o elétron e o fóton são partículas estáveis, ou seja, partículas que possuem existência permanente a não ser que sejam envolvidas num processo de colisão no qual podem ser aniquiladas. O nêutron, por outro lado, pode desintegrar-se espontaneamente. Essa desintegração é denominada “decaimento beta” e é o processo básico de um certo tipo de radioatividade. Envolve a transformação de um nêutron em um próton, acompanhado da criação de um elétron e de um novo tipo de partícula desprovida de massa, o neutrino. Assim como o

próton e o elétron, o neutrino também é estável. É comumente denotado pela letra grega (“nu”) e o processo de decaimento beta é simbolicamente representado por

$$n \rightarrow p + e^- + \nu$$

A transformação de nêutrons em prótons, nos átomos de uma substância radioativa, demanda uma transformação desses átomos em átomos de um tipo inteiramente diferente. Os elétrons criados no processo são emitidos como uma poderosa radiação, amplamente utilizada na Biologia, na Medicina e na indústria. Os neutrinos, por outro lado, embora emitidos em igual número, são de difícil detecção porque não possuem massa nem carga elétrica.

Conforme mencionado anteriormente, existe uma antipartícula para cada partícula, com massa igual e carga oposta. O fóton é sua própria antipartícula; a antipartícula do elétron denomina-se pósitron. Existe, então, um antipróton, um antinêutron e um antineutrino. A partícula desprovida de massa criada no decaimento beta não é, de fato, o neutrino, mas sim o antineutrino (denotada por $\bar{\nu}$), de modo que o processo é corretamente representado assim:

$$n \rightarrow p + e^- + \bar{\nu}$$

As partículas mencionadas até aqui representam apenas uma fração das partículas subatômicas atualmente conhecidas. Todas as demais são instáveis e se desintegram em outras partículas após um brevíssimo intervalo de tempo; algumas dessas novas partículas podem se desintegrar novamente, até que reste uma combinação de partículas estáveis. O estudo das partículas instáveis é extremamente oneroso, uma vez que devem ser criadas novamente em processos de colisão para cada investigação, o que envolve imensos aceleradores de partículas, câmaras de bolhas e outros equipamentos extremamente sofisticados para a detecção de partículas.

A maior parte das partículas instáveis vive apenas durante um período de tempo extremamente curto, se comparado com a escala humana de tempo, isto é, menos de um milionésimo de segundo. Contudo, seu tempo de vida deve ser encarado em relação a seu tamanho, que também é extremamente pequeno. Ao olhar as coisas desse modo, pode-se afirmar que muitas delas vivem por um período relativamente longo e que um milionésimo de segundo representa, de fato, um imenso intervalo de tempo no mundo das partículas. Um ser humano pode percorrer em um segundo uma distância poucas vezes maior que seu próprio tamanho. Para uma partícula, o intervalo de tempo equivalente seria o tempo de que necessita para percorrer uma longa distância equivalente a poucas vezes o seu próprio tamanho; uma unidade de tempo que poderia ser denominada "segundo de partícula".*

Para atravessar um núcleo atômico de tamanho médio, uma partícula necessita de aproximadamente dez desses "segundos de partícula" se se deslocar a uma velocidade próxima à da luz, como fazem as partículas nos experimentos de colisão. Entre o grande número de partículas instáveis, existem cerca de duas dúzias que podem se deslocar através de alguns átomos antes de decaírem. Trata-se de uma distância de cerca de 100.000 vezes seu próprio tamanho, que corresponde a um tempo de algumas centenas de "horas de partícula". Essas partículas acham-se listadas na tabela da página seguinte juntamente com as partículas estáveis já mencionadas. A maior parte das partículas instáveis na tabela cobrirá a extensão de um centímetro (ou mesmo de vários centímetros) antes de decaírem; aquelas que vivem períodos maiores, um milionésimo de um segundo, podem percorrer centenas de metros antes de decaírem; um comprimento enorme se comparado a seu próprio tamanho.

Todas as demais partículas até agora conhecidas pertencem a uma categoria denominada "ressonâncias" (que será discutida, mais detalhadamente, no capítulo subsequente). Essas partículas vivem por um período de tempo consideravelmente mais reduzido, decaindo após alguns "segundos de partícula", de modo que jamais podem percorrer distâncias maiores que poucas vezes o seu próprio tamanho. Isso equivale a dizer que não podem ser vistas na câmara de bolhas e sua existência só pode ser inferida indiretamente. As trajetórias vistas nas fotografias de câmaras de bolha só podem ser traçadas pelas partículas relacionadas na tabela a seguir.

---

* Os físicos escrevem essa unidade de tempo na forma 10^{-23} segundo, notação abreviada para um número decimal com 23 zeros à frente do número 1 (inclusive aquele à frente da vírgula decimal), isto é, para 0,00000000000000000000001 segundo.

As partículas estáveis e de vida relativamente longa.

NOME			SÍMBOLO	
			PARTÍCULA	ANTIPARTÍCULA
		fóton	γ	
léptons		neutrino	ν_e ν_μ	$\bar{\nu}_e$ $\bar{\nu}_\mu$
		elétron	e^-	e^+
		múon	μ^-	μ^+
hádrons	mésons	píon	π^+ π^0	π^-
		káon	K^+ K^0	$\bar{K}^0$ K^-
		eta	η	
	bárions	próton	p	$\bar{p}$
		nêutron	n	$\bar{n}$
		lambda	Λ	$\bar{\Lambda}$
		sigma	Σ^+ Σ^0 Σ^-	$\bar{\Sigma}^+$ $\bar{\Sigma}^0$ $\bar{\Sigma}^-$
		ksi	Ξ^0 Ξ^-	$\bar{\Xi}^0$ $\bar{\Xi}^-$
		ômega	Ω	$\bar{\Omega}^-$

A tabela apresenta treze tipos diferentes de partículas, muitas das quais aparecem em "estados de carga" diferentes. Os píons, por exemplo, podem possuir carga positiva (π^+), negativa (π^-), ou serem eletricamente neutros (π^o). Existem dois tipos de neutrinos: um interage apenas com elétrons (ν_e), o outro interage apenas com múons (ν_μ). As antipartículas também aparecem na tabela; destas, três (γ, π^o, η) são suas próprias antipartículas. As partículas acham-se dispostas em ordem crescente de massa: o fóton e os neutrinos não possuem massa; o elétron é a mais leve das partículas maciças; os múons, píons e káons são algumas centenas de vezes mais pesados que o elétron. As demais partículas são de mil a três mil vezes mais pesadas.

Todas essas partículas podem ser criadas e aniquiladas em processos de colisão, e cada uma pode igualmente ser trocada como uma partícula virtual, contribuindo dessa forma para a interação entre outras partículas. Aparentemente, isso resultaria num grande número de diferentes interações de partículas mas, felizmente, embora ainda não saibamos o porquê, todas essas interações parecem recair em quatro categorias de forças de interação nitidamente diferentes:

as interações fortes

as interações eletromagnéticas

as interações fracas

as interações gravitacionais

Entre estas, as interações eletromagnéticas e gravitacionais são as mais conhecidas, uma vez que são experimentadas no mundo das grandes escalas. A interação gravitacional age entre todas as partículas, mas é tão fraca que não pode ser detectada experimentalmente. No mundo macroscópico, contudo, o grande número de partículas que constituem os corpos maciços combinam suas interações gravitacionais de modo a produzir a força de gravidade que é a força que domina no universo como um todo. As interações eletromagnéticas ocorrem entre todas as partículas carregadas, sendo responsáveis pelos processos químicos e pela formação de todas as estruturas atômicas e moleculares. As interações fortes mantêm os prótons e nêutrons unidos no núcleo atômico. Elas constituem a força nuclear, sem sombra de dúvida a mais poderosa de todas as forças da natureza. Os elétrons, por exemplo, estão ligados aos núcleos atômicos pela força eletromagnética com energias de aproximadamente dez unidades (denominadas elétrons-volts) ao passo que a força nuclear liga prótons e nêutrons com energias de aproximadamente dez milhões de unidades!

Os núcleons não são as únicas partículas que interagem através das interações fortes. De fato, a grande maioria é constituída de partículas que interagem fortemente. De todas as partículas atualmente conhecidas, somente cinco (e suas antipartículas) não participam das interações fortes. Trata-se do fóton e dos quatro "léptons" listados na parte superior da tabela.* Assim, todas as partículas recaem em dois grandes grupos, léptons e "hádrons", ou partículas que interagem fortemente. Os hádrons dividem-se a seguir em "mésons" e "bárions," que diferem de diversas maneiras; uma delas é a seguinte: todos os bárions possuem antipartículas distintas, ao passo que um méson pode ser sua própria antipartícula.

Os léptons estão envolvidos no quarto tipo de interações, as interações fracas. São de fato tão fracas, e possuem um alcance tão curto, que não conseguem ligar coisa alguma, ao passo que as outras três dão origem a forças de ligação – as interações fortes mantêm unidos os componentes dos núcleos atômicos; as interações eletromagnéticas, os átomos e as moléculas; as interações gravitacionais, os planetas, estrelas e galáxias. As interações fracas manifestam-se somente em certos tipos de colisão de partículas e em desintegrações de partículas (por exemplo, o decaimento beta, mencionado anteriormente).

Todas as interações entre hádrons são mediadas pela troca de outros hádrons. São essas trocas de partículas maciças que fazem com que as interações fortes tenham um alcance tão curto.** Elas se estendem ao longo de uma distância correspondente a umas poucas vezes o tamanho das partículas, o que as impede de construir uma força macroscópica. As interações fortes não são por isso experimentadas no mundo cotidiano. As interações eletromagnéticas, por sua vez, são mediadas pela troca de fótons desprovidos de massa e, por isso, seu alcance é indefinidamente longo, razão pela qual as forças elétricas e magnéticas são encontradas no mundo das grandes escalas. As interações gravitacionais, segundo se acredita, também são mediadas por uma partícula desprovida de massa, denominada graviton; são, contudo, tão fracas que ainda não foi possível observar o graviton, embora não haja uma razão ponderável que nos leve a duvidar de sua existência.

---

* Um quinto lépton, denotado pela letra grega ζ ("tau") foi descoberto recentemente. Assim como o elétron e o múon, ele aparece em dois estados de carga, ζ^- e ζ^+, e uma vez que sua massa é quase 3.500 vezes maior que a do elétron, ele é conhecido como lépton pesado. Um neutrino correspondente, interagindo apenas com o tau, foi previsto, mas sua existência ainda não foi confirmada.

** Veja páginas 236-37.

As interações fracas, por fim, possuem um alcance extremamente curto – muito mais curto que o das interações fortes –, o que leva os físicos a suporem que sejam produzidas pela troca de partículas bastante pesadas. Acredita-se que essas partículas hipotéticas, de que se supõe existirem três tipos, denominados W^+, W^- e Z,* desempenhem um papel análogo ao do fóton nas interações eletromagnéticas, exceto pela sua grande massa. Essa analogia é, de fato, a base do recente desenvolvimento de um novo tipo de teorias quânticas dos campos, conhecidas como teo-

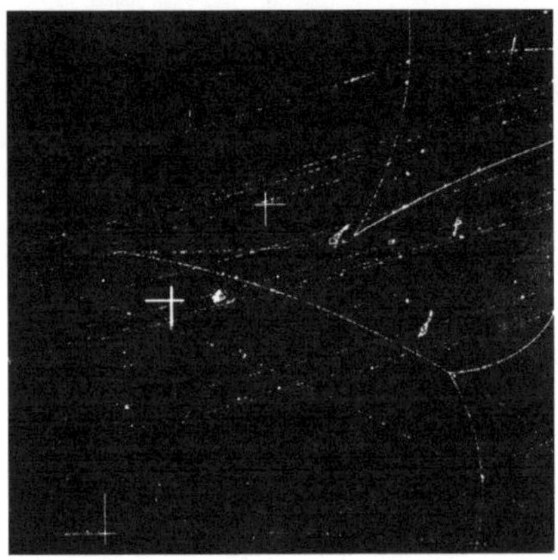

rias de *gauge*, que tornaram possível construir uma teoria de campo unificado para as interações fracas e eletromagnética.**

Em muitos dos processos de colisão da Física de alta energia, as interações fortes, eletromagnéticas e fracas combinam-se de sorte a produzir uma intrincada sequência de eventos. As partículas que colidem inicialmente são frequentemente destruídas e várias partículas novas são criadas; estas ou passam por colisões ulteriores ou decaem, por vezes, em diversas etapas, até se tornarem partículas estáveis. A fotografia desta página*** apresenta uma dessas sequências de criação e destruição na

* Em janeiro de 1983, o Centro Europeu de Pesquisas Nucleares (CERN), de Genebra, confirmou em laboratório a existência da partícula W. Sem dúvida, trata-se de uma das descobertas mais importantes da Física moderna. (N. do T.)

** Veja Posfácio à 2ª edição.

*** Observe que apenas as partículas carregadas produzem traços na câmara de bolhas; estes são recurvados por campos magnéticos, no sentido horário, para as partículas positivamente carregadas, e no sentido oposto, para as partículas negativamente carregadas.

câmara de bolhas. Trata-se de uma ilustração impressionante da mutabilidade da matéria no nível das partículas, mostrando uma cascata de energia na qual diversos padrões, ou partículas, são formados e dissolvidos.

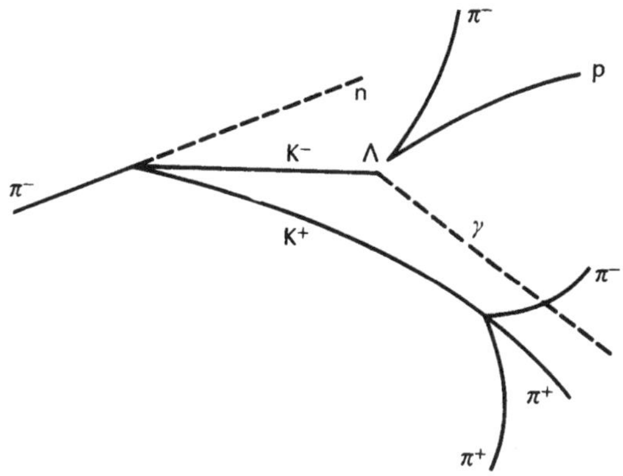

As duas figuras anteriores
Uma intrincada sequência de colisões e decaimentos de partículas: um píon negativo (π^-), vindo da esquerda, colide com um próton – isto é, com o núcleo de um átomo de hidrogênio –, "sentado" na câmara de bolhas; ambas as partículas são aniquiladas e um nêutron (n) mais dois káons (K^- e K^+) são criados: o nêutron foge sem deixar traço; o K^- colide com outro próton na câmara; as duas partículas aniquilam-se mutuamente e criam um lambda (Λ) e um fóton (γ). Nenhuma dessas duas partículas neutras é visível, mas o Λ decai, após um curtíssimo período de tempo, num próton (p) e num π^-; ambos produzem traços. A curta distância entre a criação do Λ e seu decaimento pode ser claramente visualizada na fotografia. O K^-, finalmente, que fora criado na colisão inicial, desloca-se por algum tempo antes de decair em três píons.

Em tais sequências, a criação de matéria é particularmente notável quando um fóton altamente energético, embora desprovido de massa (e que não pode ser visto na câmara de bolhas), repentinamente explode tornando-se um par de partículas carregadas – um elétron e um pósitron –, afastando-se em curvas divergentes. Eis aqui um belo exemplo de um processo que envolve duas dessas criações de pares.

Quanto mais elevada é a energia inicial nesses processos de colisão, maior será o número de partículas criadas. A fotografia que se segue mostra a criação de oito píons numa colisão entre um antipróton e um próton; a seguinte a ela é exemplo de um caso extremo: a criação de dezesseis partículas numa única colisão entre um píon e um próton.

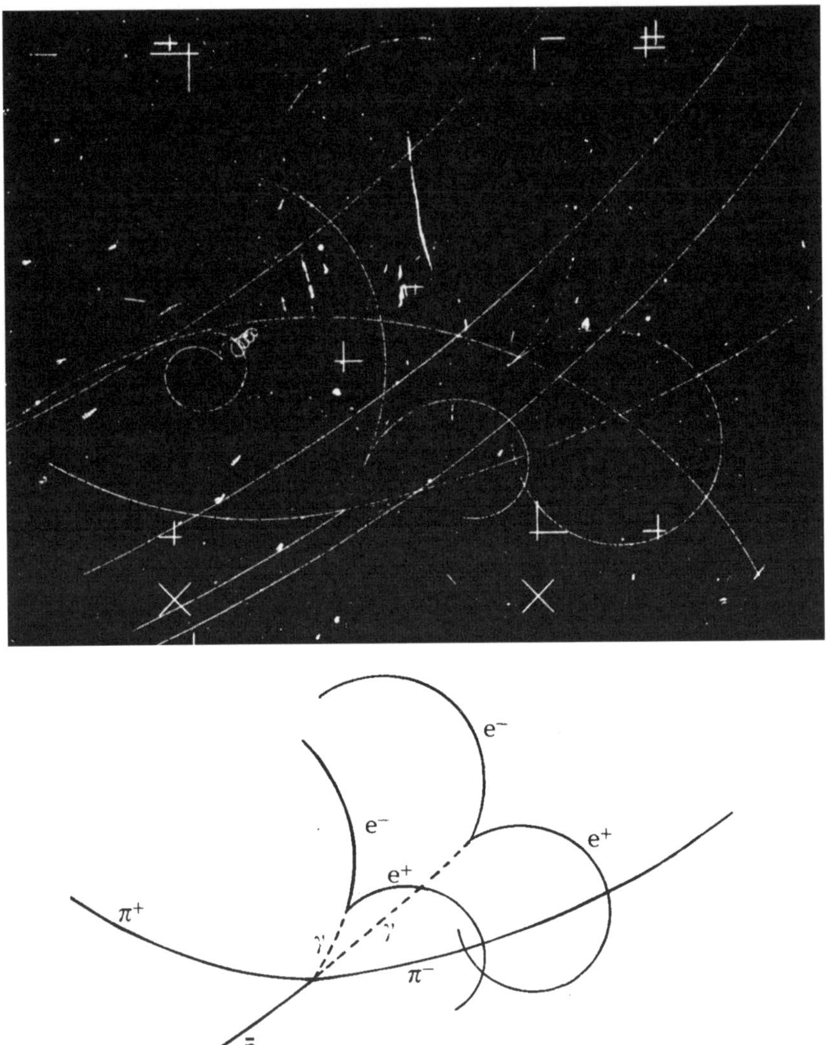

Uma sequência de eventos envolvendo duas criações de pares: um antipróton ($\bar{p}$), vindo de baixo, colide com um dos prótons na câmara de bolhas para criar um π^+ (que foge à esquerda) e um π^- (que foge à direita), e dois fótons (γ), cada um dos quais, por sua vez, cria um par elétron-pósitron; os pósitrons (e^+) curvam-se para a direita, os elétrons (e^-) para a esquerda.

Todas essas colisões foram produzidas artificialmente em laboratório, utilizando grandes máquinas nas quais as partículas são aceleradas até atingirem as energias necessárias. Na maior parte dos fenômenos naturais que ocorrem em nosso planeta, as energias não são tão elevadas

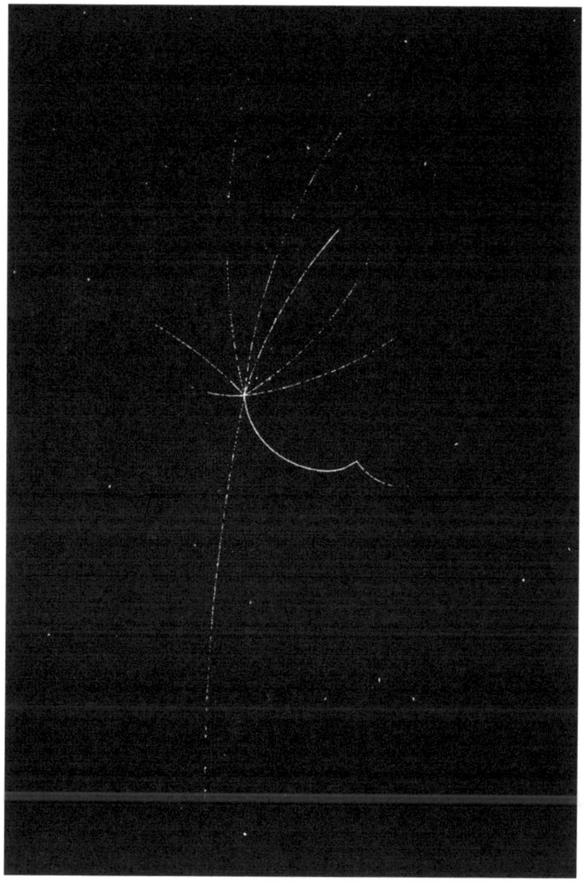

que permitam a criação de partículas maciças. No espaço exterior, contudo, a situação é inteiramente diversa. As partículas subatômicas ocorrem em grande quantidade no centro das estrelas, onde processos de colisão semelhantes aos estudados nos aceleradores ocorrem naturalmente a todo momento. Em algumas estrelas, esses processos produzem uma radiação eletromagnética extremamente forte – na forma de ondas de rádio, de ondas de luz ou de raios X –, que constitui a fonte primária de informação do astrônomo acerca do universo. O espaço interestelar, bem como o espaço entre as galáxias, acha-se, pois, repleto de radiação eletromagnética de diversas frequências, isto é, com fótons de energias diversas. Estas, no entanto, não são as únicas partículas que viajam através do cosmos. A "radiação cósmica" contêm não apenas fótons mas também partículas maciças de todos os tipos e cuja origem é ainda um mis-

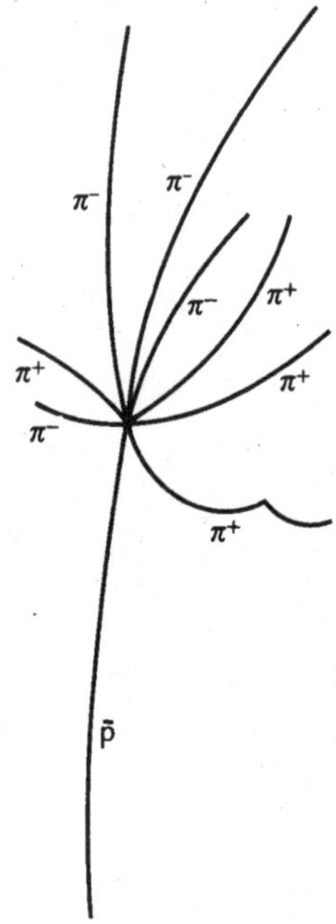

Criação de oito píons numa colisão entre um antipróton ($\bar{p}$) e um próton ("sentado" na câmara de bolhas): veja fotografia anterior.

tério. A maior parte delas consiste em prótons, alguns dos quais possuem energias extremamente altas, muito mais altas do que as obtidas nos mais poderosos aceleradores de partículas.

Quando esses "raios cósmicos" altamente energéticos atingem a atmosfera de nosso planeta, colidem com os núcleos das moléculas do ar da atmosfera e produzem uma grande variedade de partículas secundárias que ou decaem ou passam por colisões ulteriores, criando assim mais

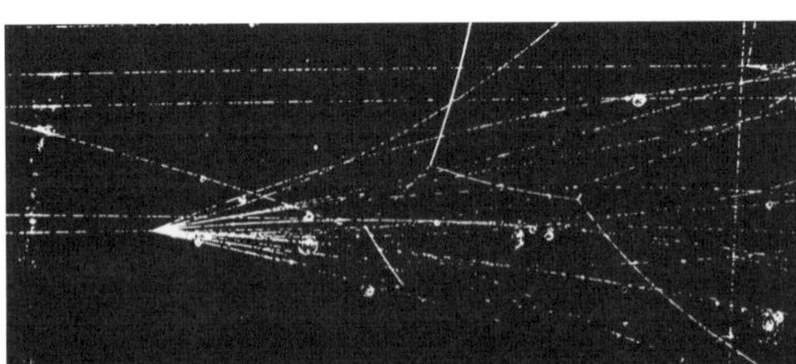

Criação de dezesseis partículas numa colisão píon-próton.

partículas que colidem e decaem novamente, e assim por diante, até que a última delas alcança a Terra. Dessa forma, um único próton que se precipita na atmosfera da Terra pode dar origem a toda uma cascata de eventos na qual sua energia cinética original e transformada numa chuva de partículas diversas, sendo gradativamente absorvidas à medida que penetram o ar, sofrendo múltiplas colisões. O mesmo fenômeno que pode ser observado nos experimentos de colisão da Física de alta energia ocorre naturalmente, embora de modo mais intenso e a todo momento, na atmosfera da Terra: um fluxo contínuo de energia atravessa uma grande variedade de padrões de partículas numa dança rítmica de criação e destruição. Na figura da página anterior, um magnífico exemplo dessa dança de energia. Trata-se de uma fotografia tirada por acaso quando uma inesperada chuva de raios cósmicos atingiu uma câmara de bolhas no centro europeu de pesquisas CERN durante um experimento.

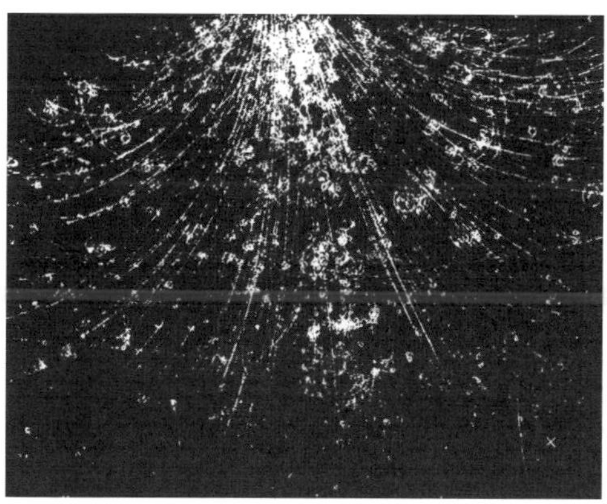

Uma chuva de aproximadamente 100 partículas produzida por um raio cósmico que atingiu uma câmara de bolhas acidentalmente. As trajetórias aproximadamente horizontais na fotografia pertencem às partículas provenientes do acelerador.

Os processos de criação e destruição que se verificam no mundo das partículas não são apenas aqueles passíveis de serem vistos nas fotografias das câmaras de bolhas. Incluem, também, a criação e destruição de partículas virtuais que são trocadas nas interações de partículas e não vivem tempo suficiente para serem observadas. Tomemos, por exemplo, a criação de dois píons numa colisão entre um próton e um antipróton. Um diagrama de espaço-tempo desse evento seria parecido com isto (recorde-se que a direção do tempo nesses diagramas é de baixo para cima!):

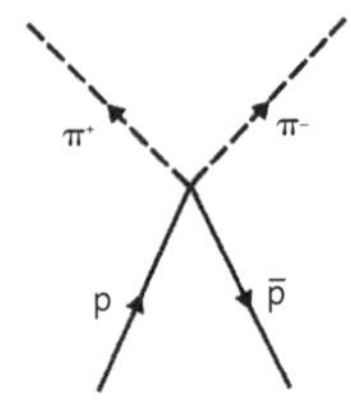

Ele apresenta as linhas de universo do próton (p) e do antipróton ($\bar{p}$) que colidem em um ponto no espaço-tempo, aniquilando-se mutuamente e criando dois píons (π^+ e π^-). Esse diagrama, entretanto, não nos fornece a representação integral. A interação entre o próton e o antipróton pode ser representada como a troca de um nêutron virtual, como aparece no diagrama abaixo:

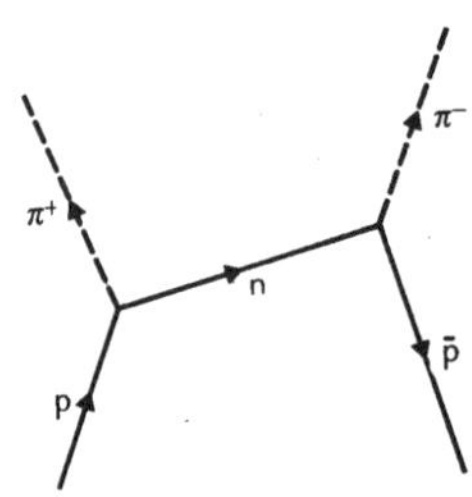

De modo semelhante, o processo apresentado na fotografia a seguir – onde quatro píons são criados numa colisão próton-antipróton – pode ser representado como um processo de troca mais complexo e que envolve a criação e destruição de três partículas virtuais: dois nêutrons e um próton.

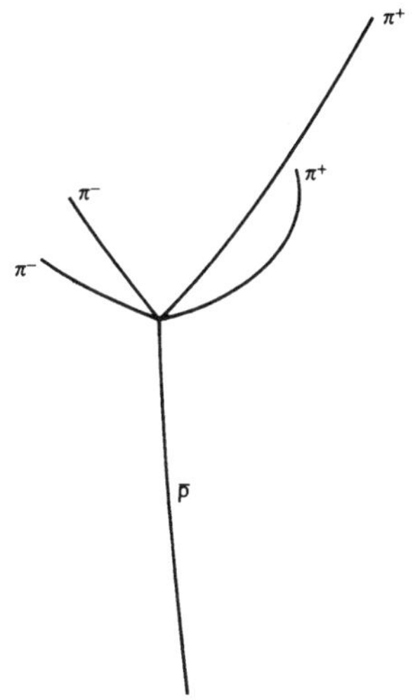

E o diagrama de Feynman correspondente apareceria assim:*

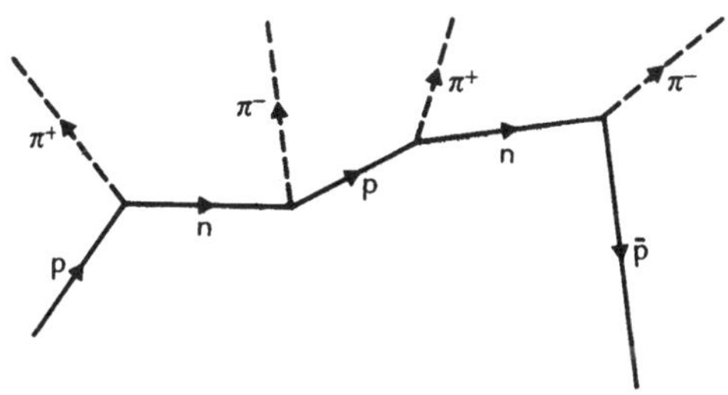

Esses exemplos ilustram a forma pela qual as linhas nas fotografias das câmaras de bolha fornecem apenas uma representação aproximada das interações de partículas. Os processos reais envolvem redes muito mais complexas de trocas de partículas. A situação torna-se, de fato, infinitamente mais complexa quando nos recordamos que cada uma das partículas envolvidas nas interações emite e reabsorve partículas virtuais incessantemente. Um próton, por exemplo, emitirá e reabsorverá um píon neutro de vez em quando; em outras ocasiões, emitirá um π^+ e se tornará um nêutron que absorverá o π^+ após um curto período de tempo e se transformará novamente no próton. Nos diagramas de Feynman, as

* Os diagramas que se seguem são meramente esquemáticos e não mostram os ângulos corretos entre as linhas das partículas. Note também que o próton inicial "parado" na câmara de bolhas não aparece na fotografia, mas possui uma linha de universo no diagrama de espaço-tempo porque ele se move no tempo.

linhas do próton terão que ser substituídas, naqueles casos, pelos seguintes diagramas:

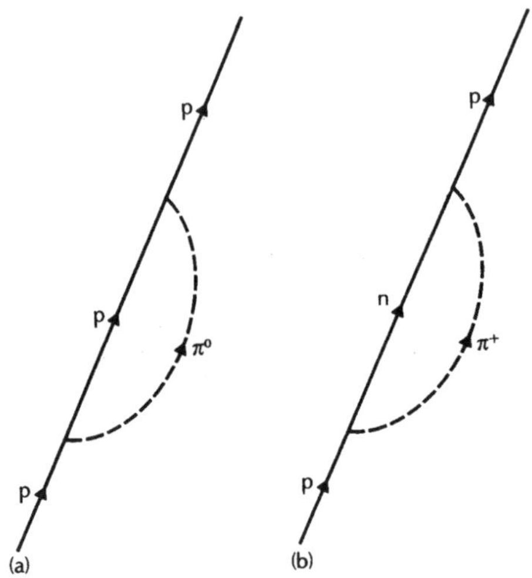

Diagramas de Feynman mostrando um próton emitindo e reabsorvendo píons virtuais.

Nesses processos virtuais, a partícula inicial pode desaparecer completamente por um curto lapso de tempo, como no diagrama (b). Um píon negativo, para tomar outro exemplo, pode criar um nêutron (n) mais um antipróton ($\overline{p}$) que se aniquilam mutuamente para restabelecer o píon original:

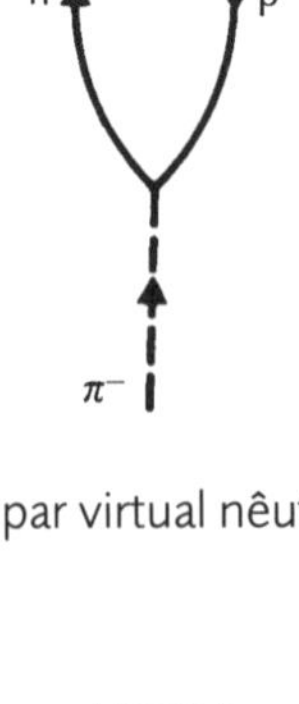

Criação de um par virtual nêutron-antipróton.

É importante compreender que todos esses processos seguem as leis da teoria quântica; são, pois, tendências (ou probabilidades), em vez de fatos. Cada próton existe potencialmente, isto é, com certa probabilidade, como um próton mais um π°, como um nêutron mais um π^{+} e de muitas outras maneiras. Os exemplos anteriores são apenas os mais simples dos processos virtuais. Padrões muito mais complexos surgem quando as partículas virtuais criam outras partículas virtuais, gerando assim toda uma rede de interações virtuais.* Em seu livro *The World of Elementary Particles* [*O Mundo das Partículas Elementares*], Kenneth Ford construiu um intrincado exemplo de uma rede desse tipo envolvendo a criação e destruição de onze partículas virtuais. Segundo Ford, "[o diagrama] apresenta uma dessas sequências de eventos, de aspecto bastante horrendo, embora perfeitamente real. Ocasionalmente, cada próton passa exatamente por essa dança de criação e destruição".[1]

Ford não é o único físico a lançar mão de frases como "dança de criação e destruição" e "dança de energia". As ideias de ritmo e dança vêm naturalmente à mente quando tentamos imaginar o fluxo de energia que atravessa os padrões que compõem o mundo das partículas. Os físicos modernos mostraram-nos que o movimento e o ritmo são propriedades essenciais da matéria, que toda matéria – tanto na Terra como no espaço externo – está envolvida numa contínua dança cósmica.

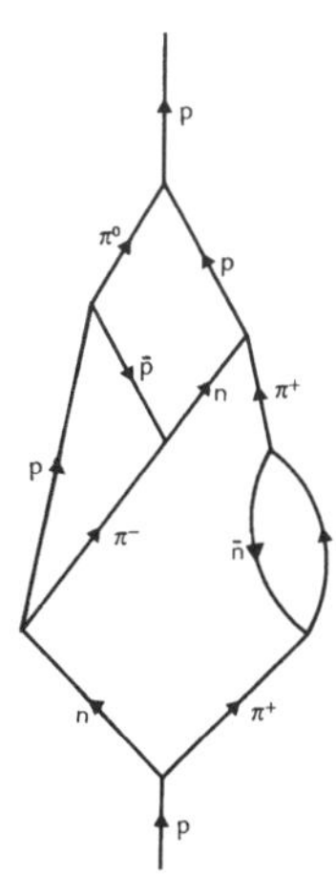

Uma rede de interações virtuais, desenho extraído da obra de Ford.

---

* Deve-se observar que as possibilidades não são inteiramente arbitrárias, mas achamse restritas por várias leis gerais que serão discutidas no capítulo subsequente.

Os místicos orientais possuem uma visão dinâmica do universo semelhante à da Física moderna e, consequentemente, não é de se surpreender que também eles tenham usado a imagem da dança para expressar sua intuição da natureza. Um belo exemplo de uma dessas imagens de ritmo e dança aparece no livro *Tibetan Journey* [*Viagem Tibetana*], de Alexandra David-Neel. Nesse livro, a autora descreve o seu encontro com um lama que se referia a si mesmo como um "mestre de som" e que lhe transmitiu o seguinte relato de sua visão da matéria:

> Todas as coisas [...] são agregados de átomos que dançam e que, por meio de seus movimentos, produzem sons. Quando o ritmo da dança se modifica, o som que produz também se modifica. [...] Cada átomo canta incessantemente sua canção e o som, a cada momento, cria formas densas e sutis.[2]

A semelhança entre esta concepção e a da Física moderna torna-se particularmente notável quando nos lembramos de que o som é uma onda com uma certa frequência que muda quando o som também muda, e que as partículas, o equivalente moderno do velho conceito de átomos, são igualmente ondas com frequências proporcionais às suas energias. De acordo com a teoria dos campos, cada partícula efetivamente "canta incessantemente sua canção", produzindo padrões rítmicos de energia (as partículas virtuais) em "formas densas e sutis".

A metáfora da dança cósmica encontrou sua expressão mais bela e profunda no Hinduísmo na imagem do deus dançarino Shiva. Entre suas várias encarnações, Shiva – um dos mais antigos e populares dentre os deuses indianos* – aparece como o Rei dos dançarinos. Segundo a crença hindu, todas as vidas são parte de um grande processo rítmico de criação e destruição, de morte e renascimento e a dança de Shiva simboliza esse eterno ritmo de vida-morte que se desdobra em ciclos intermináveis. Nas palavras de Ananda Coomaraswamy,

> Na noite de *Brahman*, a Natureza acha-se inerte e não pode dançar até que Shiva o determine: Ele se ergue de Seu êxtase e, dançando, envia

* Veja página 112.

através da matéria inerte ondas vibratórias do som que desperta e, vede!, a matéria também dança, aparecendo como uma glória que o circunda. Dançando, ele sustenta seus fenômenos multiformes. Na plenitude do tempo, dançando ainda, Ele destrói todas as formas e nomes pelo fogo e lhes concede novo repouso. Isto é poesia e, contudo, também é ciência.[3]

A dança de Shiva simboliza não apenas os ciclos cósmicos de criação e destruição, mas também o ritmo diário de nascimento e morte, visto no misticismo indiano como a base da existência. Ao mesmo tempo,

Shiva Nataraja, bronze bramânico, Índia do sul, séc. XII.

Shiva lembra-nos que as múltiplas formas do mundo são *maya* – não fundamentais, mas ilusórias e em permanente mudança – na medida em que segue criando-as e dissolvendo-as no fluxo incessante de sua dança. Nas palavras de Heinrich Zimmer,

> Seus gestos selvagens e cheios de graça precipitam a ilusão cósmica; seus braços e pernas ondeantes e o balanço de seu torso produzem – na verdade, são – a contínua criação-destruição do universo, a morte equilibrando exatamente o nascimento, o aniquilamento como o fim de tudo aquilo que veio à existência.[4]

Os artistas indianos dos séculos X e XII representaram a dança cósmica de Shiva em magníficas esculturas de bronze de figuras dançantes com quatro braços, cujos gestos soberbamente equilibrados e, não obstante, dinâmicos expressam o ritmo e a unidade da Vida. Os diversos significados da dança são transmitidos pelos detalhes dessas figuras através de uma complexa alegoria pictórica. A mão direita superior do deus segura um tambor que simboliza o som primordial da criação; a mão esquerda superior sustenta uma língua de chama, o elemento de destruição. O equilíbrio das duas mãos representa o equilíbrio dinâmico entre a criação e a destruição no mundo, acentuado ainda mais pela face calma e indiferente do Dançarino no centro das duas mãos, no qual a polaridade entre criação e destruição é dissolvida e transcendida. A segunda mão direita ergue-se num gesto que significa "não tenha medo", expressando manutenção, proteção e paz; por sua vez, a mão esquerda remanescente aponta para baixo, para o pé erguido e que simboliza a libertação da fascinação de *maya*. O deus é representado dançando sobre o corpo de um demônio, símbolo da ignorância do homem e que deve ser conquistado antes que seja alcançada a libertação.

A dança de Shiva – ainda nas palavras de Coomaraswamy – é "a imagem mais clara da atividade de Deus de que se pode vangloriar qualquer arte ou religião".[5] Como o deus é uma personificação de *Brahman*, sua atividade é a atividade das incontáveis manifestações de *Brahman* no mundo. A dança de Shiva *é o universo que dança*, o fluxo incessante de energia que permeia uma variedade infinita de padrões que se fundem uns nos outros.

A Física moderna mostrou que o ritmo de criação e destruição não se acha manifesto apenas na sucessão das estações e no nascimento e morte de todas as criaturas vivas, mas também na essência mesma da matéria inorgânica. De acordo com a teoria quântica de campo, todas as interações entre os componentes da matéria ocorrem através da emissão e absorção de partículas virtuais. Mais do que isso, a dança de criação e destruição é a base da própria existência da matéria, uma vez que todas as partículas materiais "autointeragem" pela emissão e reabsorção de partículas virtuais. A Física moderna revelou, pois, que cada partícula subatômica não apenas executa uma dança de energia, mas também *é* uma dança de energia, um processo vibratório de criação e destruição.

Os padrões dessa dança constituem um aspecto essencial da natureza de cada partícula e determinam muitas de suas propriedades. Por exemplo, a energia envolvida na emissão e absorção de partículas virtuais equivale a uma determinada quantidade de massa que contribui para a massa da partícula em autointeração. Partículas diferentes desenvolvem padrões diferentes em sua dança, demandando quantidades diferentes de energia, razão pela qual possuem massas diferentes. As partículas virtuais, por fim, não são apenas uma parte essencial de todas as interações de partículas e da maioria das propriedades das partículas, mas também são criadas e destruídas pelo vácuo. Dessa forma, não apenas a matéria como também o vácuo participam da dança cósmica, criando e destruindo padrões de energia incessantemente.

Para os físicos modernos, a dança de Shiva é, pois, a dança da matéria subatômica. Assim como na mitologia hindu, trata-se de uma contínua dança de criação e destruição, envolvendo a totalidade do cosmos e constituindo a base de toda a existência e de todos os fenômenos naturais. Há centenas de anos, os artistas indianos criaram imagens visuais de Shivas dançantes em belíssimas esculturas de bronze. Em nossos dias, os físicos utilizaram a tecnologia mais avançada para retratar os padrões da dança cósmica. As fotografias das partículas em interação, obtidas pelas câmaras de bolhas, que testemunham o contínuo ritmo de criação e destruição no universo, são imagens visuais da dança de Shiva, equivalendo à beleza e ao profundo significado das imagens produzidas pelos artistas indianos. A metáfora da dança cósmica unifica, assim, a antiga mitologia, a arte religiosa e a Física moderna. Na verdade – como disse Coomaraswamy –, é "poesia, e, contudo, também é ciência".

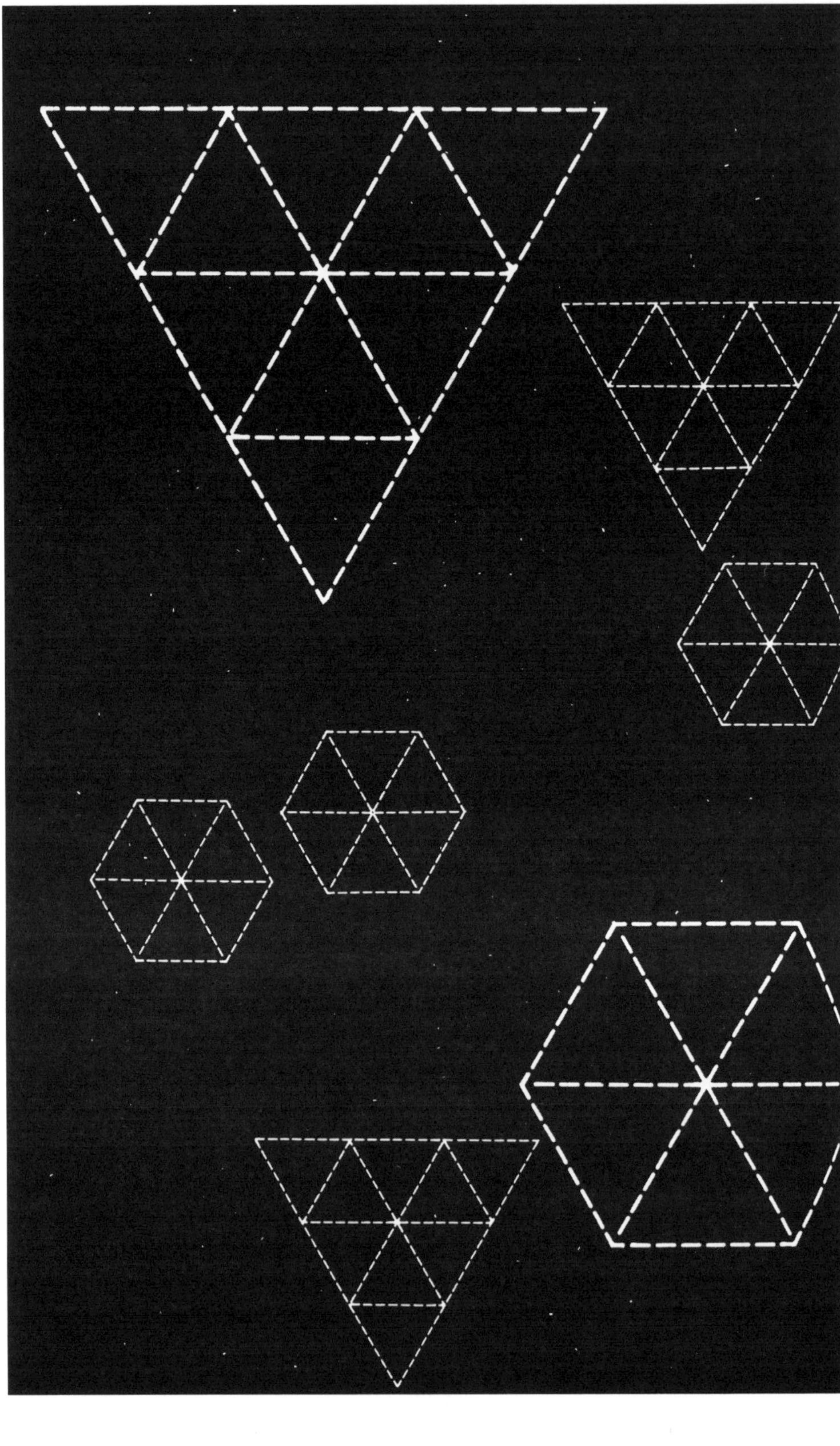

16. SIMETRIAS QUARK: UM NOVO *KOAN*?

O mundo subatômico é um mundo de ritmo, movimento e mudança contínua. Não é, contudo, arbitrário e caótico, mas segue padrões bastante claros e definidos. Assinale-se, de início, que todas as partículas de um determinado tipo são completamente idênticas; possuem exatamente a mesma massa, a mesma carga elétrica e outras propriedades características. Além disso, todas as partículas carregadas são portadoras de cargas elétricas exatamente iguais (ou opostas) à do elétron, ou cargas exatamente duas vezes a do elétron. O mesmo é verdadeiro acerca de outras quantidades que são atributos característicos das partículas; elas não assumem valores arbitrários, mas estão restritas a um número limitado, o que nos permite dispor as partículas em uns poucos grupos distintos (ou "famílias"). Isto nos encaminha à questão da forma pela qual esses padrões definidos vêm à tona no mundo dinâmico e sempre em mudança das partículas.

O surgimento de padrões nitidamente caracterizados na estrutura da matéria não é um fenômeno recente, já tendo sido observado no mundo dos átomos. Assim como ocorre com as partículas subatômicas, os átomos de um determinado tipo são inteiramente idênticos e os diferentes tipos de átomos, ou elementos químicos, foram dispostos em diversos grupos na tabela periódica. Atualmente essa classificação é bem compreendida; baseia-se no número de prótons e nêutrons presentes nos núcleos atômicos e, também, na distribuição dos elétrons em órbitas esféricas, ou "conchas", em torno dos núcleos. Como foi comentado anteriormente,* a natureza ondulatória dos elétrons restringe a distância mútua de suas órbitas, e a quantidade de rotações que um elétron pode ter numa dada órbita, a uns poucos valores definidos correspondentes a

---

* Veja página 92.

vibrações específicas dos elétrons ondulatórios. Consequentemente, padrões definidos surgem na estrutura atômica caracterizados por um conjunto de "números quânticos" inteiros e refletem os padrões de vibração dos elétrons ondulatórios em suas órbitas atômicas. Essas vibrações determinam os "estados quânticos" de um átomo e asseguram que dois átomos quaisquer serão inteiramente idênticos quando ambos estiverem no seu "estado fundamental" ou mesmo "estado excitado".

Os padrões do mundo das partículas apresentam grandes semelhanças com os do mundo dos átomos. A maioria das partículas, por exemplo, rodopiam em torno de um eixo como um pião. Seus *spins* estão restritos a valores definidos, que são múltiplos inteiros de uma unidade básica. Assim, os bárions só podem possuir *spins* de 1/2, 3/2, 5/2, etc., ao passo que os mésons possuem *spins* de 0, 1, 2, etc. Isso nos recorda as quantidades de rotação que os elétrons apresentam em suas órbitas atômicas, igualmente restritos a valores definidos e especificados por números inteiros.

A analogia com os padrões atômicos é ainda mais reforçada pelo fato de que todas as partículas em interação forte, ou hádrons, parecem distribuir-se em sequências cujos membros apresentam propriedades idênticas, exceto por suas massas e *spins*. Os membros mais elevados dessas sequências são as partículas de vida extremamente curta denominadas "ressonâncias", descobertas em grande número ao longo da década passada. As massas e *spins* das ressonâncias aumentam de forma bem definida dentro de cada sequência, o que parece estender-se indefinidamente. Essas regularidades sugerem uma analogia com os estados excitados dos átomos, tendo levado os físicos a considerar os membros mais elevados de uma sequência de hádrons não como partículas diferentes mas simplesmente como os estados excitados do membro com a massa mais baixa. Assim como um átomo, um hádron pode, pois, existir em diversos estados excitados de vida curta, envolvendo quantidades mais altas de rotação (ou *spin*) e energia (ou massa).

As semelhanças entre os estados quânticos de átomos e hádrons sugerem que estes últimos sejam, igualmente, objetos compostos com estruturas internas capazes de serem "excitadas", isto é, de absorver energia de modo a formar uma variedade de padrões. Atualmente, no entanto, não entendemos como são formados esses padrões. Na Física atômica, eles podem ser explicados em termos das propriedades e interações mútuas dos componentes do átomo (os prótons, nêutrons e elétrons); na Física das partículas, entretanto, essa explicação ainda não se tornou possível. Os padrões encontrados no mundo das partículas têm sido determinados e classificados de forma puramente empírica, não podendo ainda ser derivados dos detalhes da estrutura das partículas.

A dificuldade essencial que os físicos têm de defrontar está no fato de que a noção clássica de "objetos" compostos, consistindo de um conjunto definido de "partes componentes", não pode ser aplicada às partículas subatômicas. A única forma de se encontrar os "componentes" dessas partículas consiste em fragmentá-las através de processos de colisão que envolvam altas energias. Ao fazê-lo, entretanto, os fragmentos resultantes jamais serão "pedaços menores" das partículas originais. Dois prótons, por exemplo, podem ser partidos numa grande variedade de fragmentos ao colidirem em altas velocidades; contudo, jamais encontraremos "frações de um próton" entre eles. Os fragmentos serão sempre hádrons inteiros, formados a partir das energias cinéticas e das massas dos prótons em colisão. A decomposição de uma partícula em seus "componentes" está longe, pois, de ser algo preciso, dependendo, de fato, da energia envolvida no processo de colisão. Lidamos aqui com uma situação crucialmente relativística, na qual padrões dinâmicos de energia são dissolvidos e rearrumados e os conceitos estáticos de objetos compostos e partes componentes não podem ser aplicados a esses padrões. A "estrutura" de uma partícula subatômica só pode ser entendida num sentido dinâmico, ou seja, em termos de processos e interações.

A forma pela qual as partículas se partem em fragmentos nos processos de colisão é determinada por certas regras; na medida em que tais fragmentos são, novamente, partículas do mesmo tipo, essas regras também podem ser utilizadas para descrever as regularidades que podem ser observadas no mundo das partículas. Na década de 1960, quando foram descobertas, em sua maioria, as partículas atualmente conhecidas e começaram a aparecer as "famílias" de partículas, a maior parte dos físicos obviamente concentra seus esforços no mapeamento das regularidades que emergiam, deixando de lado o árduo problema de encontrar as causas dinâmicas dos padrões de partículas. Ao fazê-lo, mostraram-se muito bem-sucedidos.

A noção de simetria desempenhou um papel importante nessa pesquisa. Ao generalizar o conceito comum de simetria e ao conferir a esse conceito um significado mais abstrato, os físicos puderam desenvolvê-lo a ponto de torná-lo um instrumento poderoso e que se mostraria, com o passar do tempo, extremamente útil na classificação de partículas. Na vida cotidiana, o caso mais comum de simetria está associado com a reflexão no espelho; diz-se, assim que uma figura é simétrica quando se pode tratar uma linha através dela, dividindo-a em duas partes que são imagens de espelho exatas uma da outra. Graus superiores de simetria são exibidos por padrões que permitem que sejam traçadas diversas linhas de simetria, como no padrão abaixo, utilizado no simbolismo budista:

A reflexão, no entanto, não é a única operação associada à simetria. Diz-se também que uma figura é simétrica se parece a mesma após sofrer

uma rotação de um dado ângulo. A forma do diagrama chinês do *yin-yang*, por exemplo, baseia-se nessa simetria de rotação.

Na Física de partículas, as simetrias estão associadas a muitas outras operações além das reflexões e rotações. Tais simetrias podem ocorrer não apenas no espaço (e no tempo) usuais como, igualmente, nos espaços matemáticos abstratos. Aplicam-se às partículas, ou a grupos de partículas e, uma vez que as propriedades das partículas estão inseparavelmente vinculadas às suas interações mútuas, aplicam-se também às interações, isto é, aos processos nos quais as partículas se acham envolvidas. A razão pela qual essas operações de simetria são tão úteis reside no fato de estarem intimamente relacionadas a "leis de conservação". Sempre que um determinado processo no mundo das partículas exibe uma certa simetria, existe uma quantidade mensurável que é "conservada"; ou seja, uma quantidade que permanece constante durante o processo. Essas quantidades fornecem elementos de constância na dança complexa da matéria subatômica, sendo, pois, ideais para descrever as interações entre partículas. Algumas quantidades são conservadas em todas as interações; outras, apenas em algumas delas, de modo que cada processo está associado a um conjunto de quantidades conservadas. Dessa forma, as simetrias nas propriedades das partículas aparecem como leis de conservação em suas interações. Os físicos utilizam os dois conceitos permutavelmente, referindo-se algumas vezes à simetria de um processo, outras vezes a correspondente lei de conservação, conforme a conveniência em cada caso particular.

Existem quatro leis básicas de conservação que parecem ser observadas em todos os processos; destas, três se acham ligadas a operações simples de simetria no espaço e tempo ordinários. Todas as interações de partículas são simétricas relativamente aos deslocamentos no espaço –

serão exatamente as mesmas, quer venham a ocorrer em Londres ou em Nova York. São também simétricas com relação aos deslocamentos no tempo, o que equivale a dizer que ocorrerão do mesmo modo numa segunda-feira ou numa quarta-feira. A primeira dessas simetrias está ligada à conservação do *momentum*; a segunda à conservação da energia. Isso quer dizer que o *momentum* total de todas as partículas envolvidas numa interação – e sua energia total (inclusive todas as suas massas) – será exatamente o mesmo antes e depois da interação. A terceira simetria básica refere-se à orientação no espaço. Numa colisão de partículas, por exemplo, não faz a menor diferença se as partículas em colisão se aproximam uma da outra ao longo de um eixo orientado no sentido norte-sul ou no sentido leste-oeste. Como resultado dessa simetria, a quantidade total de rotação envolvida num processo (que inclui os *spins* das partículas individuais) é sempre observada. Por fim, existe a conservação da carga elétrica. Esta acha-se ligada a uma operação de simetria mais complicada, mas em sua formulação como lei de conservação é extremamente simples: a carga total transportada por todas as partículas envolvidas numa interação permanece constante.

Existem várias outras leis de conservação que correspondem a operações de simetria em espaços matemáticos abstratos, como aquela associada à conservação da carga. Algumas dessas leis aplicam-se, pelo que sabemos, a todas as interações; outras, apenas a algumas dessas interações (por exemplo, às interações fortes e às eletromagnéticas, mas não às interações fracas). As quantidades conservadas correspondentes podem ser concebidas como "cargas abstratas" transportadas pelas partículas. Uma vez que sempre assumem valores inteiros (±1, ±2, etc.) ou valores "semi-inteiros" (±1/2, ±3/2, ±5/2, etc.), são denominados números quânticos, em analogia aos números quânticos da Física atômica. Cada partícula é, então, caracterizada por um conjunto de números quânticos que, juntamente com a sua massa, especificam inteiramente suas propriedades.

Os hádrons, por exemplo, transportam valores definidos de "*isospin*" e "hipercarga", dois números quânticos conservados em todas as interações fortes. Se os oito mésons listados na tabela do capítulo anterior forem dispostos segundo os valores desses dois números quânticos, veremos que irão se distribuir num nítido padrão hexagonal conhecido

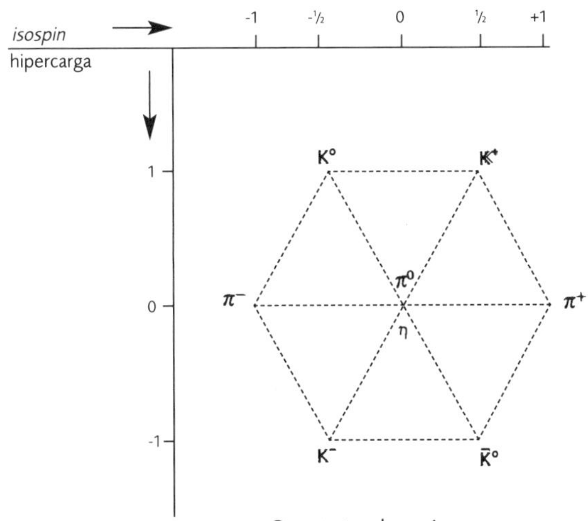

O octeto de mésons.

como "octeto de mésons". Essa disposição apresenta um alto grau de simetria; por exemplo, partículas e antipartículas ocupam lugares opostos no hexágono e as duas partículas no centro são suas próprias antipartículas. Os oito bárions mais leves formam exatamente o mesmo padrão, denominado "octeto de bárions". Desta vez, contudo, as antipartículas não estão contidas no octeto, mas formam um "antiocteto" idêntico. O bárion restante, listado em nossa tabela de partículas – o ômega – pertence a um padrão diferente, denominado "decupleto de bárions", juntamente com nove ressonâncias. Todas as partículas num dado padrão de simetria possuem números quânticos idênticos, com exceção do *isospin* e da hipercarga, que dão a elas seus lugares no padrão. Por exemplo, todos os mésons do octeto possuem *spin* zero (ou seja, não possuem *spin*); os bárions do octeto possuem *spin* igual a 1/2 e os bárions no decupleto, *spin* igual a 3/2.

Os números quânticos são pois utilizados para distribuir as partículas em famílias que formam padrões simétricos nítidos; para especificar os lugares das partículas individuais dentro de cada padrão e, ao mesmo tempo, para classificar as diversas interações de partículas segundo as leis de conservação que elas exibem. Os conceitos relacionados de simetria e conservação são por isso considerados extremamente úteis para expressar as regularidades do mundo das partículas.

É surpreendente que a maioria dessas regularidades possa ser representada de forma bastante simples se assumirmos que todos os há-

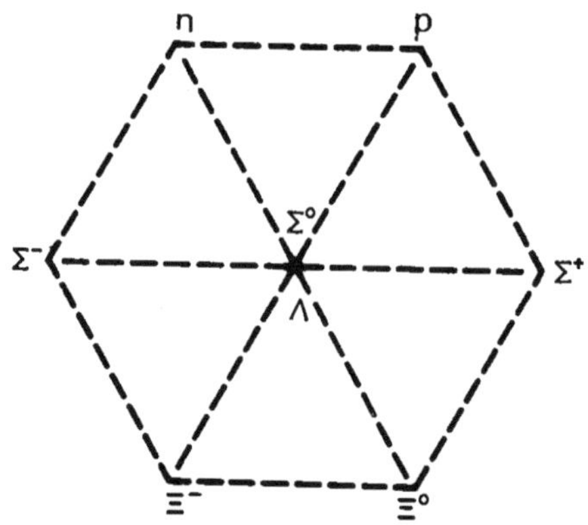

O octeto de bárions.

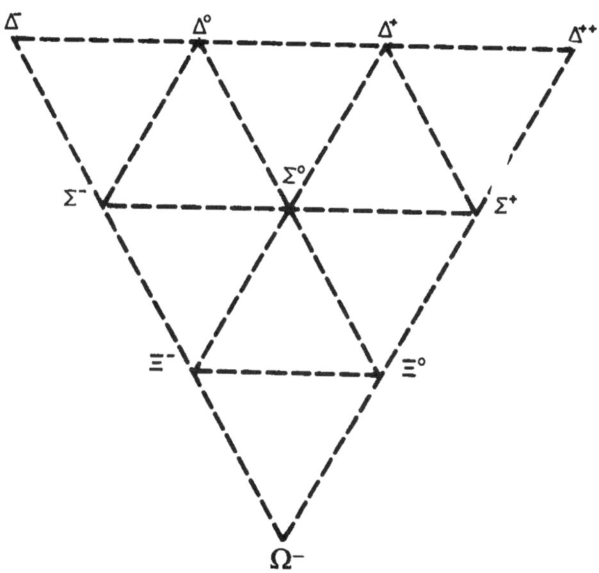

O decupleto de bárions.

drons são feitos de um pequeno número de entidades elementares, que até agora, escaparam à observação direta. Essas entidades receberam o fantasioso nome de "*quarks*", conferido por Murray Gell-Mann, que ao postular sua existência, chamou a atenção de seus colegas físicos para uma frase do *Finnegan's Wake* de James Joyce – "*Three quarks for Muster Mark*". Gell-Mann conseguiu estabelecer um grande número de padrões de hádrons, como os octetos e o decupleto discutidos anteriormente, atribuindo números quânticos adequados a seus três *quarks* e a seus respectivos *antiquarks*, reunindo a seguir esses blocos de construção em diversas combinações, de modo a formar bárions e mésons, cujos números quânticos são obtidos simplesmente pela adição dos números quânticos de seus *quarks* componentes. Nesse sentido, pode-se afirmar que os bárions "consistem em" três *quarks*, as antipartículas desses bárions consistem em *antiquarks* correspondentes, e os mésons, num *quark* mais um *antiquark*.

A simplicidade e a eficiência deste modelo são notáveis; não obstante, esse modelo origina sérias dificuldades, se pretendermos efetivamente levar a sério os *quarks* como componentes físicos reais dos hádrons. Até agora, nenhum hádron foi fragmentado em seus *quarks* componentes, apesar de terem sido bombardeados com as mais altas energias disponíveis. Em outras palavras, isso quer dizer que os *quarks* teriam que ser mantidos juntos por intermédio de forças de coesão extremamente poderosas. De acordo com o conhecimento que atualmente possuímos das partículas e de suas interações, estas forças devem envolver outras partículas e os *quarks* devem, consequentemente, apresentar algum tipo de "estrutura", à semelhança do que ocorre com as demais partículas sujeitas à interação forte. Para o modelo *quark*, contudo, é essencial que se tenha *quarks* desprovidos de estrutura, assimiláveis a um ponto. Em razão dessa dificuldade fundamental, até agora não foi possível formular o modelo *quark* de uma forma dinâmica que seja consistente e capaz de explicar as simetrias e as forças de coesão.

No terreno experimental, houve durante a última década uma intensa mas, até agora, malograda "caçada ao *quark*". Se existem *quarks* isolados, deveriam ser passíveis de fácil detecção, uma vez que o modelo de Gell-Mann exige que possuam propriedades bastante fora do comum, como cargas elétricas iguais a 1/3 e 2/3 da carga do elétron – o que não aparece em parte alguma no mundo das partículas. Até agora, não foram observadas quaisquer partículas com essas propriedades, não obstante a grande intensidade das pesquisas. Esse persistente malogro das tentativas de detectá-las experimentalmente, somado às sérias objeções teóricas à sua existência, tornaram extremamente duvidosa a realidade dos *quarks*.

Por outro lado, o modelo *quark* continua sendo bem-sucedido na explicação das regularidades encontradas no mundo das partículas, embora não seja mais utilizado em sua forma simples original. No modelo original de Gell-Mann, todos os hádrons poderiam ser construídos com três tipos de *quarks* e seus *antiquarks*. Nesse meio-tempo, entretanto, os físicos tiveram de postular *quarks* adicionais, de modo a poder explicar a grande variedade de padrões de hádrons. Os três *quarks* originais foram designados, arbitrariamente, por *u*, *d* e *s*, iniciais de "*up*" (para cima), "*down*" (para baixo) e "*strange*" (estranho).* A primeira extensão do modelo, que emergiu da aplicação detalhada da hipótese *quark* a todo o conjunto de dados relativos a partículas, foi a exigência de que cada *quark* aparecesse em três variedades ou "cores" diferentes. O uso do termo cor é, naturalmente, muito arbitrário e nada tem a ver com o significado habitual de cor. De acordo com o modelo *quark* colorido, os bárions consistem em três *quarks* de cores diferentes, ao passo que os mésons, num *quark* mais um *antiquark* da mesma cor.

A introdução da cor elevou a nove o número total de *quarks* e, mais recentemente, foi postulado um *quark* adicional, novamente aparecendo em três cores. Com a inclinação usual dos físicos para nomes fantasiosos, esse novo *quark* foi designado por *c*, inicial de "*charm*" (charme).** Isso elevou a doze o número total de *quarks* – quatro tipos, cada um deles aparecendo em três cores. Para distinguir os diferentes tipos de *quarks* de diferentes cores, os físicos logo introduziram o termo "sabor", e falam agora de *quarks* de diferentes cores e sabores.

O grande número de regularidades que podem ser descritas em termos desses doze *quarks* é, efetivamente, impressionante.*** Não há dúvidas de que os hádrons exibem "simetrias *quarks*" e, embora o nosso conhecimento atual das partículas e suas interações exclua a existência de *quarks* físicos, os hádrons frequentemente comportam-se como se fossem constituídos de componentes elementares, assimiláveis a pontos. A situação paradoxal que cerca o modelo *quark* assemelha-se em muito aos dias iniciais da Física atômica, quando paradoxos igualmen-

---

* Ou "raro".

** Ou "encanto".

*** Veja Posfácio à 2ª edição para uma discussão dos desenvolvimentos mais recentes do modo *quark*.

te notáveis levaram os físicos a uma ruptura substancial em sua compreensão dos átomos. O enigma dos *quarks* apresenta todos os traços de um novo *koan* que, por sua vez, poderia levar-nos novamente a uma outra ruptura substancial em nossa compreensão das partículas subatômicas. De fato, essa ruptura já está ocorrendo, como veremos nos capítulos seguintes. Atualmente, vários físicos estão a ponto de resolver o *koan quark*, e isso os tem levado a novas e excitantes ideias acerca da natureza da realidade física.

A descoberta de padrões simétricos no mundo das partículas fez com que muitos físicos acreditassem que tais padrões refletissem as leis fundamentais da natureza. Durante os últimos quinze anos, um grande esforço foi devotado à busca de uma "simetria fundamental" última capaz de incorporar todas as partículas conhecidas e, dessa forma, "explicar" a estrutura da matéria. Esse objetivo reflete uma atitude filosófica herdada dos antigos gregos e cultivada ao longo de muitos séculos. A simetria, juntamente com a geometria, desempenhou um relevante papel na ciência, na filosofia e na arte gregas, onde era identificada com a beleza, a harmonia e a perfeição. Assim, os pitagóricos consideravam os padrões numéricos simétricos como a essência de todas as coisas. Platão acreditava que os átomos dos quatro elementos possuíam as formas dos sólidos regulares, e a maioria dos astrônomos gregos acreditava que os corpos celestes se moviam em círculos porque o círculo era a figura geométrica dotada do mais elevado grau de simetria.

A atitude da filosofia oriental com relação à simetria está em flagrante contraste com a dos gregos antigos. As tradições místicas do Extremo Oriente frequentemente utilizam padrões simétricos como símbolos ou diagramas para meditação; entretanto, o conceito de simetria não parece desempenhar qualquer papel mais destacado em sua filosofia. Assim como a geometria, acredita-se que seja uma construção da mente, e não uma propriedade da natureza, e, portanto, sem qualquer importância fundamental. Nesse sentido, muitas formas orientais de arte apresentam marcada predileção pela assimetria e, não raro, evitam todas as formas geométricas ou regulares. As pinturas chinesas e japonesas, de inspiração Zen, muitas vezes executadas no chamado estilo de "um canto", ou as disposições irregulares das lajes nos jardins japoneses, ilustram com clareza esse aspecto da cultura do Extremo Oriente.

Tudo indicaria, então, que a busca de simetrias fundamentais na Física das partículas é parte de nossa herança helênica, de alguma forma inconsistente com a visão geral do mundo que começa a emergir da ciência moderna. A ênfase na simetria, entretanto, não é o único aspecto da Física das partículas. Em contraste com a abordagem da simetria "estática", sempre existiu uma escola "dinâmica" de pensamento que não considera os padrões de partículas como características fundamentais da natureza, mas tenta entendê-los como uma consequência da natureza dinâmica e da inter-relação essencial, inerente ao mundo subatômico. Os dois últimos capítulos mostrarão como essa escola de pensamento deu origem, na década passada, a uma visão radicalmente diferente das simetrias e leis da natureza, que se encontra em harmonia com a visão de mundo da Física moderna descrita nas páginas anteriores e em perfeita concordância com a filosofia oriental.

Pavimentação exterior do palácio Katsura, Kyoto, Japão.

"Pássaros sobre o lago", de Liang K'ai, dinastia Sung.

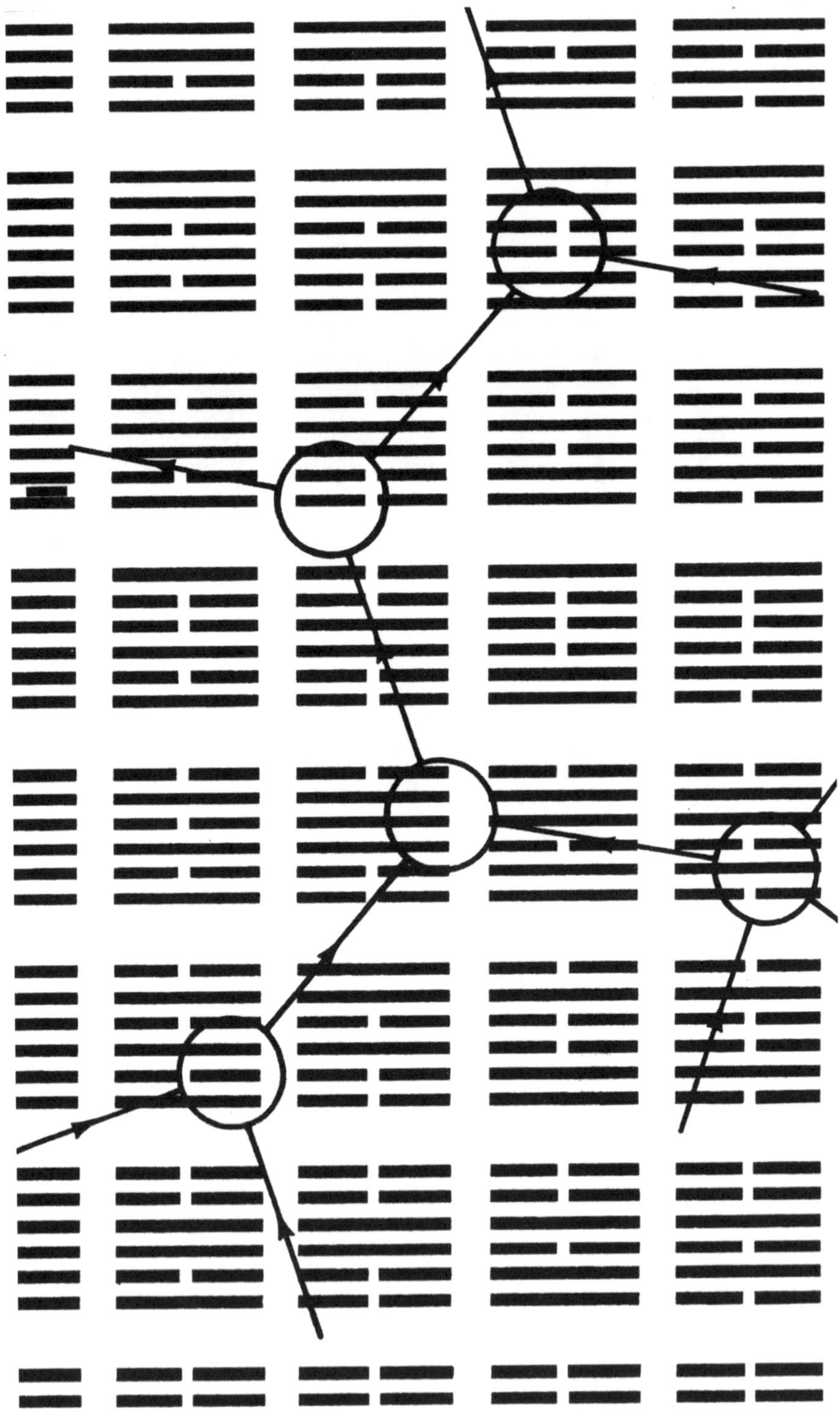

17. PADRÕES DE MUDANÇA

A explicação das simetrias no mundo das partículas em termos de um modelo dinâmico, ou seja, de um modelo que descreva as interações entre as partículas constitui um dos maiores desafios impostos à Física de nossos dias. O problema reside, em última instância, em como levar em consideração, simultaneamente, a teoria quântica e a teoria da relatividade. Os padrões de partículas parecem refletir a "natureza quântica" das partículas, uma vez que padrões semelhantes ocorrem no mundo dos átomos. Na Física das partículas, contudo, tais padrões não podem ser explicados como padrões ondulatórios no âmbito da teoria quântica, uma vez que as energias envolvidas são tão elevadas que se torna necessário aplicar a teoria da relatividade. Somente uma teoria "quântico-relativística" das partículas parece pois ser capaz de explicar as simetrias observadas.

A teoria quântica dos campos foi o primeiro modelo desse tipo. Forneceu uma excelente descrição das interações eletromagnéticas entre elétrons e fótons, mas é muito menos adequada para a descrição de partículas sujeitas à interação forte.* À medida que um número crescente dessas partículas ia sendo descoberto, os físicos foram se apercebendo do fato de que associar cada uma delas a um campo fundamental deixava muito a desejar. E quando o mundo das partículas se revelou como sendo um tecido cada vez mais complexo de processos interligados, os físicos tiveram de procurar outros modelos para representar essa realidade dinâmica e em permanente mudança. Necessitava-se de um formalismo matemático capaz de descrever, de forma dinâmica, a grande variedade de padrões de hádrons: sua transformação contínua uns nos

* Veja p. 331ss para uma discussão mais detalhada desta questão.

outros, sua interação mútua através da troca de outras partículas, a formação de "estados ligados" de dois ou mais hádrons e seu decaimento em várias combinações de partículas. Todos esses processos, que receberam o nome genérico de "reações de partículas, são características essenciais das interações fortes e devem ser explicadas por intermédio de um modelo quântico-relativístico de hádrons.

A estrutura que parece ser a mais adequada para a descrição dos hádrons e de suas interações é a chamada "teoria da matriz S". Seu conceito fundamental, a "matriz S", foi originalmente proposto por Heisenberg em 1943. Durante as duas últimas décadas, foi desenvolvido a ponto de se tornar uma complexa estrutura matemática, que parece ser idealmente adequada à descrição das interações fortes. A matriz S é um conjunto de probabilidades para todas as reações possíveis envolvendo hádrons. Seu nome deriva do fato de podermos imaginar todas as possíveis reações de hádrons reunidas e distribuídas num arranjo infinito do tipo a que os matemáticos denominam matriz. A letra S é a inicial do nome original – "*scattering matrix*" ("matriz de espalhamento") – que se refere aos processos de colisão – ou "espalhamento", que constituem a maioria das reações de partículas.

Na prática, naturalmente, jamais nos interessamos por todo o conjunto de processos de hádrons, mas unicamente por algumas reações específicas. Dessa forma, jamais lidamos com toda a matriz S mas, unicamente, com aquelas dentre as suas partes, ou "elementos", que se referem aos processos em consideração. Estes são representados simbolicamente por diagramas semelhantes ao abaixo apresentado, que nos mostra uma das reações de partículas mais simples e mais gerais: duas

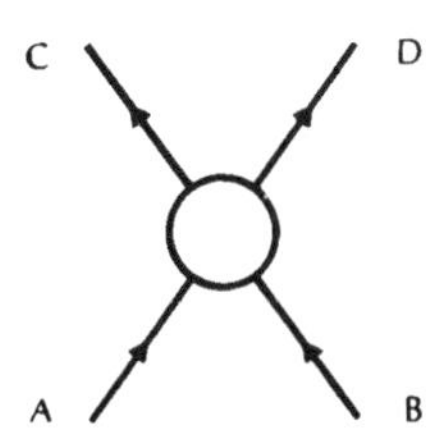

partículas, A e B, passam por uma colisão, de modo a emergir como duas partículas diferentes, C e D. Processos mais complicados envolvem um número maior de partículas e são representados por diagramas, como os seguintes:

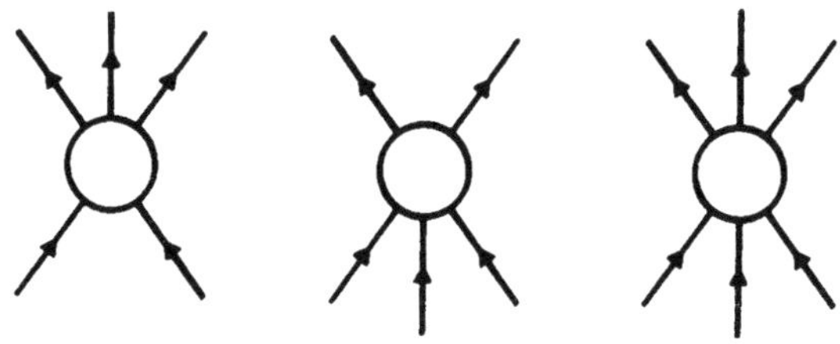

Deve-se enfatizar o fato de que esses diagramas da matriz S são muito diferentes dos diagramas de Feynman da teoria de campo. Os diagramas a que agora nos referimos não representam o mecanismo detalhado da reação; especificam, simplesmente, as partículas iniciais e finais. O processo padrão A + B + C + D, por exemplo, poderia ser representado na teoria de campo como a troca de uma partícula virtual V, ao passo que,

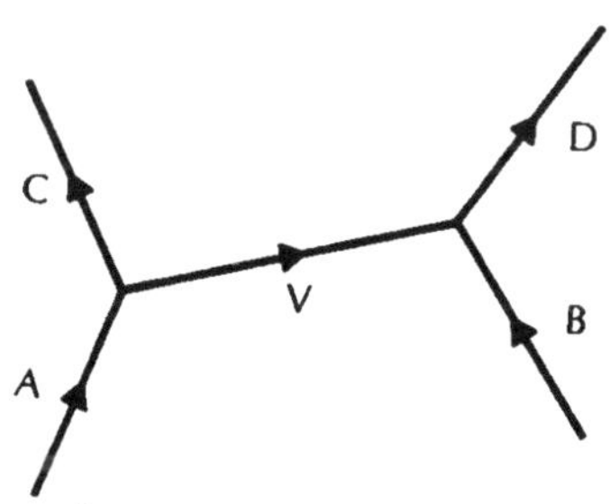

na teoria da matriz S, desenhamos simplesmente um círculo sem especificar o que se passa dentro dele. Além disso, os diagramas da matriz S não são diagramas de espaço-tempo, mas representações simbólicas mais gerais de reações de partículas. Não se presume que tais reações ocorram em pontos definidos do espaço e tempo; são, isso sim, descritas em termos das velocidades (ou, para sermos mais precisos, em termos dos *momenta*) das partículas que entram e saem.

Isso significa, naturalmente, que um diagrama da matriz S contém muito menos informações que um diagrama de Feynman. Por outro lado, a teoria da matriz S evita uma dificuldade característica da teoria de campo. Os efeitos combinados das teorias quântica e da relatividade tornam impossível localizar com precisão uma interação entre partículas definidas. Devido ao princípio de incerteza, a incerteza da velocidade de uma partícula aumentará na medida em que sua região de interação seja localizada com maior nitidez* e, consequentemente o valor de sua energia cinética será cada vez mais incerto. Eventualmente, essa energia tornar-se-á suficientemente intensa para que novas partículas sejam criadas, de acordo com a teoria da relatividade, e, então, não podemos mais estar certos de lidar com a reação original. Dessa forma, numa teoria que combina as teorias da relatividade e quântica, não é possível especificar com precisão a posição das partículas individuais. Se isso for feito, como sucede na teoria de campo, teremos de suportar as inconsistências matemáticas que são, de fato, o principal problema em todas as teorias quânticas dos campos. A teoria da matriz S supera esse problema especificando os *momenta* das partículas e permanecendo suficientemente vaga no que diz respeito à região onde ocorre a reação.

O importante conceito novo na teoria da matriz S é o deslocamento da ênfase dos objetos para os eventos: sua preocupação básica não é com as partículas, mas com suas reações. Esse deslocamento dos objetos para os eventos é exigido tanto pela teoria quântica quanto pela teoria da relatividade. Por um lado, a teoria quântica mostrou com clareza que uma partícula subatômica só pode ser compreendida como uma manifestação da interação entre diversos processos de medida. Não se trata de um objeto isolado mas, sim, de uma ocorrência, ou evento, que interliga outros eventos de forma particular. Nas palavras de Heisenberg:

> [Na Física moderna], dividimos agora o mundo não em grupos diferentes de objetos mas em grupos diferentes de conexões. [...] O que pode ser diferenciado é o tipo de conexão que é basicamente importante num dado fenômeno. [...] O mundo aparece assim como um complicado tecido de eventos, no qual conexões de diferentes tipos se alternam ou se sobrepõem ou se combinam e, dessa maneira, determinam a textura do todo.[1]

A teoria da relatividade, por outro lado, levou-nos a conceber as partículas em termos de espaço-tempo, ou seja, como padrões quadridimensionais, como processos e não como objetos. A abordagem pela matriz S combina esses dois pontos de vista. Utilizando o formalismo

---

* Veja página 174.

matemático quadridimensional da teoria da relatividade, descreve todas as propriedades dos hádrons em termos de reações (ou, para sermos mais precisos, em termos de probabilidades de reações e, dessa forma, estabelece um vínculo íntimo entre partículas e processos. Cada reação envolve partículas que a vinculam a outras reações e, dessa maneira, constroem toda uma rede de processos.

Um nêutron, por exemplo, pode participar em duas reações sucessivas envolvendo partículas diferentes: a primeira, digamos, um próton e um π^-; a segunda, um Σ^- e um K^+. O nêutron interliga, assim, essas duas reações e as integra num processo mais amplo – veja o diagrama (a) da figura a seguir. Cada uma das partículas iniciais e finais nesse processo será envolvida em outras reações; o próton, por exemplo, poderá emergir de uma interação entre um K^+ e um Λ – veja o diagrama (b) da figura a seguir –; o K^+ na reação original poderá ser vinculado a um K^- e a um π^0; o π^- a outros três píons – veja o diagrama da figura da página seguinte.

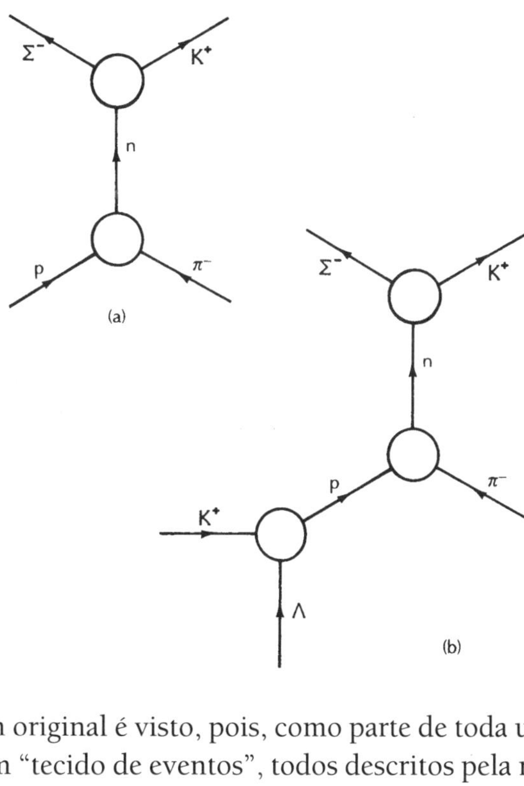

O nêutron original é visto, pois, como parte de toda uma rede de interações, de um "tecido de eventos", todos descritos pela matriz S. As interligações nessa rede não podem ser determinadas com certeza, mas, em

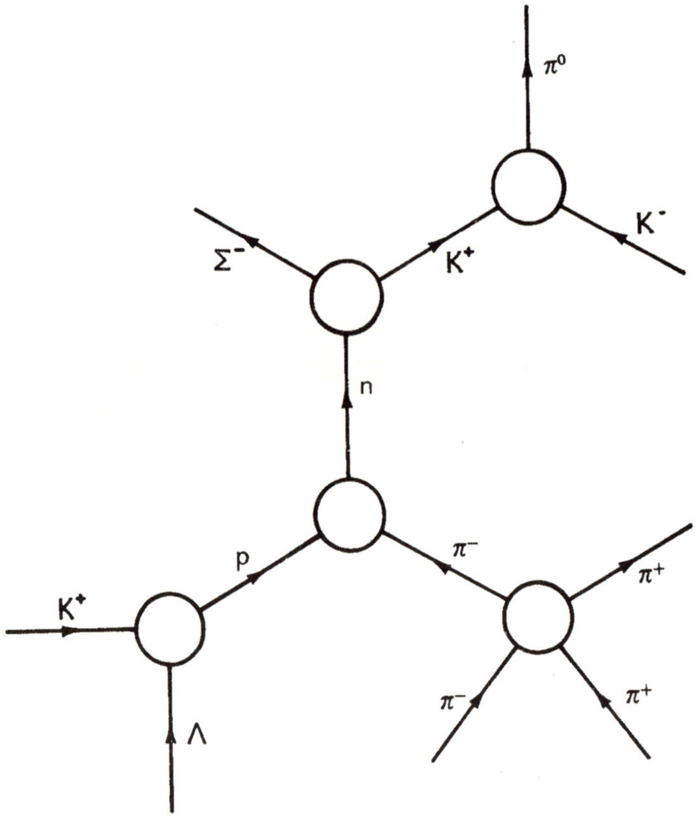

vez disso, estão associadas a probabilidades. Cada reação ocorre com alguma probabilidade, que depende da energia disponível e das características da reação; essas probabilidades são dadas pelos diversos elementos da matriz S.

Essa abordagem permite-nos definir a estrutura de um hádron de uma forma inteiramente dinâmica. O nêutron em nossa rede, por exemplo, pode ser visto como um "estado ligado" do próton e do π^-, dos quais deriva, e também como um estado ligado do Σ^- e do K^+, nos quais se desintegra. Cada uma dessas combinações de hádrons, e muitas outras, podem formar um nêutron e, consequentemente, pode-se dizer delas que são componentes da "estrutura" do nêutron. A estrutura de um hádron não é, portanto, entendida como uma disposição definida de partes componentes mas, sim, é dada por todos os conjuntos de partículas que podem interagir entre si para formar o hádron em questão. Assim, um próton existe potencialmente como um par nêutron-píon, um par káonlambda, e assim por diante. O próton também possui o potencial de se desintegrar em qualquer uma dessas combinações de partícula se existir suficiente energia disponível. As tendências de um hádron para existir em diversas manifestações são expressas pelas probabilidades associadas às reações correspondentes, todas elas podendo ser encaradas como aspectos da estrutura interna do hádron.

Definindo a estrutura de um hádron como sendo sua tendência a passar por diversas reações, a teoria da matriz S dá ao conceito de estrutura uma conotação essencialmente dinâmica. Ao mesmo tempo, essa noção de estrutura está em perfeita concordância com os fatos experimentais. Sempre que os hádrons são fragmentados em experimentos de colisão de alta energia, desintegram-se em combinações de outros hádrons; pode-se, portanto, afirmar que "consistem" potencialmente nessas combinações de hádrons. Cada uma das partículas emergentes de uma tal colisão passará, por sua vez, por diversas reações, construindo assim toda uma rede de eventos que pode ser fotografada na câmara de bolhas. A fotografia abaixo e aquelas apresentadas no Capítulo 15 são exemplos dessas redes de reações.

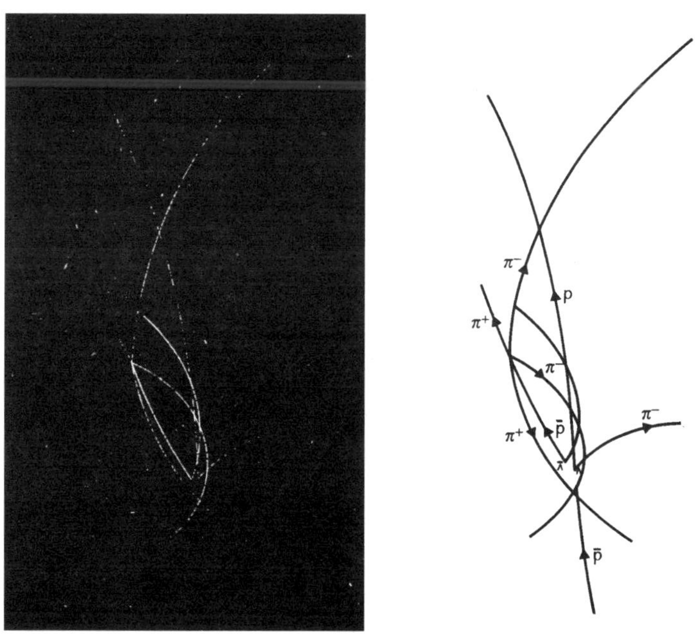

Uma rede de reações envolvendo prótons, antiprótons, um par lambda-antilambda e diversos píons.

Embora a rede que surgirá num experimento particular seja uma questão de probabilidade, cada rede está, na verdade, estruturada segundo regras definidas. Essas regras são as leis de conservação anteriormente mencionadas; só podem ocorrer aquelas reações nas quais um conjunto bem definido de números quânticos é conservado. Assinale-se de início que a energia total deve permanecer constante em cada reação. Isso significa que uma certa combinação de partículas pode emergir de uma reação somente se a energia transportada à reação foi suficientemente alta para fornecer as massas exigidas. Além disso, o grupo de partículas emergentes deve, coletivamente, transportar exatamente os mesmos números quânticos transportados à reação pelas partículas iniciais. Por exemplo, um próton e um π^-, transportando uma carga elétrica total igual a zero, podem ser dissolvidos numa colisão e reordenados de modo a emergir com um nêutron mais um π° , mas não podem emergir como um nêutron e um π^+, pois este último par transportaria uma carga total igual a + 1.

As reações de hádrons representam assim um fluxo de energia no qual partículas são criadas e dissolvidas, mas a energia só pode fluir através de certos "canais" caracterizados pelos números quânticos conservados nas interações fortes. Na teoria da matriz S, o conceito de canal de reação é mais fundamental que o de partícula. É definido como um conjunto de números quânticos que podem ser transportados por diversas combinações de hádrons e, não raro, também por um único hádron. A combinação de hádrons que fluirá através de um canal particular é uma questão de probabilidade, embora dependa, antes de mais nada, da energia disponível. O diagrama a seguir, por exemplo, mostra uma interação

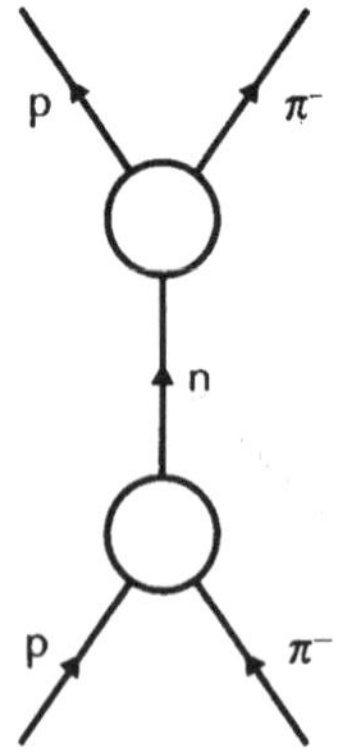

entre um próton e um π^-, na qual um nêutron é formado como um estado intermediário. Portanto, o canal de reação é formado inicialmente pelos dois hádrons, a seguir por um único hádron e, finalmente, pelo par inicial de hádrons. O mesmo canal pode ser formado, se houver uma quantidade maior de energia disponível, por um par A-K°, um par Σ^--K^+ e por várias outras combinações.

A noção de canais de reação é especialmente adequada para lidar com as ressonâncias, estados de hádron de vida extremamente curta característicos de todas as interações fortes. São, em verdade, fenômenos efêmeros, a ponto de os físicos mostrarem-se de início relutantes em classificá-los como partículas; hoje em dia, o esclarecimento de suas propriedades ainda constitui uma das maiores tarefas da Física experimental de alta energia. As ressonâncias são formadas em colisões de hádrons e se desintegram quase ao mesmo momento que passam a existir. Não podem ser vistas na câmara de bolhas, embora possam ser detectadas devido a um comportamento muito especial das probabilidades de reação. A probabilidade de dois hádrons em colisão passarem por uma reação, isto é, interagirem um com o outro depende da energia envolvida na colisão. Se a quantidade dessa energia for modificada, a probabilidade também será alterada; pode crescer ou decrescer com o aumento da energia, dependendo dos detalhes da reação. Para determinados valores de energia, não obstante, observa-se que a probabilidade de reação cresce acentuadamente; a ocorrência de uma reação é muito mais provável para esses valores do que para qualquer outra quantidade de energia. Esse crescimento acentuado está associado com a formação de um hádron intermediário de vida curta com massa correspondente à energia na qual o crescimento é observado.

A razão pela qual esses estados de hádron de vida curta são denominados ressonância relaciona-se com uma analogia que pode ser estabelecida com o conhecido fenômeno da ressonância, encontrado quando lidamos com vibrações. No caso do som, por exemplo, o ar numa cavidade responderá geralmente de forma apenas débil a uma onda sonora proveniente do exterior, mas começará a "ressoar" (ou a vibrar fortemente) quando a onda sonora atingir uma determinada frequência, denominada frequência de ressonância. O canal de uma reação de hádrons pode ser comparado a uma dessas cavidades ressoantes, uma vez que a energia dos hádrons em colisão está relacionada com a frequência das ondas de probabilidade correspondentes. Quando essa energia, ou frequência, atinge um determinado valor, o canal começa a ressoar; as vibrações da onda de probabilidade repentinamente tornam-se muito intensas e isso gera um aumento acentuado na probabilidade de reação. A maior parte dos canais de reação possui várias energias de ressonância, cada uma delas correspondendo à massa de um estado de hádron intermediário de vida efêmera, que é formado quando a energia das partículas em colisão atinge o valor de ressonância.

No âmbito da teoria da matriz S, o problema de saber se devemos denominar (ou não) as ressonâncias de "partículas" não existe. Todas as partículas são concebidas como estados intermediários numa rede de reações e o fato de as ressonâncias viverem apenas durante um período muito mais breve do que os demais hádrons não os torna fundamentalmente diferentes. De fato, a palavra ressonância é um termo bastante adequado. Refere-se tanto ao fenômeno que ocorre no canal de reação quanto ao hádron formado durante esse fenômeno, demonstrando, dessa forma, o vínculo íntimo entre partículas e reações. Uma ressonância é uma partícula mas não um objeto, sendo muito mais bem descrita como um evento, uma ocorrência ou um acontecimento.

Essa descrição dos hádrons na Física das partículas traz à mente as palavras de D. T. Suzuki, anteriormente citadas:* "os budistas concebiam um objeto como um evento e não como uma coisa ou uma substância". Aquilo que os budistas compreenderam através de sua experiência mística da natureza foi agora redescoberto por intermédio dos experimentos e das teorias matemáticas da ciência moderna.

Para que possamos descrever os hádrons como estados intermediários numa rede de reações, devemos ser capazes de explicar as forças por intermédio das quais interagem mutuamente. Trata-se das forças de interação forte que desviam, ou "espalham", os hádrons em colisão, os dissolvem e os reordenam em diferentes padrões e os vinculam em grupos de modo a formar estados ligados intermediários. Na teoria da matriz S, assim como na teoria de campo, as forças de interação estão associadas a partículas, mas o conceito de partículas virtuais não é utilizado. Em

---

* Veja página 222.

vez disso, a relação entre forças e partículas baseia-se numa propriedade especial da matriz S conhecida como "cruzamento". Para ilustrar essa propriedade, consideremos o seguinte diagrama representando a interação entre um próton e um π^-:

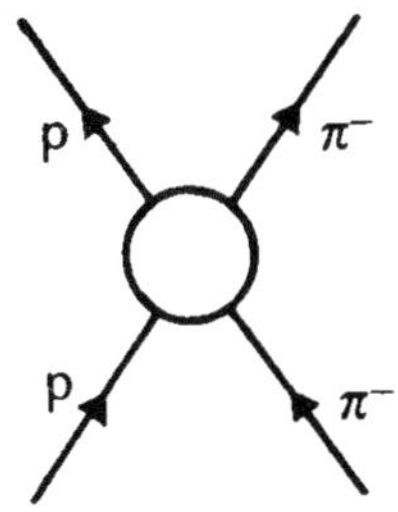

Se esse diagrama sofrer uma rotação de 90°, e se conservarmos a convenção anteriormente adotada, de que as setas voltadas para baixo indicam as antipartículas),* o novo diagrama representará uma reação entre um antipróton ($\bar{p}$); e um próton (p) que dela emergirão como um par de píons, o π^+ sendo a antipartícula do π^- na reação original.

A propriedade de "cruzamento" da matriz S refere-se ao fato de que ambos os processos são descritos pelo mesmo elemento da matriz S. Isso significa que os dois diagramas simplesmente representam dois aspectos

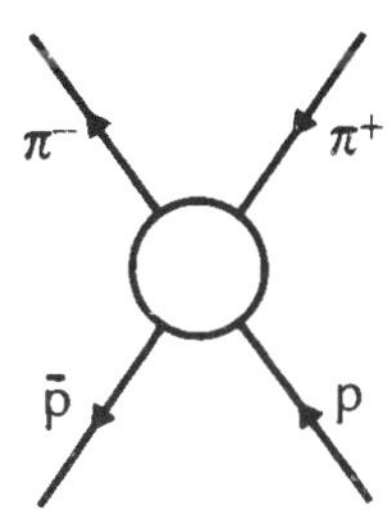

diferentes, ou "canais", da mesma reação.** Os físicos de partículas estão habituados a passar de um canal a outro em seus cálculos e, em vez de fazer uma rotação dos diagramas, eles os leem de baixo para cima ou a partir da esquerda, e falam de um "canal direto" e de um "canal cruzado".

---

*Veja página 200.

** De fato, o diagrama pode sofrer rotações posteriores, e linhas individuais podem ser "cruzadas" para se obter processos diferentes, ainda descritos pelo mesmo elemento da matriz S. Cada elemento representa ao todo seis processos diferentes, mas somente os dois acima mencionados são relevantes para nossa discussão das forças em interação.

Dessa forma, a reação, em nosso exemplo, é lida como $p + \pi^- \rightarrow p + \pi^-$, no canal direto, e como $\bar{p} + p \rightarrow \pi^- + \pi^+$, no canal cruzado.

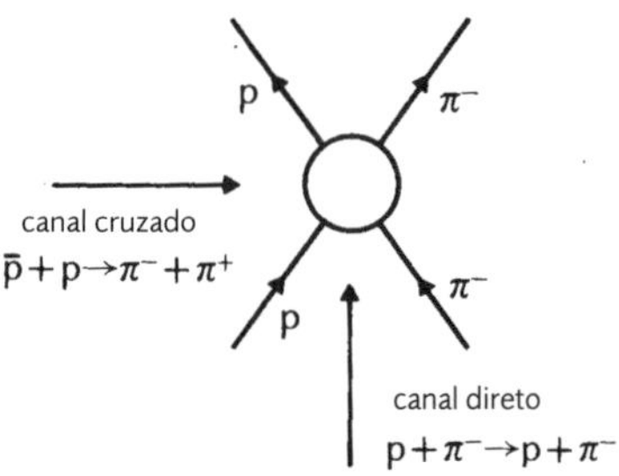

A conexão entre forças e partículas é estabelecida através dos estados intermediários nos dois canais. No canal direto de nosso exemplo, o próton e o π^- podem formar um nêutron intermediário, ao passo que o canal cruzado pode ser formado por um píon neutro intermediário (π°). Esse píon – o estado intermediário no canal cruzado – é interpretado como a manifestação da força que age no canal direto ligando o próton e o π^- de modo a formar o nêutron. Dessa forma, necessita-se de ambos os canais para associar as forças às partículas; o que surge como uma força num canal manifesta-se como uma partícula intermediária no outro.

Embora seja relativamente fácil passar de um canal para o outro, matematicamente falando, é extremamente difícil – se é que é possível – obter uma representação intuitiva da situação. Isso se deve ao fato de que "cruzamento" é um conceito essencialmente relativístico, que surge no contexto do formalismo quadridimensional da teoria da relatividade; é, pois, de difícil visualização. Uma situação semelhante ocorre na teoria de campo, onde as forças de interação são representadas como a troca de partículas virtuais. De fato, o diagrama que apresenta o píon intermediário no canal cruzado é reminiscente dos diagramas de Feynman, que representam essas trocas de partículas;* poder-se-ia mesmo dizer, em termos mais livres, que o próton e o π^- interagem "através da troca de um π°". Essas palavras são frequentemente empregadas pelos físicos, embora não descrevam plenamente a situação. Uma descrição adequada só po-

* Deve-se recordar, entretanto, que os diagramas da matriz S não são diagramas de espaço-tempo, mas representações simbólicas de reações de partículas. A mudança de um canal para outro ocorre num espaço matemático abstrato.

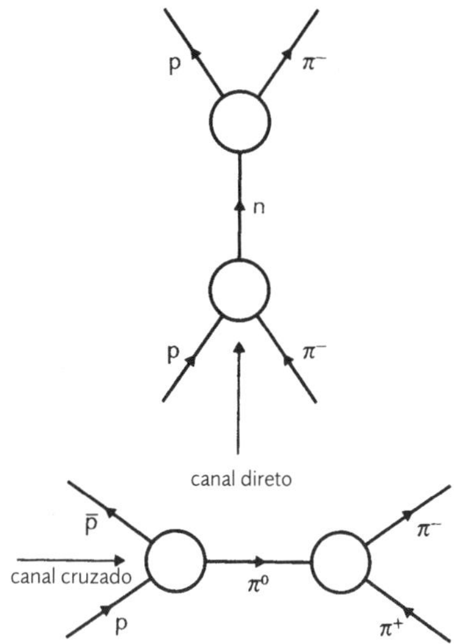

de ser dada em termos de canais diretos e cruzados, isto é, em conceitos abstratos quase impossíveis de serem visualizados.

Apesar do formalismo diferente, a noção geral de uma força de interação na teoria da matriz S assemelha-se muito àquela presente na teoria de campo. Em ambas, as forças manifestam-se como partículas cuja massa determina o alcance da força;* e nas duas teorias são reconhecidas como propriedades intrínsecas das partículas em interação. Elas refletem a estrutura das nuvens virtuais de partículas, na teoria de campo, e são geradas pelos estados ligados das partículas em interação, na teoria da matriz S. O paralelo com a concepção oriental de força, anteriormente discutida,** aplica-se a ambas as teorias. Essa concepção das forças de interação implica, além disso, a importante conclusão de que todas as partículas conhecidas devem possuir alguma estrutura interna, porque só então podem interagir com o observador, estando em condições de ser detectadas. Nas palavras de Geoffrey Chew, um dos principais arquitetos da teoria da matriz S: "uma partícula verdadeiramente elementar – completamente desprovida de estrutura interna – não poderia estar sujeita a quaisquer forças que nos permitissem detectar sua existência. O simples conhecimento da existência de uma partícula implica o fato de que essa partícula possua estrutura interna!"[2]

---

* Veja página 237.

** Veja página 239.

Uma vantagem particular do formalismo da matriz S reside no fato de que é capaz de descrever a "troca" de toda uma família de hádrons. Conforme foi mencionado no capítulo anterior, todos os hádrons parecem distribuir-se em sequências cujos membros possuem propriedades idênticas, com exceção de suas massas e *spins*. Um formalismo proposto originalmente por Tullio Regge torna possível considerar cada uma dessas sequências como um único hádron que existe em diversos estados excitados. Em anos recentes, foi possível incorporar o formalismo de Regge à estrutura da matriz S, onde tem sido utilizado, com muito sucesso, para a descrição das reações dos hádrons. Este foi um dos mais importantes desenvolvimentos na teoria da matriz S, e pode ser considerado como um primeiro passo em direção a uma explicação dinâmica dos padrões de partículas.

A estrutura da matriz S é, então, capaz de descrever a estrutura dos hádrons, as forças através das quais interagem mutuamente, e alguns dos padrões que eles formam de um modo inteiramente dinâmico, no qual cada hádron é apreendido como parte integral de uma rede inseparável de reações. O principal desafio na teoria da matriz S consiste em usar essa descrição dinâmica para explicar as simetrias, que dão origem aos padrões de hádrons, e as leis de conservação discutidas no capítulo precedente. Nessa teoria, as simetrias dos hádrons refletir-se-iam na estrutura matemática da matriz S, de tal forma que conteriam apenas elementos que correspondessem às reações permitidas pelas leis de conservação. Essas leis, então, não teriam mais o *status* de regularidades empíricas, mas seriam uma consequência da estrutura da matriz S e, portanto, uma consequência da natureza dinâmica dos hádrons.

Atualmente, os físicos tentam atingir esse alvo ambicioso, postulando, para isso, vários princípios gerais que restrinjam as possibilidades matemáticas de construção de elementos da matriz S, conferindo a esta uma estrutura definida. Até agora, foram estabelecidos três desses princípios gerais. O primeiro é sugerido pela teoria da relatividade e por nossa experiência macroscópica do espaço e tempo. Afirma que as probabilidades de reação (e, dessa forma, os elementos da matriz S) devem ser independentes de deslocamentos do aparato experimental no espaço e tempo, independentes de sua orientação no espaço, e independentes do estado de movimento do observador. Conforme verificamos no capítulo anterior, a independência de uma reação de partícula com respeito às mudanças de orientação e deslocamentos no espaço e tempo implica a conservação da quantidade total de rotação, *momentum* e energia envolvidos na reação. Essas "simetrias" são essenciais para o nosso trabalho científico. Se os resultados de um experimento variassem de acordo com a ocasião e o local onde foi efetuado, a ciência, em sua forma atual, seria impossível. A última exigência – ou seja, a de que os resultados experimentais independam do movimento do observador – é o princípio da relatividade que constitui a base da teoria da relatividade.*

O segundo princípio geral é sugerido pela teoria quântica. Afirma este que o resultado final de uma dada reação só pode ser previsto em termos de probabilidades e que, dessa forma, a soma das probabilidades para todos os possíveis resultados finais – inclusive no caso de não haver interação entre as partículas – deve ser igual a um. Em outras palavras, podemos estar certos de que as partículas interagirão, ou não, entre si. Essa afirmativa aparentemente trivial mostra-se, de fato, um princípio muito poderoso, conhecido pelo nome de "unitariedade"; esse princípio restringe severamente as possibilidades de construção dos elementos da matriz S.

O terceiro e último princípio se relaciona com as nossas noções de causa e efeito e é conhecido como o princípio de causalidade. Este afirma que a energia e o *momentum* são transferidos ao longo das distâncias espaciais somente por partículas; e que essa transferência ocorre de tal forma que uma partícula pode ser criada numa reação e destruída em outra somente se esta última reação vier a ocorrer após a primeira. A formulação matemática do princípio de causalidade implica que a matriz S depende das energias e dos *momenta* das partículas envolvidas numa reação, exceto para aqueles valores para os quais a criação de novas partículas se torna possível. Para aqueles valores, a estrutura matemática da matriz S muda abruptamente e se depara com o que os matemáticos denominam "singularidade". Cada canal de reação contém várias dessas singularidades, isto é, existem vários valores de energia e *momentum* em cada canal nos quais novas partículas podem ser criadas. As "energias de ressonância" mencionadas antes são exemplos desses valores.

---

* Veja página 185.

O fato de a matriz S exibir singularidades é uma consequência do princípio da causalidade; mas a localização das singularidades não é determinada por ele. Os valores de energia e *momentum*, nos quais as partículas podem ser criadas, são diferentes para diferentes canais de reação e dependem das massas e de outras propriedades das partículas criadas. As localizações das singularidades refletem, pois, as propriedades dessas partículas; e, uma vez que todos os hádrons podem ser criados em reações de partículas, as singularidades da matriz S espelham todos os padrões e simetrias dos hádrons.

O objetivo central da teoria da matriz S consiste, pois, em derivar a estrutura de singularidades da matriz S dos princípios gerais. Até agora, não foi possível construir um modelo matemático que satisfaça a todos esses três princípios, e pode muito bem acontecer que esses princípios sejam suficientes para determinar todas as propriedades da matriz S – e, consequentemente, todas as propriedades dos hádrons – de maneira única.* Se for esse o caso, as implicações filosóficas dessa teoria serão muito profundas. Todos os três princípios gerais estão relacionados com nossos métodos de observação e de medida, ou seja, com a estrutura científica. Se forem suficientes para determinar a estrutura dos hádrons, isso significará que as estruturas básicas do mundo físico são determinadas, em última análise, pela forma através da qual vemos esse mundo. Qualquer alteração fundamental em nossos métodos de observação implicaria uma modificação dos princípios gerais, o que originaria uma diferente estrutura da matriz S. Implicaria, portanto, uma diferente estrutura dos hádrons.

Essa teoria das partículas subatômicas reflete a impossibilidade de se separar o observador científico dos fenômenos observados – o que já discutimos com relação à teoria quântica** – em sua forma mais extrema. Implica, em última instância, o fato de as estruturas e fenômenos que observamos na natureza nada mais serem do que criações de nossa mente medidora e categorizadora.

Essa última afirmação é um dos princípios fundamentais da filosofia oriental. Os místicos orientais nos afirmam e reafirmam que todas as coisas

* Essa conjectura, conhecida como hipótese *bootstrap*, será discutida mais detalhadamente no capítulo seguinte.

** Veja página 157.

e eventos que percebemos são criações da mente, surgindo de um estado particular de consciência e dissolvendo-se novamente caso esse estado seja transcendido. O Hinduísmo sustenta que todas as formas e estruturas ao nosso redor são criadas por uma mente que está sob o encantamento de *maya*, considerando, além disso, que nossa tendência a atribuir um significado profundo a tais formas e estruturas constitui a ilusão humana básica. Os budistas denominam essa ilusão de *avidya*, ou ignorância e a consideram como o estado de uma mente "corrompida". Nas palavras de Ashvaghosha,

> Quando a unidade da totalidade das coisas não é reconhecida, então a ignorância e a particularização surgem em cena e todas as fases da mente corrompida são, então, desenvolvidas. [...] Todos os fenômenos do mundo nada mais são que a manifestação ilusória da mente, não possuindo realidade própria.[3]

Este é também o tema que se repete na escola budista Yogacara. Essa escola sustenta que todas as formas que percebemos são "apenas mente", projeções ou "sombras", da mente:

> Da mente nascem coisas inumeráveis, condicionadas pela discriminação [...]. Essas coisas são aceitas pelas pessoas como um mundo externo [...] O que se afigura como externo não existe na realidade; é, de fato, a mente que é vista como multiplicidade; os corpos, as propriedades e o que foi dito acima – tudo isso, afirmo, nada mais é que a mente.[4]

Na Física das partículas, a derivação dos padrões de hádrons a partir dos princípios gerais da teoria da matriz S é uma tarefa árdua e longa; até agora, somente uns poucos passos foram dados em direção a esse alvo. Contudo, a possibilidade de que as propriedades das partículas subatômicas possam algum dia vir a ser derivadas dos princípios gerais e, dessa forma, vistas como dependentes de nossa estrutura científica, deve ser encarada com seriedade. É uma conjectura excitante saber que esta pode vir a ser uma característica geral da Física das partículas que poderá também aparecer nas futuras teorias das interações eletromagnéticas, fracas e gravitacionais. Se isso for comprovado, a Física moderna terá dado um passo fundamental em direção aos sábios orientais que afirmavam que as estruturas do mundo físico não passam de *maya*, ou de "apenas mente".

A teoria da matriz S aproxima-se bastante do pensamento oriental não apenas em sua conclusão última mas também em sua concepção geral da matéria. Descreve o mundo das partículas subatômicas como uma rede dinâmica de eventos e enfatiza a mudança e a transformação, em vez de estruturas ou entidades fundamentais. No Oriente, essa ênfase é particularmente intensa no pensamento budista; onde todas as coisas são vistas como dinâmicas, impermanentes e ilusórias. Nas palavras de S. Radhakrishnan:

> Como podemos chegar a pensar em coisas em vez de processos nesse fluxo absoluto? Fechando nossos olhos aos eventos sucessivos. Trata-se de uma atitude artificial que secciona a corrente da mudança e a essas secções denomina coisas [...]. Quando soubermos a verdade das coisas, perceberemos o absurdo de adorarmos produtos isolados da série incessante de transformações como se eles fossem eternos e reais. A vida não é uma coisa ou o estado de uma coisa, mas uma mudança ou um movimento contínuo.[5]

O físico moderno e o místico oriental compreenderam que todos os fenômenos neste mundo de mudança e transformação estão dinamicamente inter-relacionados. Hinduístas e budistas veem esta inter-relação como uma lei cósmica, a lei do *karma*, mas geralmente não estão preocupados por quaisquer padrões específicos na rede universal de eventos. A filosofia chinesa, por sua vez, que também enfatiza o movimento e a mudança, desenvolveu a noção de padrões dinâmicos formados e dissolvidos incessantemente no fluxo cósmico do *Tao*. No *I Ching*, ou *Livro das Mutações** esses padrões foram elaborados num sistema de símbolos arquetípicos denominados hexagramas.

O princípio ordenador básico dos padrões no *I Ching* é a interação dos opostos polares *yin* e *yang*. O *yang* é representado por uma linha inteira (———), o *yin* por uma linha partida (— —); todo o sistema de hexagramas é construído naturalmente com base nessas duas linhas. Combinando-as em pares, obtemos quatro configurações,

---

* Veja página 129.

e acrescentando-se uma terceira linha a cada um desses pares, são gerados oito "trigramas":

Na China antiga, os trigramas eram considerados como representações de todas as situações humanas e cósmicas possíveis. Receberam denominações que refletem suas características básicas – por exemplo, "O Criativo", "O Receptivo", "O Incitar", etc. – e foram associados com muitas imagens extraídas da natureza e da vida social. Representam, por exemplo, o céu, a terra, o trovão, a água, etc., bem como uma família, consistindo em pai, mãe, três filhos e três filhas. Foram, além disso, associados aos pontos cardeais e às estações do ano e eram com frequência dispostos da seguinte maneira:

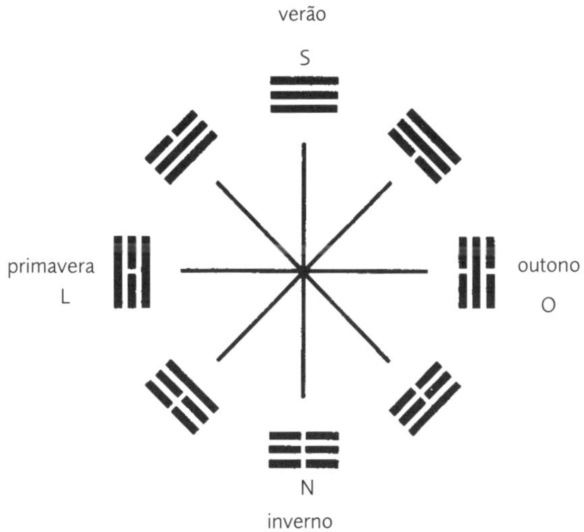

Nessa disposição, os oito trigramas são agrupados em torno de um círculo na "ordem natural", em que foram gerados, começando do alto (onde os chineses sempre colocam o sul) e colocando os primeiros quatro trigramas do lado esquerdo do círculo, os quadro restantes do lado direito. Essa disposição apresenta um alto grau de simetria, com os trigramas opostos possuindo linhas *yin* e *yang* trocadas.

A fim de ampliar o número de combinações possíveis, os oito trigramas foram combinados em pares colocando-se um acima do outro.

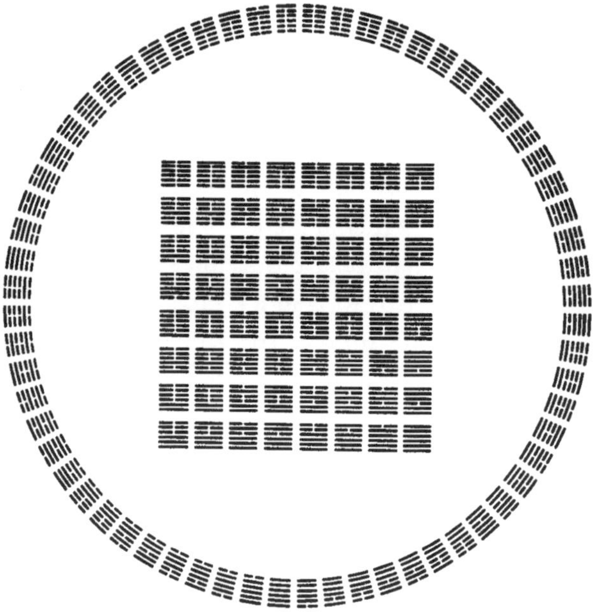

Dois arranjos regulares dos 64 hexagramas.

Dessa forma, foram obtidos 64 hexagramas, cada um deles consistindo em seis linhas inteiras ou partidas. Os hexagramas foram dispostos em vários padrões regulares. Entre esses, os dois que aparecem anteriormente eram os mais usuais: um quadrado de oito vezes oito hexagramas, e uma sequência circular mostrando a mesma simetria da organização circular dos trigramas.

Os 64 hexagramas são os arquétipos cósmicos nos quais se baseia o uso do *I Ching* como oráculo. Para a interpretação de qualquer hexagrama, os vários significados dos dois trigramas devem ser levados em consideração. Por exemplo: quando o trigrama "O Incitar" está situado acima do trigrama "O Receptivo", o hexagrama é interpretado como movimento que encontra a devoção e assim desperta entusiasmo, o que é o nome dado a ele.

o Incitar

o Receptivo

Entusiasmo

O hexagrama para Progresso, para dar outro exemplo, representa "O Aderir" acima de "O Receptivo", e é interpretado como o Sol se erguendo sobre a Terra e, portanto, como um símbolo de progresso rápido e fácil:

o Aderir

o Receptivo

Progresso

No *I Ching*, os trigramas e hexagramas representam os padrões do *Tao*, que são gerados pela interação dinâmica do *yin* e do *yang*, e se refletem em todas as situações humanas e cósmicas. Essas situações, entretanto, não são consideradas estáticas, mas, em vez disso, como etapas num fluxo e numa mudança contínuos. Esta é a ideia básica do *Livro das Mutações*, expressa em seu próprio título. Todas as coisas e situações do mundo estão sujeitas à mudança e à transformação, ocorrendo o mesmo com suas imagens, os trigramas e hexagramas. Estes se encontram num estado de contínua transição: um se transformando no outro, linhas inteiras empurradas para fora e partindo-se em duas, e linhas partidas empurradas para dentro e fundindo-se em linhas inteiras.

Em razão de sua noção de padrões dinâmicos, gerada pela mudança e pela transformação, o *I Ching* talvez seja a analogia mais aproximada da teoria da matriz S no pensamento oriental. Em ambos os sistemas, a ênfase recai sobre processos, em vez de objetos. Na teoria da matriz S, esses processos são reações de partículas, que dão origem a todos os fenômenos no mundo dos hádrons. No *I Ching*, os processos básicos são denominados "as mutações" e são vistos como essenciais para uma compreensão de todos os fenômenos naturais:

> Os santos e os sábios alcançaram todas as profundezas e todas as sementes por meio das Mutações.[6]

Essas mutações não são vistas como leis fundamentais impostas ao mundo físico; em vez disso – nas palavras de Hellmut Wilhelm – , são encaradas como "uma tendência interna segundo a qual o desenvolvimento ocorre de forma natural e espontânea".[7] O mesmo pode ser dito das "mutações" no mundo das partículas. Elas, também, refletem as tendências internas das partículas expressas, na teoria da matriz S, em termos de probabilidades de reações.

As mudanças que ocorrem no mundo dos hádrons dão origem a estruturas e padrões simétricos, representados simbolicamente pelos canais de reação. Nem as estruturas nem as simetrias são vistas como características fundamentais do mundo dos hádrons, mas como consequência da natureza dinâmica das partículas, ou seja, de suas tendências para a mudança e a transformação.

No *I Ching*, as mutações também originam estruturas – os trigramas e hexagramas. À semelhança dos canais de reações das partículas, eles são também representações simbólicas de padrões de mudança. Enquanto a energia flui através dos canais de reação, as "mutações" fluem através das linhas dos hexagramas:

> Modificação, movimento sem descanso,
> Fluindo através de seis posições vazias;
> Subindo e descendo sem cessar.
> [...]
> Aqui só a mudança atua.[8]

Na concepção chinesa, todas as coisas e fenômenos à nossa volta decorrem de padrões de mudança e são representados pelas várias linhas dos trigramas e hexagramas. Assim, as coisas no mundo físico não são vistas como objetos estáticos e independentes; são simplesmente encaradas como etapas de transição no processo cósmico que é o *Tao*:

> O caminho possui mudanças e movimentos. Por isso, as linhas se chamam móveis. Essas linhas têm gradações. Por isso representam as coisas.[9]

À semelhança do que se verifica no mundo das partículas, as estruturas geradas pelas mutações podem ser dispostas em diversos padrões simétricos, como o padrão octogonal formado pelos oito trigramas, no qual os trigramas opostos possuem as linhas *yin* e *yang* trocadas. Esse padrão apresenta ainda uma vaga semelhança com o octeto de mésons discutido no capítulo precedente, e no qual as partículas e antipartículas ocupam posições opostas. O ponto importante a assinalar, entretanto, não reside nessa semelhança acidental, mas no fato de que tanto a Física moderna como o pensamento chinês consideram a mudança e a transformação como o aspecto *primário* da natureza, e veem as estruturas e simetrias geradas pelas mudanças como algo secundário. Conforme explica na introdução à sua tradução do *I Ching*, Richard Wilhelm considera essa ideia como a concepção fundamental do *Livro das Mutações*.

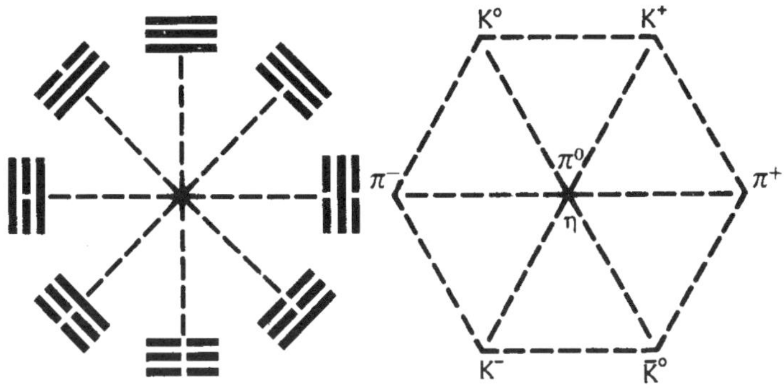

> Esses oito trigramas [...] sempre se acham num estado de contínua transição, passando de um a outro, assim como uma transição sempre está ocorrendo, no mundo físico, de um fenômeno para outro. Aqui se tem o conceito fundamental do *Livro das Mutações*. Os oito trigramas são símbolos que representam mutáveis estados de transição; são imagens que estão em constante mutação. Focalizam-se não as coisas, em seus estados de ser – como acontece no Ocidente –, mas os seus movimentos de mutação. Os oito trigramas, portanto, não são representações das coisas enquanto tais, mas de suas tendências de movimento.[10]

Na Física moderna, somos levados a ver as "coisas" do mundo subatômico de maneira muito semelhante, enfatizando o movimento, a mudança e a transformação, e considerando as partículas como etapas transitórias num contínuo processo cósmico.

18. INTERPENETRAÇÃO

Até agora, nossa exploração da concepção de mundo sugerida pela Física moderna tem mostrado repetidamente que a ideia de "blocos básicos de construção" da matéria não é mais sustentável. No passado, esse conceito era extremamente bem-sucedido para explicar o mundo físico em termos de uns poucos átomos, as estruturas dos átomos em termos de uns poucos núcleos circundados por elétrons e, por fim, as estruturas dos núcleos em termos de dois "blocos de construção" nucleares, o próton e o nêutron. Dessa forma, átomos, núcleos e hádrons foram, cada um por sua vez, considerados as "partículas elementares". Nenhum deles, entretanto, preencheu essa expectativa. Uma de cada vez, estas partículas revelaram ser estruturas compostas, e os físicos sempre esperavam que a próxima geração de componentes as revelasse por fim como sendo os componentes últimos da matéria.

Por outro lado, as teorias da Física atômica e subatômica tornaram a existência de partículas elementares algo cada vez mais inviável. Revelaram uma interligação básica da matéria, mostrando que a energia de movimento pode ser transformada em massa, e sugerindo que as partículas são processos em vez de objetos. Todos esses desenvolvimentos indicam com muita clareza que a representação mecanicista dos blocos de construção básicos teve de ser posta de lado, embora muitos físicos ainda hesitem em fazê-lo. A velha tradição de explicar estruturas complexas fragmentando-as em componentes mais simples acha-se tão profundamente arraigada no pensamento ocidental que a procura de tais componentes básicos ainda segue o seu curso.

Existe, no entanto, uma escola de pensamento radicalmente diferente na Física das partículas, cujo ponto de partida é a ideia de que a natureza não pode ser reduzida a entidades fundamentais, por exemplo, as

partículas elementares ou os campos fundamentais. Ela deve, em vez disso, ser inteiramente compreendida através de sua autoconsistência, sendo os seus componentes, por sua vez, consistentes entre si e consigo mesmos. Essa ideia veio à tona no contexto da teoria da matriz S e é conhecida como a hipótese *bootstrap*.* Seu iniciador e principal defensor é Geoffrey Chew que, por um lado, desenvolveu a ideia elaborando uma filosofia "*bootstrap*" da natureza e, por outro, a utilizou, em colaboração com outros físicos, para construir uma teoria específica das partículas, formulada na linguagem da matriz S. Chew descreveu a hipótese *bootstrap* em vários artigos[1] que fornecem a base para a apresentação que se segue.

A filosofia *bootstrap* constitui a rejeição final da concepção mecanicista do mundo na Física moderna. O universo newtoniano foi construído a partir de um conjunto de entidades básicas com certas propriedades fundamentais criadas por Deus, o que as tornava inacessíveis a uma análise ulterior. De uma forma ou de outra, essa noção estava implícita em todas as teorias da ciência natural até que a hipótese *bootstrap* estabeleceu explicitamente que o mundo não pode ser compreendido como um conjunto de entidades inacessíveis à análise ulterior. Na nova visão de mundo, o universo é concebido como uma teia dinâmica de eventos inter-relacionados. Nenhuma das propriedades de qualquer parte dessa teia é fundamental; todas decorrem das propriedades das outras partes, e a consistência global de suas inter-relações mútuas determina a estrutura de toda a teia.

Dessa forma, a filosofia *bootstrap* representa o auge de uma concepção da natureza que veio à luz com a teoria quântica, quando os físicos se aperceberam da existência de uma inter-relação essencial e universal,

---

* Literalmente: "presilha de bota". Este nome estranho, metáfora da autoconsistência, provavelmente responde ao nome não menos estranho de *quark*, com o qual foi batizado o modelo rival. Algumas páginas adiante, Capra torna mais transparente o significado deste nome quando afirma que o conjunto de todos os hádrons gera a si mesmo, ou "ergue-se, por assim dizer, pelas presilhas de suas botas". Mas, talvez, seja mais fácil visualizá-lo se examinarmos do seguinte ângulo esta visão do mundo das interações fortes: se o Universo, como um todo, caminha "calçado" numa rede de interligações, as regiões onde ocorrem interações entre partículas funcionam como "fechos" nessa rede de interligações. (N. do T.)

adquiriu seu conteúdo dinâmico na teoria da relatividade e foi formulada em termos de probabilidades de reação na teoria da matriz S. Ao mesmo tempo, essa visão da natureza se aproximava cada vez mais da visão de mundo oriental e, atualmente, está em harmonia com o pensamento oriental, tanto em sua filosofia geral quanto em sua representação específica da matéria.

A hipótese *bootstrap* não apenas nega a existência de componentes fundamentais da matéria como rejeita quaisquer entidades fundamentais – leis, equações ou princípios fundamentais –, abandonando, dessa forma, outra ideia que, durante centenas de anos, constituiu uma parte essencial da ciência natural. A noção de leis fundamentais da natureza derivava da crença num legislador divino, crença essa profundamente arraigada na tradição judaico-cristã. Nas palavras de Tomás de Aquino,

> Há uma certa Lei Eterna, isto é, a Razão, que existe na mente de Deus e governa todo o universo.[2]

Essa noção de uma lei divina e eterna da natureza influenciou substancialmente a filosofia e a ciência ocidentais. Descartes escreveu acerca das "leis que Deus colocou na natureza" e Newton acreditava que o objetivo mais elevado de seu trabalho científico era o de evidenciar as "leis gravadas na natureza por Deus". Descobrir as leis fundamentais últimas da natureza permaneceu como o objetivo dos cientistas naturais ao longo dos três séculos que se seguiram a Newton.

Na Física moderna, uma atitude muito diferente veio à tona. Os físicos, hoje em dia, apercebem-se do fato de que todas as suas teorias dos fenômenos naturais – inclusive as "leis" que descrevem – são criações da mente humana; são propriedades de nosso mapa conceitual da realidade, e não propriedades da própria realidade. Esse esquema conceitual é necessariamente limitado e aproximado* como, de resto, o são todas as teorias científicas e "leis da natureza" que contém. Todos os fenômenos naturais estão, em última instância, interligados; para que possamos explicar cada um desses fenômenos precisamos entender todos os demais, o que é obviamente impossível. O que torna a ciência tão bem-sucedi-

---

* Veja páginas 50, 62-3.

da é a descoberta de que podemos utilizar aproximações. Se nos satisfizermos com uma "compreensão" aproximada da natureza, poderemos descrever grupos selecionados de fenômenos, negligenciando outros que se mostrem menos relevantes. Assim, podemos explicar muitos fenômenos em termos de poucos e, consequentemente, compreender diferentes aspectos da natureza de forma aproximada sem precisar entender tudo ao mesmo tempo. Esse é o método científico: todas as teorias e modelos científicos são aproximações da verdadeira natureza das coisas; o erro envolvido na aproximação é, não raro, suficientemente pequeno para tornar significativa essa aproximação. Na Física das partículas, por exemplo, as forças da interação gravitacional entre as partículas são geralmente ignoradas, uma vez que são muitas ordens de grandeza mais fracas do que aquelas das demais interações. Embora o erro causado por essa omissão seja extremamente pequeno, é claro que as interações gravitacionais terão que ser incluídas em futuras e mais precisas teorias das partículas.

Dessa forma, os físicos constroem uma sequência de teorias parciais e aproximadas, cada uma mais precisa que a anterior, muito embora nenhuma represente uma explicação final e completa dos fenômenos naturais. À semelhança dessas teorias, todas as "leis da natureza" que descrevem são mutáveis e destinadas a serem substituídas por leis mais precisas à medida que as teorias são aperfeiçoadas. O caráter incompleto de uma teoria é geralmente refletido em seus parâmetros arbitrários ou "constantes fundamentais", ou seja, em quantidades cujos valores numéricos não são explicados pela teoria, mas que nela têm de ser inseridos após terem sido determinados empiricamente. A teoria quântica não pode explicar o valor utilizado para a massa do elétron; a teoria de campo não pode explicar a magnitude da carga do elétron e a teoria da relatividade também não pode explicar a velocidade da luz. Na visão clássica, essas quantidades eram consideradas constantes fundamentais da natureza, que não necessitavam de qualquer explicação posterior. Na visão moderna, seu papel de "constantes fundamentais" é tido como algo temporário e que reflete as limitações das teorias de que dispomos. De acordo com a filosofia *bootstrap* elas deveriam ser explicadas, uma a uma, pelas futuras teorias, à medida que a precisão e o alcance dessas teorias aumentassem. Assim, poderíamos nos aproximar da situação ideal – embora talvez jamais a alcancemos – em que a teoria não mais conteria quaisquer constantes "fundamentais" não explicadas, e em que suas "leis" decorreriam da exigência de uma autoconsistência global.

É importante assinalar, contudo, que até mesmo essa teoria ideal deve possuir algumas características inexplicadas, ainda que não necessariamente sob a forma de constantes numéricas. Enquanto permaneça como teoria científica, demandará a aceitação, sem qualquer explicação, de certos conceitos que formam a linguagem científica. Levar a ideia do *bootstrap* adiante equivaleria a levar-nos além da ciência:

> Em sentido amplo, a idea do *bootstrap*, embora fascinante e útil, não é científica [...]. A ciência, como a conhecemos, requer uma linguagem baseada em alguma estrutura não questionada. Semanticamente, então, uma tentativa de explicar todos os conceitos dificilmente pode ser chamada "científica".[3]

É evidente que a visão *bootstrap* integral da natureza, na qual todos os fenômenos do universo são exclusivamente determinados pela mútua autoconsistência, aproxima-se em muito da visão oriental de mundo. Um universo indivisível, no qual todas as coisas e todos os eventos estão inter-relacionados, dificilmente faria sentido a não ser que fosse autoconsistente. De certa forma, a exigência de autoconsistência que forma a base da hipótese *bootstrap*, e de unidade e inter-relação de todos os fenômenos, tão fortemente enfatizadas no misticismo oriental, nada mais são que aspectos diferentes da mesma ideia. Essa conexão íntima encontra-se mais claramente expressa no Taoismo. Para os sábios taoistas, todos os fenômenos no mundo eram parte do Caminho cósmico – o *Tao* – e as leis seguidas pelo *Tao* eram inerentes à sua natureza, e não uma simples concessão de algum legislador divino. Lemos no *Tao Te Ching*:

> O homem segue as leis da terra;
> A terra segue as leis do céu;
> O céu segue as leis do *Tao*,
> O *Tao* segue as leis de sua natureza intrínseca.[4]

Joseph Needham, em seu abrangente estudo da ciência e civilização chinesas, discute em detalhe a forma pela qual o conceito ocidental de leis fundamentais da natureza, com sua implicação original da existência de um legislador divino, não possui um conceito correspondente no pensamento chinês. Segundo Needham, "na visão chinesa de mundo, a cooperação harmônica de todos os seres surgiu não das ordens provenientes de uma autoridade superior e externa a eles, mas do fato de todos serem partes de uma hierarquia de totalidades, formando um padrão cósmico e obedecendo a ditames internos de sua própria natureza".[5]

De acordo com Needham, os chineses sequer possuíam uma palavra correspondente à clássica ideia ocidental de "lei da natureza". O termo que mais se aproxima dessa ideia é *li*, descrita pelo filósofo neoconfuciano Chu Hsi* como "incontáveis padrões semelhantes a veias incluídos no *Tao*".[6] Needham traduz *li* como "princípio de organização", e faz os seguintes comentários:

> Em seu sentido mais antigo, significava o padrão nas coisas, as marcas no jade ou fibras no músculo [...]. Adquiriu com o tempo o significado de "princípio", usualmente encontrado nos dicionários, embora sempre conservasse, à meia-voz, o sentido de "padrão". [...] Há "lei" implícita, mas essa lei é a lei à qual se devem conformar as partes do todo em razão de sua própria existência como partes do todo. [...] A coisa mais importante acerca da parte reside no fato de que deve encaixar precisamente no lugar que lhe cabe entre as demais partes, na totalidade do organismo que compõem.[7]

É fácil perceber como essa visão levou os pensadores chineses à ideia, só recentemente desenvolvida na Física moderna, de que a autoconsistência é a essência de todas as leis da natureza. A citação seguinte de um texto de Ch'en Shun – discípulo direto de Chu Hsi, que viveu por volta de 1200 da era cristã –, dá-nos um relato muito claro dessa ideia em palavras que poderiam ser tomadas como uma explicação perfeita da noção de autoconsistência na filosofia *bootstrap*:

> *Li* é uma lei natural e inescapável das questões e coisas. [...] O significado de "natural e inescapável" é o de que todas as questões [humanas] e coisas [naturais] são feitas de modo a se encaixarem exatamente no

* Veja página 123.

lugar. O significado de "lei" é o de que esse encaixar-se no lugar ocorre sem que se verifique o mais ligeiro excesso ou deficiência. [...] Os homens da Antiguidade, ao investigarem as coisas até seus últimos limites, e ao buscarem *li*, desejavam elucidar a inescapabilidade natural das questões [humanas] e das coisas [naturais] – e isso significa simplesmente que buscavam todos os lugares exatos onde as coisas se encaixam juntas com precisão. Apenas isso.[8]

Na visão oriental, portanto, como na visão da Física moderna, tudo no universo está conectado a tudo o mais e nenhuma parte dele é fundamental. As propriedades de qualquer parte são determinadas, não por alguma lei fundamental, mas pelas propriedades de todas as demais partes. Tanto os físicos como os místicos compreendem a impossibilidade resultante de querer explicar plenamente qualquer fenômeno; perante isso, entretanto, tomam atitudes diferentes. Os físicos, conforme discutimos anteriormente, se satisfazem com um entendimento aproximado da natureza. Os místicos orientais, por sua vez, não estão interessados no conhecimento aproximado, ou "relativo". Estão preocupados com o conhecimento "absoluto", que envolve uma compreensão da totalidade da Vida. Estando bem conscientes da inter-relação essencial do universo, compreendem que explicar alguma coisa significa, em última instância, mostrar como essa coisa está conectada a tudo o mais. Como isso é impossível, os místicos orientais insistem no fato de que nenhum fenômeno isolado pode ser explicado. Assim, nas palavras de Ashvaghosha:

> Todas as coisas em sua natureza fundamental não podem ser nomeadas ou explicadas. Não podem ser adequadamente expressas em qualquer forma de linguagem.[9]

Os sábios orientais não estão, pois, interessados em explicar as coisas mas, sim, em obter uma experiência direta e não intelectual da unidade de todas as coisas. Foi essa a atitude de Buda, que respondeu a todas as indagações acerca do significado da vida, da origem do mundo ou da natureza do *nirvana* com um "nobre silêncio". As respostas despropositadas dos mestres Zen, quando solicitados a explicar alguma coisa, parecem ter o mesmo propósito: levar o discípulo a perceber que tudo é consequência de tudo o mais, que "explicar" a natureza significa apenas demonstrar sua unidade; que, em última instância, nada existe para se explicar. Quando um monge indagou de Tozan, que pesava um pouco de linho: "O que é Buda" recebeu dele a seguinte resposta: "Este linho pesa três libras";[10] e quando se perguntou a Joshu a razão pela qual Bodhidharma viera à China, recebeu esta resposta: "Um carvalho no jardim".[11]

Libertar a mente humana das palavras e das explicações é um dos principais objetivos do misticismo oriental. Budistas e taoistas falam de uma "rede de palavras" ou de uma "rede de conceitos", estendendo, dessa forma, a ideia de uma teia interligada ao reino do intelecto. Enquanto tentarmos explicar as coisas, estaremos atados ao *karma*, e seremos prisioneiros em nossa rede conceitual. Transcender as palavras e as explicações significa romper os laços do *karma* e atingir a libertação.

A visão de mundo dos místicos orientais partilha com a filosofia *bootstrap* da Física moderna não apenas a ênfase na inter-relação mútua e na autoconsistência de todos os fenômenos, como, igualmente, a negação de que existem constituintes fundamentais da matéria. Num universo que é um todo inseparável e onde todas as formas são fluidas e estão em permanente mudança, não há lugar para qualquer entidade fundamental fixa. Assim, a noção de "blocos básicos de construção" da matéria geralmente não aparece no pensamento oriental. As teorias atômicas da matéria jamais se desenvolveram no pensamento chinês; e, embora tenham surgido em algumas escolas da filosofia indiana, ocuparam apenas posições periféricas em face do misticismo indiano. No Hinduísmo, a noção de átomos assume papel proeminente no sistema Jaina (considerado não ortodoxo, uma vez que não aceita a autoridade dos *Vedas*). Na filosofia budista, as teorias atômicas surgiram em duas escolas do Budismo Hinayana, embora sejam tratadas como produtos ilusórios da *avidya*, pelo ramo mais importante da escola Mahayana. Afirma Ashvaghosha:

> Quando dividimos alguma matéria bruta (ou composta), podemos reduzi-la a átomos. Mas como os átomos também estarão sujeitos a novas divisões, todas as formas de existência material, bruta ou não, nada mais são que a sombra da particularização, e não podemos conferir-lhes qualquer grau de realidade (absoluta ou independente).[12]

As principais escolas do misticismo oriental concordam, assim, com a visão que a filosofia "*bootstrap*" tem do universo, concebendo-o como um todo interconectado no qual parte alguma é mais fundamental que qualquer outra, de tal forma que as propriedades de qualquer uma das partes são determinadas pelas propriedades de todas as outras. Nesse sentido, poder-se-ia dizer que cada parte "contém" todas as outras e, na verdade, a visão de um mútuo englobamento parece ser característica da experiência mística da natureza. Nas palavras de Sri Aurobindo:

> Nada para o sentido supramental é realmente finito; baseia-se num sentimento de que tudo está em cada coisa e cada coisa em tudo.[13]

Essa noção de "tudo em cada um e cada um em tudo" teve sua elaboração mais extensa na escola *Avatamsaka* do Budismo Mahayana,* frequentemente considerada como o apogeu do pensamento budista. Baseia-se no *Avatamsaka Sutra* que, segundo a crença tradicional, foi transmitido pelo próprio Buda quando se encontrava em meditacão profunda após o seu Despertar. Esse volumoso *sutra*, que até hoje não foi traduzido para nenhuma língua ocidental, descreve de forma muito detalhada a maneira pela qual o mundo é percebido no estado iluminado de consciência, quando "os contornos sólidos da individualidade se dissolvem e o sentimento de finitude deixa de nos oprimir".[14] Em sua parte final, denominada *Gandavyuha*, conta a história de um jovem peregrino, Sudhana, e nos transmite o mais vívido relato de sua experiência mística do universo. Este aparece ao peregrino como uma rede perfeita de relações mútuas, onde todas as coisas e todos os eventos interagem mutuamente de tal modo que cada um contém em si mesmo todos os demais. A citação seguinte, extraída do *sutra* e parafraseada por D. T. Suzuki, utiliza, para transmitir a experiência de Sudhana, a imagem de uma torre magnificamente decorada:

> A Torre é tão ampla e espaçosa quanto o próprio céu. O assoalho é recoberto de (inumeráveis) pedras preciosas de todos os tipos. Dentro da Torre existem (inumeráveis) palácios, pórticos, janelas, escadarias, ba-

---

* Veja páginas 119-20.

laustradas e passagens, todas feitas com os sete tipos de pedras preciosas [...]. E dentro dessa Torre, espaçosa e primorosamente ornamentada, existem também centenas de milhares [...] de torres, cada uma delas tão primorosamente ornamentada como a Torre principal e tão espaçosa como o céu. E todas essas torres, cujo número está além do cálculo, não obstruem os caminhos umas às outras; cada uma preserva sua existência individual em perfeita harmonia com todas as demais. Nada existe aqui que impeça uma torre de se fundir com todas as outras, individualmente e coletivamente. Existe um estado de perfeita mistura e, contudo, de perfeita ordem. Sudhana, o jovem peregrino, vê a si mesmo em todas as torres e em cada uma delas, onde todas estão contidas em uma e cada uma contém todas.[15]

A Torre, nesta citação, é naturalmente uma metáfora do próprio universo e a perfeita mistura mútua de suas partes é conhecida no Budismo Mahayana como "interpenetração". O *Avatamsaka* deixa claro que essa interpenetração é uma inter-relação essencialmente dinâmica, que acontece não apenas no âmbito espacial, mas também no temporal. Conforme mencionamos antes,* o espaço e o tempo são igualmente concebidos interpenetrando-se.

A experiência da interpenetração, no estado de iluminação, pode ser encarada como uma visão mística da situação do "*bootstrap*" completo, onde todos os fenômenos do universo estão harmoniosamente inter-relacionados. Nesse estado de consciência, o reino do intelecto é transcendido e as explicações causais tornam-se desnecessárias, sendo substituídas pela experiência direta da interdependência mútua de todas as coisas e eventos. Assim, o conceito budista de interpenetração ultrapassa em muito qualquer teoria *bootstrap* científica. Contudo, existem modelos de partículas subatômicas na Física moderna, baseados na hipótese *bootstrap*, que exibem os mais notáveis paralelismos com as concepções do Budismo Mahayana.

Quando a ideia de *bootstrap* é formulada num contexto científico, ela deve ser limitada e aproximada, e sua aproximação principal consiste em negligenciar todas as interações menos as fortes. Uma vez que essas forças de interação são cerca de cem vezes mais fortes que as eletromagné-

---

* Veja página 190.

ticas e muitas ordens de grandeza mais fortes que as interações fraca e gravitacional, essa aproximação parece razoável. O *bootstrap* científico lida, pois, exclusivamente com partículas em interação forte, ou hádrons, sendo frequentemente denominado "*bootstrap* de hádrons". Essa lei é formulada no âmbito da teoria da matriz S e seu objetivo consiste em derivar todas as propriedades dos hádrons e suas interações exclusivamente da exigência de autoconsistência. As únicas "leis fundamentais" aceitas são os princípios gerais da matriz S discutidos no capítulo anterior, exigidos por nossos métodos de observação e medição, constituindo, assim, a estrutura inquestionável para toda a ciência. Outras propriedades da matriz S talvez tenham que ser postuladas temporariamente como "princípios fundamentais"; esperar-se-á, contudo, que emerjam como uma consequência necessária de autoconsistência na teoria completa. O postulado de que todos os hádrons formam sequências descritas pelo formalismo de Regge* talvez seja desse tipo.

Assim, na linguagem da teoria da matriz S, a hipótese *bootstrap* sugere que a matriz S em sua totalidade – e, daí, todas as propriedades dos hádrons – pode ser determinada unicamente a partir dos princípios gerais porque existe uma única matriz S possível consistente em todos os três princípios. Essa conjectura é apoiada pelo fato de que os físicos jamais se aproximaram da construção de um modelo matemático que satisfaça esses três princípios gerais. Se a única matriz S consistente é aquela que descreve *todas* as propriedades e interações dos hádrons – como a hipótese *bootstrap* assume –, o malogro dos físicos na construção de uma matriz S parcial e consistente torna-se compreensível.

As interações entre partículas subatômicas são tão complexas que não podemos de forma alguma estar seguros de que uma matriz S completa e autoconsistente possa vir a ser construída. Podemos, não obstante, considerar uma série de modelos parcialmente bem-sucedidos e de alcance menor. Cada um desses teria a função de cobrir apenas uma parte da Física das partículas e conteria, por isso, alguns parâmetros não explicados, representando suas limitações – embora os parâmetros de um modelo possam ser explicados pelos de outro. Dessa forma, um número cada vez maior de fenômenos pode ser gradativamente coberto com pre-

---

* Veja página 290.

cisão sempre crescente, por um mosaico de modelos entrelaçados, nos quais o número final de parâmetros não explicados continuará a diminuir. O termo "*bootstrap*" não é adequado para qualquer modelo individual e só pode ser aplicado a uma combinação de modelos mutuamente consistentes, nenhum dos quais é mais fundamental que os demais. Segundo Chew, "um físico que seja capaz de conceber qualquer número de modelos diferentes e parcialmente bem-sucedidos sem favoritismos é, automaticamente, um *bootstrapper*.[16]

Já existem numerosos modelos parciais desse tipo. Eles indicam que o programa *bootstrap* está para ser concretizado num futuro não muito distante. Até onde for possível falar de hádrons, o maior desafio à teoria da matriz S e ao *bootstrap* sempre foi o de explicar a estrutura *quark*, tão característica das interações fortes. Até recentemente, a abordagem *bootstrap* não podia explicar essas regularidades notáveis, e essa foi a razão principal pela qual ela não foi levada muito a sério pela comunidade dos Físicos. A maioria deles preferia trabalhar com o modelo *quark*, que forneceu, se não uma explicação consistente, pelo menos uma descrição fenomenológica. A situação, entretanto, mudou dramaticamente nos últimos seis anos. Vários desenvolvimentos importantes na teoria da matriz S têm levado a uma maior ruptura, que tornou possível derivar a maioria dos resultados característicos do modelo *quark* sem qualquer necessidade de se postular a existência de *quarks* físicos.* Esses resultados, que geraram um grande entusiasmo entre os teóricos da matriz S, estão prestes a forçar a comunidade dos Físicos a reavaliar totalmente suas atitudes para com a abordagem *bootstrap* da Física subatômica.

A representação dos hádrons que emerge da teoria *bootstrap* é, não raro, sintetizada nesta provocativa sentença: "cada partícula consiste em todas as demais partículas". Não se deve imaginar, entretanto, que cada hádron contém todos os outros no sentido clássico, estático. Em vez de "conterem" uns aos outros, os hádrons "envolvem" uns aos outros no sentido dinâmico e probabilístico da teoria da matriz S; sendo cada hádron um "estado ligado" potencial de todos os conjuntos de partículas que podem interagir mutuamente para formar o hádron em questão.** Nesse

---

* Veja Posfácio à 2ª edição.

** Veja página 282.

sentido, todos os hádrons são estruturas compostas cujos componentes são novamente hádrons e nenhum é mais elementar que os outros. As forças de coesão que mantêm juntas as estruturas manifestam-se através da troca de partículas e essas partículas trocadas são, novamente, hádrons. Cada hádron, portanto, desempenha três papéis: é uma estrutura composta, pode ser um componente de um outro hádron e pode ser trocado entre componentes e, assim, constituir parte das forças que mantêm unida uma estrutura. O conceito de "cruzamento" é decisivo para essa representação. Cada hádron é mantido junto por forças associadas à troca de outros hádrons no canal cruzado, cada um dos quais, por sua vez, é mantido junto por forças para as quais contribui o primeiro hádron. Dessa forma, "cada partícula ajuda a gerar outras partículas que, por sua vez, a geram".[17] O conjunto dos hádrons gera a si mesmo dessa forma ou se ergue, por assim dizer, por seus *bootstraps*. A ideia é, então, a de que esse mecanismo *bootstrap* extremamente complexo é autodeterminante, ou seja, que existe apenas uma maneira pela qual isso pode ser alcançado. Em outras palavras, existe um único conjunto possível autoconsistente de hádrons – aquele encontrado na natureza.

No *bootstrap* de hádrons, todas as partículas são dinamicamente compostas das outras de forma autoconsistente e, nesse sentido, pode-se dizer que cada uma "contém" as demais. No Budismo Mahayana, uma noção muito semelhante é aplicada à totalidade do universo. Essa rede cósmica de coisas e eventos em interpenetração é ilustrada no *Avatamsaka Sutra* pela metáfora da rede de Indra, uma vasta rede de pedras preciosas que recobre o palácio do deus Indra. Nas palavras de *sir* Charles Eliot:

> No céu de Indra, diz-se existir uma rede de pérolas disposta de tal forma que, se contemplamos uma, vemos todas as demais nela refletidas. Da mesma forma, cada objeto do mundo não é simplesmente ele mesmo mas envolve todos os demais objetos e, de fato, é tudo o mais. "Em cada partícula de poeira, estão presentes incontáveis Budas."[18]

A semelhança dessa imagem com a do *bootstrap* de hádrons é realmente notável. A metáfora da rede de Indra pode ser, legitimamente, considerada o primeiro modelo *bootstrap*, criado pelos sábios orientais cerca de 2.500 anos antes do início da Física de partículas. Os budistas insistem no fato de que o conceito de interpenetração não é passível de compreensão intelectual, devendo ser experimentado por uma mente iluminada no estado de meditação. Escreve D. T. Suzuki,

> O Buda [no *Gandavyuha*] não é mais aquele que vive no mundo concebido em termos de espaço e tempo. Sua consciência não é a consciência de uma mente comum que deve ser regulada de acordo com os sentidos e a lógica. [...] O Buda do *Gandavyuha* vive num mundo espiritual que possui suas próprias regras.[19]

Na Física moderna, a situação é bastante semelhante. A ideia de que cada partícula contém todas as outras é inconcebível no espaço e tempo usuais. Descreve uma realidade que, assim como a do Buda, possui suas próprias regras. No caso do *bootstrap* de hádrons, elas são as regras da teoria quântica e da teoria da relatividade, e o conceito-chave é o de que as forças que mantêm as partículas unidas são, elas mesmas, partículas trocadas nos canais cruzados. A esse conceito pode ser dado um significado matemático preciso, embora seja quase impossível visualizá-lo. Trata-se de uma característica especificamente relativística do *bootstrap*, e uma vez que não possuímos experiência direta do mundo quadridimensional do espaço-tempo, torna-se extremamente difícil imaginar como uma única partícula pode conter todas as outras e, ao mesmo tempo, ser parte de cada uma delas. Essa, entretanto, é exatamente a concepção do Mahayana:

> Quando o um é posto em confronto com todos os outros, o um é visto como algo que os permeia a todos, ao mesmo tempo abraçando a todos em si mesmo.[20]

A ideia de cada partícula conter todas as demais não surgiu apenas no misticismo oriental, mas também no pensamento místico ocidental. Está implícita, por exemplo, nos famosos versos de William Blake:

> Para ver um mundo num grão de areia
> E um céu numa flor silvestre,
> Segure o infinito na palma de sua mão,
> E a eternidade numa hora.

Aqui, uma vez mais, uma visão mística deu origem a uma imagem do tipo *bootstrap*: se o poeta vê o mundo num grão de areia, o físico moderno vê o mundo num hádron.

Imagem semelhante aparece na filosofia de Leibniz, que considerava o mundo como sendo formado de substâncias fundamentais – às quais denominou "mônadas" –, cada uma das quais espelhava a totalidade do universo. Isso levou Leibniz a uma concepção da matéria que apresenta similaridades com a do Budismo Mahayana e com a do *bootstrap* de hádrons.* Em sua *Monadologia*, escreve Leibniz,

> Cada porção de matéria pode ser concebida como um jardim cheio de plantas e um açude cheio de peixes. Mas cada ramo da planta, cada membro do animal, cada gota de seus humores é também um jardim ou um açude.[21]

É interessante observar que a semelhança dessas linhas com as citações do *Avatamsaka Sutra* anteriormente transcritas pode derivar de uma real influência budista sobre Leibniz. Joseph Needham argumentou[22] que Leibniz estava bem informado sobre a cultura e o pensamento chineses através de traduções que recebia de monges jesuítas, e que sua filosofia poderia muito bem ter sido inspirada pela escola neoconfucionista de Chu Hsi, com a qual estava familiarizado. Essa escola, entretanto, tem uma de suas raízes no Budismo Mahayana e, em particular, na escola *Avatamsaka* (em chinês, *Hua-yen*) do ramo Mahayana. Needham, de fato, menciona a parábola da rede de pérolas de Indra explicitamente em conexão com as mônadas leibnizianas.

Uma comparação mais detalhada da noção leibniziana das "relações de espelhamento" entre as mônadas com a ideia da interpenetração, no Mahayana, parece indicar, contudo, que as duas são diferentes e que a concepção budista da matéria se aproxima muito mais do espírito da Física moderna do que a de Leibniz. A principal diferença entre a *Monadologia* e a visão budista parece ser a de que as mônadas leibnizianas são substâncias fundamentais concebidas como os componentes últimos da

---

* O paralelo entre a concepção de Leibniz acerca da matéria e o *bootstrap* de hádrons tem sido recentemente discutido; veja-se G. Gale, "Chew's Monadology", *Journal of History of Ideas*, vol. 35, pp. 339-48, abr.-jun. 1974.

matéria. Leibniz inicia sua *Monadologia* com as palavras: "A mônada a que nos referimos aqui é meramente uma substância simples que entra nos compostos; *simples*, isto é, sem partes." Prossegue Leibniz: "E essas mônadas são os verdadeiros átomos da natureza e, numa palavra, os elementos de todas as coisas."[23] Essa visão "fundamentalista" está em chocante contraste com a filosofia *bootstrap*, diferindo também, e totalmente, da concepção do Budismo Mahayana, que rejeita todas as entidades ou substâncias fundamentais. O modo de pensar fundamentalista de Leibniz está igualmente refletido em sua concepção das forças, que considera como leis "gravadas por decreto divino" e essencialmente diferentes da matéria. "Forças e atividades", escreve, "não podem ser estados de uma coisa meramente passiva como a matéria."[24] Essa visão, uma vez mais, é contrária às concepções da Física moderna e do misticismo oriental.

No que diz respeito à inter-relação real entre as mônadas, a principal diferença entre ela e o *bootstrap* de hádrons parece ser a de que as mônadas não interagem umas com as outras; "não possuem janelas", conforme afirma Leibniz, e simplesmente se espelham mutuamente. No *bootstrap* de hádrons, por outro lado, como no Mahayana, a ênfase recai na interação, ou "interpenetração" de todas as partículas. Além disso, a concepção do *bootstrap* e a da escola Mahayana acerca da matéria são concepções "espaço-tempo", que encaram os objetos como eventos cuja interpenetração mútua só pode ser entendida se se compreende que espaço e tempo são, igualmente, objeto de interpenetração.

A teoria do *bootstrap* de hádrons acha-se longe de estar completa e as dificuldades envolvidas em sua formulação são ainda consideráveis. Não obstante, os físicos já começaram a estender a abordagem da autoconsistência para além das descrições de partículas sujeitas a interação forte. Eventualmente, tal extensão terá de ultrapassar o contexto atual da teoria da matriz S, que foi desenvolvido especificamente para descrever as interações fortes. Um âmbito mais geral terá de ser encontrado, e alguns dos conceitos atualmente aceitos sem explicação terão de ser "*bootstrapped*", ou seja, terão de ser derivados da autoconsistência global. Segundo Geoffrey Chew, esses conceitos poderiam incluir nossa concepção do espaço-tempo macroscópico e talvez, até mesmo a da consciência humana:

Levada ao seu extremo lógico, a conjectura do *bootstrap* implica que a existência da consciência, juntamente com todos os outros aspectos da natureza, é necessária para a autoconsistência do todo.[25]

Essa concepção, uma vez mais, está em perfeita harmonia com a concepção das tradições místicas orientais que sempre consideraram a consciência como parte integral do universo. Na visão oriental, os seres humanos, assim como todas as outras formas de vida, são partes de um todo orgânico inseparável. Sua inteligência implica, pois, que o todo também é inteligente. Seres humanos são vistos como a prova viva da inteligência cósmica; em nós, o universo repete, incessantemente, sua habilidade em produzir formas através das quais ele se torna consciente de si mesmo.

Na Física moderna, a questão da consciência surgiu em conexão com a observação dos fenômenos atômicos. A teoria quântica tornou claro que esses fenômenos apenas podem ser entendidos como elos numa cadeia de processos, cujo fim está na consciência do observador humano.* Nas palavras de Eugene Wigner, "não foi possível formular as leis da [teoria quântica] de forma plenamente consistente sem se fazer referência à consciência".[26] A formulação pragmática da teoria quântica utilizada pelos cientistas em seu trabalho não se refere à sua consciência de forma explícita. Wigner e outros físicos têm argumentado, entretanto, que a inclusão explícita da consciência humana pode vir a se tornar um aspecto essencial das futuras teorias da matéria.

Um desenvolvimento desse tipo abriria possibilidades excitantes para uma interação direta entre a Física e o misticismo oriental. A compreensão que o homem tem de sua consciência e da relação dela com o restante do universo constitui o ponto de partida de toda experiência mística. Os místicos orientais exploraram, através dos séculos, vários modos de consciência e as conclusões a que chegaram são, com frequência, radicalmente diferentes das ideias sustentadas no Ocidente. Se os físicos realmente desejarem incluir a natureza da consciência humana em seu campo de pesquisa, um estudo das ideias orientais poderá muito bem fornecer-lhes pontos de vista novos e estimulantes.

---

* Veja página 157.

Dessa forma, a ampliação futura do *bootstrap* de hádrons, com o *bootstrapping* do espaço-tempo e da consciência humana, abre possibilidades sem precedentes e que poderão por certo ultrapassar a estrutura convencional da ciência:

> Um tal passo futuro poderia ser imensamente mais profundo do que qualquer coisa que inclua o *bootstrap* de hádrons; seríamos obrigados a confrontar o conceito ardiloso de observação e, possivelmente, até mesmo o de consciência. Nossa luta atual com o *bootstrap* de hádrons pode ser apenas um antegozo de uma forma completamente nova de esforço intelectual, uma forma que não apenas se localizará fora da Física como também não poderá ser descrita como "científica".[27]

Onde, então, nos levará a ideia do *bootstrap*? Isso, naturalmente, ninguém sabe, embora seja fascinante especular acerca do seu destino último. Podemos imaginar uma rede de futuras teorias cobrindo um intervalo sempre crescente de fenômenos naturais com precisão também cada vez maior; uma rede que conterá um número cada vez menor de aspectos inexplicados, derivando da consistência mútua de suas partes, parcelas cada vez maiores de sua estrutura. Algum dia, então, atingiremos um ponto em que os únicos aspectos inexplicados dessa rede de teorias serão os elementos da estrutura científica. Além desse ponto, a teoria não será mais capaz de expressar seus resultados em palavras ou em conceitos racionais. Caminhar-se-á para além da ciência. Em vez de uma *teoria bootstrap* da natureza, chegar-se-á a uma *visão bootstrap* da natureza, transcendendo os reinos do pensamento e da linguagem, levando-nos para fora da ciência e para dentro do mundo de *acintya*, o impensável. O conhecimento contido nessa visão será completo mas não poderá ser comunicado em palavras. Será o conhecimento que Lao Tsé tinha em mente, há mais de dois mil anos, ao dizer que

> Aquele que sabe, não fala,
> Aquele que fala, não sabe.[28]

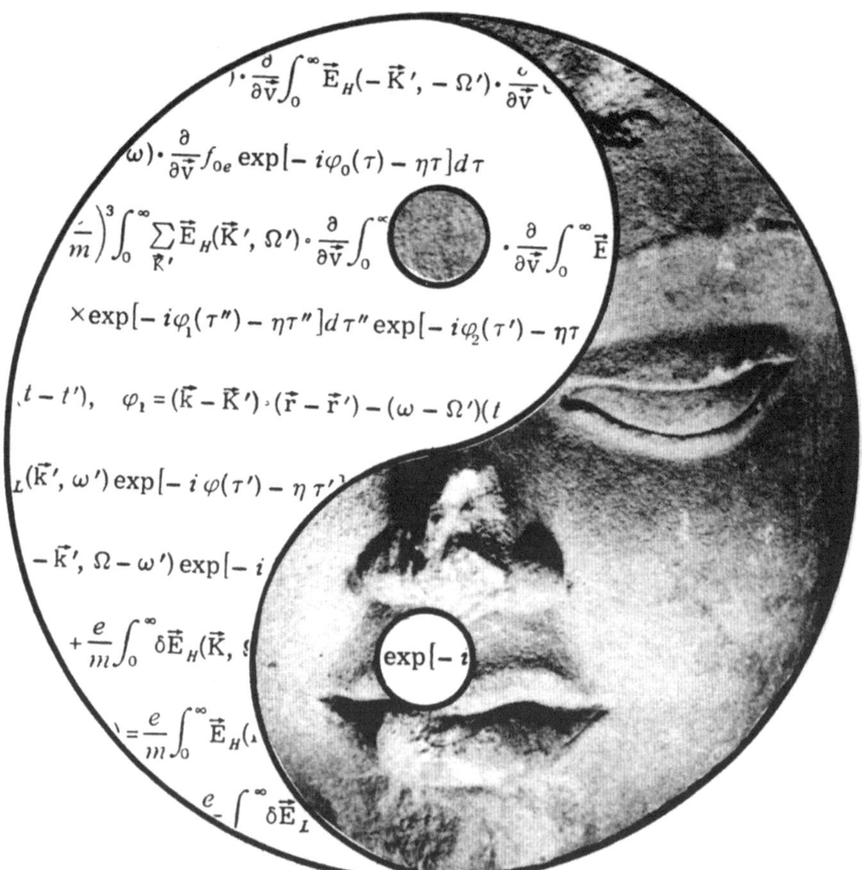
exp[− i

EPÍLOGO

As filosofias religiosas orientais se interessam pelo conhecimento místico eterno que se situa além do raciocínio e não pode ser adequadamente expresso em palavras. A relação entre esse conhecimento e a Física moderna é apenas um de seus múltiplos aspectos e, como todos os outros, não pode ser demonstrada de forma conclusiva, tendo de ser experimentada de forma intuitiva direta. Espero ter conseguido dar de algum modo, não uma demonstração rigorosa mas, em vez disso, uma oportunidade ao leitor de reviver, volta e meia, uma experiência que se tornou para mim uma fonte de alegria e de inspiração constantes. Ou seja, que as teorias e modelos principais da Física moderna levam-nos a uma visão do mundo que é internamente consistente e está em perfeita harmonia com as concepções do misticismo oriental.

Para aqueles que já experimentaram essa harmonia, o significado do paralelismo entre essas duas visões de mundo está além de qualquer dúvida. A questão digna de interesse não é, por certo, se tais paralelos existem, mas *por que* existem? E, além disso, o que a sua existência implica.

Na tentativa de compreender o mistério da Vida, homens e mulheres têm seguido muitas abordagens diferentes. Entre estas, encontram-se os caminhos do cientista e do místico. Existem, contudo, muitos outros: os caminhos dos poetas, das crianças, dos palhaços, dos *xamãs* – isso para indicar apenas uns poucos. Esses caminhos deram origem a diferentes descrições do mundo, tanto verbais como não verbais, e que enfatizam diferentes aspectos. Todas são válidas e úteis no contexto em que surgiram. Todas, entretanto, não passam de descrições ou de representações da realidade e, em decorrência disso, limitadas. Nenhuma pode fornecer uma representação completa do mundo.

A visão de mundo mecanicista da Física clássica é útil para a descrição do tipo de fenômenos físicos que encontramos em nossa vida diária, e, portanto, apropriada para lidar com nosso meio ambiente de todos os dias. Além disso, mostrou-se extremamente bem-sucedida como uma base para a tecnologia. No entanto, é inadequada para a descrição dos fenômenos físicos no reino submicroscópico. Em oposição a essa concepção mecanicista do mundo, está a visão dos místicos, que pode ser resumida na palavra "orgânica", uma vez que eles encaram todos os fenômenos do universo como partes integrantes de um todo harmonioso e inseparável. Essa visão de mundo emerge das tradições místicas a partir de estados meditativos de consciência. Em sua descrição do mundo, os místicos utilizam conceitos derivados dessas experiências não usuais e são, em geral, inadequados para uma descrição científica dos fenômenos macroscópicos. A visão orgânica de mundo não é vantajosa para a construção de máquinas, nem para o confronto com os problemas técnicos existentes num mundo superpovoado.

Assim, na vida diária, tanto a visão mecanicista quanto a visão orgânica do universo são válidas e úteis: uma, para a ciência e a tecnologia; a outra, para uma vida espiritual plena e equilibrada. Além das dimensões de nosso meio ambiente cotidiano, contudo, os conceitos mecanicistas perdem sua validade e devem ser substituídos por conceitos orgânicos muito semelhantes àqueles utilizados pelos místicos. Essa é a experiência essencial da Física moderna e que foi assunto de nossa discussão. A Física do século XX mostrou que os conceitos da visão orgânica de mundo, embora de reduzido valor para a ciência e para a tecnologia em escala humana, tornam-se extremamente úteis nos níveis atômico e subatômico. A visão orgânica parece, pois, ser mais fundamental que a mecanicista. A Física clássica, que se baseia nesta última, pode ser derivada da teoria quântica, que implica aquela, ao passo que o oposto não é possível. Isso parece nos dar uma indicação inicial da razão pela qual poderíamos esperar a existência de semelhanças entre as visões de mundo da Física moderna e do misticismo oriental. Ambas emergem quando se indaga acerca da natureza essencial das coisas – para dentro dos reinos mais profundos da matéria, na Física; para dentro dos reinos mais profundos da consciência, no misticismo –, quando se descobre uma realidade diferente por trás da aparência mecanicista superficial da vida cotidiana.

O paralelismo entre as concepções dos físicos e dos místicos torna-se ainda mais plausível quando recordamos todas as demais semelhanças que existem não obstante suas abordagens diferentes. Assinale-se de início que seus métodos são inteiramente empíricos. Os físicos derivam seu conhecimento de experimentos; os místicos, de *insights* na meditação. Ambas são observações e, em ambos os campos, essas observações são reconhecidas como a fonte única de conhecimento. O objeto de observação é, naturalmente, muito diferente nos dois casos. O místico olha para dentro e explora sua consciência em seus vários níveis, o que inclui o corpo como a manifestação física da mente. A experiência do corpo humano é, de fato, enfatizada em muitas tradições orientais e é, com frequência, vista como a chave para a experiência mística do mundo. Quando somos sadios, não sentimos quaisquer partes isoladas em nosso corpo, mas estamos cônscios de que se trata de um todo integrado e essa consciência gera um sentimento de bem-estar e felicidade. De modo semelhante, o místico está cônscio da totalidade do cosmos, que é experimentado como uma extensão de seu corpo. Nas palavras do Lama Govinda,

> Para o homem iluminado [...], cuja consciência abarca o universo, para ele o universo se torna o seu "corpo", ao passo que o seu corpo físico se torna uma manifestação da Mente Universal, sua visão interior, uma expressão da realidade mais elevada, e sua palavra, uma expressão da verdade eterna e do poder mântrico.[1]

Em contraste com o místico, o físico inicia sua pesquisa penetrando na natureza essencial das coisas pelo estudo do mundo material. À medida em que penetra em reinos cada vez mais profundos da matéria, torna-se cônscio da unidade essencial de todas as coisas e eventos. Mais que isso, aprendeu igualmente que ele e sua consciência também são partes integrantes dessa unidade. Assim, o místico e o físico chegam à mesma conclusão: um, a partir do reino interior; o outro, do mundo exterior. A harmonia entre suas visões confirma a antiga sabedoria indiana segundo a qual *Brahman*, a realidade última externa, é idêntica a *Atman*, a realidade interior.

Outra semelhança entre os caminhos do físico e do místico está no fato de que suas observações têm lugar em reinos inacessíveis aos sentidos comuns. Na Física moderna, trata-se dos reinos do mundo atômico e subatômico; no misticismo, os estados não usuais de consciência nos quais o mundo sensível é transcendido. Os místicos referem-se frequentemente à experiência de dimensões mais elevadas, nas quais impressões de diferentes centros de consciência são integrados num todo harmonioso. Uma situação semelhante existe na Física moderna, onde foi desenvolvido um formalismo quadridimensional de "espaço-tempo" que unifica conceitos e observações pertencentes a categorias diferentes no mundo tridimensional comum. Em ambos os campos, as experiências multidimensionais transcendem o mundo dos sentidos, e são, por isso, quase impossível de ser expressas em linguagem comum.

Vemos que os caminhos do físico moderno e do místico oriental, que pareciam à primeira vista totalmente desprovidos de relação, têm, de fato, muito em comum. Não seria, pois, muito surpreendente, que existissem notáveis paralelos em suas descrições do mundo. Uma vez aceitos esses paralelos entre a ciência ocidental e o misticismo oriental, surgirão algumas questões referentes às suas implicações. Estará a ciência moderna, com toda a sua tecnologia sofisticada, simplesmente redescobrindo a sabedoria antiga, conhecida pelos sábios orientais durante milhares de anos? Deveriam os físicos, por isso, abandonar o método científico e começar a meditar? Ou poderá existir uma influência mútua entre a ciência e o misticismo; quem sabe mesmo uma síntese?

Creio que essas indagações terão de ser respondidas com um "não". Considero a ciência e o misticismo como manifestações complementares da mente humana, de suas faculdades racionais e intuitivas. O físico moderno experimenta o mundo através de uma extrema especialização da mente racional; o místico, através de uma extrema especialização da mente intuitiva. As duas abordagens são inteiramente diferentes e envolvem muito mais que uma determinada visão do mundo físico. Entretanto, são complementares, como aprendemos a dizer em Física. Nenhuma pode ser compreendida sem a outra; nenhuma pode ser reduzida à outra. Ambas são necessárias, suplementando-se mutuamente para uma compreensão mais abrangente do mundo. Parafraseando um antigo provérbio chinês, os místicos compreendem as raízes do *Tao* mas não os seus ramos; os cientistas compreendem seus ramos mas não as suas raízes. A ciência não necessita do misticismo e este não necessita daquela; o homem, contudo, necessita de ambos. A experiência mística é necessária para a compreensão da natureza mais profunda das coisas, e a ciência é essencial para a vida moderna. Necessitamos, na verdade, não de uma síntese mas de uma interação dinâmica entre a intuição mística e a análise científica.

Até agora, isso não foi alcançado em nossa sociedade. Em nossos dias, nossa atitude é demasiado *yang* – para usarmos novamente a terminologia chinesa –, demasiado racional, masculina e agressiva. Os próprios cientistas são um exemplo típico. Embora suas teorias os encaminhem para uma visão de mundo semelhante à dos místicos, é impressionante notar-se o quão pouco isso afetou as atitudes da maioria dos cientistas. No misticismo, o conhecimento não pode ser separado de um determinado modo de vida, que se torna sua manifestação viva. Assim, adquirir conhecimento místico equivale a passar por uma transformação; poder-se-ia mesmo afirmar que o conhecimento é a transformação. O conhecimento científico, por sua vez, pode frequentemente permanecer abstrato e teórico. A maioria dos físicos de nossos dias não parece compreender as implicações filosóficas, culturais e espirituais de suas teorias. Muitos deles apoiam ativamente uma sociedade que ainda se baseia numa visão de mundo fragmentada, mecanicista, sem perceber que a ciência aponta para além de tal visão, em direção à unidade do universo, que inclui não apenas o nosso ambiente natural, mas também os demais seres humanos. Creio que a visão de mundo decorrente da Física moderna é inconsistente com a sociedade atual, que não reflete o estado de inter-relação harmoniosa que observamos na natureza. Para alcançar um tal estado de equilíbrio dinâmico, será necessária uma estrutura social e econômica radicalmente diferente, ou seja, uma revolução cultural no verdadeiro sentido da expressão. A sobrevivência de nossa civilização pode depender da efetivação ou não dessa transformação. Dependerá, em última instância, de nossa habilidade em adotarmos algumas das atitudes *yin* do misticismo oriental, em experimentarmos a natureza em sua totalidade, e a arte de com ela convivermos em harmonia.

PRIMEIRO POSFÁCIO À SEGUNDA EDIÇÃO – A NOVA FÍSICA REVISITADA

Desde a época em que *O Tao da Física* foi publicado pela primeira vez, tem ocorrido um considerável progresso em várias áreas da Física subatômica. Como mencionei no prefácio desta edição, os novos desenvolvimentos não invalidaram nenhum dos paralelos ao pensamento oriental; ao contrário, reforçaram esses paralelos. Neste posfácio, gostaria de discutir os resultados mais relevantes das novas pesquisas em Física atômica e subatômica empreendidas até o verão de 1982.

Um dos mais sólidos paralelos ao misticismo oriental tem sido a compreensão de que os componentes da matéria e os fenômenos básicos envolvendo esses componentes estão interligados; de que eles não podem ser compreendidos como entidades isoladas mas apenas como partes integrais de um todo unificado. A noção de um estado básico de "interligação quântica", que discuti detalhadamente no Capítulo 10, tem sido posta em evidência por Bohr e Heisenberg ao longo de toda a história da teoria quântica. Essa noção, no entanto, tem recebido uma renovada atenção durante as duas últimas décadas, quando os físicos passaram a reconhecer que o universo pode, de fato, constituir-se de in-terligações que se dão por vias muito mais sutis do que se tinha pensado até então. A nova espécie de estado de interligação recém-surgido não apenas reforça as similaridades entre os pontos de vista dos físicos e dos místicos; ela também levanta a intrigante possibilidade de relacionar a Física subatômica à Psicologia junguiana e, talvez, até mesmo à Parapsi-cologia; e lança, além disso, nova luz sobre o papel fundamental da pro-babilidade na teoria quântica.

Na Física clássica, utiliza-se a probabilidade toda vez que os detalhes envolvidos num evento são desconhecidos. Por exemplo: quando lançamos dados podemos – em princípio – predizer o resultado, se conhecermos todos os detalhes mecânicos envolvidos na operação: a exata composição dos dados, da superfície em que caem, e assim por diante. Esses detalhes são chamados variáveis locais, pois residem dentro dos objetos envolvidos. Na Física subatômica, as variáveis locais são representadas por conexões, estabelecidas através de sinais, entre eventos separados espacialmente; esses sinais, que são partículas e redes de partículas, respeitam as leis usuais da separação espacial. Por exemplo: nenhum sinal pode ser transmitido mais depressa que a velocidade da luz. Mas, além dessas conexões locais, outro tipo de conexões, não locais, veio recentemente à luz; conexões que são instantâneas e que não podem ser preditas, nos dias que correm, de uma forma precisa, matemática.

Essas conexões não locais são concebidas por alguns físicos como sendo a própria essência da realidade quântica. Na teoria quântica, eventos individuais nem sempre possuem uma causa bem definida. O salto de um elétron de uma órbita atômica para outra, por exemplo, ou o decaimento de uma partícula subatômica, pode ocorrer espontaneamente, sem ter como causa um evento isolado. Nunca podemos predizer quando e como tal fenômeno irá ocorrer; podemos, apenas, predizer sua probabilidade. Isso não significa que os eventos atômicos ocorrem de forma completamente arbitrária; significa, apenas, que eles não são veiculados por causas locais. O comportamento de uma parte qualquer é determinado pelas conexões não locais que ela mantém com o todo e, como não conhecemos com precisão essas conexões, temos de substituir a estreita noção clássica de causa e efeito pela concepção mais ampla de causalidade estatística. As leis da Física atômica são leis estatísticas de acordo com as quais as probabilidades associadas aos eventos atômicos são determinadas pela dinâmica do sistema como um todo. Enquanto, na Física clássica, as propriedades e o comportamento das partes determinam as propriedades e o comportamento do todo, na Física quântica a situação é a inversa: o todo é que determina o comportamento das partes.

A probabilidade é, portanto, utilizada na Física clássica e na quântica por motivos semelhantes. Em ambos os casos existem variáveis "ocultas", desconhecidas por nós, e essa ignorância nos impede de fazer predições exatas. Há, no entanto, uma diferença crucial. Enquanto, na Física clássica as variáveis ocultas são mecanismos locais, na Física quântica elas são não locais; são conexões instantâneas com o universo como um todo. No mundo cotidiano, macroscópico, as conexões não locais têm, relativamente, pouca importância. Podemos, por isso, falar em objetos separados e formular as leis que descrevem o comportamento deles em termos de certezas. À medida, porém, que nos aproximamos de dimensões menores, a influência das conexões não locais torna-se mais intensa, as certezas vão cedendo lugar às probabilidades e torna-se cada vez mais difícil separar do todo qualquer parte do universo.

A existência de conexões não locais e, delas resultante, o papel fundamental da probabilidade é algo que Einstein nunca teria aceito. Foi justamente esse o assunto do seu debate histórico com Bohr, na década de 1920, ocasião em que Einstein, por intermédio da famosa metáfora "Deus não joga dados",[1] expressou sua oposição à interpretação de Bohr da teoria quântica. No fim do debate, Einstein teve de admitir que a teoria quântica, na interpretação de Bohr e Heisenberg, formava um consistente sistema de pensamento. Mas ele continuou convencido de que uma interpretação determinista, em termos de variáveis locais ocultas, viria a ser futuramente encontrada.

A discordância entre Einstein e Bohr provinha, essencialmente, da firme crença de Einstein na existência de alguma realidade externa, consistindo em elementos separados, espacialmente independentes. Em sua tentativa de mostrar que a interpretação de Bohr da teoria quântica era inconsistente, Einstein imaginou uma experiência de pensamento que se tornou conhecida como experimento de Einstein-Podolsky-Rosen (EPR).[2] Três décadas mais tarde, John Bell demonstrou um teorema baseado no experimento EPR; esse teorema prova que a existência de variáveis locais ocultas é inconsistente com as predições estatísticas da teoria quântica.[3] O teorema de Bell desferiu um duro golpe contra o ponto de vista de Einstein ao mostrar que a concepção de realidade como algo que consiste em partes separadas, ligadas por conexões locais, é incompatível com a teoria quântica.

Nos últimos anos, o experimento EPR foi, com frequência, discutido e analisado por físicos interessados na interpretação da teoria quântica, pois, idealmente falando, é conveniente mostrar a diferença entre as concepções clássica e quântica.[4] Para nossos propósitos, será suficiente descrever uma versão simplificada do experimento, envolvendo dois elétrons rodopiando (*spinning*) e baseada na abrangente discussão feita por

David Bohm sobre o assunto.[5] Para captar a essência da situação, é necessário compreender algumas propriedades do *spin* do elétron. A imagem clássica de uma bola de tênis rodopiando não é totalmente adequada para descrever uma partícula subatômica rodopiando. Num certo sentido, o *spin* de uma partícula é uma rotação da partícula em torno do seu próprio eixo; mas, como sempre acontece na Física subatômica, esse conceito clássico é limitado. No caso de um elétron, o *spin* da partícula é restrito a dois valores: a quantidade de *spin* (sua medida) é sempre a mesma, mas o elétron pode rodopiar num sentido ou no outro, no sentido horário ou anti-horário, para um determinado eixo de rotação. Os físicos costumam referir-se a esses dois valores do *spin* denominando-os "para cima" e "para baixo".

A propriedade crucial de um elétron rodopiante, que não pode ser compreendida em termos clássicos, é o fato de que o seu eixo de rotação nem sempre pode ser determinado com precisão. Assim como os elétrons exibem tendências para existir em certos lugares, também exibem tendências para rodopiar em torno de certos eixos. Todavia, sempre que uma medição for efetuada para qualquer eixo de rotação, o elétron será encontrado rodopiando num sentido ou no outro, em torno do eixo em questão. Em outras palavras: o ato de medir confere à partícula um determinado eixo de rotação; antes, porém, que a medição seja efetuada, não é, em geral, possível afirmar que a partícula esteja rodopiando em torno de um eixo determinado; ela simplesmente possui certa tendência, ou propensão, para se comportar desse modo.

Tendo em vista esse conhecimento acerca do *spin* do elétron, podemos agora examinar o experimento EPR e o teorema de Bell. O experimento envolve dois elétrons rodopiando em sentidos opostos, de modo que o *spin* total deles é zero. Existem vários métodos experimentais que podem ser utilizados para colocar dois elétrons em tal estado, ou seja, num estado em que não se pode saber com certeza quais os sentidos dos *spins* individuais, mas sobre o qual se sabe que o *spin* combinado, de ambos os elétrons, é, em definitivo, igual a zero. Suponha, agora, que essas duas partículas são afastadas uma da outra por algum processo que não afete os seus *spins*. À medida que elas se distanciam em sentidos opostos, seu *spin* combinado permanecerá igual a zero; uma vez separadas por uma longa distância, seus *spins* individuais são medidos. Um aspecto importante do experimento é o fato de que a distância entre as duas partículas pode ser arbitrariamente grande; uma partícula pode estar em Nova York e a outra em Paris, ou uma na Terra e a outra na Lua.

Suponha, agora, que o *spin* da partícula 1 é medido ao longo de um eixo vertical, verificando-se ser "para cima". Como o *spin* combinado das duas partículas é zero, esta medição nos diz que o *spin* da partícula 2 deve ser "para baixo". Portanto, medindo o *spin* da partícula 1, obtemos uma medição indireta do *spin* da partícula 2 sem perturbar em nada essa partícula. O aspecto paradoxal do experimento EPR surge do fato de que o observador é livre para escolher o eixo de medição. A teoria quântica nos diz que os *spins* dos dois elétrons em torno de um eixo qualquer sempre serão opostos, mas existirão apenas como tendências, ou potencialidades, antes que a medição seja feita. Assim que o observador tiver escolhido um determinado eixo, e efetuado a medição, este ato "fixará" para ambas as partículas um determinado eixo de rotação. O aspecto decisivo é que podemos escolher nosso eixo no último minuto, quando os elétrons estiverem muito afastados um do outro. No instante em que efetuarmos nossa medição sobre a partícula 1, a partícula 2, que poderá estar milhares de milhas longe da primeira, adquirirá um *spin* definido, ao longo do eixo escolhido. Como a partícula 2 pode saber que eixo escolhemos? Ela não teve tempo de receber essa informação por via de qualquer sinal convencional.

Esse é o ponto crucial do experimento EPR, e é onde Einstein discordou de Bohr. De acordo com Einstein, desde que nenhum sinal pode viajar mais depressa que a velocidade da luz, é impossível que a medição efetuada sobre um elétron determine instantaneamente o sentido do *spin* do outro elétron, milhares de milhas longe do primeiro. De acordo com Bohr, o sistema de duas partículas é um todo indivisível, mesmo que as partículas estejam separadas por uma grande distância; o sistema não pode ser analisado em termos de partes independentes. Mesmo que os dois elétrons estejam muito distantes um do outro, ainda assim estarão ligados por conexões instantâneas, não locais.

Essas conexões não são sinais no sentido einsteiniano; elas transcendem nossas noções convencionais acerca de transferência de informação. O teorema de Bell sustenta o ponto de vista de Bohr e prova rigorosamente que a visão einsteiniana da realidade física, segundo a qual esta consiste em elementos independentes, espacialmente separados, é incompatível com as leis da teoria quântica. Em outras palavras, o teorema de Bell demonstra que o universo é fundamentalmente constituído de interligações, de componentes interdependentes e inseparáveis. Nas palavras de Nagarjuna, o sábio budista que viveu centenas de anos atrás,*

> As coisas recebem seu ser e sua natureza por dependência mútua e, em si mesmas, nada são.

A pesquisa atual em Física busca unificar nossas duas teorias básicas, a teoria quântica e a teoria da relatividade, numa teoria completa das partículas subatômicas. Ainda não fomos capazes de formular uma tal teoria completa; possuímos, contudo, várias teorias e modelos parciais, que descrevem muito bem certos aspectos dos fenômenos subatômicos. Existem, atualmente, dois tipos de teorias "quântico-relativísticas" na Física das partículas, que têm sido bem-sucedidas em diferentes áreas de investigação. O primeiro compreende um grupo de teorias quânticas dos campos (veja Capítulo 14) que podem ser aplicadas às interações fracas e às eletromagnéticas; o segundo tipo refere-se à teoria conhecida como teoria da matriz S (veja Capítulo 17), que tem sido bem-sucedida na descrição das interações fortes. Um dos problemas principais, ainda insolúvel, é o da unificação da teoria quântica com a teoria geral da relatividade numa teoria quântica da gravidade. Se bem que o desenvolvimento recente das teorias da "supergravidade"[6] possa representar um passo para a solução desse problema, até agora não se descobriu nenhuma teoria satisfatória.

As teorias quânticas dos campos, descritas detalhadamente no Capítulo 14, são baseadas na concepção de campo quantizado, uma entidade fundamental, que pode existir sob a forma contínua, como um campo, e sob a forma descontínua, como partículas; às diferentes espécies de partículas estão associados diferentes campos. Essas teorias têm substituído a noção de partículas, concebidas como objetos fundamentais, pela noção, muito mais sutil, de campos quantizados. Todavia, elas lidam com entidades fundamentais; são, por isso, num certo sentido, teo-

---

* Veja página 156.

rias semiclássicas, que não exibem totalmente a natureza quântico-relativístico da matéria subatômica.

A eletrodinâmica quântica, a primeira das teorias quânticas dos campos, deve o seu sucesso ao fato de que as interações eletromagnéticas são muito fracas e, por isso, tornam possível manter num alto grau a distinção clássica entre matéria e forças de interação.* O mesmo é verdadeiro para as teorias de campo que tratam das interações fracas. De fato, esta semelhança entre interações eletromagnéticas e interações fracas foi, há pouco, grandemente fortalecida, devido ao desenvolvimento de um novo tipo de teorias quânticas dos campos, denominadas teorias de *gauge*,** que tornaram possível unificar ambas as interações. Na resultante teoria unificada – conhecida como teoria Weinberg-Salam, que deve o seu nome aos de seus principais arquitetos, Steven Weinberg e Abdus Salam – as duas interações permanecem distintas mas tornam-se matematicamente entrelaçadas, e coletivamente são conhecidas como interações "eletrofracas".[7]

A abordagem pela teoria de *gauge* tem sido igualmente ampliada de forma a incluir a interação forte, com o desenvolvimento de uma teoria de campo chamada cromodinâmica quântica (QCD), e muitos físicos estão agora tentando conseguir uma "grande unificação" da QCD com a teoria de Weinberg-Salam.[8] Entretanto, é muito problemático o uso de teorias de *gauge* para a descrição de partículas sujeitas a interações fortes. As interações entre hádrons são tão fortes que a distinção entre partículas e forças se torna obscurecida; em consequência disso, a QCD não tem sido muito bem-sucedida na descrição de processos que envolvem partículas sujeitas à interação forte. Ela funciona apenas para um pequeno número de fenômenos muito especiais – os assim chamados processos de espalhamento "fortemente inelástico"– nos quais as partículas, por motivos que não são bem compreendidos, comportam-se, até certo ponto, como objetos clássicos. A despeito de muitos e grandes esforços, os físicos ainda não foram capazes de aplicar a QCD fora dessa estreita faixa de fenô-

---

* Em termos técnicos, isso significa que a constante de acoplamento eletromagnético é tão pequena que uma expansão da perturbação dá uma excelente aproximação.

** Não traduzimos a palavra *gauge*, que significa, entre outras coisas, "calibre", "aferição", "medida-padrão" e "capacidade", porque se costuma utilizá-la no original, quando se trata das teorias em questão. (N. do T.)

menos; por isso, as esperanças iniciais quanto ao papel que desempenharia, o de estrutura teórica que permitiria deduzir as propriedades das partículas sujeitas à interação forte, até agora não se concretizaram.[9]

A cromodinâmica quântica representa a formulação matemática corrente do modelo *quark* (veja Capítulo 16), estando os campos associados com os *quark*, e os "cromo" com a propriedade de cor desses campos *quark*. Como todas as teorias de *gauge*, a QCD foi modelada de acordo com a eletrodinâmica quântica (QED). Enquanto na QED as interações eletromagnéticas são efetuadas por meio da troca de fótons entre partículas carregadas, na QCD as interações fortes são mediadas pela troca de "glúons" entre *quarks* coloridos. Estes glúons não são partículas reais, mas uma espécie de quanta que "grudam" (*glue*) os *quarks* entre si para formar mésons e bárions.[10]

Durante a última década, o modelo *quark* teve de ser ampliado e refinado consideravelmente à medida que novas partículas iam sendo descobertas em experiências de colisão efetuadas com energias progressivamente mais altas. Como foi descrito no Capítulo 16, exigiu-se que cada um dos três *quarks* postulados originalmente e rotulados com os sabores "para cima", "para baixo" e "estranho" aparecesse em três diferentes cores; então, foi postulado um quarto *quark*, aparecendo igualmente em três cores e rotulado com o sabor "charme". Mais recentemente, dois novos sabores foram acrescentados ao modelo, e denotados por *t* e *b*, iniciais de *top* (topo) e *bottom* (fundo), ou, mais poeticamente, de *true* (verdadeiro) e *beautiful* (belo); isso elevou a dezoito o número total de *quarks* – seis sabores e três cores. Alguns físicos, e isso não deve causar surpresa, não acharam nada simpático esse alto número de "pedras fundamentais"; sugeriram, então, que chegara a hora de pensar em componentes menores, que fossem "realmente elementares", e com os quais os próprios *quarks* seriam feitos...

Enquanto prosseguia toda essa teorização e construção de modelos, os experimentadores continuavam a procurar *quarks* livres, embora nunca tivessem sido capazes de detectar algum, e essa persistente ausência de *quarks* livres tornou-se o principal problema do modelo *quark*. No âmbito da QCD, foi dado ao fenômeno o nome "confinamento *quark*", que reflete a ideia de que os *quarks*, por alguma razão, encontram-se permanentemente confinados dentro dos hádrons e, por isso, nunca podem ser observados. Vários mecanismos têm sido propostos para responder pelo confinamento *quark*, mas até agora não se formulou nenhuma teoria consistente.

É essa, então, a situação presente do modelo *quark*: para se levar em conta os padrões observados no espectro do hádron, parecem ser necessários no mínimo dezoito *quarks* e mais oito glúons; nenhum desses jamais foi observado como partícula livre, e sua existência como componente físico dos hádrons pode levar a graves dificuldades teóricas; vários mecanismos foram desenvolvidos para explicar o seu confinamento permanente; nenhum deles, porém, expressa uma teoria dinâmica satisfatória, enquanto a QCD, a estrutura teórica do modelo *quark*, pode ser aplicada apenas a uma faixa muito estreita de fenômenos. Todavia, a despeito de todas essas dificuldades, a maioria dos físicos ainda se apega à ideia de que existem blocos de construção básicos da matéria, ideia essa profundamente arraigada em nossa tradição científica ocidental.

Os desenvolvimentos mais marcantes em Física das partículas são, talvez, aqueles que ocorreram recentemente na teoria da matriz S e na abordagem *bootstrap* (veja Capítulos 17 e 18). Estas não aceitam quaisquer entidades fundamentais; tentam, porém, compreender a natureza inteiramente baseadas em sua autoconsistência. Deixei claro neste livro que considero a filosofia *bootstrap* como a culminação do pensamento científico contemporâneo; enfatizei também ser ela a única que mais se aproxima do pensamento oriental, tanto pela sua filosofia em geral como pela sua concepção específica de matéria. É, ao mesmo tempo, uma via muito difícil de acesso à Física, sendo adotada atualmente apenas por uma pequena minoria de físicos. Para a maior parte dos membros da comunidade dos físicos, a filosofia *bootstrap* é demasiadamente alheia aos seus modos de pensar tradicionais para poder ser apreciada seriamente; e essa falta de apreço estende-se também à teoria da matriz S. É curioso, e muito significativo, que, embora os conceitos básicos da teoria sejam utilizados por todos os físicos que investigam a física das partículas, toda vez que analisam os resultados dos experimentos de espalhamento e os comparam às suas predições teóricas, nenhum prêmio Nobel até agora foi concedido a qualquer um dos físicos notáveis que contribuíram para o desenvolvimento da teoria da matriz S durante as duas décadas passadas.

O maior desafio à teoria da matriz S e à *bootstrap* sempre foi ter de prestar contas à estrutura *quark* das partículas subatômicas. Se bem que nossa compreensão atual do mundo subatômico impeça que se aceite a existência dos *quarks* como partículas físicas, não pode haver dúvidas de que os hádrons exibem simetrias *quark* que terão de ser explicadas por qualquer teoria bem-sucedida das interações fortes. Até recentemente, a abordagem *bootstrap* não era capaz de explicar essas regularidades notáveis, mas, nos últimos seis anos, ocorreu uma grande ruptura na teoria da matriz S. Resultou daí uma teoria *bootstrap* para partículas que pode explicar a estrutura *quark* observada sem que seja necessário postular a existência de *quarks* físicos. Além disso, a nova teoria *bootstrap* ilumina várias questões que não tinham sido compreendidas anteriormente.[11]

Para entender em sua essência o novo desenvolvimento é necessário tornar claro o significado da estrutura *quark* no contexto da teoria da matriz S. Enquanto no modelo *quark* as partículas são concebidas, essencialmente, como bolas de bilhar que contêm bolas de bilhar menores, a abordagem por intermédio da matriz S, sendo holística e totalmente dinâmica, concebe as partículas como padrões de energia inter-relacionados num processo universal contínuo; como correlações, ou interconexões, entre várias partes de uma teia cósmica inseparável. No âmbito de uma tal concepção, o termo "estrutura *quark*" refere-se ao fato de que a transferência de energia e o fluxo de informações nessa rede de eventos ocorrem ao longo de linhas bem definidas, produzindo a duplicidade,* associada a mésons, e a triplicidade,** associada a bárions. Isso é o equivalente dinâmico da afirmação segundo a qual os hádrons consistem em *quarks*. Na teoria da matriz S não existem entidades distintas e nem blocos de construção básicos; só existe um fluxo de energia apresentando certos padrões bem definidos.

A questão é, então, a seguinte: Como os específicos padrões *quarks* têm origem? O elemento chave da nova teoria *bootstrap* é a noção de ordem como um aspecto novo e importante da Física das partículas. A ordem, nesse contexto, significa ordem no estado de interligação dos processos subatômicos. Há várias maneiras pelas quais as reações das

* No original: *two-ness*. (N. do T.)

** No original: *three-ness*. (N. do T.)

partículas podem interligar-se e, de acordo com isso, pode-se definir várias categorias de ordem. A linguagem da topologia – muito conhecida dos matemáticos mas nunca antes aplicada à Física das partículas – é utilizada para classificar essas categorias de ordem. Quando este conceito de ordem é incorporado à estrutura matemática da teoria da matriz S, apenas umas poucas categorias especiais de relações ordenadas mostram-se compatíveis com as propriedades bem conhecidas da matriz S. Essas categorias de ordem são precisamente os padrões *quark* observados na natureza. Assim, a estrutura *quark* surge como uma manifestação de ordem e uma consequência necessária de autoconsistência, sem que haja qualquer necessidade de se postular os *quarks* como componentes físicos dos hádrons.

A emergência da ordem como uma concepção nova e central na Física das partículas levou não apenas a uma grande ruptura na teoria da matriz S, como poderá ter implicações de longo alcance para a ciência como um todo. No momento, a significação da ordem na Física subatômica é ainda um tanto misteriosa e não amplamente explorada. No entanto, é intrigante observar que, assim como os três princípios da matriz S,* a noção de ordem desempenha, em alto grau, um papel básico na abordagem científica da realidade, e é um aspecto decisivo de nossos métodos de observação. A capacidade para reconhecer ordem parece ser um aspecto essencial da mente racional; toda percepção de um padrão é, num certo sentido, uma percepção de ordem. O esclarecimento do conceito de ordem num campo de pesquisa onde os padrões da matéria e os padrões da mente estão sendo reconhecidos, de modo crescente, como reflexos um do outro promete-nos, assim, abrir fascinantes fronteiras ao conhecimento.

De acordo com Geoffrey Chew, que foi quem originou a ideia de *bootstrap* e tem sido a força unificadora e o líder filosófico da teoria da matriz S durante as duas últimas décadas, a extensão da abordagem *bootstrap* para além da descrição dos hádrons poderá levar à possibilidade sem precedentes de ser forçado a incluir explicitamente o estudo da consciência humana em nossas futuras teorias da matéria. "Tal passo futuro", escreveu Chew, "poderia ser imensamente mais profundo que qualquer

* Veja páginas 290-91.

coisa que inclua o *bootstrap* de hádrons... Nossa luta corrente com o *bootstrap* de hádron pode ser, assim, apenas um antegozo de uma forma completamente nova de esforço intelectual humano."*

Desde a época em que escreveu essas palavras, quase quinze anos atrás, os novos desenvolvimentos da teoria da matriz S trouxeram Chew para muito mais perto de uma abordagem explícita do problema da consciência. Além disso, ele não tem sido o único físico a mover-se nessa direção. Dentre as pesquisas recentes, um dos desenvolvimentos mais empolgantes foi uma nova teoria proposta por David Bohm que, talvez, tenha ido mais longe que ninguém no estudo das relações entre consciência e matéria, dentro de um contexto científico. A abordagem de Bohm é muito mais genérica e mais ambiciosa que a da presente teoria da matriz S, e pode ser concebida como uma tentativa de "fazer um *bootstrap*" do espaço-tempo, juntamente com alguns conceitos fundamentais da teoria quântica, a fim de derivar daí uma consistente teoria quântico-relativística da matéria.[12]

O ponto de partida de Bohm, como indiquei no Capítulo 10, é a noção de "totalidade ininterrupta" (*unbroken wholeness*), e ele considera as conexões não locais, exemplificadas no experimento EPR, como um aspecto essencial dessa totalidade. As conexões não locais passam agora a se apresentar como a fonte da formulação estatística das leis da Física quântica. Bohm, no entanto, quer ir além da probabilidade e explorar a ordem que crê ser inerente à teia cósmica de relações num nível mais profundo, "não manifesto". Ele a denomina de implicada** ou "englobada",*** ordem na qual as interconexões do todo nada têm a ver com localidade no espaço e no tempo, exibindo, porém, uma qualidade inteiramente diferente – a do englobamento.

---

* Veja página 319.

** Bohm utiliza o termo *implicate* certamente porque os significados em que essa palavra se desdobra ajudam a qualificar melhor o que ele entende por *implicate order*. Temos, assim, os adjetivos *implícita* e *incluída*, e alguns significados do verbo *implicar*: "ser causa de", "envolver", "conter", "entrelaçar" e "enredar". (N. do T.)

*** Essa tradução retém, do original *enfolded*, os sentidos de "envolver" e "cobrir", e torna explícitas as ideias de "totalidade" e "unidade" contidas no símbolo do *globo*, mas perde algumas conotações importantes vindas do radical *fold*: "dobrar", "embrulhar, "entrançar", que, naturalmente, evocam a ideia de *ordem interna*. (N. do T.)

Bohm utiliza, como uma analogia dessa ordem implicada, o holograma, devido a uma propriedade deste, segundo a qual cada uma de suas partes, num certo sentido, contém o todo.[13] Se qualquer pedaço de um holograma é iluminado, a imagem inteira será reconstruída, embora exiba menos detalhes que a imagem obtida com o holograma completo. Na concepção de Bohm, o mundo real é estruturado de acordo com os mesmos princípios gerais, o ser inteiro achando-se englobado em cada uma de suas partes.

Bohm compreende, naturalmente, que a analogia do holograma é muito limitada para ser utilizada como modelo científico para a ordem implicada no nível subatômico; para expressar a natureza essencialmente dinâmica da realidade nesse nível, ele cunhou o termo "holomovimento" como base para todas as entidades manifestas. O holomovimento, na concepção de Bohm, é um fenômeno dinâmico de onde procedem todas as formas do universo material. O objetivo de sua abordagem é estudar a ordem englobada nesse holomovimento, ocupando-se não com a estrutura dos objetos, mas com a estrutura do movimento, levando em conta, assim, a unidade e a natureza dinâmica do universo.

De acordo com Bohm, espaço e tempo emergem com formas que jorram do holomovimento; também eles estão englobados na ordem deste. Bohm acredita que a compreensão da ordem implicada não só irá levar a uma compreensão mais profunda da probabilidade na Física quântica, como também tornará possível deduzir as propriedades básicas do espaço-tempo relativístico. Portanto, a teoria da ordem implicada deverá fornecer uma base comum tanto à teoria quântica como à teoria da relatividade.

Para compreender a ordem implicada, Bohm julgou necessário conceber a consciência como um aspecto essencial do holomovimento e tomá-la em consideração, explicitamente, em sua teoria. Ele concebe mente e matéria como interdependentes e correlatas, embora não ligadas causalmente. Elas são projeções mutuamente englobantes, de uma realidade superior que não é matéria nem consciência.

No momento, a teoria de Bohm encontra-se ainda num estágio experimental, e, se bem que esteja desenvolvendo um formalismo matemático que envolve matrizes e topologia, as afirmações de Bohm são, em sua maior parte, qualitativas e não quantitativas. Todavia, parece existir um parentesco intrigante, mesmo nesse estágio preliminar, entre a sua teoria da ordem implicada e a teoria *bootstrap* de Chew. Ambas as perspectivas são baseadas na mesma visão do mundo como uma teia dinâmica de relações; ambas atribuem um papel central à noção de ordem; ambas utilizam matrizes, para representar a mudança e a transformação, e a topologia, para classificar categorias de ordem. Finalmente, ambas reconhecem que a consciência pode ser um aspecto essencial do universo, que terá de ser incluído numa futura teoria dos fenômenos físicos. Essa futura teoria poderá muito bem surgir da fusão das teorias de Bohm e Chew, que representam dois dos mais imaginativos e filosoficamente profundos acessos à realidade física.

SEGUNDO POSFÁCIO À SEGUNDA EDIÇÃO – O FUTURO NA NOVA FÍSICA*

A VISÃO

A origem de *O Tao da Física* está naquela poderosa experiência que tive no verão de 1969, numa praia de Santa Cruz, cuja descrição se encontra na página de abertura deste livro. Um ano depois, saí da Califórnia para continuar minhas pesquisas no Imperial College, em Londres. Antes de deixá-lo, fiz uma fotomontagem – Shiva dançando sobreposto a rastos de partículas em colisão numa câmara de bolhas – para ilustrar minha experiência, na praia, da dança cósmica. Essa bela figura simbolizava, para mim, os paralelos entre a física e o misticismo, que eu havia começado a descobrir. E, certo dia, no final do outono de 1970, quando me encontrava em meu apartamento, próximo ao Imperial College, e olhava para a figura, de repente tive uma percepção muito clara. Sabia com absoluta certeza que os paralelismos entre a Física moderna e o misticismo oriental viriam, algum dia, a ser um conhecimento comum; e também senti que era eu a pessoa mais indicada para explorá-los exaustivamente e para escrever um livro sobre eles.

Cinco anos depois, no outono de 1975, *O Tao da Física* foi editado pela Wildwood House, em Londres; em janeiro de 1976, saiu nos Estados Unidos pela Shambhala Publications. Agora, vinte e cinco anos depois, quero fazer várias perguntas: Minha visão tornou-se verdade? Os paralelos entre a Física moderna e o misticismo oriental são hoje, de fato, conhecimento comum ou, pelo menos, assim estão se tornando? Minha tese original ainda é válida, ou precisa ser reformulada? Qual tem sido a principal crítica que se faz a ela e como eu responderia agora a es-

* Tradução, Mauro de Campos Silva; revisão técnica, Newton Roberval Eichemberg.

sa crítica? E, por fim, quais são atualmente as minhas concepções, como estão evoluindo, e onde vejo o maior potencial para o trabalho futuro? Neste posfácio, apresentarei respostas a essas perguntas com o máximo de cuidado e de honestidade.

O IMPACTO DO LIVRO

Nesses últimos vinte e cinco anos, *O Tao da Física* tem sido recebido com um entusiasmo que superou minhas expectativas mais otimistas. Quando o escrevi, amigos em Londres diziam-me que dez mil cópias vendidas representariam um grande sucesso, e eu, intimamente, esperava a venda de cinquenta mil. Hoje, as cifras chegam perto de um milhão em todo o mundo; *O Tao da Física* foi traduzido em mais de uma dúzia de línguas; planejam-se mais traduções, e todas as edições ainda estão na praça, e continuam vendendo bem.

Esse tremendo retorno teve um vigoroso impacto em minha vida. Durante esses vinte e cinco anos, viajei muito, proferindo palestras a públicos de profissionais e leigos, nos Estados Unidos, na Europa e na Ásia, e debatendo as implicações da "nova física" com mulheres e homens de todas as áreas. Esses debates me ajudaram muito a entender o contexto cultural mais amplo do meu trabalho, e agora vejo esse contexto como a principal razão para a sua entusiástica aceitação. Várias vezes pude testemunhar como o livro e as conferências geraram uma forte ressonância nas pessoas. Em várias oportunidades, homens e mulheres escreveram para mim ou disseram-me, depois de uma palestra: "Você expressou algo que há muito tempo eu sentia, mas não era capaz de colocar em palavras." Essas pessoas geralmente não eram cientistas nem místicas. Eram pessoas comuns e, no entanto, extraordinárias: artistas, avós, homens de negócio, professores, agricultores, enfermeiras; pessoas de todas as idades, acima e abaixo dos cinquenta. Poucas eram idosas, e as cartas mais comoventes vinham de mulheres e de homens com mais de setenta, mais de oitenta, e em dois ou três casos, acima de noventa!

O que *O Tao da Física* provocou em todas essas pessoas? Qual foi a experiência que tiveram? Chego a acreditar que o reconhecimento das semelhanças entre a Física moderna e o misticismo oriental faz parte de um movimento muito maior, de uma mudança fundamental de visões de mundo, ou paradigmas, na ciência e na sociedade, que agora estão se manifestando por toda a Europa e a América do Norte, e que implicam uma profunda transformação cultural. Esta transformação, esta profunda mudança de consciência, é o que tantas pessoas sentiram intuitivamente nas últimas duas ou três décadas, e é por isso que *O Tao da Física* tangeu uma corda tão sensível.

A MUDANÇA DE PARADIGMA

Em meu segundo livro, *O Ponto de Mutação*,* investiguei as implicações sociais da atual mudança de paradigmas. O ponto de partida dessa pesquisa foi a afirmação de que os principais problemas do nosso tempo não podem ser compreendidos isoladamente. Eles são problemas sistêmicos – interligados e interdependentes. A estabilização da população do mundo só será possível quando a pobreza for reduzida em todo o planeta. A extinção de espécies animais e vegetais em escala maciça irá prosseguir enquanto o Terceiro Mundo for oprimido por dívidas massacrantes. Somente se interrompermos o tráfico internacional de armas teremos os recursos necessários para impedir a destruição da biosfera e da vida humana.

Na verdade, quanto mais estudamos a situação, mais compreendemos que, em última análise, esses problemas são apenas diferentes facetas de uma única crise, que é essencialmente uma crise de percepção. Ela deriva do fato de que a maioria de nós – especialmente nossas grandes instituições sociais – adere aos conceitos e valores associados a uma visão de mundo obsoleta e a um paradigma inadequado para lidar com os problemas de nosso mundo superpovoado e globalmente interconectado. Ao mesmo tempo, pesquisadores na linha de frente da ciência, vários movimentos sociais e numerosas redes alternativas estão desenvolvendo uma nova visão da realidade, que irá formar o fundamento das nossas futuras tecnologias e dos nossos futuros sistemas econômicos e instituições sociais.

Esse paradigma, que agora está retrocedendo, dominou nossa cultura por vários séculos, durante os quais modelou a moderna sociedade

---

* Capra, Fritjof, *O Ponto de Mutação*, São Paulo: Cultrix, 1986.

ocidental, influenciando significativamente o restante do mundo. Ele consiste numa série de ideias e de valores, entre os quais a concepção do universo como um sistema mecânico composto de blocos de construção elementares, do corpo humano como uma máquina, da vida como uma luta competitiva pela existência, a crença num ilimitado progresso material a ser conquistado mediante o crescimento econômico e tecnológico, e – por último, mas não menos importante – a convicção de que é "natural" uma sociedade onde a mulher, em toda parte, está subordinada ao homem. Durante as últimas décadas, todas essas suposições têm se mostrado severamente limitadas e carentes de uma revisão radical.

Tal revisão está de fato ocorrendo. O novo paradigma que atualmente está emergindo pode ser descrito de várias maneiras. Pode-se chamá-lo de uma visão de mundo holística, que reconhece no mundo uma totalidade integrada, e não uma coleção de partes dissociadas entre si. Pode-se também chamá-lo de visão ecológica, se a palavra "ecológica" é utilizada em um sentido muito mais amplo e profundo do que aquele em que usualmente é empregado. Esse sentido mais amplo e profundo está associado a uma escola filosófica específica e, além disso, a um movimento popular e global conhecido como "ecologia profunda", que está rapidamente adquirindo proeminência. Essa escola filosófica foi fundada pelo filósofo norueguês Arne Naess no início da década de 1970, com sua distinção entre "ecologia rasa" e "ecologia profunda". Essa distinção é agora amplamente aceita como uma terminologia muito útil para se referir a uma importante divisão dentro do pensamento ambientalista contemporâneo.

A ecologia rasa é antropocêntrica. Os seres humanos, como ela os concebe, estão situados acima e fora da natureza, como a fonte de todos os valores, e ela atribui à natureza apenas valor instrumental, ou "valor de uso". A ecologia profunda não separa os seres humanos do ambiente natural, nem dele separa nada mais. Ela não vê o mundo como uma coleção de objetos isolados, mas, em vez disso, como uma rede de fenômenos que são fundamentalmente interconectados e interdependentes. A ecologia profunda reconhece os valores intrínsecos de todos os seres vivos e vê os seres humanos apenas como um fio particular da teia da vida. Ela reconhece que nós todos estamos encaixados nos processos cíclicos da natureza, e somos, em última análise, dependentes desses processos. Essa percepção ecológica profunda está agora emergindo em várias áreas em nossa sociedade, tanto dentro como fora da ciência.

O paradigma ecológico é alicerçado pela ciência moderna, mas se acha enraizado numa percepção da realidade que vai além do arcabouço científico, no rumo de uma consciência da unidade de toda a vida e da interdependência de suas múltiplas manifestações e de seus ciclos de mudança e transformação. Em última análise, essa profunda consciência ecológica é consciência espiritual. Quando o conceito de espírito humano é entendido como o modo de consciência em que o indivíduo se sente ligado ao cosmos como um todo, fica claro que a percepção ecológica é espiritual em sua essência mais profunda, e então não é surpreendente o fato de que a nova visão da realidade esteja em harmonia com as concepções das tradições espirituais.

Portanto, posso agora explicar com maior clareza o contexto mais amplo de *O Tao da Física*. A nova física é uma parte integrante da nova visão de mundo que agora está emergindo em todas as ciências e na sociedade. Esta nova visão é ecológica e baseia-se, fundamentalmente, na consciência espiritual. Por conseguinte, não causa surpresa o fato de o novo paradigma, à medida que emerge na física e nas outras ciências, estar em harmonia com muitas das ideias das tradições espirituais.

Sendo assim, minha tese original ainda é válida, e além disso ficou muito mais clara ao ser reformulada e colocada em um contexto conceitual mais amplo. Ao mesmo tempo, tem sido confirmada por recentes avanços em outras ciências, e portanto agora posso pisar em terreno muito mais firme. A exploração de conceitos sistêmicos em biologia, psicologia e ciências sociais, que eu empreendi em *O Ponto de Mutação* e em *A Teia da Vida*, mostrou-me que a abordagem sistêmica reforça vigorosamente os paralelismos entre a Física moderna e o misticismo oriental. Além disso, a nova biologia e a nova psicologia sistêmicas apontam para outras semelhanças com o pensamento místico que estão fora do assunto da física. Essas semelhanças incluem certas ideias sobre o livre-arbítrio, a morte e o nascimento, e a natureza da vida, da mente, da consciência e da evolução. A profunda harmonia entre esses conceitos, como é expressa em linguagem sistêmica, e as ideias correspondentes no misticismo oriental, constituem evidências ostensivas de minha afirmação segundo a qual a filosofia das tradições místicas fornece um fundamento filosófico mais consistente para o novo paradigma científico.

Esse reconhecimento ainda não é um conhecimento comum, mas certamente está se difundindo, tanto dentro como fora da ciência. Seguindo o exemplo de *O Tao da Física*, surgiu pelo menos uma dúzia de livros muito bem-sucedidos sobre as relações entre a ciência moderna e as tradições místicas, e têm havido várias importantes conferências internacionais sobre o assunto, com a participação de cientistas ilustres, incluindo vários laureados com o prêmio Nobel, bem como eminentes representantes de tradições espirituais. Minha mensagem original tem sido, em vasta medida, ampliada por esses eventos.

AS INFLUÊNCIAS DE HEISENBERG E DE CHEW

Eu gostaria agora de me voltar para o novo paradigma na ciência e de discutir suas principais características. Recentemente, tentei identificar um conjunto de critérios para o pensamento que lhe corresponderia. Sugeri seis critérios; os dois primeiros referem-se à nossa concepção da natureza, os outros quatro, à nossa epistemologia. Acredito que esses seis critérios sejam características comuns ao pensamento do novo paradigma em todas as ciências, mas, uma vez que este é um posfácio para *O Tao da Física*, eu os ilustrarei com exemplos tirados da física, mencionando também, em poucas palavras, como eles se refletem nas tradições místicas orientais.

Antes de discutir os seis critérios, gostaria de reconhecer, com profunda gratidão, meu débito para com dois notáveis físicos, que foram minhas principais fontes de inspiração, influenciando decisivamente meu pensamento científico: Werner Heisenberg e Geoffrey Chew. O livro de Heisenberg, *Physics and Philosophy* [Física e Filosofia], sua avaliação clássica da história e da filosofia da física quântica, exerceu uma enorme influência sobre mim, quando, jovem estudante, o li pela primeira vez. Esse livro permaneceu meu companheiro durante meus estudos e meu trabalho como físico, e hoje posso ver que foi Heisenberg quem plantou a semente de *O Tao da Física*. Foi uma sorte ter conhecido Heisenberg no começo da década de 1970. Tivemos várias e longas conversas, e quando terminei *O Tao da Física*, percorri com ele todo o manuscrito, capítulo por capítulo. Foi o apoio e a inspiração pessoal de Heisenberg que me ampararam nesses anos difíceis, quando estive em apuros desenvolvendo e apresentando uma ideia radicalmente nova.

Geoffrey Chew pertence a uma geração diferente da de Heisenberg e dos outros grandes fundadores da física quântica, e não tenho nenhuma dúvida de que os futuros historiadores da ciência julgarão sua contribuição à física do século XX tão significativa quanto a deles. Enquanto Einstein revolucionou o pensamento científico com a sua teoria da relatividade, e Bohr e Heisenberg, com sua interpretação da mecânica quântica, introduziram mudanças tão radicais que até mesmo Einstein recusou-se a aceitá-las, Chew deu o terceiro passo revolucionário na física do século XX. Sua teoria *bootstrap* das partículas unifica a mecânica quântica e a teoria da relatividade numa outra teoria, que representa uma ruptura radical com toda a abordagem ocidental dos fundamentos da ciência.

Desde que o conheci, há uns vinte anos, fiquei fascinado com sua teoria e sua filosofia da ciência, e tenho tido o grande privilégio de manter com ele uma cooperação íntima e uma constante troca de ideias. Nossas discussões regulares têm sido fonte de contínua inspiração para mim, modelando decisivamente toda a minha perspectiva em ciência.

O PENSAMENTO DO NOVO PARADIGMA EM CIÊNCIA

Deixe-me agora voltar para os meus seis critérios. O primeiro diz respeito à relação entre a parte e o todo. No paradigma científico mecanicista clássico, acreditava-se que, em qualquer sistema complexo, a dinâmica do todo podia ser entendida a partir das propriedades das partes. Uma vez conhecidas as partes – suas propriedades fundamentais e os mecanismos por meio dos quais interagiam –, podia-se inferir, pelo menos em princípio, a dinâmica do todo. Portanto, a regra era: para compreender qualquer sistema complexo, nós o dividimos nos pedaços que o compõem. Estes não podem ser explicados além disso, exceto se forem fragmentados em pedaços ainda menores. Mas, à medida que se avança neste procedimento, sempre acabaremos encontrando, em alguma etapa, blocos de construção fundamentais: elementos, substâncias, partículas, e assim por diante, com propriedades que não mais poderão ser explicadas. A partir desses blocos de construção fundamentais, com suas leis fundamentais de interação, constrói-se o todo maior e tenta-se explicar sua dinâmica em termos das propriedades das partes. Isto começou com Demócrito, na Grécia antiga; foi o procedimento formalizado por Descartes e Newton, e tem sido a visão científica aceita até o século XX.

No novo paradigma, a relação entre a parte e o todo é mais simétrica. Acreditamos que as propriedades das partes só podem ser plenamente entendidas pela dinâmica do todo. O todo é a coisa fundamental, e uma vez compreendida a sua dinâmica, pode-se então inferir, pelo menos em princípio, as propriedades e os padrões de interações das partes. Essa mudança da relação entre a parte e o todo ocorreu na ciência, primeiramente na física, quando a teoria quântica foi desenvolvida. Naquele tempo os físicos verificaram, para seu grande espanto, que não podiam mais usar a noção de parte – tal como um átomo ou uma partícula – no sentido clássico. As partes não podiam mais ser bem definidas. Elas mostrariam propriedades diferentes, dependendo do contexto experimental.

Aos poucos, os físicos começaram a perceber que a natureza, no nível atômico, não se apresenta como um universo mecânico composto de blocos de construção fundamentais, mas, sim, como uma rede de relações, e que, em última instância, não há quaisquer partes nessa teia de interconexões. O que quer que chamemos de parte é meramente um padrão que possui alguma estabilidade e, portanto, capta a nossa atenção. Heisenberg ficou tão impressionado com a nova relação entre a parte e o todo que a utilizou como título de sua autobiografia, *Der Teil und das Ganze*.

A consciência da unidade e da inter-relação mútua de todas as coisas e eventos, a experiência de todos os fenômenos como manifestações de uma unidade básica, é também a mais importante característica comum às visões de mundo orientais. Pode-se dizer que ela é a própria essência dessas visões de mundo, como também o é de todas as tradições místicas. Todas as coisas são vistas como interdependentes, inseparáveis, e como padrões transitórios de uma mesma realidade última.

O segundo critério do pensamento do novo paradigma no âmbito da ciência diz respeito a uma mudança do pensamento em termos de estrutura para o pensamento em termos de processo. No velho paradigma, pensava-se que havia estruturas fundamentais e, portanto, que havia forças e mecanismos por cujo intermédio aquelas interagiam, o que dava origem a processos. No novo paradigma, pensamos que o processo é primário, que cada estrutura observada é uma manifestação de um processo subjacente.

Esse pensamento em termos de processo surge na física com a teoria da relatividade de Einstein. O reconhecimento de que a massa é uma forma de energia eliminou da ciência o conceito de substância material, e com ele também o de estrutura fundamental. As partículas subatômicas não são feitas de qualquer estofo material; são padrões de energia. A energia, no entanto, está associada com atividade, com processos, e isto implica que a natureza das partículas subatômicas é intrinsecamente dinâmica. Ao observá-las, nunca vemos qualquer substância, nem qualquer estrutura fundamental. O que observamos são padrões dinâmicos, transformando-se continuamente uns nos outros – uma contínua dança de energia.

O pensamento como processo é também uma das principais características das tradições místicas do Oriente. A maior parte de seus conceitos, imagens e mitos inclui o tempo e a mudança como elementos essenciais. Quanto mais estudamos os textos dos hindus, dos budistas e dos taoistas, mais fica evidente que em todos eles o mundo é concebido em termos de movimento, de fluxo e de mudança. De fato, foi a imagem da dança cósmica de Shiva, na qual todas as formas são continuamente criadas e dissolvidas, que me abriu os olhos para os paralelos entre a Física moderna e o misticismo oriental.

Na Física moderna, a imagem do universo como uma máquina tem sido substituída pela de um todo interconectado, dinâmico, cujas partes são essencialmente interdependentes e têm de ser entendidas como padrões de um processo cósmico. A fim de definir um objeto nessa teia interconexa de relações, abrimos caminho através de algumas dessas interconexões – conceitualmente, e também fisicamente, com os nossos instrumentos de observação –, e assim fazendo, isolamos certos padrões e os interpretamos como objetos. Diferentes observadores podem fazê-lo de diferentes modos. Por exemplo, quando identificamos um elétron, podemos fazê-lo abrindo caminho através de algumas de suas conexões com o resto do mundo de diferentes maneiras, com a utilização de diferentes técnicas de observação. Consequentemente, o elétron pode apresentar-se como uma partícula, ou então como uma onda. O que você vê depende de como você olha para ele.

Foi Heisenberg quem introduziu esse papel crucial do observador na física quântica. De acordo com ele, não podemos nunca falar sobre a natureza sem falar, ao mesmo tempo, sobre nós mesmos. E este será o meu terceiro critério de pensamento do novo paradigma. Acredito que seja válido para toda a ciência moderna, e quero chamá-lo de "mudança da ciência objetiva para a ciência *epistêmica*". No velho paradigma, acreditava-se que as descrições científicas fossem objetivas, isto é, independentes do observador humano e do processo de conhecimento. No novo paradigma, acreditamos que a epistemologia – o entendimento do processo de conhecimento – tem de ser incluída explicitamente na descrição dos fenômenos naturais. A esta altura, não há consenso entre os cientistas sobre qual seria a epistemologia apropriada, mas há um consenso emergente de que a epistemologia terá de ser parte integrante de toda teoria científica.

A ideia de que o processo de conhecimento é parte integrante da compreensão da realidade é bem conhecida de qualquer estudioso do misticismo. O conhecimento místico nunca pode ser obtido pela observação desprendida e objetiva; ele sempre envolve a participação plena de todo o ser do indivíduo. De fato, os místicos vão muito além da posição de Heisenberg. Na física quântica, o observador e o observado não podem mais ser separados, mas ainda podem ser distinguidos. Místicos em meditação profunda chegam num ponto em que a distinção entre observador e observado é completamente demolida, onde sujeito e objeto se fundem.

O quarto critério talvez seja o mais profundo de todos e o mais difícil de ser utilizado pelos cientistas. Diz respeito à antiga metáfora do conhecimento como um edifício, uma construção. Os cientistas falam sobre leis *fundamentais*, referindo-se ao *fundamento*, ou *base*, do edifício do conhecimento. O conhecimento tem de ser construído sobre *fundações* sólidas e firmes; há blocos de construção *básicos* da matéria; há equações *fundamentais*, constantes *fundamentais*, princípios *fundamentais*. Essa metáfora do conhecimento como um edifício de sólidas fundações tem sido utilizada em toda a ciência e em toda a filosofia do Ocidente durante milhares de anos.

As fundações do conhecimento científico, porém, nem sempre permaneceram sólidas. Elas se alteraram repetidamente, e várias vezes foram completamente abaladas. Toda vez que ocorreram importantes revoluções científicas, teve-se a impressão de que as fundações da ciência estavam se movimentando. Assim escreveu Descartes, em seu famoso *Discurso sobre o Método*, sobre a ciência do seu tempo: "Eu julgava que nada sólido podia ser construído sobre fundações tão móveis." Então, Descartes começou a construir uma nova ciência sobre bases firmes, mas, trezentos anos depois, Einstein, em sua autobiografia, escreveu o seguinte comentário sobre o desenvolvimento da física quântica: "Foi como se o chão tivesse sido arrancado sob os nossos pés, sem que se visse, em lugar algum, qualquer base sólida sobre a qual se pudesse construir algo".

Repetidas vezes, durante toda a história da ciência, teve-se a sensação de que os alicerces do conhecimento estavam se movimentando, ou mesmo desmoronando. A atual mudança de paradigma na ciência evoca novamente essa sensação, mas agora pode ser a última vez; não porque não haverá mais progresso ou mudanças, mas pelo fato de que não haverá mais quaisquer alicerces no futuro. Talvez não consideremos necessário, numa ciência futura, construir o nosso conhecimento sobre bases sólidas, e talvez possamos substituir a metáfora da construção pela metáfora da rede. Assim como vemos a realidade ao nosso redor como uma rede de relações, também nossas descrições — conceitos, modelos e teorias – formarão uma rede interconexa, representando os fenômenos observados. Nessa rede, não haverá nada primário ou secundário, nem quaisquer alicerces.

A nova metáfora do conhecimento como uma rede sem fundações sólidas é extremamente desconfortável para os cientistas. Ela foi enunciada explicitamente pela primeira vez por Geoffrey Chew, há mais de trinta anos, na assim chamada teoria *bootstrap* das partículas. Segundo essa teoria, a natureza não pode ser reduzida a entidades fundamentais, como blocos de construção básicos, mas tem de ser entendida inteiramente pela autoconsistência. As coisas existem em virtude de suas relações mutuamente consistentes, e toda a física deve resultar unicamente da exigência de que seus componentes sejam consistentes entre si e consigo mesmos.

Nos últimos trinta anos, Chew, juntamente com seus colaboradores, utilizou a abordagem *bootstrap* para desenvolver uma teoria abrangente das partículas subatômicas, juntamente com uma filosofia mais geral da natureza. Essa filosofia *bootstrap* não apenas abandona a ideia de blocos de construção fundamentais da matéria como também não aceita quaisquer entidades fundamentais, sejam elas quais forem – constantes, leis ou equações fundamentais. O universo material é visto como uma teia dinâmica de eventos inter-relacionados. Nenhuma das propriedades de qualquer parte dessa teia é fundamental; todas resultam das propriedades das outras partes, e a consistência global de suas inter-relações determina a estrutura de toda a teia.

O fato de a filosofia *bootstrap* não aceitar nenhuma entidade fundamental faz dela, na minha opinião, um dos sistemas mais profundos do pensamento ocidental. Ao mesmo tempo, ela é tão estranha aos nossos modos científicos tradicionais de pensar que é seguida apenas por uma pequena minoria de físicos. Porém, a recusa em aceitar quaisquer entidades fundamentais é muito comum no pensamento oriental, especialmente no budismo. De fato, pode-se dizer que o contraste entre "fundamentalistas" e "*bootstrappers*" na física das partículas faz paralelo ao contraste entre as correntes predominantes do pensamento ocidental e oriental. A redução da natureza a fundamentos é, basicamente, uma abordagem grega, que surgiu na filosofia grega juntamente com o dualismo entre espírito e matéria. Por outro lado, a visão do universo como uma teia de relações sem quaisquer entidades fundamentais é uma característica do pensamento oriental. Sua mais clara expressão e sua elaboração de maior alcance encontram-se no budismo Mahayana, e quando escrevi *O Tao da Física*, fiz da íntima correspondência entre a física *bootstrap* e a filosofia budista seu ponto culminante e conclusivo.

Os quatro critérios para o pensamento do novo paradigma que apresentei até agora são todos interdependentes. A natureza é vista como uma rede dinâmica interconexa de relações que inclui o observador humano como um componente integrante. Quaisquer das partes dessa rede constituem apenas padrões relativamente estáveis. De maneira correspondente, os fenômenos naturais são descritos em termos de uma rede de conceitos, onde nenhuma parte é mais fundamental do que qualquer outra.

Esse novo arcabouço conceitual levanta imediatamente uma importante questão. Se tudo está conectado com tudo, como podemos esperar entender qualquer coisa? Uma vez que, em última análise, todos os fenômenos naturais estão interconectados, para explicar qualquer um deles precisamos entender todos os outros, o que obviamente é impossível.

O que torna possível transformar a filosofia da rede, ou filosofia *bootstrap*, numa teoria científica é o fato de haver um conhecimento aproximado. Se nos satisfazemos com um entendimento aproximado da natureza, podemos descrever dessa maneira grupos selecionados de fenômenos, desprezando outros menos relevantes. Assim, é possível explicar muitos fenômenos em termos de alguns poucos, e consequentemente entender diferentes aspectos da natureza de um modo aproximado, sem ter de compreender tudo de uma só vez.

Essa descoberta é crucial para toda a ciência moderna e representa o meu critério número cinco: o deslocamento da verdade para descrições aproximadas. O paradigma cartesiano baseava-se na crença da certeza do conhecimento científico, o que tinha sido claramente enunciado por Descartes. No novo paradigma, reconhece-se que todos os conceitos e teorias científicos são limitados e aproximados. A ciência nunca poderá proporcionar um entendimento completo e definitivo. Os cientistas não lidam com a verdade (no sentido de uma correspondência precisa entre a descrição e os fenômenos descritos); lidam com descrições limitadas e aproximadas da realidade. A mais bela expressão que encontrei desse critério é de Louis Pasteur: "A ciência avança mediante respostas provisórias a uma série de questões cada vez mais sutis, que vão cada vez mais fundo na essência dos fenômenos naturais".

Mais uma vez, é interessante comparar essa moderna atitude científica com as atitudes dos místicos, e aqui encontramos uma das diferenças mais significativas entre estes e os cientistas. Os místicos geralmente não estão interessados em conhecimento aproximado. Eles preocupam-se com o conhecimento absoluto, que envolve um entendimento da totalidade da existência. Estando bem conscientes do inter-relacionamento essencial de todos os aspectos do universo, eles percebem que explicar algo significa, em última instância, mostrar como ele está conectado com todas as outras coisas. Como isto é impossível, os místicos frequentemente insistem em que nenhum fenômeno isolado pode ser plenamente explicado. Geralmente, não se interessam em explicar as coisas, mas, sim, na experiência direta, não intelectual da unidade de todas as coisas.

Finalmente, meu último critério não expressa uma observação, mas, em vez disso, uma defesa. Acredito que a sobrevivência humana em face da ameaça do holocausto nuclear e da devastação de nosso meio ambiente natural será possível somente se formos capazes de mudar radicalmente os métodos e os valores subjacentes à nossa ciência e à nossa tecnologia. Como último critério, defendo a mudança de uma atitude de dominação e controle da natureza, incluindo os seres humanos, para um comportamento cooperativo e de não violência.

Nossa ciência e nossa tecnologia baseiam-se na crença de que entender a natureza implica o seu domínio pelo homem. Uso aqui a palavra *homem* propositadamente, porque me refiro a um vínculo muito importante entre a visão de mundo mecanicista da ciência e o sistema de valores patriarcal, a tendência masculina para querer controlar tudo. Na história da ciência e da filosofia ocidentais, esse vínculo é personificado por Francis Bacon, que, no século XVII, defendia o novo método empírico da ciência em termos apaixonados e frequentemente perversos. A natureza tem de ser "acossada em suas vadiagens", escreveu ele, "sujeitada a prestar serviço" e tornada uma "escrava". Ela deve ser "coagida" e o objetivo do cientista é "arrancar da natureza, sob tortura, os seus segredos". Essas imagens violentas da natureza como uma fêmea cujos segredos têm de ser arrancados sob tortura, com a ajuda de dispositivos mecânicos, sugere fortemente a tortura das mulheres nos julgamentos das bruxas, no século XVII, que eram muito familiares a Bacon, que foi procurador-geral do rei Jaime I. Portanto, temos aqui um vínculo crucial e assustador entre a ciência mecanicista e os valores patriarcais, que exerceu um tremendo impacto nos desenvolvimentos ulteriores da ciência e da tecnologia.

Antes do século XVII, os objetivos da ciência eram a sabedoria, a compreensão da ordem natural e da vida em harmonia com ela. No século XVII, essa atitude, que se poderia chamar de uma atitude ecológica, transformou-se em seu oposto. Desde Bacon, o objetivo da ciência tem sido o conhecimento que pode ser usado para dominar e controlar a natureza, e hoje tanto a ciência como a tecnologia são utilizadas principalmente para fins perigosos, nocivos e antiecológicos.

A mudança de visão de mundo que está ocorrendo atualmente terá de incluir uma profunda mudança de valores; na verdade, uma completa mudança de sentimentos – da intenção de dominar e de controlar a natureza para uma atitude de cooperação e de não violência. Essa atitude é profundamente ecológica, e não surpreende que seja o comportamento característico das tradições espiritualistas. Os sábios chineses de antigamente expressaram-na maravilhosamente: "Aqueles que seguem a ordem natural fluem na corrente do Tao".

CRÍTICAS A O *TAO DA FÍSICA*

Eu gostaria agora de falar sobre as críticas que *O Tao da Física* recebeu durante esses anos. Eis uma pergunta que me fazem com frequência: Como os meus colegas físicos acolheram a minha tese básica? Como se podia esperar, a maioria deles a princípio ficou bem desconfiada e muitos se sentiram até mesmo ameaçados pelo livro. Aqueles que se viram ameaçados, reagiram com raiva. Fizeram comentários ofensivos e geralmente maldosos, seja em publicações ou em conversas particulares, o que refletia sua própria insegurança.

A razão de *O Tao da Física* ser visto como uma ameaça deve-se a uma falta de compreensão, muito difundida, acerca da natureza do misticismo. Na comunidade científica, costuma-se imaginar o misticismo como algo muito vago, impreciso, nebuloso e altamente não científico. Ver as suas queridas teorias comparadas com essa atividade vaga, imprecisa e suspeita é, naturalmente, bastante ameaçador para muitos físicos.

Essa visão errônea do misticismo é realmente muito infeliz, porque, quando nos voltamos para os textos clássicos das tradições místicas, verificamos que a experiência mística profunda nunca é descrita como algo vago ou nebuloso, mas, pelo contrário, está sempre associada à clareza. Metáforas típicas para descrever a experiência eram: "erguer o véu da ignorância", "abrir caminho para além da ilusão" limpar o espelho da mente", "perceber a clara luz" inexcedível e "pleno despertar"– todas elas implicando estado de grande clareza. A experiência mística vai além da análise intelectual, portanto, é uma clareza de um tipo diferente, mas com certeza não há nela nada de vago ou de impreciso. De fato, o termo *enlightenment**, que usamos para descrever o período da nova abordagem científica cartesiana da Europa do século XVIII, é um dos termos mais antigos e extensamente utilizados para descrever a experiência mística.

---

* Em inglês esta palavra tanto pode significar "iluminismo" como "iluminação", dois vocábulos de significados diferentes na língua portuguesa. (N. do T.)

Felizmente, a associação errônea do misticismo com coisas vagas e indistintas agora está mudando. Como o pensamento oriental começou a interessar a um número significativo de pessoas e a meditação não mais é vista como ridícula ou suspeita, o misticismo está sendo levado mais a sério, mesmo no seio da comunidade científica.

Deixe-me agora rever algumas das críticas mais frequentes que tenho encontrado nesses últimos vinte e cinco anos, feitas a *O Tao da Física*. Antes de mais nada, preciso dizer que estou muito satisfeito com o fato de, em todas as críticas que recebi de colegas físicos, nenhuma delas apontar qualquer falha na apresentação dos conceitos da Física moderna. Alguns não concordaram com a ênfase dada a avanços recentes, mas, pelo que eu sei, ninguém encontrou erros factuais em *O Tao da Física*. Portanto, nesse aspecto a obra resistiu muito bem durante esses vinte e cinco anos.

Há dois argumentos que tenho ouvido mais do que quaisquer outros nas críticas à minha tese básica. O primeiro afirma que os fatos científicos de hoje serão invalidados pelas pesquisas de amanhã. Como, então, perguntam esses críticos, pode algo tão passageiro como um modelo ou uma teoria na Física moderna ser comparado à experiência mística, que, segundo se supõe, é atemporal e eterna? Isso significa que a verdade do misticismo permanecerá ou cairá com as teorias da Física moderna?

Esse argumento soa muito convincente, mas baseia-se numa compreensão errônea da natureza da pesquisa científica. O argumento é correto, visto que em ciência não há verdade absoluta. Tudo o que dizem os cientistas é expresso em termos de descrições limitadas e aproximadas, e estas são então aperfeiçoadas em progressos subsequentes, e em passos sucessivos. Ora, aqui o ponto crucial é que quando se aperfeiçoam teorias ou modelos em etapas sucessivas, o conhecimento não muda de maneira arbitrária. Cada nova teoria estará relacionada à precedente de uma maneira bem definida, embora numa revolução científica isso possa não ficar evidente por um longo tempo. A nova teoria não invalida de forma alguma a antiga; ela simplesmente aperfeiçoa a aproximação. Por exemplo, a mecânica quântica não mostrou que a mecânica newtoniana estava errada; apenas revelou que a física de Newton é limitada.

É importante notar agora que quando ocorre a extensão de uma teoria para novos domínios, quando a aproximação é melhorada pela teoria nova, nem todos os conceitos da antiga são abandonados. E acredito que sejam precisamente esses conceitos em nossas atuais teorias, aqueles relacionados às ideias das tradições místicas, que não serão invalidados, mas permanecerão.

Posso afirmar isso até mesmo sobre a física newtoniana. Uma das descobertas essenciais de Newton, talvez *a* descoberta essencial, e certamente uma de suas mais famosas, foi a de verificar que há uma ordem uniforme no universo. Conta a lenda que Newton percebeu, num súbito lampejo de intuição, ao cair uma maçã de uma árvore, que a força que puxa a fruta em direção à Terra é a mesma que puxa os planetas na direção do Sol. Foi esse o ponto de partida de sua teoria da gravidade, e esse *insight* – que há uma ordem uniforme no universo – não é invalidado pela mecânica quântica nem pela teoria da relatividade. Pelo contrário, é confirmado, e até ampliado, pelas novas teorias.

De maneira semelhante, creio que a unidade e o estado de inter-relação fundamentais do universo, bem como a natureza intrinsecamente dinâmica de seus fenômenos naturais – os dois grandes temas da Física moderna –, não serão invalidados pela pesquisa futura. Serão, isto sim, reformulados, e muitos conceitos que hoje sustentamos serão amanhã substituídos por um diferente conjunto de conceitos. Mas essa substituição ocorrerá de modo ordenado, e os temas básicos que uso em minha comparação com as tradições místicas, acredito, serão reforçados em vez de invalidados. Essa crença já está sendo confirmada, não só pelos novos progressos na física, mas também pelos novos e significativos avanços na biologia e na psicologia.

A segunda crítica, que também ouvi repetidas vezes, argumenta que os físicos e os místicos falam sobre dois mundos diferentes. Os físicos lidam com uma realidade quântica, que é quase totalmente irrelevante para os fenômenos do dia a dia, assim diz o argumento, ao passo que os místicos tratam precisamente daqueles fenômenos de grande escala, coisas do mundo habitual que quase nada têm a ver com o mundo quântico.

Bem, em primeiro lugar, é preciso entender que a realidade quântica não é de forma alguma irrelevante para os fenômenos de grande escala. Por exemplo, um dos fenômenos físicos mais importantes do mundo habitual, a solidez da matéria, é uma consequência direta de certos efeitos quânticos. Assim, devemos reformular o argumento e dizer que os místicos não lidam explicitamente com a realidade quântica, ao passo que os físicos, sim.

Agora, no que diz respeito à noção de dois mundos diferentes, minha opinião é que há somente um mundo – este mundo espantoso e misterioso, como o chama Carlos Castañeda –, mas essa realidade única tem múltiplos aspectos, dimensões e níveis. Físicos e místicos lidam com diferentes aspectos da realidade. Os físicos investigam os níveis da matéria, os místicos, os níveis da mente. O que suas investigações têm em comum é que esses níveis, em ambos os casos, encontram-se além da percepção sensorial ordinária. E, como nos ensinou Heisenberg, se a percepção é não ordinária, então a realidade não é ordinária.

Portanto, temos físicos sondando a matéria com a ajuda de sofisticados instrumentos, e místicos sondando a consciência com a ajuda de sofisticadas técnicas de meditação. Ambos alcançam níveis não ordinários de percepção, nos quais os padrões e princípios de organização que observam parecem muito semelhantes. O modo segundo o qual, para os físicos, os padrões microscópicos estão inter-relacionados espelha o modo segundo o qual, para os místicos, os padrões macroscópicos estão inter-relacionados. Somente quando isolamos esses padrões macroscópicos em nossos modos ordinários de percepção é que os identificamos como objetos ordinários e separados.

Outra crítica que tem sido com frequência levantada concorda com o fato de que físicos e místicos estão voltados para diferentes níveis de realidade, argumentando, no entanto, que o nível do místico é espiritual e superior, e inclui o nível inferior dos fenômenos físicos, enquanto que este não inclui aquele.

Bem, para começar, eu observaria que chamar um nível de superior e o outro de inferior é um vestígio do pensamento do velho paradigma – mais uma vez a metáfora do edifício, em vez da da rede. Porém, concordo que a física nada tem a dizer sobre outros níveis, ou dimensões, da realidade – vida, mente, consciência, espírito, e assim por diante. A *física* nada tem a dizer sobre esses níveis, mas a *ciência* tem!

Passei a acreditar que o novo paradigma na ciência, para o qual propus meus seis critérios, encontrou sua formulação mais apropriada na agora emergente teoria dos sistemas vivos e auto-organizadores, que discuti em detalhe em *A Teia da Vida*. É uma teoria que se aplica a organismos vivos individuais, a sistemas sociais e a ecossistemas, e que promete levar a uma concepção unificada da vida, da mente, da matéria e da evolução. Essa abordagem sistêmica confirma os paralelismos entre física e misticismo e acrescenta outros, que vão além do nível da física: o conceito de livre-arbítrio, os conceitos de vida e de morte, a natureza da mente e assim por diante. Há uma profunda harmonia entre esses conceitos, conforme são expressos na teoria dos sistemas auto-organizadores, e os conceitos correspondentes nas tradições místicas.

PROGRESSOS ATUAIS E POSSIBILIDADES FUTURAS

Isso me leva aos progressos atuais e às futuras possibilidades na formulação do novo paradigma científico. Desde que escrevi *O Tao da Física*, tive uma importante mudança de percepção relativa ao papel da física nesse progresso. Quando comecei a estudar a mudança de paradigma em várias ciências, percebi que todas se baseavam na visão de mundo mecanicista da física newtoniana, e vi a nova física como o modelo ideal para novos conceitos e abordagens em outras disciplinas. Enquanto isso, porém, passei a reconhecer que essa visão implica que o nível físico é, de algum modo, mais fundamental que os outros. Hoje vejo a nova física, e principalmente a teoria *bootstrap*, como um caso especial da abordagem sistêmica, que lida com sistemas não vivos. Mesmo que a mudança de paradigma na física ainda seja de especial interesse, uma vez que foi a primeira a ocorrer na ciência moderna, a física perdeu seu papel de modelo para as outras ciências.

Consequentemente, vejo as futuras elaborações da tese que apresentei em *O Tao da Física* não tanto em investigações suplementares dos paralelos entre física e misticismo, mas na extensão desses paralelos às outras ciências. Na verdade, isto já está sendo feito, e eu gostaria justamente de mencionar alguns desses trabalhos. No que diz respeito às semelhanças entre o misticismo e a neurociência, a melhor fonte que conheço foi Francisco Varela, um dos criadores da teoria dos sistemas auto-organizadores. Em seu livro *The Embodied Mind* (1991), escrito em coautoria com Evan Thompson e Eleanor Rosch, Varela apresenta uma análise detalhada das contribuições que a teoria budista da mente pode dar para a ciência cognitiva. Mais recentemente, Wes Nisker explorou as ligações entre a prática da meditação budista e o pensamento evolutivo moderno em seu livro *Buddha's Nature* (1998).

Em psicologia, muito trabalho tem sido feito para explorar as dimensões espirituais desta ciência e da psicoterapia. Há um ramo especial, a psicologia transpessoal, dedicado a essa tarefa. Stanislav Grof, Ken Wilber, Frances Vaughan e muitos outros têm publicado livros sobre esse assunto, vários dos quais precederam *O Tao da Física*, a começar com a obra de Carl Gustav Jung.

Nas ciências sociais, a dimensão espiritual emergiu com o ensaio de E. F. Schumacher sobre a "Economia Budista", publicado pela primeira vez no final da década de 1960 e que, desde então, vem sendo explorada por muitos grupos e redes alternativas, tanto na teoria como na prática. Intimamente ligada com esses movimentos, há uma nova forma de política ecologicamente orientada, conhecida como política Verde, que considero a manifestação política da mudança cultural para o novo paradigma. Aspectos espirituais desse movimento político foram discutidos por Charlene Spretnak em seu livro *The Spiritual Dimension of Green Politics*.

Finalmente, eu gostaria de dizer algumas palavras sobre minhas concepções a respeito do misticismo oriental, que também mudaram um pouco nesses vinte e cinco anos. Em primeiro lugar, sempre ficou claro para mim, conforme o disse em *O Tao da Física*, que paralelismos como os que fiz entre a física e o misticismo *oriental* também podiam ser feitos com as tradições místicas ocidentais. Meu livro *Belonging to the Universe**, em coautoria com irmão David Steindl-Rast, discute alguns desses paralelismos. Além disso, não acredito mais que possamos adotar as tradições espiritualistas orientais no Ocidente sem, com isso, alterá-las em muitos aspectos importantes para adaptá-las à nossa cultura. Minha crença foi reforçada por encontros que tive com muitos instrutores espirituais do Oriente, que não têm sido capazes de entender alguns aspectos cruciais do novo paradigma que está hoje emergindo no Ocidente.

Por outro lado, também acredito que nossas próprias tradições espiritualistas terão que passar por algumas mudanças radicais, a fim de se harmonizarem com os valores do novo paradigma. A espiritualidade correspondente à nova visão da realidade aqui delineada é, provavelmente,

* *Pertencendo ao Universo*, publicado pela Editora Cultrix, São Paulo, 1993.

uma espiritualidade ecológica, orientada para a terra, e pós-patriarcal. Essa espécie de nova espiritualidade está sendo desenvolvida por muitos grupos e movimentos, tanto dentro como fora das igrejas. Um exemplo notável seria o Creation-Centered Spirituality, organizado por Mathew Fox e seus colegas, no Holy Names College, em Oakland, Califórnia.

Esses são apenas alguns dos avanços que agora estão ocorrendo nesse processo de emergência de um novo paradigma. A minha contribuição, durante os últimos vinte e cinco anos, tem sido a de oferecer uma primeira síntese do novo paradigma emergente e as suas implicações sociais, em *O Ponto de Mutação*, e também a de aprimorá-la ainda mais em colaboração com um grupo de ilustres colegas.

Durante todos esses anos, conheci muitas pessoas extraordinárias, às quais devo muito. Muitas amizades duradouras resultaram desses encontros. Quando decidi escrever *O Tao da Física*, há mais de trinta anos, dei um passo que envolvia consideráveis riscos profissionais, emocionais e econômicos, e estava completamente sozinho ao fazê-lo. Isso também aconteceu com muitos de meus amigos e colegas, que deram passos semelhantes em suas áreas. Hoje, sentimo-nos muito mais fortes. Estamos incluídos nas múltiplas redes alternativas daquilo que eu chamei de "cultura nascente" – um grande número de movimentos representando diferentes facetas da mesma nova visão da realidade, que aos poucos vai se aglutinando para formar uma poderosa força de transformação social.

PRIMEIRO POSFÁCIO À TERCEIRA EDIÇÃO – A NOVA FÍSICA REVISITADA: Ampliação de Conceito

Neste Posfácio, gostaria de revisar os avanços mais importantes na física subatômica, tanto teóricos como experimentais, desde a primeira publicação deste livro. Como afirmei no Prefácio desta edição, os novos desenvolvimentos não invalidaram nenhum dos paralelismos com o pensamento oriental, mas, pelo contrário, os reforçaram.

Um dos paralelismos mais vigorosos com o misticismo oriental é a constatação de que os constituintes da matéria e os fenômenos básicos que os envolvem estão todos interconectados; de que não podem ser interpretados como entidades isoladas, mas apenas como partes integrantes de um todo unificado. A noção de uma "interconectividade quântica" básica, que discuto em detalhes no Capítulo 10, foi destacada por Bohr e Heisenberg ao longo da história da teoria quântica. O conceito recebeu atenção renovada durante as últimas décadas, quando físicos perceberam que o universo pode estar, na verdade, interconectado por vias muito mais sutis do que pensavam antes. O novo tipo de interconectividade, conhecido como "emaranhamento quântico" (ou entrelaçamento quântico), não apenas reforça as semelhanças entre as visões dos físicos e as dos místicos, mas também lança nova luz sobre o papel fundamental da probabilidade na física quântica (ver pp. 89-90).

Na física clássica, a probabilidade é usada sempre que os detalhes envolvidos em um evento são desconhecidos. Esses detalhes são chamados de variáveis locais, porque residem nos objetos envolvidos. Na física subatômica, as variáveis locais são representadas por conexões entre eventos separados no espaço por meio de sinais – partículas e redes de partículas – que respeitam as leis habituais de separação espacial. Por exemplo, nenhum sinal pode ser transmitido com velocidade maior do que a velocidade da luz. Além dessas conexões locais, surgiram recentemente outras conexões, não locais; conexões que são instantâneas e não podem ser previstas, atualmente, com uma precisão matemática.

Essas conexões não locais são, cada vez mais, consideradas pelos físicos como a própria essência da realidade quântica. Na teoria quântica, eventos individuais nem sempre têm uma causa bem definida. Não podemos prever quando e como eles acontecerão; só podemos prever as probabilidades. Isso não significa que os eventos atômicos ocorram de maneira completamente arbitrária; significa apenas que não são produzidos por causas locais. O comportamento de qualquer parte é determinado por suas conexões não locais com o todo.

As leis da física atômica são leis estatísticas, segundo as quais as probabilidades para os eventos atômicos são determinadas pela dinâmica de todo o sistema. Enquanto, na física clássica, as propriedades e o comportamento das partes determinam as propriedades e o comportamento do todo, a situação se inverte na física quântica: é o todo que determina o comportamento das partes.

A existência de conexões não locais e o resultante papel fundamental da probabilidade são fatos que Einstein jamais poderia aceitar. Esse foi o assunto do seu debate histórico com Bohr na década de 1920, no qual Einstein expressou sua oposição à interpretação de Bohr da teoria quântica com a famosa metáfora "Deus não joga dados" (ver Schilpp, 1949). No fim do debate, Einstein teve de admitir que a teoria quântica, tal como foi interpretada por Bohr e Heisenberg, formava um sistema consistente de pensamento, mas permaneceu convencido de que uma interpretação determinista, que recorra a "variáveis ocultas" locais, seria encontrada em algum momento no futuro.

Em sua tentativa de mostrar que a interpretação de Bohr da teoria quântica era inconsistente, Einstein imaginou um experimento de pensamento que se tornou conhecido como o experimento de Einstein-Podolsky-Rosen (EPR). Três décadas depois, John Bell formulou um teorema, baseado no experimento EPR, que prova que a existência de variáveis locais ocultas é incompatível com as predições estatísticas da mecânica quântica. (Discuto em detalhes o experimento EPR e o teorema de Bell em *O Ponto de Mutação*, pp. 80ss.) O teorema de Bell desferiu um golpe devastador na postura de Einstein ao mostrar que a concepção de que a realidade consiste de partes separadas, unidas por conexões locais, é incompatível com a teoria quântica. Em outras palavras, o teorema de Bell demonstra que a realidade quântica está "emaranhada" ou "entrelaçada" em nível fundamental. Como disse o sábio budista Nagarjuna há centenas de anos (ver p. 331).

> As coisas recebem seu ser e sua natureza por dependência mútua e, em si mesmas, nada são.

Durante as últimas décadas do século XX, a maioria dos físicos considerava as pesquisas sobre o entrelaçamento quântico como sendo marginais e esotéricas, preocupadas com interpretações filosóficas que eram irrelevantes para a formulação matemática e os usos práticos da teoria quântica. Quando retornei à Califórnia logo após a publicação de *O Tao da Física*, juntei-me ao grupo teórico de Geoffrey Chew no Lawrence Berkeley Laboratory (LBL), e também participei de um grupo de discussão informal dedicado a explorar as implicações filosóficas da teoria quântica, em particular aquelas que envolviam o entrelaçamento quântico. Conhecido peculiarmente como "Fundamental Fysiks Group" (Grupo de Fysika Fundamental), seus membros incluíam físicos do LBL e de outros lugares, bem como outros cientistas e filósofos. Entre meus colegas do LBL estavam o teórico Henry Stapp e o físico experimental John Clauser. Naquela época, Clauser já havia realizado vários testes experimentais do teorema de Bell. Mesmo assim, no LBL, nossas discussões eram consideradas marginais em relação às pesquisas do Laboratório, ocorrendo nas tardes de sexta-feira, ao fim da semana de trabalho.

Em 2022, quarenta e sete anos depois, John Clauser, junto com Alain Aspect e Anton Zeilinger, receberam o Prêmio Nobel de Física "por experimentos com fótons emaranhados que estabeleceram a violação das desigualdades de Bell [teorema de Bell] e foram pioneiros na ciência da informação quântica". Com esse prestigiado prêmio, as pesquisas sobre o entrelaçamento quântico passaram agora da periferia para a corrente principal da física teórica e experimental.

Quando revi neste livro, há cinquenta anos, o estado da física de partículas, que era meu campo de pesquisa, expliquei que nosso grande desafio na época era unificar a teoria quântica e a teoria da relatividade em uma teoria completa da matéria subatômica. Tal teoria precisaria dar uma explicação plena das quatro forças fundamentais que operam no nível subatômico: o eletromagnetismo (que liga os elétrons ao núcleo e controla todos os processos químicos), a gravidade, a força nuclear forte (que mantém os núcleos atômicos coesos, com as partículas que os constituem estreitamente unidas), e a força nuclear fraca (que é responsável pelo decaimento radioativo conhecido como decaimento beta). Esse desafio permanece até hoje, mas durante as últimas cinco décadas houve um enorme progresso. Os físicos conseguiram formular sucessivas teorias parciais, culminando em uma descrição unificada de três das quatro forças fundamentais.

A primeira teoria "quântica relativística" bem-sucedida foi desenvolvida na década de 1940 e é conhecida como eletrodinâmica quântica, ou QED, na sigla em inglês. Ela envolvia a integração dos princípios da mecânica quântica com a teoria relativística do eletromagnetismo de Einstein (a teoria da relatividade especial). Isto levou ao novo conceito de campo quântico, uma entidade fundamental que pode existir de forma contínua, como um campo, e de forma descontínua, como partículas, com diferentes tipos de partículas associadas a diferentes campos (ver Capítulo 14). Em razão do papel central desempenhado pelos campos quânticos, a QED é conhecida como teoria quântica de campos. Ela foi desenvolvida de forma independente por Sin-Itiro Tomonaga, no Japão, e por Richard Feynman e Julian Schwinger, nos Estados Unidos.

Depois que a QED foi completada, os físicos concentraram seus esforços em estender o formalismo da teoria quântica de campos às forças nucleares forte e fraca, o que levaria mais um quarto de século. A QED deve seu sucesso ao fato de as interações eletromagnéticas serem relativamente fracas e assim possibilitarem, em grande medida, a manutenção da distinção clássica entre as partículas e as forças que atuam entre elas. Logo se percebeu que isso também se aplica às interações fracas, mas a formulação de uma teoria de campo correspondente não foi nada fácil.

O avanço fundamental ocorreu na década de 1960 com a descoberta de que uma certa simetria matemática, conhecida como "simetria de calibre", é compartilhada pelas interações eletromagnéticas e fracas. As simetrias matemáticas são amplamente utilizadas na física moderna como princípios fundamentais que fornecem estrutura e coerência às leis da natureza (ver pp. 265ss). Para um matemático, a simetria de um objeto é uma transformação que deixa o objeto exatamente igual. Por exemplo, podemos girar um quadrado em torno do seu eixo fazendo-o descrever um ou mais ângulos retos e acabaremos sempre com um quadrado idêntico. No caso das simetrias de calibre, a transformação atua nos campos quânticos sem afetar o valor de qualquer quantidade física mensurável.

A descoberta de uma simetria de calibre comum para interações eletromagnéticas e fracas levou ao desenvolvimento de um novo tipo de teorias quânticas de campos, chamadas teorias de calibre, que possibilitaram a unificação das duas interações. Na teoria do campo unificado resultante – conhecida como teoria de Weinberg-Salam, em homenagem aos seus dois principais arquitetos, Steven Weinberg e Abdus Salam –, as duas interações permanecem distintas, mas tornam-se matematicamente interligadas e são referidas coletivamente como interações "eletrofracas".

A extensão da abordagem da teoria de *gauge* (calibre) às interações fortes permaneceu muito problemática durante vários anos, uma vez que as forças entre os chamados hádrons (prótons, nêutrons e outras partículas que interagem por meio da interação forte) são tão vigorosas que a distinção entre partículas e forças se torna turva. No entanto, durante a década de 1960, surgiu uma solução inesperada para o problema com a descoberta de que, afinal, os hádrons não eram elementares. Os físicos Murray Gell-Mann e Georg Zweig descobriram de forma independente que os hádrons são feitos de unidades elementares menores, chamadas *quarks*. O próton e o nêutron contêm três *quarks* cada, enquanto outros hádrons, chamados mésons, são compostos de dois (um *quark* e um antiquark, para ser mais preciso). *Quarks*, no entanto, não são partículas no sentido convencional. Nenhum deles jamais foi observado de modo isolado e, ainda assim, as interações fortes entre os hádrons exibem regularidades impressionantes que podem ser explicadas pelo modelo de *quarks* (ver Capítulo 16). Ao longo dos anos, os físicos passaram a aceitar esse fato estranho e a reconhecer que os *quarks* estão permanentemente confinados dentro dos hádrons, unidos pelos chamados glúons, os portadores da força nuclear forte.

A descoberta da estrutura dos *quarks* constituiu um passo essencial para estender aos hádrons a abordagem da teoria de *gauge* (calibre), pois agora as interações fortes poderiam ser descritas em função das interações entre *quarks* e glúons, que são muito mais simples do que as interações entre hádrons. O resultado foi uma teoria de campo chamada cromodinâmica quântica (QCD, na sigla em inglês), na qual os campos estão associados a *quarks* e glúons, e "cromo" se refere a três tipos de glúons, arbitrariamente rotulados como "vermelho", "verde" e "azul".

O desenvolvimento da QCD na década de 1970 completou a representação de três das quatro forças fundamentais dentro do arcabouço teórico único da teoria de *gauge* (calibre). Assim como a teoria quântica de campos de Weinberg-Salam, a QCD é modelada a partir da eletrodinâmica quântica. Em todas as três teorias, as forças são transmitidas pelos chamados campos de calibre: o campo eletromagnético (transportado pelo fóton) na QED, dois campos de calibre (transportados por partículas rotuladas W e Z) na teoria de Weinberg-Salam, e três campos de calibre (transportados por glúons "coloridos") na QCD. Tanto a teoria de Weinberg-Salam das interações eletrofracas como a QCD, a teoria das interações fortes, foram confirmadas por rigorosos testes experimentais realizados ao longo de mais de três décadas. Juntas, essas teorias são conhecidas hoje como o modelo-padrão da física de partículas. A confirmação mais espetacular veio com a descoberta das partículas de calibre W e Z, exatamente como foram previstas pelo modelo-padrão, no início da década de 1980, por uma equipe de experimentadores do CERN, o centro europeu de física de partículas, sob a liderança de Carlo Rubbia.

Nas formulações iniciais do modelo-padrão, as duas partículas de calibre W e Z precisavam ser desprovidas de massa, pois uma simetria de calibre exata exige que os campos de calibre correspondam a partículas sem massa. É o caso do fóton, o campo de calibre original, mas não das partículas W e Z, que são muito massivas. Na verdade, na formulação original do modelo-padrão todas as partículas não tinham massa. Esta era uma falha óbvia, e os físicos logo começaram a procurar modificações no modelo, que conteriam as partículas massivas observadas na natureza.

O desafio consistia em modificar o modelo-padrão de tal maneira que a simetria de calibre fosse mantida nas equações básicas do modelo, mas fosse quebrada em suas soluções (os vários campos e suas partículas associadas) de tal forma que as partículas pudessem adquirir suas massas observadas. Em 1964, três equipes de físicos propuseram de forma independente um mecanismo de "quebra espontânea de simetria", que ficou conhecido como mecanismo de Higgs, em homenagem a um dos autores, o físico britânico Peter Higgs, que apresentou a formulação mais completa da matemática subjacente.

O mecanismo de Higgs exigia um campo adicional, conhecido como campo de Higgs, que permeia o espaço e interage com todas as partículas de maneira tal que suas simetrias de calibre são quebradas espontaneamente e elas adquirem suas massas. Isto explicou não apenas como as partículas adquirem massa, mas também previu a razão entre as massas de W e de Z, bem como seus acoplamentos com todas as partículas no modelo-padrão. Essas previsões foram posteriormente confirmadas por medições precisas em grandes aceleradores de partículas, o que aumentou extraordinariamente a confiança dos físicos no mecanismo de Higgs.

No entanto, a partícula correspondente ao campo de Higgs, o chamado bóson de Higgs, esquivou-se à detecção durante meio século, até que o Large Hadron Collider, um gigantesco acelerador de partículas do centro de investigação europeu CERN, com uma circunferência de 27 km, tornou possível analisar trilhões de colisões de partículas animadas de energias extremamente altas. Em março de 2012, após cinco décadas de procura, os cientistas relataram que a caçada ao esquivo bóson de Higgs poderia finalmente ser recompensada; e em julho de 2012, anunciaram que uma partícula "semelhante ao Higgs" havia sido descoberta. Um ano depois, a existência do bóson de Higgs foi confirmada, e o Prêmio Nobel de Física foi concedido a François Englert e a Peter Higgs por suas formulações do mecanismo de Higgs. A descoberta do bóson de Higgs foi uma conclusão triunfante do modelo-padrão.

A representação de todas as três forças como expressões de um único princípio unificador – o princípio de calibre – deve ser reconhecida como uma das maiores conquistas da física de partículas. No entanto, uma grande teoria unificada em que todas as partículas subatômicas e as forças entre elas são reconhecidas como diferentes manifestações de um único tipo de partícula e de um único campo de calibre ainda permanece um sonho esquivo. Muitos físicos acreditam que esse sonho não será realizado até que a gravidade, a quarta força fundamental, seja integrada com as outras três forças em uma grande unificação.

A integração da força da gravidade com as outras três forças fundamentais requer a unificação da teoria quântica com a teoria geral da relatividade de Einstein. Apesar de mais de meio século de esforços árduos, tal unificação – conhecida como gravidade quântica – não foi alcançada até agora. A abordagem mais popular e mais impressionante tem sido a da teoria das cordas, na qual todas as partículas subatômicas são representadas como diferentes estados de "cordas" matemáticas vibrantes em um espaço abstrato de nove dimensões (eneadimensional).

Ao retratar todas as partículas, incluindo as partículas de calibre, como diferentes vibrações do mesmo objeto fundamental, a teoria das cordas apresenta uma imagem unificada de partículas e forças, e, ao incluir naturalmente os grávitons como cordas vibrantes fechadas, ela unifica a teoria quântica e a relatividade geral. A elegância matemática da teoria, tal como vem sendo desenvolvida até agora, é absolutamente convincente. Na verdade, uma das melhores introduções não técnicas à teoria das cordas, um livro do físico Brian Greene, é intitulado *The Elegant Universe* (*O Universo Elegante*) (1999).

Porém, apesar de sua elegância conceitual, a teoria das cordas apresenta sérias deficiências. Para começar, há várias versões com diferentes números de dimensões espaciais, e o processo de redução dessas dimensões às quatro dimensões do nosso espaço-tempo real não é desprovido de ambiguidade. Ainda mais sério é o problema de a teoria não ter sido verificada em nível experimental. Há um grande número de teorias de cordas diferentes, nenhuma delas capaz de explicar de maneira única os valores dos parâmetros básicos do modelo-padrão.

O grande potencial da teoria das cordas, bem como seus graves problemas, é analisado com detalhes fascinantes pelo físico Lee Smolin em seu livro, intitulado de forma provocativa, *The Trouble With Physics* [O Problema com a Física] (2006). Smolin argumenta que a principal fraqueza da teoria das cordas como uma teoria da gravidade quântica reside no fato de ela ser formulada com base em cordas vibrantes que se movem contra um fundo fixo de geometrias do espaço que não evoluem no tempo. Isso é inconsistente com a relatividade geral, pois ela nos mostra que a geometria do espaço-tempo não é fixa, mas muda à medida que a matéria se move (ver pp. 194-96). Portanto, qualquer teoria consistente com a relatividade geral precisa ser formulada de maneira tal que a estrutura do espaço-tempo emerja dela, em vez de ser suposta pelos físicos como a arena na qual os fenômenos físicos ocorrem. De acordo com Smolin, o fato de a teoria das cordas não ser formulada de uma forma "independente do pano de fundo" é a sua deficiência mais grave.

Durante as décadas de 1960 e 1970, enquanto a maioria dos físicos de partículas trabalhava em teorias quânticas de campos, um pequeno grupo de nós, liderados por Geoffrey Chew, desenvolvia uma abordagem alternativa conhecida como "teoria *bootstrap*", que discuto nos dois últimos capítulos deste livro. A teoria *bootstrap* baseia-se na ideia de que a natureza não pode ser reduzida a entidades fundamentais, como constituintes fundamentais da matéria, mas precisa ser compreendida inteiramente por meio da autoconsistência. Toda a física precisa decorrer unicamente da exigência de que seus componentes sejam consistentes uns com os outros e entre si.

Essa ideia constitui um afastamento radical do espírito tradicional da pesquisa básica em física, que sempre se concentrou em descobrir os constituintes fundamentais da matéria. Ao mesmo tempo, pode ser considerada como a culminação da concepção de partículas como interconexões em uma teia cósmica inseparável, que surgiu na teoria quântica e adquiriu uma natureza intrinsecamente dinâmica na teoria da relatividade.

A filosofia *bootstrap* não apenas abandona a ideia de constituintes fundamentais da matéria como também não aceita nenhuma entidade fundamental – nenhuma lei ou equação fundamental, e nem mesmo uma estrutura fundamental de espaço-tempo. Nela, o universo é considerado uma teia dinâmica de eventos inter-relacionados. Nenhuma das propriedades de qualquer parte dessa teia é fundamental; todas elas decorrem das propriedades das outras partes, e a consistência geral de suas inter-relações mútuas determina a estrutura de toda a teia.

Durante as décadas de 1980 e 1990, a teoria *bootstrap* foi eclipsada pelo sucesso do modelo-padrão, que é muito diferente, uma vez que postula a existência de campos fundamentais e suas partículas correspondentes. E hoje, a física *bootstrap* praticamente desapareceu de cena. No entanto, se uma teoria da gravidade quântica continuar a permanecer esquiva, e se a suposição *a priori* da estrutura do espaço-tempo for amplamente reconhecida como a falha essencial da teoria das cordas, a ideia *bootstrap* poderá muito bem ser revitalizada algum dia, em alguma outra formulação matemática.

SEGUNDO POSFÁCIO À TERCEIRA EDIÇÃO – CIÊNCIA, ESPIRITUALIDADE E RELIGIÃO

A visão da ciência e da religião como uma dicotomia tem uma longa história, especialmente na tradição cristã, e foi recentemente revitalizada em vários livros escritos por cientistas como Stephen Jay Gould (1999), Richard Dawkins (2006) e outros. Por outro lado, há muitos cientistas que não reconhecem nenhuma dicotomia intrínseca entre ciência e religião, ou ciência e espiritualidade.

Durante os anos que se seguiram à primeira publicação deste livro, naturalmente tive muitas discussões com os meus colegas cientistas sobre sua visão a respeito de ciência e religião, a começar por meus colegas da física. Essas discussões me fizeram perceber que a confusão generalizada sobre esse assunto está enraizada no malogro de muitos cientistas em fazer uma distinção clara entre espiritualidade e religião. Ao longo dos anos, a importância dessa distinção tornou-se cada vez mais evidente para mim. Com o intuito de resolver a confusão, examinarei cuidadosamente o significado de espiritualidade e de religião neste Posfácio, bem como apresentarei minhas opiniões atuais a respeito da relação entre ciência e espiritualidade.

Para compreender de forma adequada a espiritualidade, é útil começar com o significado da palavra "espírito" em sua origem. Em latim, *spiritus* significa "respiração" ou "sopro"; e, curiosamente, esse significado também se aplica à análoga palavra em latim *anima*, à palavra *psyche* do grego, e à palavra *atman* em sânscrito. O sentido comum desses termos-chave indica que a definição original de espírito e de alma, em muitas antigas tradições filosóficas e religiosas, tanto no Ocidente como no Oriente, é "o sopro da vida".

Considerando que a respiração é, de fato, um aspecto central do metabolismo de todas as formas de vida, exceto das mais simples, parece que o sopro da vida é uma metáfora perfeita para a rede de processos metabólicos que é a característica determinante dos sistemas vivos. O espírito – o sopro da vida – é o que temos em comum com todos os seres vivos. Ele nos nutre e nos mantém vivos.

A espiritualidade costuma ser compreendida como uma maneira de ser que flui de uma certa experiência profunda e intensa da realidade, conhecida como experiência "mística", "religiosa" ou "espiritual". Há inúmeras descrições dessa experiência na literatura das religiões do mundo, as quais tendem a concordar com o fato de que se trata de uma experiência direta e não intelectual da realidade, com algumas características fundamentais independentes dos contextos culturais e históricos.

Uma das mais belas descrições contemporâneas pode ser encontrada em um pequeno ensaio intitulado "Spirituality as Common Sense" [A Espiritualidade como Senso Comum], escrito pelo monge beneditino, psicólogo e autor David Steindl-Rast (1990). Em conformidade com o significado original do espírito como sopro de vida, o irmão David caracteriza a espiritualidade como uma experiência não ordinária da realidade em momentos de elevada e intensa vitalidade. Nossos momentos espirituais são aqueles em que nos sentimos vivos com maior intensidade. Essa intensa vitalidade sentida durante tal "experiência de pico", como chamou o psicólogo Abraham Maslow (1964), envolve não apenas o corpo, mas também a mente.

Os budistas se referem a esse estado de alerta mental intensificado como "atenção plena" ou "*mindfulness*", e enfatizam que esse estado de atenção plena está profundamente enraizado no corpo. A experiência espiritual é uma intensa vitalidade da mente e do corpo como uma unidade. Além disso, essa experiência de unidade transcende não apenas a separação entre mente e corpo, mas também a separação entre o eu e o mundo. A percepção central nesses momentos espirituais é um profundo sentido de unicidade com tudo, um sentido de pertencer ao universo como um todo.

Esse sentido de unicidade com o mundo natural é plenamente confirmado pela visão da matéria na física moderna, assim como por uma nova concepção sistêmica da vida que emergiu recentemente na vanguarda da ciência (ver Capra e Luisi, 2014). À medida que compreendemos como as raízes da vida atingem as profundezas da física e da química básicas, como o desdobramento da complexidade começou muito antes da formação das primeiras células vivas, e como a vida evoluiu ao longo de bilhões de anos utilizando os mesmos padrões e processos básicos repetidas vezes, percebemos o quão estreita é a nossa conexão com todo o tecido da vida. No entanto, essa harmonia entre percepção espiritual e ciência moderna não se aplica necessariamente à religião, e aqui torna-se importante fazer a distinção entre as duas.

A espiritualidade é uma maneira de se firmar em uma determinada experiência da realidade que independe de contextos culturais e históricos. A religião é a tentativa organizada de compreender a experiência espiritual, de interpretá-la com palavras e conceitos e de usar essa interpretação como fonte de diretrizes morais para a comunidade religiosa.

Há três aspectos básicos da religião: teologia, moral e ritual (ver Capra e Steindl-Rast, 1991). Nas religiões teístas, a teologia é a interpretação intelectual da experiência espiritual, do sentido de pertencimento, com Deus como ponto de referência supremo. Moral, ou ética, são as normas de conduta derivadas desse sentido de pertencimento; e o ritual é a celebração do pertencimento pela comunidade religiosa. Todos estes três aspectos – teologia, moral e ritual – dependem dos contextos culturais e históricos da comunidade religiosa.

A teologia, em sua origem, era entendida como a interpretação intelectual da própria experiência mística dos teólogos. Na verdade, durante os primeiros mil anos do cristianismo, praticamente todos os principais teólogos – os chamados "Pais da Igreja" ou "Padres da Igreja" – também eram místicos. Ao longo dos séculos subsequentes, porém, durante o período escolástico, a teologia tornou-se cada vez mais fragmentada e divorciada da experiência espiritual que estava em seu cerne originalmente.

Com a nova ênfase no conhecimento teológico puramente intelectual veio um endurecimento da linguagem. Enquanto os Padres da Igreja repetiam a afirmação de que a experiência religiosa não pode ser expressa em palavras de forma adequada e, por isso, expressavam as suas interpretações com base em símbolos e metáforas, os teólogos escolásticos formulavam os ensinamentos cristãos em linguagem dogmática e exigiam que os fiéis aceitassem essas formulações como a expressão literal da verdade. Em outras palavras, a teologia cristã tornou-se cada vez mais rígida e fundamentalista, desprovida de espiritualidade autêntica. Essa posição rígida da Igreja levou aos bem conhecidos conflitos entre a ciência e o cristianismo fundamentalista, que perduram até os dias de hoje. O erro central dos teólogos fundamentalistas foi, e ainda é, adotar uma interpretação literal dos símbolos e metáforas religiosos.

Na verdade, as atitudes fundamentalistas não se limitam aos líderes religiosos. Os cientistas também podem ser fundamentalistas, esquecendo-se de que todos os seus modelos e teorias são limitados e aproximados, e ignorando o importante papel das metáforas – tanto na religião como na ciência. Quando isso acontece, qualquer diálogo entre religião e ciência torna-se frustrante e improdutivo. Transforma-se em um *dialogue de sourds*, como os franceses dizem, um "diálogo de surdos".

A experiência espiritual também é conhecida como experiência mística porque é um encontro com o mistério. Os professores espirituais de todas as eras têm insistido que a experiência de um profundo e intenso senso de conexão, de pertencimento ao cosmos como um todo, que é a característica central da experiência mística, é inefável – isto é, impossível de ser expressa de maneira adequada em palavras ou conceitos – e muitas vezes a descrevem como acompanhada por uma profunda percepção de fascínio, admiração e maravilha, em conjunto com um sentimento de grande humildade.

Os cientistas, em suas observações sistemáticas dos fenômenos naturais, não consideram a sua experiência da realidade como inefável. Pelo contrário, tentamos expressá-la em linguagem técnica, inclusive matemática, do modo mais preciso quanto possível. No entanto, a interconectividade fundamental de todos os fenômenos também é um tema dominante na ciência moderna, e muitos dos nossos grandes cientistas expressaram seu sentimento de fascínio, admiração e maravilha quando confrontados com o mistério que está além dos limites de suas teorias. Albert Einstein, por exemplo, expressou muitas vezes esses sentimentos, como na seguinte passagem célebre (citada em Schilpp, 1949):

> A coisa mais bela que podemos vivenciar é o mistério. É a emoção fundamental que está no berço da verdadeira arte e da verdadeira ciência... o mistério da eternidade da vida, e a noção da maravilhosa estrutura da realidade, junto com o esforço sincero para compreender uma porção, mesmo que seja tão minúscula.

Agora voltemos aos outros dois aspectos da religião: moral e ritual. A moral, ou ética, abrange as normas de conduta derivadas do senso de pertencimento que está no cerne da experiência espiritual, e o ritual é a celebração desse pertencimento.

Tanto a ética como o ritual se desenvolvem no contexto de uma comunidade religiosa. O comportamento ético está sempre relacionado com a comunidade específica à qual pertencemos. Quando pertencemos a uma comunidade, nos comportamos em conformidade com ela. No mundo de hoje, há duas comunidades relevantes às quais todos pertencemos. Somos todos membros da humanidade e todos fazemos parte da biosfera global. Somos membros do *oikos*, o Lar Terrestre, que é a raiz grega da palavra "ecologia", e assim deveríamos nos comportar como os outros membros do lar se comportam – as plantas, animais e micro-organismos que formam a imensa rede de relacionamentos que chamamos de teia da vida.

A característica extraordinária do Lar Terrestre é sua capacidade inerente de sustentar a vida. Como membros da comunidade global de seres vivos, precisamos nos comportar de maneira tal que não interfiramos nessa capacidade inerente. Esse é o significado essencial da sustentabilidade ecológica. Como membros da comunidade humana, nosso comportamento precisa refletir o respeito pela dignidade humana e pelos direitos humanos básicos.

O propósito original das comunidades religiosas era proporcionar aos seus membros oportunidades de reviver as experiências místicas dos fundadores da religião. Para isso, os líderes religiosos conceberam rituais especiais dentro dos seus contextos históricos e culturais. Esses rituais podem envolver lugares especiais, vestes, música, drogas psicodélicas e diversos objetos ritualísticos. Em muitas religiões, esses meios especiais para facilitar a experiência mística tornam-se intimamente associados à própria religião e são considerados sagrados.

Como mencionei no Prefácio desta edição, inúmeros livros apareceram após a publicação de *O Tao da Física* em 1975 (no Brasil, 2ª edição, 2011), nos quais físicos e outros cientistas exploraram as relações entre ciência e espiritualidade. Essas extensas explorações evidenciaram o fato de que o sentido de unicidade, que é a característica-chave da experiência espiritual, é plenamente confirmado pela compreensão da realidade na ciência contemporânea. Portanto, há muitas similaridades entre as visões de mundo dos místicos e dos professores espirituais – tanto orientais como ocidentais – e a concepção holística, ou sistêmica, da natureza, que atualmente está sendo desenvolvida em várias disciplinas científicas.

A percepção de que estamos conectados com toda a natureza é particularmente vigorosa na ecologia. Conectividade, relacionamento e interdependência são conceitos fundamentais da ecologia; e conectividade, relacionamento e pertencimento também constituem a essência da experiência espiritual. Acredito, portanto, que a ecologia – em particular, a escola filosófica da ecologia profunda – é uma ponte ideal entre a ciência e a espiritualidade (ver Capra, 1996).

Quando olhamos para o mundo ao nosso redor, descobrimos que não somos lançados no caos e na aleatoriedade, mas que fazemos parte de uma grande ordem, de uma grande sinfonia da vida. Cada molécula do nosso corpo já fez parte de corpos anteriores – vivos ou não vivos – e fará parte de corpos futuros. Nesse sentido, nosso corpo não morrerá, mas viverá de forma contínua, de novo e de novo, porque a vida continua vivendo. Além disso, partilhamos não só as moléculas da vida, mas também seus princípios básicos de organização com o restante do mundo vivo. Na verdade, pertencemos ao universo e essa experiência de pertencimento pode tornar a nossa vida profundamente significativa.

NOTAS

O CAMINHO DA FÍSICA

Capítulo 1

1. J. R. Oppenheimer, *Science and the Common Understanding*, pp. 8-9.
2. N. Bohr, *Atomic Physics and Human Knowledge*, p. 20.
3. W. Heisenberg, *Physics and Philosophy*, p. 202.
4. Ashvaghosha, *The Awakening of Faith*, p. 78.
5. *Brihad-aranyaka Upanishad*, 3.7.15.

Capítulo 2

1. W. Heisenberg, *Physics and Philosophy*, p. 125.
2. *Chuang Tzu*, trad. James Legge, cap. 26.
3. *Katha Upanishad*, 3.15.
4. *Kena Upanishad*, 3.
5. Cit. in J. Needham, *Science and Civilisation in China*, vol. II, p. 85.
6. W. James, *The Varieties of Religious Experience*, p. 388.
7. B. Russell, *History of Western Philosophy*, p. 37.
8. D. T. Suzuki, *On Indian Mahayana Buddhism*, p. 237.
9. J. Needham, *op. cit.*, vol. II, p. 33.
10. Do *Zenrin kushu*, in I. Muira & R. Fuller Sasaki, *The Zen Koan*, p. 103.
11. D. T. Suzuki, *Outlines of Mahayana Buddhism*, p. 235.
12. In Carlos Castañeda, *A Separate Reality*, p. 20.
13. Lao Tsé, *Tao Te Ching* (trad. Ch'u Ta-Kao, cap. 4).
14. *Ibidem*, cap. 48.
15. *Chuang Tzu*, *op. cit.*, cap. 13.
16. In P. Kapleau, *Three Pillars of Zen*, pp. 53-54.
17. A. K. Coomaraswamy, *Hinduism and Buddhism*, p. 33.
18. In A. W. Watts, *The Way of Zen*, p. 183.
19. *Ibidem*, p. 187.

Capítulo 3

1. W. Heisenberg, *Physics and Philosophy*, p. 177.
2. D. T. Suzuki, *On Indian Mahayana Buddhism*, p. 239.

3. W. Heisenberg, *op. cit.*, pp. 178-79.
4. In D. T. Suzuki, *The Essence of Buddhism*, p. 26.
5. In P. Kapleau, *Three Pillars of Zen*, p. 135.
6. W. Heisenberg, *op. cit.*, p. 42.

Capítulo 4
1. D. T. Suzuki, *The Essence of Buddhism*, p. 7.
2. W. Heisenberg, *Physics and Philosophy*, p. 167.
3. In P. A. Schilpp (org.), *Albert Einstein: Philosopher-Scientist*, p. 45.
4. N. Bohr, *Atomic Physics and the Description of Nature*, p. 2.
5. S. Aurobindo, *On Yoga II*, t. I, p. 327.
6. Cit. in M. Capek, *The Philosophical Impact of Contemporary Physic*, p. 7.
7. *Ibidem*, p. 36.
8. In M. P. Crosland (org.), *The Science of Matter*, p. 76.
9. Cit. in M. Capek, *op. cit.*, p. 122.
10. Cit. in J. Jeans, *The Growth of Physical Science*, p. 237.
11. "Tables of Particle Properties", publicado pelo Particle Data Group in *Physics Letters*, vol. 50B, nº 1, 1974.

O CAMINHO DO MISTICISMO ORIENTAL
Capítulo 5
1. *Mundaka Upanishad*, 2.2.3.
2. *Bhagāvād Gītā*, 4.42.
3. *Bhagāvād Gītā*, 13.12.
4. *Maitri Upanishad*, 6.17.
5. *Brihad-aranyaka Upanishad*, 1.4.6.
6. *Chandogya Upanishad*, 6.9.4.
7. *Bhagāvād Gītā*, 8.3.
8. *Ibidem*, 3.27-8.
9. *Brihad-aranyaka Upanishad*, 4.3.21.

Capítulo 6
1. *Dhammapada*, 113.
2. *Digha Nikaya*, ii, 154.
3. D. T. Suzuki, *On Indian Mahayana Buddhism*, p. 122.
4. D. T. Suzuki, *The Essence of Buddhism*, p. 54.

Capítulo 7
1. *Chuang Tzu*, trad. James Legge, cap. 13.
2. J. Needham, *Science and Civilisation in China*, vol. II, p. 35.
3. Fung Yu-Lan, *A Short History of Chinese Philosophy*, p. 14.
4. *Chuang Tzu*, *op. cit.*, cap. 22.
5. Cit. in J. Needham, *op. cit.*, vol. II, p. 51.
6. Lao Tsé, *Tao Te Ching*, trad. Ch'u Ta-Kao, caps. 40 e 25.

7. *Ibidem*, cap. 29.
8. Wang Ch'ung, A. D. 80, cit. in J. Needham, *op. cit.*, vol. IV, p. 7.
9. R. Wilhelm, *The I Ching or Book of Changes*, p. 297.
10. Kuei Ku Tsé, séc. IV a.C., cit. in J. Needham, *op. cit.*, vol. IV, p. 6.
11. Chuang Tsé, *op. cit.*, cap. 22.
12. R. Wilhelm, *op. cit.*, p. x/vii.
13. *Ibidem*, p. 321.
14. *Ibidem*, p. 348.

Capítulo 8
1. *Chuang Tzu*, trad. James Legge, cap. 22.
2. *Ibidem*, cap. 24.
3. *Ibidem*, cap. 2.
4. *Ibidem*, cap. 13.
5. *Bhagāvād Gītā*, 2.45.
6. Cit. in Fung Yu-Lan, *A Short History of Chinese Philosophy*, p. 112.
7. Lao Tsé, *Tao Te Ching*, trad. Ch'u Ta-Kao, cap. 36.
8. *Ibidem*, cap. 22.
9. *Chuang Tzu*, *op. cit.*, cap. 17.
10. In G. S. Kirk, *Heraclitus – The Cosmic Fragments*, p. 307.
11. *Ibidem*, pp. 105, 184.
12. *Ibidem*, p. 149.
13. Lao Tsé, *op. cit.*, cap. 2.
14. Cit. in J. Needham, *Science and Civilisation in China*, vol. II, p. 88.
15. *Ibidem*, pp. 68-69.
16. Lao Tsé, *op. cit.*, cap. 48.
17. Lao Tsé, *op. cit.*, caps. 71 e 72.
18. *Chuang Tzu*, *op. cit.*, cap. 16.

Capítulo 9
1. *Chuang Tzu*, trad. James Legge, cap. 22.
2. In A. W. Watts, *The Way of Zen*, p. 87.
3. In P. Reps. *Zen Flesh, Zen Bones*, p. 96.
4. In D. T. Suzuki, *Zen and Japanese Culture*, p. 16.
5. In P. Kapleau, *Three Pillars of Zen*, p. 49.
6. Do *Zenrin kushu*; in A. W. Watts, *op. cit.*, p. 134.

OS PARALELOS
Capítulo 10
1. Ashvaghosha, *The Awakening of Faith*, p. 55.
2. *Ibidem*, p. 93.
3. H. P. Stapp. "S-Matrix Interpretation of Quantum Theory", *Physical Review*, vol. D3, pp. 1303-320.
4. *Ibidem*, p. 1303.

5. N. Bohr, *Atomic Physics and the Description of Nature*, p. 57.
6. D. Bohm e B. Hiley, "On the Intuitive Understanding of Nonlocality as Implied by Quantum Theory", *Foundations of Physics*, vol. 5, pp. 96, 102.
7. S. Aurobindo, *The Synthesis of Yoga*, p. 993.
8. Nagarjuna, cit. in T. R. V. Murti, *The Central Philosophy of Buddhism*, p. 138.
9. H. P. Stapp, *op. cit.*, p. 1310.
10. W. Heisenberg, *Physics and Philosophy*, p. 107.
11. *Mundaka Upanishad*, 2.2.5.
12. W. Heisenberg, *op. cit.*, p. 81.
13. *Ibidem*, p. 58.
14. J. A. Wheeler, in J. Mehra (org.), *The Physicist's Conception of Nature*, p. 244.
15. *Brihad-aranyaka Upanishad*, 4.5.15.
16. *Chuang Tzu*, trad. James Legge, cap. 6.
17. Lama Anagarika Govinda, *Foundations of Tibetan Mysticism*, p. 93.

Capítulo 11

1. Lao Tsé, *Tao Te Ching*, trad. Ch'u Ta-Kao, cap. 1.
2. D. T. Suzuki, *The Essence of Buddhism*, p. 18.
3. Cit. in A. W. Watts, *The Way of Zen*, p. 117.
4. R. Wilhelm, *The I Ching or Book of Changes*, p. 297.
5. Lama Anagarika Govinda, *Foundations of Tibetan Mysticism*, p. 136.
6. V. F. Weisskopf, *Physics in the Twentieth Century – Selected Essays*, p. 30.
7. J. R. Oppenheimer, *Science and the Common Understanding*, pp. 42-43.
8. *Isa-Upanishad*, 5.
9. Ashvaghosha, *The Awakening of Faith*, p. 59.
10. Lama Anagarika Govinda, "Logic and Symbol in the Multi-Dimensional Conception of the Universe", *Main Currents*, vol. 25, p. 60.

Capítulo 12

1. In P. A. Schilpp (org.), *Albert Einsten: Philosopher-Scientist*, p. 250.
2. *Madhyamika Karika Vrtti*, cit. in T. R. V. Murti, *The Central Philosophy of Buddhism*, p. 198.
3. J. Needham, *Science and Civilisation in China*, vol. III, p. 458.
4. Ashvaghosha, *The Awakening of Faith*, p. 107.
5. M. Sachs, "Space Time and Elementary Interactions in Relativity", *Physics Today*, vol. 22, p. 53.
6. In A. Einstein *et al.*, *The Principle of Relativity*, p. 75.
7. S. Aurobindo, *The Synthesis of Yoga*, p. 993.
8. D. T. Suzuki, Prefácio a B. L. Suzuki, *Mahayana Buddhism*, p. 33.
9. *Chuang Tzu*, trad. James Legge, cap. 2.
10. Cit. in A. W. Watts, *The Way of Zen*, p. 201.
11. D. T. Suzuki, *On Indian Mahayana Buddhism*, pp. 148-49.
12. In P. A. Schilpp, *op. cit.*, p. 114.
13. Lama Anagarika Govinda, *Foundations of Tibetan Mysticism*, p. 116.

14. Dogen Zenji, *Shobogenzo*; in J. Kennett, *Selling Water by the River*, p. 140.
15. Govinda, *op. cit.*, p. 270.
16. S. Vivekananda, *Inana Yoga*, p. 109.

Capítulo 13
1. D. T. Suzuki, *The Essence of Buddhism*, p. 53.
2. Carlos Castañeda, *A Separate Reality*, p. 16.
3. S. Radhakrishnan, *Indian Philosophy*, p. 173.
4. *Brihad-aranyaka Upanishad*, 2.3.3.
5. *Bhagāvād Gītā*, 8.3.
6. *Ibidem*, 3.24.
7. S. Radhakrishnan, *op. cit.*, p. 367.
8. *Ts'ai-ken t'an*: cit. in T. Leggett, *A First Zen Reader*, p. 229, e in N. W. Ross, *Three Ways of Asian Wisdom*, p. 144.
9. A. C. B. Lovell, *The individual and the Universe*, p. 93.
10. *Bhagāvād Gītā*, 9.7-10.
11. *Digha Nikaya*, ii, 198.
12. D. T. Suzuki, *op. cit.*, p. 55.
13. J. Needham, *Science and Civilisation in China*, vol. II, p. 478.

Capítulo 14
1. F. Hoyle, *Frontiers of Astronomy*, p. 304.
2. Cit. in M. Capek, *The Philosophical Impact of Contemporary Physics*, p. 319.
3. *Chandogya Upanishad*, 4.10.4.
4. Kuan-tsé, trad. W. A. Rickett, XIII, 36: uma obra sociofilosófica bastante extensa, atribuída tradicionalmente ao notável estadista Kuan Chung, que viveu no século VII a.C. É, no entanto, mais provável que seja uma obra composta, compilada em torno do século III a.C. e refletindo várias escolas filosóficas.
5. *Chandogya Upanishad*, 3.14.1.
6. H. Weyl, *Philosophy of Mathematics and Natural Science*, p. 171.
7. Cit. in Fung Yu-Ian, *A Short History of Chinese Philosophy*, p. 279.
8. *Ibidem*, p. 280.
9. W. Thirring, "Urbausteine der Materie", *Almanach der Österreichischen Akademie der Wissenschaften*, vol. 118, p. 160.
10. J. Needham, *Science and Civilisation in China*, vol. IV, pp. 8-9.
11. Lama Anagarika Govinda, *Foundations of Tibetan Mysticism*, p. 223.
12. *Prajna-paramita-hridaya Sutra*, in F. M. Müller (org.), *Sacred Books of the East*, vol. XLIX, "*Buddhist Mahayana Sutras*".
13. Cit. in J. Needham, *op. cit.*, vol. II, p. 62.
14. Comentário ao hexagrama Yü, in R. Wilhelm, *The I Ching or Book of Changes*, p. 68.
15. W. Thirring, *op. cit.*, p. 159.
16. Cit. in J. Needham, *op. cit.*, vol. IV, p. 33.

Capítulo 15
1. K. W. Ford, *The World of Elementary Particles*, p. 209.
2. A. David-Neel, *Tibetan Journey*, pp. 186-87.
3. A. K. Coomaraswamy, *The Dance of Shiva*, p. 78.
4. H. Zimmer, *Myths and Symbols in Indian Art and Civilisation*, p. 155.
5. A. K. Coomaraswamy, *op. cit.*, p. 67.

Capítulo 17
1. W. Heisenberg, *Physics and Philosophy*, p. 107.
2. G. F. Chew, "Impasse for the Elementary Particle Concept", *The Great Ideas Today*, p. 99.
3. Ashvaghosha, *The Awakening of Faith*, pp. 79, 86.
4. *Lankavatara Sutra*, in D. T. Suzuki, *Studies in the Lankavatara Sutra*, p. 242.
5. S. Radhakrishnan, *Indian Philosophy*, p. 369.
6. R. Wilhelm, *The I Ching or Book of Changes*, p. 315.
7. H. Wilhelm, *Change*, p. 19.
8. R. Wilhelm, *op. cit.*, p. 348.
9. *Ibidem*, p. 352.
10. R. Wilhelm, *op. cit.*, p. 1.

Capítulo 18
1. G. F. Chew, "'Bootstrap': A Scientific Idea?", *Science*, vol. 161, pp. 762-65; "Hadron Bootstrap: Triumph or Frustration?", *Physics Today*, vol. 23, pp. 23-28; "Impasse for the Elementary Particle Concept", *The Great Ideas Today.*
2. Cit. in J. Needham, *Science and Civilisation in China*, vol. II, p. 538.
3. G. F. Chew, "'Bootstrap': A Scientific Idea?", *op. cit.*, pp. 762-63.
4. Lao Tsé, *Tao Te Ching*, trad. Ch'u Ta-Kao, cap. 25.
5. J. Needham, *op. cit.*, vol. II, p. 582.
6. *Ibidem*, p. 484.
7. *Ibidem*, pp. 558, 567.
8. Cit. in J. Needham, *op. cit.*, vol. II, p. 566.
9. Ashvaghosha, *The Awakening of Faith*, p. 56.
10. In P. Reps, *Zen Flesh, Zen Bones*, p. 104.
11. *Ibidem*, p. 119.
12. Ashvaghosha, *op. cit.*, p. 104.
13. S. Aurobindo, *The Synthesis of Yoga*, p. 989.
14. D. T. Suzuki, *On Indian Mahayana Buddhism*, p. 150.
15. *Ibidem*, pp. 183-84.
16. G. F. Chew, "Hadron Bootstrap: Triumph or Frustration?", *op cit.*, p. 27.
17. G. F. Chew, M. Gell-Mann e A. H. Rosenfeld. "Strongly Interacting Particles", *Scientific American*, vol. 210, p. 93.
18. C. Eliot, *Japanese Buddhism*, pp. 109-10.
19. D. T. Suzuki, *op. cit.*, p. 148.
20. D. T. Suzuki, *The Essence of Buddhism*, p. 52.

21. In P. P. Wiener, *Leibniz-Selections*, p. 547.
22. In J. Needham, *op. cit*, vol. II, pp. 496ss.
23. In P. P. Wiener, *op. cit.*, p. 533.
24. *Ibidem*, p. 161.
25. G. F. Chew, "'Bootstrap': A Scientific Idea?", *op. cit.*, p. 763.
26. E. P. Wigner, *Symmetries and Reflections–Scientific Essays*, p. 172.
27. G. F. Chew, "'Bootstrap': A Scientific Idea?", *op. cit.*, p. 765.
28. Lao Tsé, *Tao Te Ching*, trad. Ch'u Ta-Kao, cap. 56.

EPÍLOGO
1. Lama Anagarika Govinda, *Foundations of Tibetan Mysticism*, p. 225.

A NOVA FÍSICA REVISITADA
1. Ver P. A. Schilpp (org.), *Albert Einstein: Philosopher-Scientist*.
2. Ver D. Bohm, *Quantum Theory*. Nova York: Prentice-Hall, 1951, pp. 614ss.
3. Ver H. P. Stapp, *op. cit.*
4. Ver, por exemplo, B. d'Espagnat, "The Quantum Theory and Reality", *Scientific American*, nov. 1979.
5. D. Bohm, *Quantum Theory*, pp. 614ss.
6. Ver D. Z. Freedman e P. van Nieuwenhuizen, "Supergravity and the Unification of the Laws of Physics", *Scientific American,* abr. 1981.
7. Ver G. 't Hooft, "Gauge Theories of the Forces between Elementary Particles", *Scientific American,* jun. 1980.
8. Ver H. Georgi, "A Unified Theory of Elementary Particles and Forces", *Scientific American,* abr. 1981.
9. Para uma revisão técnica dos sucessos e deficiências da QCD, ver T. Appelquist, R. M. Barnett e K. Lane, "Charm and Beyond", *Annual Review of Nuclear and Particle Science*, 1978.
10. Para uma revisão mais recente e detalhada da QCD e do modelo *quark*, ver H. Georgi, *op. cit.*
11. Ver F. Capra, "Quark Physics Without Quarks", *American Journal of Physics*, jan. 1979; "Bootstrap Theory of Particle", *Re-Vision*, out./inv. 1981.
12. D. Bohm, *Wholeness and the Implicate Order*. Londres: Routledge & Kegan Paul, 1980.
13. A holografia é uma técnica de fotografia sem o uso de lentes, baseada na propriedade da interferência das ondas luminosas. A "figura" resultante é denominada holograma; ver R. J. Collier, "Holography and Integral Photography", *Physics Today*, jul. 1968.

BIBLIOGRAFIA

Afven, H., *Worlds-Antiworlds*. San Francisco: W. H. Freeman, 1966.

Ashvaghosha, *The Awakening of Faith*, trad. D. T. Suzuki, Chicago: Open Court, 1900.

Aurobindo, S., *The Synthesis of Yoga*, Pondicherry, Índia: Aurobindo Ashram Press, 1957.

_________ *On Yoga II*, Pondicherry, Índia: Aurobindo Ashram Press, 1958.

Bohm, D. e Hiley, B., "On the Intuitive Understanding of Nonlocality as Implied by Quantum Theory", *Foundations of Physics*, vol. 5, pp. 93-109, 1975.

Bohr, N., *Atomic Physics and Human Knowledge*, Nova York: John Wiley & Sons, 1958.

_________ *Atomic Physics and the Description of Nature*, Cambridge, Eng.: Cambridge University Press, 1934.

Capek. M., *The Philosophical Impact of Contemporary Physics*, Princeton, N. J.: D. Van Nostrand, 1961.

Capra, Fritjof. *The Hidden Connections*. Nova York: Doubleday, 2002. [*As Conexões Ocultas*. São Paulo: Cultrix, São Paulo, 2002.]

_________. *The Turning Point*. Nova York: Simon & Schuster, 1982. [*O Ponto de Mutação*. São Paulo: Cultrix, 2ª ed., 2012.]

_________. *The Web of Life*. Nova York: Anchor/Doubleday, 1996. [*A Teia da Vida*. São Paulo: Cultrix, 1997.]

_________ e Luisi, Pier Luigi. *The Systems View of Life: A Unifying Vision*, Cambridge: Cambridge University Press, 2014. [*A Visão Sistêmica da Vida*. São Paulo: Cultrix, 2014.]

_________ e Steindl-Rast, David, com Matus, Thomas. *Belonging to the Universe*. San Francisco: Harper, 1991. [*Pertencendo ao Universo*. São Paulo: Cultrix, 1993 (fora de catálogo).]

Castañeda, C., *The Teachings of Don Juan*, Nova York: Ballantine Books, 1968.

_________ *A Separate Reality*. Nova York: Simon and Schuster, 1971.

_________ *Journey to Ixtlan*. Nova York: Simon and Schuster, 1972.

_________ *Tales of Power*. Nova York: Simon and Schuster, 1974.

Chew, G. F., "'Bootstrap': A Scientific Idea?", *Science*, vol. 161, pp. 762-65, 23 maio 1968.

_________ “Hadron Bootstrap: Triumph or Frustration?”, *Physics Today,* vol. 23, pp. 23-28, out. 1970.

_________ “Impasse for the Elementary Particle Concept”, *The Great Ideas Today*, Chicago, Ill.: William Benton, 1974 (Encyclopaedia Britannica, 1974).

Chew. G. F., Gell-Mann, M. e Rosenfeld, A. H., “Strongly Interacting Particles”, *Scientific American*, vol. 210, pp. 74-83, fev. 1964.

_________ *Chuang Tzu*, trad. Lames Legge, org. Clae Waltham, Nova York: Ace Books, 1971.

_________ *Chuang Tzu, Inner Chapters*, trad. Gia-Fu Feng e Jane English, Nova York: Vintage Books, 1974.

Coomaraswami, A. K., *Hinduism and Buddhism*, Nova York: Philosophical Library, 1943.

_________ *The Dance of Shiva*, Nova York: The Noonday Press, 1969.

Crosland, M. P. (org.), *The Science of Matter*, History of Science Readings, Baltimore, Md.: Penguin Books, 1971.

David-Neel A., *Tibetan Journey*, Londres: John Lane, 1936.

Davies, Paul.*God and the New Physics*. Nova York: Simon & Schuster, 1983.

Dawkins, Richard. *The God Delusion.* Nova York: Bantam Books, 2006.

Einstein, A. *Essays in Science*, Nova York: Philosophical Library, 1934.

_________ *Out of My Later Years*, Nova York: Philosophical Library, 1950.

Einstein, A. *et al.*, *The Principle of Relativity*, Nova York: Dover, 1923.

Eliot, C., *Japanese Buddhism*, Nova York: Barnes & Noble, 1969.

Feynman, R. P., Leighton, R. B. e Sands M., *The Feynman Lectures on Physics*, Reading, Mass.: Addison-Wesley, 1966.

Ford, K. W., *The World of Elementary Particles*, Nova York: Blaisdell, 1965.

Fung, Yu-Lan, *A Short History of Chinese Philosophy*, Nova York: Macmillan, 1958.

Gale, G., “Chew's Monadology”, *Journal of History of Ideas*, vol. 35, pp. 339-487, abr. /jun. 1974.

Govinda, L. A., *Foundations of Tibetan Mysticism*, Nova York: Samuel Weiser, 1974.

_________ “Logic and Symbol in the Multi-Dimensional Conception of the Universe”, *Main Cur- rents*, vol. 25, pp. 59-62, 1969.

Gould, Stephen Jay. *Rocks of Ages*. Nova York: Ballantine Books, 1999.

Greene, Brian. *The Elegant Universe*. Nova York: Norton, 1999.

Guthrie, W. K. C., *A History of Greek Philosophy*, Cambridge, Eng.: Cambridge University Press, 1969.

Heisenberg, W., *Physics and Philosophy*, Nova York: Harper Torchbooks, 1958.

_________ *Physics and Beyond*, Nova York: Harper & Row, 1971.

Herrigel, E., *Zen in the Art of Archery*, Nova York: Vintage Books, 1971.

Hoyle, F., *The Nature of the Universe*, Nova York: Harper, 1960.

_________ *Frontiers of Astronomy*, Nova York: Harper, 1955.

Hume, R. E., *The Thirteen Principal Upanishads*, Nova York: Oxford University Press, 1934.

James, W., *The Varieties of Religious Experience*, Nova York: Longmans, Green & Co., 1935.

Jeans, J., *The Growth of Physical Science*, Cambridge, Eng.: Cambridge University Press, 1951.

Kapleau, P., *Three Pillars of Zen*, Boston: Beacon Press, 1967.

Kennett, J., *Selling Water by the River*, Nova York: Vintage Books, 1972.

Keynes, G. (org.), *Blake Complete Writings*, Nova York: Oxford University Press, 1969.

Kirk, G. S., *Heraclitus – The Cosmic Fragments*, Cambridge, Eng.: Cambridge University Press, 1970.

Korzybski, A., *Science and Sanity*, Lakeville, Conn.: The International Non-Aristotelian Library, 1958.

Krishnamurti, J., *Freedom from the Known*, Nova York: Harper & Row, 1969.

Kuan Tsé, trad. W. A. Rickett, Hong Kong: Hong Kong University Press, 1965.

Lao Tsé, *Tao Te Ching*, trad. Ch'u Ta-Kao, Nova York: Samuel Weiser, 1973.

Lao Tsé, *Tao Te Ching*, trad. Gia-Fu Feng e Jane English, Nova York: Vintage Books, 1972.

Leggett, T., *A. First Zen Reader*, Rutland, Vermont: C. E. Tuttle, 1972.

Lovell, A. C. B., *The Individual and the Universe*, Nova York: Harper, 1959.

_________ *Our Present Knowledge of the Universe*, Cambridge, Mass.: Harvard University Press, 1967.

Luisi, Pier Luigi. *Mind and Life: Discussions with the Dalai Lama on the Nature of Reality*. Nova York: Columbia University Press, 2009.

Maharishi Mahesh Yogi, *Bhagāvād Gītā*, caps. 1-6, trad. e comentários, Baltimore, Md. Penguin Books, 1973.

Mansfield, Vic. *Tibetan Buddhism and Modern Physics*, West Conshohocken, PA: Templeton Press, 2008.

Mascaro, J., *The Bhagāvād Gītā*, Baltimore, Md.: Penguin Books, 1970.

_________ *The Dhammapada*, Baltimore, Md.: Penguin Books, 1973.

Maslow, Abraham. *Religions, Values, and Peak-Experiences*. Columbus, OH: Ohio State University Press, 1964.

Mehra, J. (org.), *The Physicist's Conception of Nature*, Dordrecht-Holland: D. Reidel, 1973.

Miura, I. e Fuller-Sasaki, R., *The Zen Koan*, Nova York: Harcourt Brace & World, 1965.

Müller, F. M. (org.), *Sacred Books of the East*, Vol. XLIX, *Buddhist Mahayana Sutras*, Nova York: Oxford University Press, 1894.

Murti, T. R. V., *The Central Philosophy of Buddhism*, Londres: Allen & Unwin, 1955.

Needham, J., *Science and Civilisation in China*, Cambridge, Eng.: Cambridge University Press, 1956.

Oppenheimer, J. R., *Science and the Common Understanding*, Nova York: Oxford University Press, 1954.

Radhakrishnan, S., *Indian Philosophy*, Nova York: Macmillan, 1958.

Reps, P., *Zen Flesh, Zen Bones*, Nova York: Anchor Books, 1960.

Ross, N. W., *Three Ways of Asian Wisdom*, Nova York: Simon & Schuster, 1966.

Russell, B., *History of Western Philosophy*, Nova York: Simon & Schuster, 1945.

Sachs, M., "Space Time and Elementary Interactions in Relativity", *Physics Today*, vol. 22, pp. 51-60, fev. 1969.

Sciama, D. W., *The Unity of the Universe*, Londres: Faber and Faber, 1959.

Schilpp, Paul Arthur (org.). *Albert Einstein: Philosopher-Scientist*. Evanston, IL: The Library of Living Philosophers, 1949.

Smolin, Lee. *The Trouble with Physics*. Nova York: Hughton Mifflin, 2006.

Stace, W. T., *The Teachings of the Mystics*, Nova York: New American Library, 1960.

Stapp, H. P., "S-Matrix Interpretation of Quantum Theory", *Physical Review*, vol. D3, pp. 1303-320, 15 mar. 1971.

Steindl-Rast, David. "Spirituality as Common Sense". *The Quest*, **3** (2), 1990.

Suzuki, D. T., *The Essence of Buddhism*, Kyoto, Japão: Hozokan, 1968.

_________ *Outlines of Mahayana Buddhism*, Nova York: Schocken Books, 1963.

_________ *On Indian Mahayana Buddhism*, E. Conze (org.), Nova York: Harper & Row, 1968.

_________ Prefácio a B. L. Suzuki, *Mahayana Buddhism*, Londres: Allen & Unwin, 1959.

_________ *Studies in the Lankavatara Sutra*, Londres: Routledge & Kegan Paul, 1952.

_________ *Zen and Japanese Culture*, Nova York: Bollingen Series, 1959.

Talbot, Michael. *Mysticism and the New Physics*. Londres: Routledge & Kegan Paul, 1980.

Thirring, W., "Urbausteine der Materie", *Almanach der* Österreichischen *Akademie der Wissenschaften*, vol. 118, pp. 153-62, Viena, Áustria, 1968.

Vivekananda, S., *Jnana Yoga*, Nova York: Ramakrishna-Vivekananda Center, 1972.

Watts, A. W., *The Way of Zen*, Nova York; Vintage Books, 1957.

Weisskopf, V. F., *Physics in the Twentieth Century: Selected Essays*, Cambridge, Mass.: M. I. T. Press, 1972.

Weyl, H., *Philosophy of Mathematics and Natural Science*, Princeton, N. J.: Princeton University Press, 1949.

Whitehead, A. N., *The Interpretation of Science: Selected Essays*, A. H. Johnson (org.) Indianapolis, N. Y.: Bobbs-Merrill, 1961.

Wiener, P. P., *Leibniz – Selections*, Nova York: Ch. Scribner's Sons, 1951.

Wigner, E. P., "Symmetries and Reflections", *Scientific Essays*, Cambridge, Mass.: M. I. T Press, 1970.

Wilhelm, H., *Change – Eight Lectures on the I Ching*, Nova York: Harper Torchbooks, 1964.

Wilhelm, R., *The I Ching or Book of Changes*, Princeton, N. J.: Princeton University Press, 1967.

________ *The Secret of the Golden Flower*, Londres: Routledge & Kegan Paul, 1972.

Woodward, F. L. (trad. e org.), *Some Sayings of the Buddha*, Nova York: Oxford University Press, 1973.

Zimmer, H., *Myths and Symbols in Indian Art and Civilization*, Princeton, N. J.: Princeton University Press, 1972.

Zukav, Gary. *The Dancing Wu Li Masters*. Nova York: Morrow, 1979. [*A Morada da Alma*. São Paulo: Cultrix, 1993 (fora de catálogo).]

ÍNDICE REMISSIVO

C

H

I

J

P

Q

R

S

T

U